Rachael Denhollander

Wie ich das SCHWEIGEN BRACH

Eine junge Frau kämpft für **GERECHTIGKEIT**

Aus dem amerikanischen Englisch von Tabitha Krägeloh

SCM
Hänssler

SCM

Stiftung Christliche Medien

SCM Hänssler ist ein Imprint der SCM Verlagsgruppe, die zur Stiftung Christliche Medien gehört, einer gemeinnützigen Stiftung, die sich für die Förderung und Verbreitung christlicher Bücher, Zeitschriften, Filme und Musik einsetzt.

MIX
Papier aus verantwortungsvollen Quellen
FSC® C014496
FSC
www.fsc.org

SCM Verlagsgruppe GmbH · Max-Eyth-Straße 41 · 71088 Holzgerlingen
Internet: www.scm-haenssler.de; E-Mail: info@scm-haenssler.de

Originally published in English in the U.S.A. under the title:
What Is a Girl Worth?
by Rachael Denhollander

Übersetzung: Tabitha Krägeloh
Lektorat: Stefanie Respondek
Umschlaggestaltung: Sybille Koschera, Stuttgart
Titelbild: Author photo taken by Jacob Roberts copyright © 2019
Autorenfoto: © Jacob Roberts
Satz: typoscript GmbH, Walddorfhäslach
Druck und Bindung: GGP Media GmbH, Pößneck
Gedruckt in Deutschland
ISBN 978-3-7751-6047-6
Bestell-Nr. 396.047

Jedem Opfer
mit seiner persönlichen Geschichte und Identität.

An die, die vorher kamen,
die noch folgen
und die nicht länger unter uns sind.

Es ist nicht deine Schuld.

Es ist nicht deine Schande.

Dir wird geglaubt.

Du sollst wissen, wie viel du wert bist.

Vorwort

> »In dem Moment, als ich mich zum Gerichtssaal umwandte, war ich plötzlich überwältigt von dem Geschenk, das uns allen gegeben worden war. Von der Kraft, die wir gemeinsam gefunden hatten. Wir hatten noch viel mehr erreicht, als ich mir je erhofft hatte – und das war jeder einzelnen Stimme zu verdanken, die erhoben worden war.«
>
> *Rachael Denhollander*

»Wie ich das Schweigen brach« ist die bewegende Geschichte einer mutigen jungen Frau, die die Aufdeckung eines der größten Missbrauchsskandale der US-amerikanischen Geschichte ins Rollen brachte. Mutig wagte sie den ersten Schritt, der nötig war, um den Täter zu stoppen. 16 Jahre nach der eigenen Gewalterfahrung sah sie plötzlich eine Möglichkeit, dass ihre Stimme gehört wurde, und diese setzte sie mit aller Entschiedenheit ein. In den schweren Monaten vor und während des Prozesses war sie bereit, auf so viel Lebensqualität zu verzichten, eigene Retraumatisierung in Kauf zu nehmen und der Öffentlichkeit tiefste Einblicke in ihre Privatsphäre zu gewähren. Sie ging den ersten Schritt, damit weitere Betroffene folgen konnten. Nur auf diese Weise gab es überhaupt Hoffnung auf ein gerichtliches Verfahren. Nur so konnte der berühmte Sportmediziner und Arzt der US-Turnerinnen Larry Nassar in seinen kriminellen Machenschaften gestoppt werden. Rachael Denhollander, deren Geschichte auch für den deutschsprachigen Raum höchste Relevanz hat, gebührt unser ganzer Respekt und Dank.

In ihrem Buch beschreibt die Autorin eine Kultur des Missbrauchs, die die sexualisierte Gewalt gegen mindestens 156 junge Mädchen und Frauen ermöglichte. Genau wie sprichwörtlich ein »Dorf« nötig ist, um ein Kind zu erziehen und ins Leben zu begleiten, so ist ebenfalls ein »Dorf« nötig, um ein solches Kind zu missbrauchen. Und wiederum ist ein »Dorf« nötig, um einen Missbrauchstäter zu stoppen. Fassungslos ist sie schließlich nicht nur über das Ausmaß der Gewalt, sondern auch über all das, was in den großen mächtigen Institutionen die Gewalt rund um Nassar ermöglichte und was nicht getan wurde, um den Missbrauch zu stoppen – obgleich es möglich gewesen wäre.

Rachael Denhollander erlebte Missbrauch auf unterschiedlichen Ebenen und zu unterschiedlichen Zeitpunkten in ihrem Leben. Auch im Kontext von Gemeinde, die ihre Macht und ihren Einfluss seinerzeit nicht nutze, um sie und andere Kinder zu schützen, und auch nicht, um den Täter zur Verantwortung zu ziehen. Stattdessen verlor man sich in theologischen Diskussionen darüber, welche Schritte »schriftgemäß« waren, und weigerte sich, mit Experten zusammenzuarbeiten. Auf diese Weise wurde der Missbrauch nicht ernst genommen und schließlich vertuscht. Die Gemeindeleitung entzog sich ihrer Verantwortung und vernachlässigte ihre Fürsorgepflicht. Eine Erfahrung religiösen Missbrauchs, die zusätzlich zu verkraften war.

Eine weitere Episode begann direkt vor der Aufdeckung des großen Missbrauchsskandals bei den US-Turnerinnen. Rachael und ihr Mann Jacob gehörten in dieser Zeit zu einer Gemeinde, die gerade dabei war, sich einem bestimmten Gemeindenetzwerk anzuschließen. Das Problem war, dass in diesem Gemeindenetzwerk nur wenige Jahre zuvor zahlreiche Vorwürfe darüber laut geworden waren, dass Pastoren und Gemeindeleiter Beschuldigungen sexueller Übergriffe routinemäßig falsch handhabten. Die eigene Gemeindeleitung nahm die Pastoren des Netzwerkes jedoch automatisch in Schutz, obgleich man keinerlei sichere Informationen hatte, dass die vielfältigen Vorwürfe nicht berechtigt waren. Dies wurde von den Denhollanders hinterfragt. Ihr warnendes Hinterfragen sowie ihr gewohntes Engagement, sich in den sozialen Medien zu Themen des Missbrauchs zu äußern, führten in kürzester Zeit dazu, dass sie ihrer Ämter in der Gemeinde enthoben wurden. Man warf ihnen vor, dass sie Schaden anrichteten. Rachael und Jacob verloren damit jeden Rückhalt ihrer Gemeinde, weil sie mit ihrer Wahrnehmung und Erfahrung verantwortungsvoll umgegangen waren. Sie erlebten, was Betroffene in religiös missbräuchlichen Settings typischerweise erfahren: Menschen, die Probleme ansprechen, werden selbst als Problem behandelt!

In den beschriebenen Szenarien wird eine überaus große Not in unserer Welt deutlich, im säkularen Kontext ebenso wie in christlichen Settings. Unterschiedlichste Formen des Missbrauchs sind nur da dauerhaft möglich, wo das Umfeld mitmacht. Wo es zu unbequem ist, genau hinzuschauen und sich mit wichtigen Themen zu beschäftigen. Wo wir Unrecht nicht wahrhaben wollen und uns weigern, Schuld und Mitschuld beim Namen zu nennen. Wo sich unsere Orientierungslosigkeit weigert, fachliche Hilfe zu suchen, und wo Beratungsresistenz boomt. Wo wir über sexuellen und religiösen Missbrauch lieber nicht aufklären, weil Organisationen und christliche Gemeinschaften dann ja angegriffen werden könnten. Wo wir vor den nötigen Konsequenzen Angst haben und deshalb schweigen. Der Schein muss gewahrt bleiben. Haben wir im Blick, dass wir dadurch Betroffene im Stich und Täter weiter gewähren lassen und unsere eigene Glaubwürdigkeit riskieren?

Durch verschiedene offengelegte Skandale ist zumindest das Thema der sexualisierten Gewalt auch in Europa massiv in die öffentliche Aufmerksamkeit gerückt. Viele säkulare und kirchliche Organisationen arbeiten mit Hochdruck an Präventiv- und Schutzkonzepten gegen sexuellen Missbrauch. Jedes Engagement in diesem Kontext ist wertvoll. Gleichzeitig braucht es an vielen Orten noch eine ehrliche Aufarbeitung dessen, was bereits geschehen ist.

Das Thema des religiösen Missbrauchs ist währenddessen noch lange nicht verstanden. Die Vernachlässigung einer Fürsorgepflicht durch die Gemeindeleitung – wie im Buch beschrieben – ist eines seiner Gesichter. Genauso wie das Phänomen der Beschämung und Diskreditierung derer, die Probleme ansprechen.

Rachael Denhollander wurde zu einer mutigen Stimme für Tausende Betroffene. Ihre ehrliche Auseinandersetzung mit vielen wichtigen Fragen berührt. Sie handelte nach den Werten ihres Glaubens, die in folgenden Bibelworten zum Ausdruck kommen:

»Du aber tritt für die Leute ein, die sich selbst nicht verteidigen können! Schütze das Recht der Hilflosen! Sprich für sie und regiere gerecht! Hilf den Armen und Unterdrückten!« (Sprüche 31,8-9 Hfa).

»Lernt wieder, Gutes zu tun! Sorgt für Recht und Gerechtigkeit, tretet den Gewalttätern entgegen und verhelft den Waisen und Witwen zu ihrem Recht!« (Jesaja 1,17 Hfa).

Wie schön wäre es, wenn wir alle aus dieser Geschichte lernen könnten – in unserer Gesellschaft und ganz besonders in christlichen Settings aller Art! Wenn wir alle im Blick auf Dynamiken sexualisierter Gewalt und toxischer Spiritualität ehrlich werden, wenn Machtmissbrauch jeder Art verstanden und beendet wird, könnte es sein, dass nicht nur das Leid unzähliger Betroffener gewürdigt wird (was ihnen so sehr zusteht), sondern dass es in Zukunft mehr sichere Orte gäbe, an denen Menschen leben können. Und dass Kirchen und Gemeinden ihre Glaubwürdigkeit wiedererlangen, wo sie diese durch Missbrauch oder einen falschen Umgang damit verloren haben.

Unser Handeln hat Gewicht für diese Zeit, in der wir leben. Und es hat Ewigkeitsrelevanz, für uns und andere.

Ich schließe mit den Worten, die Rachel Denhollander selbst in ihrem Finale wählt:

»Es gibt noch so viel zu tun. So viel Böses zu bekämpfen, so viel Heilung zu erreichen, so viele Verletzte zu lieben. Entscheiden wir uns immer wieder dafür, ungeachtet der Kosten das Richtige zu tun [...] Die Dunkelheit ist da und wir können sie nicht ignorieren. Aber was wir tun können ist, uns von ihr zum Licht weisen zu lassen.«

Inge Tempelmann

Anmerkung der Autorin

Dieser Bericht enthält meine Darstellung der Ereignisse, die mich dazu bewegten, gegen meinen Peiniger auszusagen. Ich möchte den Schaden aufdecken, den Missbrauchstäter anrichten und der entsteht, wenn Missbrauch verharmlost oder ignoriert wird. Einige Namen und persönliche Daten habe ich geändert, um die Privatsphäre einzelner Personen zu schützen. Bei der Beschreibung der Ereignisse stütze ich mich nicht nur auf meine Erinnerung, sondern auch auf meine persönliche Korrespondenz, Medienberichte, Gerichtsprotokolle sowie medizinische und juristische Unterlagen. Wie es bei allen Autobiografien der Fall ist, ist dies meine ganz persönliche Version der Geschichte.

Prolog

4. August 2016, 10:32 Uhr

Sehr geehrte Damen und Herren…

An diesem Morgen hatte ich nicht vorgehabt, eine E-Mail zu schreiben. Mit drei Kindern unter fünf Jahren musste und wollte ich meine Zeit tagsüber damit verbringen, die schlichten, aber reichen Freuden mit den Kleinen zu genießen – und nur wenn es möglich war ein paar Stunden meiner eigenen Arbeit dazwischenzuschieben. Mein Mann Jacob war Vollzeitstudent, der nebenbei jobbte und selten vor dem Abendessen zu Hause war. An diesem Morgen hatte ich mich auf meinem Laptop angemeldet, um die Einkaufsliste zu suchen, die ich am Vorabend getippt hatte. Zufällig war *Facebook* noch geöffnet, sodass mir die Schlagzeile sofort ins Auge fiel – ein häufig angesehener Nachrichtenartikel, der nur wenige Stunden zuvor gepostet worden war: »Augen vor sexuellem Missbrauch verschlossen: Wie USA Gymnastics es unterließ, Fälle zur Anzeige zu bringen.«

Was für ein Schock. Mein Mann und ich hatten die Leiter unserer Kirchengemeinde gerade erst auf ein ähnliches Problem angesprochen, das eine Gemeinde betraf, die sie unterstützten; die Wunde fühlte sich noch sehr frisch an. Ich sah mich um, um sicherzugehen, dass mein fünfjähriger Sohn, der bereits fließend lesen konnte, nicht in der Nähe war. Dann klickte ich auf den Link.

Was ich las, erfüllte mich mit einer Trauer, die ich nicht ausdrücken kann. *USA Gymnastics* hatte systematisch Berichte über sexuelles Fehlverhalten in einem Aktenschrank vergraben – Beschwerden von über vierundfünfzig Teamtrainern, in einem Zeitraum von zehn Jahren –, und einige dieser Trainer hatten danach noch jahrelang kleine Mädchen missbraucht.[1] Ich hätte am liebsten geweint. Nur zu gut wusste ich, was diese armen Kinder durchgemacht hatten.

Am Ende des Artikels stand folgender Hinweis: »Der *IndyStar* wird weiterhin in dieser Sache ermitteln.« Die Redaktion hatte eine E-Mail-Adresse angegeben, an welche die Leser Hinweise senden konnten. Mein Magen drehte sich um. In diesem Moment war ich mir in zwei Punkten ganz sicher.

Erstens hatte ich recht. Der Dachverband *United States of America Gymnastics (USAG)* hatte Fälle sexuellen Missbrauchs verheimlicht, um das Gesicht zu wahren. *Wenn sie ihre Trainer beschützt haben*, vermutete ich, *hätten sie ihn erst recht beschützt. Sie hätten nie auf mich gehört.*

Zweitens war das der Moment, auf den ich fast sechzehn Jahre lang gewartet und gehofft hatte. Jemand hatte aufgedeckt, wie *USAG* mit sexuellem Missbrauch umging. Das bedeutete, jemand hatte den Mund aufgemacht, und mehr noch, dieser Person war *geglaubt* worden. Der Artikel verbreitete sich schnell, was wiederum bedeutete, dass die Öffentlichkeit ihm Aufmerksamkeit schenkte.

Gleich dort, mit meinem zahnenden Baby auf dem Rücken, brach ich meine unumstößliche Regel über das Schreiben von E-Mails während des Tages. Vor- und zurückwippend, um die kleine Ellianna ruhig zu halten, tippte ich:

> Ich schreibe diese E-Mail, um einen Vorfall zu melden …
> Nicht von meinem Trainer wurde ich belästigt, sondern von Dr. Larry Nassar, dem Mannschaftsarzt von USAG.
> Ich war fünfzehn Jahre alt.

Einen Moment hielt ich inne. Ich wusste genau, was es für mich und meine Familie bedeuten würde, wenn das Team vom *IndyStar* beschließen sollte, die Geschichte aufzugreifen. Ich wusste schon seit Jahren, was der Preis dafür sein würde. Doch es musste sein, und wenn ich es jetzt nicht tat, würde es vielleicht nie passieren.

> Die Patientenakten, in denen meine Behandlung aufgezeichnet ist, befinden sich in meinem Besitz, sie liegen in einem Aktenschrank bei meinen Eltern, ein paar Stunden von hier entfernt.

Ich wusste, dass meine Beweise spärlich waren. Aber an der Art und Weise der Untersuchung des *IndyStar* erkannte ich, dass die Journalisten etwas von den Auswirkungen sexueller Gewalt verstanden, davon, wie Beweise aussahen und welche Muster man häufig erkennen konnte. Sie hatten die Schattenseite von *USAG* gesehen, weil sie den Missbrauchsopfern geglaubt hatten. Trotzdem, ... ich wusste, wie es sich anfühlte, den Mund aufzumachen und abgewiesen zu werden.

> Ich habe Nassar nie irgendwem gemeldet, außer meiner Trainerin, ein paar Jahre später ... Mir wurde gesagt, dass ich es bloß niemandem sagen solle, ... es würde auf mich zurückfallen. So entschied ich mich dagegen, zur Polizei zu gehen, ... mein Wort stand gegen seines ... Ich war mir sicher, dass man mir nicht glauben würde.

Unruhig sah ich mich in meiner Küche um.

Wir waren gerade mit dem Frühstück fertig und ich schrieb eine E-Mail, die – wenn sie ihren Zweck erfüllte – unser Leben völlig auf den Kopf stellen würde. Ich schüttelte mich innerlich, unterdrückte entschlossen die in mir aufsteigende Übelkeit und tippte zwei letzte Sätze:

Bisher hatte ich wenig Hoffnung, dass irgendetwas aufgeklärt werden würde, wenn ich an die Öffentlichkeit ginge, deshalb habe ich geschwiegen. Wenn sich das nun ändern könnte, werde ich mich so öffentlich wie nötig äußern.

Dann drückte ich auf *Senden.*

EINS

»Warum hast du nicht eher etwas gesagt?« Diese Frage wurde mir häufiger gestellt, als ich zählen kann. Manchmal ist die Motivation dahinter der aufrichtige Wunsch, es zu verstehen, und manchmal wird die Frage wie eine Waffe eingesetzt, um Zweifel darüber zu äußern, ob mein Missbrauch überhaupt stattgefunden hat. Die Wahrheit ist, dass ich sehr wohl etwas gesagt habe, viele von uns haben das. Aber wie alle Opfer von sexueller Gewalt bestätigen können, ist es eine Sache, etwas zu sagen – gehört und ernst genommen zu werden eine andere.

Sexuelle Straftäter sind wie Raubtiere und machen Jagd auf die Wehrlosen. Sie rechnen damit, dass die Opfer sich nicht selbst schützen können, aber vor allem, dass alle anderen zu viel Angst haben, um ihnen entgegenzutreten. Ich hasse Ungerechtigkeit. Aber Schweigen und Apathie gegenüber Ungerechtigkeit verabscheue ich noch mehr. Viel zu oft ist die Überzeugung der Täter, dass niemand sie herausfordern wird, begründet. Und genau das hat verheerende Folgen für die Opfer, auf die sie es abgesehen haben. Aber so darf es nicht länger bleiben.

Schon immer hatte ich einen starken Gerechtigkeitssinn und den Wunsch, andere zu beschützen. An einem Nachmittag, ich war ungefähr sieben Jahre alt, brachte meine Mutter mich und meine beiden jüngeren Geschwister Joshua und Bethany zu *McDonald's*, wo wir mit anderen Kindern zum Spielen verabredet waren. Es gab einen Spielbereich mit einem Bällebad, verzweigten Tunneln und einer kurvigen Rutsche, die einem einen solch gehörigen elektrischen Schlag versetzte, dass auch die geschmeidigste Frisur in eine perfekte Nachbildung von Albert Einsteins Schopf verwandelt wurde, noch ehe man unten ankam. Die Tunnel und das Bällebad waren meine Lieblingsplätze im Spielbereich, man konnte sich die wildesten Abenteuer in diesem Plastiklabyrinth vorstellen. Gerade war ich damit beschäftigt, die Plastiktunnel nach feindlichen Eindringlingen zu durchsuchen, als ich es sah. Direkt unter mir attackierte ein Junge, etwa in meinem Alter, meinen Bruder und meine Schwester mit den Füßen! Eine heftige Welle von Emotionen erfasste mich. Als die Älteste und Stärkste von uns Dreien wusste ich, was meine Aufgabe war, nämlich *die zu beschützen, die sich nicht selbst schützen können.* Ich hatte es von dem Moment an gewusst, als meine Mutter meinen neugeborenen Bruder aus dem Krankenhaus mit nach Hause gebracht hatte, damals war ich etwa zweieinhalb Jahre alt. Es war einer dieser Augenblicke, die mir bis heute deutlich in Erinnerung geblieben sind.

Mein kleiner Bruder war »nagelneu« und die erstaunlichste winzige Person, die ich mir hatte vorstellen können. Ich wollte mich so sehr um Joshua kümmern, dass meine Mutter mich beim Windelwechseln zuschauen ließ und mir jeden Schritt dieser Prozedur erklärte. Und das war es wirklich – im Jahr 1987 waren die Stoffwindeln noch nicht so hübsch mit Druckknöpfen, Taschen und Einsätzen ausgestattet wie heute. Es waren die altmodischen Dinger, die man falten und mit riesigen Sicherheitsnadeln befestigen musste. Ich erinnere mich an die Einweisung meiner Mutter, als wäre es gestern gewesen. Sie zeigte mir, wie man den Stoff faltete, um die richtige Form zu erhalten, auf welcher Höhe die Windel auf dem kleinen Bauch des Babys liegen musste und wie man überprüfte, ob sie an den Beinchen richtig saß. Dann tat meine Mutter etwas, das ich nicht mehr vergessen werde. Sie schob ihren Zeige- und Mittelfinger unter die Kanten, an denen sich die Windelenden trafen, und sagte: »Denk immer daran, deine Finger zwischen die Windel und das Baby zu halten, genau da, wo du die

Nadel durchstechen willst. Wenn die Nadel einmal abrutscht, ist es die Mama, die verletzt wird, und nicht das Baby.«

»Weißt du, Rachael«, fuhr sie fort, »das Wichtigste ist, die Kleinen zu schützen.« Und das lebte sie uns mit ganzem Herzen vor. Ich wurde mit meinen eigenen Stoffwindeln und Nadeln ausgestattet und durfte an meiner *Cabbage Patch*-Puppe üben. Jedes Mal, wenn ich der Puppe die Windel wechselte, machte ich alles genau so, wie es mir meine Mutter gezeigt hatte. Gewissenhaft faltete ich die Windel und überprüfte, wie mein Schützling darauf lag. Dann schob ich meine Finger unter die Kanten, holte tief Luft und stach die Nadel durch. Und wissen Sie was? Kein einziges Mal habe ich meine Puppe gepikst. Natürlich hatte ich jedes Mal, wenn ich übte, einen Anflug von Sorge, dass ich mir mit der Nadel selbst in die Finger stechen würde. Aber ich sagte mir einfach immer wieder: *Das Wichtigste ist, das Baby zu schützen. Das ist meine Aufgabe.*

Fünf Jahre später bei *McDonald's* war dieser Instinkt noch genauso stark.

Das ist meine Aufgabe.

So schnell ich konnte, kletterte ich die Rutsche hinunter und rannte zu dem älteren Jungen hinüber. Ohne zu zögern, packte ich ihn bei den Handgelenken, zerrte ihn von meinen Geschwistern weg und hielt meine Arme ausgestreckt, um mich von seinem schwingenden Fuß fernzuhalten. Zornig starrte mich der Junge an und versuchte sich zu befreien, während er mich anschrie, ihn loszulassen. Ich atmete tief durch, hielt ihn weiter fest und schlug nicht zurück. Ich war einfach nur fest entschlossen, meine Geschwister zu beschützen und sagte mit fester und ruhiger Stimme:

»Hör auf. Du tust ihnen weh, und du bist alt genug, um es besser zu wissen. Wenn du noch mal meinst, jemandem wehtun zu müssen, sage ich es einem Erwachsenen.«

Er versuchte, sich zu wehren, doch ich hielt ihn weiter fest.

»Hör auf«, wiederholte ich. »Du bist alt genug, um es besser zu wissen.«

Verärgert hielt er inne und grunzte dann ein trotziges »Okay!«.

Meine Geschwister waren inzwischen außer Reichweite, also ließ ich los und der Junge stampfte davon. In dem Moment kamen unsere Mütter an die Tür, die von ihrem Tisch aus beobachtet haben mussten, wie ich den Jungen in Schach gehalten hatte.

»Ist alles in Ordnung?«, rief meine Mutter.

Ich warf einen Blick über die Schulter zu dem Jungen, der jetzt in einiger Entfernung vor sich hin schmollte.

»Uns geht es gut«, versicherte ich ihr.

Wir spielten weiter und ich war erleichtert. Meine Geschwister waren nicht verletzt, ich hatte meine Aufgabe erfüllt und das genutzt, was mir gegeben war, um sie zu beschützen – mein Alter, meine Kraft und meine Worte. Damals hatte ich gewusst, was ich zu tun hatte, weil mir eindringlich beigebracht worden war, dass man immer das Recht hat, sich selbst und andere zu verteidigen. Meine Eltern unterstützten mich darin, mutig für etwas oder jemanden einzutreten. Sie ließen es mich sogar üben, damit ich genau wusste, was ich zu tun und zu sagen hatte, wenn ich je dazu gezwungen sein würde.

»Du hast immer das Recht, dich selbst und andere zu verteidigen«, hatten sie gesagt, »aber schlag niemals wütend um dich. Schlag nicht mit den gleichen Mitteln zurück und tu nur das, was nötig ist, um dich oder andere zu schützen.«

Mit anderen Worten: Meine Motivation sollte Liebe sein – nicht Zorn oder Rache. Es sollte darum gehen, den anderen aufzuhalten, ohne den Wunsch zu hegen, ihm Schaden zuzufügen.

Genauso brachten mir meine Eltern bei, dass Kinder, die sich schlecht benahmen, oft wütend und verletzt waren und es deshalb wichtig war, auch Mitgefühl für sie zu haben. Sie ermutigten mich, solchen Querschlägern die Wahrheit zu sagen und sie daran zu erinnern, dass sie verständiger sein konnten und sollten und dass sie für ihre Entscheidungen verantwortlich waren. Und sie erklärten mir, dass ich die Hilfe einer Autoritätsperson in Anspruch nehmen sollte, statt im Zorn meine eigene Form von Gerechtigkeit zu üben.

Angesichts dieser frühen Lektionen – und der Tatsache, dass ich unglaublich stur und streitlustig war, wenn ich das Gefühl hatte, im Recht zu sein – glaube ich nicht, dass meine Eltern überrascht waren, als ich im Alter von acht Jahren verkündete, eines Tages Anwältin werden zu wollen, um Familien und Kinder zu beschützen. Wenig später setzte ich meinen ersten »Vertrag« auf.

Eines Nachmittags stellte ich fest, dass meine Mutter zu *viel* Zeit am Telefon verbrachte, um eine Freundin in einer Krise zu unterstützen, und zu *wenig* Zeit damit, mir bei den Mathe-Hausaufgaben zu helfen. Ich erinnere mich noch sehr lebhaft daran, wie frustriert ich war. Dass ihre Gespräche wichtig waren, ahnte ich, aber, meine Güte, wenn sie von mir erwartete, dass ich meine Matheaufgaben machte, musste sie auch ihren Teil der Abmachung erfüllen! Wir brauchten einfach ein paar konkrete, definierbare Grenzen in diesem Haushalt. In meiner Verzweiflung nahm ich also ein Blatt Papier und einen Bleistift und setzte, angetrieben von gerechter Empörung, einen Vertrag auf. Ich entwarf eine Vereinbarung, in der sich meine Mutter verpflichten würde, eine festgelegte, begrenzte Zeit am Telefon zu verbringen und mir so lange wie nötig bei Mathe zu helfen. Im Gegenzug würde ich meine für das Schuljahr festgelegten Lektionen abschließen. Dann zog ich zwei Linien darunter, auf denen wir beide unterschreiben konnten, brachte den Vertrag meiner Mutter und machte ihr meinen

Standpunkt klar. Von da an wurden meine Matheaufgaben stets fristgerecht unterstützt – und meine Eltern waren weiterhin der Ansicht, dass Jura die ideale Studienwahl für mich werden würde.

Es war ein Segen, Eltern zu haben, die erkannten, dass aus Sturheit Ausdauer und Entschlossenheit werden kann, wenn man sie in die richtigen Bahnen lenkt. Wie meine Mutter mich oft erinnerte, sind unsere größten Schwächen oft auch unsere größten Stärken – solange wir richtig damit umgehen. Statt zu versuchen, diesen Teil meiner Persönlichkeit zu unterdrücken, brachten meine Eltern mir bei, wie ich ihn kontrollieren und zu meinem Vorteil nutzen konnte und gleichzeitig dabei meine Motivationen zu hinterfragen. Kämpfte ich nur für etwas, weil ich gewinnen wollte – selbst wenn ich im Recht war –, oder kämpfte ich für etwas, weil es mir um die Liebe zu Gott und dem Nächsten ging? Wenn ich einfach nur recht haben und gewinnen wollte, würde ich letzten Endes nur von Überheblichkeit angetrieben sein. Dann wäre ich versucht, ungute Kompromisse einzugehen, Fakten zu verdrehen, andere zu manipulieren und vielleicht sogar Teile der Wahrheit zu ignorieren. Wenn ich nur von dem Wunsch zu siegen angetrieben wäre, könnte meine Zielstrebigkeit für andere gefährlich werden – und letztendlich auch für mich selbst. Meine Eltern lehrten mich, dass ich mich davor schützen konnte, indem ich stattdessen die Liebe zu meiner Motivation machte. Liebe würde die Bereitschaft garantieren, die Wahrheit zu hören und zu sehen. Auch wenn das bedeutete, zugeben zu müssen, dass ich falsch lag. Liebe würde dafür sorgen, dass ich sogar mit denjenigen mitfühlte, die Unrecht getan hatten, gleichzeitig würde sie aber auch ein kompromissloses Streben nach Wahrheit ermöglichen. So wurden mir die Werkzeuge dafür gegeben, schon früh meine Meinung zu vertreten, und ebenso die Erlaubnis, diese Werkzeuge zu gebrauchen.

Und das tat ich auch.

Die Vorstellung, an der viele Menschen festhalten wollen – dass Missbrauchsopfer nicht wissen, wie sie ihre Meinung sagen sollen –, ist nicht wahr. Wir müssen uns von dieser Vorstellung trennen und stattdessen versuchen zu verstehen, was es wirklich ist, das die Opfer zum Schweigen bringt.

Ein roter Faden in der gesellschaftlichen Reaktion auf Missbrauch ist das Argument: »Ich sage ja nicht, dass es ihre Schuld war. Ich sage nur, dass ich anders reagiert hätte.« Es fühlt sich sicherer an, zu glauben, dass Missbrauch nur denen passiert, die es »zulassen«. Aber genau genommen gibt man damit den Opfern die Schuld, indem man andeutet, dass sie den Missbrauch hätten stoppen können, wenn sie nur anders reagiert hätten. Dieser Trugschluss muss über Bord geworfen werden, wir sollten uns bemühen, zu verstehen, warum manche Opfer während oder selbst nach einem Missbrauch nicht dagegen angehen.

Die Wahrheit ist, dass ich die nötigen Werkzeuge besaß und auch schon früh gelernt hatte, sie einzusetzen. Doch als es so weit war, reichten sie nicht aus, um mir zu helfen, gehört und ernst genommen zu werden.

ZWEI

»Ich darf nicht sehr oft aus dem Haus gehen«, flüsterte ich schüchtern und kauerte mich im Bürostuhl zusammen. »Und es ist beängstigend für mich, in der Öffentlichkeit zu sein.«

»Wag. Es. Nicht!«, drohte meine Mutter, während sie sich offensichtlich bemühte, nicht laut loszulachen.

Wir saßen im Sprechzimmer des Lungenfacharztes. Ich war etwa zwölf Jahre alt und litt an schwerem, hartnäckigem Asthma. Die Klinik schrieb eine jährliche Untersuchung vor, bei der nicht nur mein Arzt, sondern auch ein Sozialarbeiter und ein Kinderpsychologe anwesend waren. Da das Krankenhaus einer Hochschule angehörte, begleiteten den Arzt manchmal ein oder zwei Studenten.

Das *Homeschooling*-Konzept war in den Neunzigerjahren noch nicht besonders weit verbreitet. Wenn die für mich zuständigen Ärzte erfuhren, dass ich zu Hause unterrichtet wurde, stellten sie mir für gewöhnlich viele Fragen. Deshalb hatte ich das etwas gemeine Verlangen, alle Klischees in Bezug auf den Hausunterricht auszupacken, nur um zu sehen, wie sie reagieren würden.

»Du schaffst es noch, dass wir beide gemeldet werden!«, sagte meine Mutter mit einem Grinsen. Wir lachten immer noch, als der Psychologe und ein Student das Behandlungszimmer betraten und fragten, was denn so lustig sei. Ich erzählte es nicht, obwohl ich wusste, dass sie leider oft gute Gründe hatten, Fragen zu stellen.

Eigentlich liebte ich diese Klinik. Mein Lungenarzt war großartig, und seine Krankenschwester Margaret mochte ich schon, seit ich ganz klein war. Kurz nach diesem Besuch wechselte Margaret in eine Forschungsabteilung, aber sie kam auch später noch jedes Mal vorbei, um mich zu sehen, wenn ich einen Termin hatte.

Ich liebte es auch, zu Hause unterrichtet zu werden, und das nicht nur wegen des vielen Materials, das es für Insider-Witze bot. Die Möglichkeiten, die sich daraus ergaben, waren unbezahlbar. Meine Eltern glaubten an den Wert von Fleiß und einer positiven Arbeitshaltung, deshalb hatte ich neben der Schularbeit auch mehrere Jobs, für die ich verantwortlich war. Mit elf Jahren ging ich babysitten, und bevor ich Teenager wurde, hatte ich schon einen Teilzeitjob als Kindermädchen. Das bedeutete manchmal, dass der Unterricht abends, am Wochenende oder früh am Morgen stattfinden musste, damit ich meine Aufgaben erledigen konnte, bevor ich fürs Babysitten abgeholt wurde. Doch es bedeutete auch, frühzeitig mit Zeit und Geld umgehen zu lernen.

Meine Mutter las uns jeden Tag laut vor, und auch mein Vater kam oft dazu. Er konnte uns Ausschnitte aus *Der Hobbit* und *Herr der Ringe* mit einer *Gollum*-Stimme vorführen, dass wir Gänsehaut bekamen. Als ich auf der Mittelstufe war, meldete ich mich über eine lokale *Homeschool*-Vereinigung für einen Rhetorik- und Debattierkurs an, mit dem ich eine weitere Liebe entdeckte. Ich hielt nicht besonders gerne informative Vorträge, aber überzeugende Rhetorik und Debattieren waren eine ganz andere Sache. Ich lernte, wie man Fragen anhört und beantwortet, wie man ein Gegenüber ins Kreuzverhör nimmt, wie man Beweise sammelt und einsetzt und wie man Informationen nutzt, um einen Fall aufzubauen. Ich liebte die intellektuelle Herausforderung, die dafür notwendig war.

Meine Eltern versuchten bewusst, mich und meine Geschwister in die Gesellschaft zu integrieren und uns zu dienstbereiten Menschen zu erziehen. Praktischerweise ermöglichte uns unser flexibler Stundenplan, an einer Vielzahl von freiwilligen Tätigkeiten teilzunehmen. Wir sollten lernen, Menschen jeden Alters und jeder Herkunft mit Offenheit und Liebe zu begegnen und mit ihnen ins Gespräch zu kommen – nicht als besonderes Projekt, sondern als Bestandteil des täglichen Lebens.

Mit etwa zehn Jahren organisierten meine Freundinnen und ich einmal ein Familienfest, um Geld für eine gemeinnützige Organisation zu sammeln, die sich um Frauen in Krisensituationen kümmerte. Wir Mädchen hatten Stunden damit verbracht, Schmuck zu basteln, um ihn zu verkaufen – je knalliger und greller, desto besser. Es gab Spiele, eine Verlosung und unseren Stand voll ziemlich nutzloser, selbst gemachter Handarbeiten, die die Leute aus reiner Gutherzigkeit kauften, um den Dienst zu unterstützen.

Michelle und ich kannten uns schon seit jenem schicksalhaften Tag in unserem Garten, als wir uns feierlich die wichtigste Frage stellten, die sich zwei Fünfjährige stellen können: »Willst du meine Freundin sein?« Wir stimmten beide zu. Ihre ältere Schwester Sarah wurde automatisch Teil unserer Clique, kurz darauf schlossen sich Katie und Jessie unserem Trio an. Über die Jahre hinweg fanden wir viele Möglichkeiten, uns gegenseitig herauszufordern und zu amüsieren. Zum Beispiel die Übernachtungen, bei denen wir an mehreren aufeinanderfolgenden Nächten von Haus zu Haus zogen. Das hatte alle möglichen Abenteuer zur Folge – Sackhüpfen in einem halben Meter Neuschnee in der Winterlandschaft von Michigan, spätabendliche Schnitzeljagden im Supermarkt und mitternächtliche Gespräche im Überfluss.

Meine Eltern versuchten uns Kindern beizubringen, in einer Art und Weise zu lieben, die ich zu der Zeit noch nicht ganz verstand. Sie lehrten uns, dass wir im Leben mit so ziemlich jedem auskommen würden, wenn wir auch in Konflikten und schwierigen Lebenssituationen lernten, anderen mit Liebe und Hilfsbereitschaft zu begegnen. Und sie hatten recht. Wir kannten all die normalen Zankereien unter Geschwistern, aber wir lernten auch früh, Kompromisse zu schließen, uns zu entschuldigen und in guter Weise miteinander umzugehen. Unsere Eltern lebten uns vor, dass die Liebe die Grundlage für alles war und nicht die Autorität. Liebe unterdrückt nicht, Liebe strebt danach, zu kommunizieren und zu verstehen. Liebe ist demütig und gibt Fehler zu, sie versucht, den Schaden zu beheben. Liebe beschützt.

Hinter alldem stand die Liebe zu Jesus Christus. Meine Eltern hatten die verblüffende Fähigkeit, Wahrheiten aus der Bibel in fast jede Situation einzuflechten. So wurde mir die Tatsache, dass ich eine Sünderin war und Vergebung brauchte, durch ein äußerst ungewöhnliches Mittel bewusst: Toilettenpapier.

Ich war im stattlichen Alter von drei Jahren und fasziniert von den Kartonrollen, auf die das Toilettenpapier gewickelt war. Man hatte so viele fantasievolle Möglichkeiten, wenn man ein paar dieser Mehrzweck-Papprollen besaß. Eines schicksalhaften Tages war plötzlich keine leere Toilettenpapierrolle mehr zu finden, und ich brauchte für das aktuelle Abenteuer, das ich mir in meinem störrischen kleinen Kopf ausgedacht hatte, *unbedingt* eine. Also schlich ich ins Badezimmer – ganz leise, da ich wusste, dass mein Vorhaben streng verboten war – und lief auf Zehenspitzen zu der vollen Toilettenpapierrolle. Hinter der geschlossenen Tür begann ich nun verstohlen, das Papier abzuwickeln, um an die ersehnte Papprolle darunter zu gelangen – bis ich nach einiger Zeit bemerkte, dass meine illegale Aktion eine ziemlich offensichtliche Spur hinterlassen hatte, die sich quer über den Fliesenboden zog. Unbeirrt legte ich eine Pause ein und begann stattdessen, meine Arbeit zu vertuschen, indem ich all das abgewickelte Papier einfach direkt in die Toilette stopfte. In dem Moment, als ich mich kurz fragte, ob sich wohl alles hinunterspülen lassen würde, fand mich meine Mutter – noch immer eifrig die Toilette vollstopfend.

Mama, die sehr gut darin war, Parallelen zu ziehen, fragte mich ganz ruhig, was ich denn tun würde. Ich kannte das Wort dafür: Sünde. Ich hatte mich entschieden, gegen das zu rebellieren, was mir gesagt worden war.

Während wir auf unserer karierten Couch saßen und die Morgensonne durchs Fenster hereinschien, stellte meine Mutter den Zusammenhang für mich her. Ich war nicht die Einzige, die ungehorsam gewesen war, auch Adam und Eva waren es gewesen. So wie sie ohne Erfolg versucht hatten, ihre Sünde zu verbergen, waren auch meine Bemühungen, meine »Sünde« zu vertuschen, erfolglos gewesen. Und auch wenn ich noch so viel Gutes tat, würde das die begangene Schuld nicht rückgängig machen. Ich verstand. Ich setzte die Puzzleteile zusammen und erkannte in meinem kleinen Kinderherzen, wie sehr ich einen Retter brauchte. Auf der Stelle tat ich Buße für meine Sünde, bat Jesus, mir zu vergeben – und wurde so zum schlimmsten Albtraum unseres Pastors: eine sture Dreijährige, die darauf bestand, getauft zu werden.

Meine Sünden waren mir vergeben worden und ich wusste genau, was nun zu folgen hatte. Ich sollte es öffentlich verkünden, dass ich nun zu Jesus gehörte, und allen weitererzählen, was er getan hatte. Also eilte ich am nächsten Sonntag eifrig zu unserem Pastor und erklärte ihm, was geschehen war und was ich nun tun wollte. Für ihn jedoch schien die Angelegenheit weniger eindeutig zu sein. Er druckste herum und erklärte meinen Eltern schlussendlich, dass er Kinder erst mit mindestens acht Jahren taufte. Ich war frustriert und am Boden zerstört.

»Er hindert mich daran, Jesus zu gehorchen!«, protestierte ich. »Glaubt er denn nicht, dass ich wirklich gerettet bin?«

Am darauffolgenden Sonntag redete ich erneut auf ihn ein. Ebenso am nächsten und am übernächsten. Doch er blieb standhaft, und mein verzweifelter Wunsch, gehorsam zu sein, wurde nur noch größer. Irgendwann erkannte mein Vater, dass ich keine Ruhe darüber finden würde, bis ich getan hatte, was ich für das Richtige hielt. Also stellte er an einem heißen Sommertag unser kleines blaues Planschbecken im Garten auf, hängte den Gartenschlauch hinein und füllte es. Er wusste, dass ich Jesus gehorchen wollte, also sagte er mir, dass er mich an Ort und Stelle taufen würde, damit ich öffentlich meinen Glauben bekennen konnte. Ich erinnere mich noch gut daran, wie ich ins kalte Wasser kletterte und mich hinkniete. Ich gab mein Zeugnis und sagte meinen Lieblingsvers auf. Dann hielt ich mir die Hände vors Gesicht und mein Vater taufte mich. Auch an die Erleichterung kann ich mich erinnern und an die Freude, die meine Seele so spürbar überkam wie das kalte Wasser, das an mir herabtriefte. Ich war gehorsam gewesen.

Als ich dann endlich das magische Alter erreichte, das mein Pastor für die »echte« Taufe vorgesehen hatte, nahm ich freudig daran teil. Doch ich wusste genau, dass es nur eine Fortsetzung dessen war, was ich bereits vor Jahren ausgedrückt und begonnen hatte.

Das Vorbild der sich aufopfernden Liebe, das Christus am Kreuz vorlebte, war die Richtschnur für das Leben, das meine Eltern führten. Ihre Liebe zu uns war nicht von der Art Autorität geprägt, in der es darum ging, wer das Sagen hatte. Es war vielmehr eine Liebe, die sich ganz für uns einsetzte. Auch in alltäglichen Dingen, indem sie sich zum Beispiel die Zeit nahmen, die Sorgen eines Kleinkindes oder die eines gereizten Teenagers anzuhören. Sie brachten uns bei, dass ihre Autorität nur begrenzt notwendig war, was bedeutete, dass sie ihre Entscheidungen mit uns besprachen, unsere Meinungen anhörten und respektierten, und sich mit uns zusammensetzten, um gemeinsam Lösungen zu finden. Das hieß nicht, dass kein Gehorsam nötig war oder dass wir sie dazu überreden durften, ihre Meinung zu ändern. Aber wir konnten jederzeit und mit allen Belangen zu ihnen kommen und wurden ernst genommen. Gleichzeitig konnten wir ihren Entscheidungen vertrauen – auch denen, die uns nicht gefielen –, weil wir *ihnen* vertrauten.

Doch ich lernte nicht nur, dass Liebe zuhört und hört, sondern auch, dass Liebe handelt und beschützt.

Als ich etwa sieben Jahre alt war, hatten meine Geschwister und ich uns den ganzen Tag über gezankt, über jede Kleinigkeit gejammert und uns schlichtweg geweigert, Mama zu gehorchen, wenn sie uns etwas auftrug. Gegen Ende des Tages hatte sie genug und flüchtete an den einzigen Ort, an dem eine Mutter gelegentlich die Tür abschließen und sie auch geschlossen lassen kann – das Badezimmer. Als meine Geschwister und ich erkannten, dass wir uns selbst überlassen waren, hörten wir sofort auf zu streiten und wurden zu Komplizen, die ihre Unabhängigkeit in vollen Zügen genossen. In trotziger, ausgelassener Freude hüpften wir so hoch und so wild wir konnten auf den Betten unseres Zimmers herum und katapultierten mit jedem Sprung Stofftiere und Babypuppen durch die Gegend. Wir wussten ganz genau, dass Mama schon lange über den Punkt hinaus war, an dem sie uns hätte aufhalten können. Natürlich hegten wir alle den leisen Verdacht, dass sich unsere wilde Party am Ende nicht lohnen würde. Doch da wir die Grenze, von der an es kein Zurück mehr gab, bereits überschritten hatten, wollten wir es in vollen Zügen genießen. Bis Papa nach Hause kam.

Schon kurze Zeit später hörten wir ihn im Flur nach unserer Mutter rufen, die sich noch immer im Badezimmer aufhielt. Wir wurden sofort still. Die Puppen hörten auf, durchs Zimmer zu fliegen, und wir rutschten ernüchtert, und mit dem unangenehmen

Gefühl, dass uns Ärger drohte, von den Betten. Einige Augenblicke später kam unser Vater aus dem Badezimmer und rief nach mir. Sein ernster, tiefer Tonfall war ein Vorbote dafür, dass der Spaß nun definitiv vorbei war und die Abrechnung bevorstand. Ich ging in der Erwartung zu ihm, zu hören zu bekommen, wie ungezogen wir gestritten hatten oder auf den Betten herumgesprungen waren und dass wir für unser Verhalten bestraft werden würden. Stattdessen verlagerte er den Fokus.

»Hast du gewusst, dass deine Mutter im Badezimmer sitzt und weint?«, wollte er wissen.

Ich hatte nicht geahnt, dass es so schlimm war, obwohl das ihre Abwesenheit in den letzten dreißig Minuten erklärte. Schweigend schüttelte ich den Kopf.

»Das ist meine Frau.« Seine Stimme drückte unmissverständliche Entschlossenheit und Ernsthaftigkeit aus. Ich spürte, wie sich eine Last auf meine Schultern legte.

»Das ist meine Frau«, wiederholte er. »Dein Verhalten heute hat meiner Frau wehgetan, und du musst eines wissen: Ich liebe sie und ich werde sie beschützen.«

Ich weiß heute nicht mehr, welche Konsequenzen es gegeben hatte, gegen die Regeln zu verstoßen. Aber an eines erinnere ich mich ganz genau: Meine Mutter wurde beschützt. Und sie wurde beschützt, weil mein Vater sie *liebte*.

Was ich ebenfalls lernte war, dass Liebe danach strebt, aufeinander zuzugehen und den anderen zu verstehen. Auch das war Bestandteil der Liebe, die mir vorgelebt wurde.

An einem warmen Sommertag schaute meine Mutter gerade noch rechtzeitig aus ihrem Schlafzimmerfenster, um zu sehen, wie ich mich mit einem gewaltigen Satz auf meinen kleineren, fünfjährigen Bruder stürzte. Ich war kein aggressives Kind, aber in jenem Sommer war ich ständig wütend. Ich hatte starke Allergien und bekam wöchentlich Spritzen, zudem lief meine Behandlung nicht besonders gut. Mein Arzt war ein düsterer, ernster Mann. Er war groß, dünn und kahl und sah auf unheimliche Weise wie Captain Jean-Luc Picard von *Star Trek* aus – nur ohne das entwaffnende Lächeln und die freundliche Stimme.

Er kümmerte sich gewissenhaft um seine Patienten, aber seine Fürsorge äußerte sich in unverblümten, schroffen und sachlichen Eigenarten, die wenig dazu beitrugen, dass ich mich umsorgt fühlte oder offener für die wöchentlichen Injektionen wurde. Es half auch nicht, dass er das Serum selbst mischte, um die richtige Dosierung zu erhalten, was zu einem grauenvollen Kreislauf aus Versuch und Irrtum führte, der sehr schwere und oft schmerzhafte Reaktionen auslöste.

Damals merkte ich selbst nicht, wie wütend ich war. Ich wusste nur, dass ich keine Wahl, keine Stimme und keine Möglichkeit hatte, die Behandlung zu beenden. Aber meine Mutter verstand mich. Zuerst rettete sie meinen Bruder und stellte sicher, dass es ihm gut ging, dann holte sie mich nach drinnen. Ich wusste, dass ich jetzt fällig war. Doch statt mich sofort zu bestrafen oder wütend zu sein, beugte sich meine Mutter zu mir herunter und umarmte mich.

»Ich weiß, dass du gerade wütend bist«, sagte sie. »Das ist keine einfache Zeit für dich und du hast keine andere Wahl, als das zu ertragen, was dir wehtut. Ich weiß, dass es wirklich schwer für dich ist.«

Sie sprach mit mir über alles – wie krank ich war und wie frustriert und wütend ich mich fühlen musste, weil ich gezwungen war, etwas so Schmerzhaftes zu erdulden.

»Ich kann nicht zulassen, dass du anderen wehtust«, sagte sie mir. »Aber ich will dir helfen, das hier durchzustehen und Wege zu finden, deine Gefühle auszudrücken, ohne andere zu verletzen.« Und dann weinte sie mit mir.

Liebe versucht zu verstehen und zu kommunizieren. Statt frustriert und wütend darüber zu sein, was ich getan hatte, versuchte mich meine Mutter mit Liebe zu erreichen, ohne dabei die Wahrheit zu beschönigen oder andere ungeschützt zu lassen.

Auch meine Eltern baten um Entschuldigung, wenn sie etwas falsch gemacht hatten. Die Verantwortung für getroffene Entscheidungen zu übernehmen, war in unserer Familie genauso wenig verhandelbar wie demütig genug zu sein, falsche Entscheidungen zuzugeben und um Vergebung zu bitten. Es war einer der Aspekte unseres Familienlebens, die ich am meisten schätzte, weil ich gesehen hatte, was geschehen konnte, wenn dies nicht der Fall war.

In meiner frühen Kindheit erlebte ich, wie eine uns nahestehende Familie infolge von Missbrauch auseinanderbrach. Der Vater hatte ein massives Wutproblem. Wenn irgendetwas nicht nach seinem Willen lief, ließ er es an seiner sanften Frau und seinen kleinen Kindern aus. Nicht körperlich, doch sein verbaler, emotionaler und psychischer Missbrauch hinterließ Wunden auf ihren Seelen, die nicht weniger schmerzhaft waren als Faustschläge. Er hatte immer Gründe und verteidigte sich damit, sie hätten etwas getan, um seine Wut zu verursachen. Hin und wieder gab er zwar zu, dass er anders hätte reagieren sollen, doch auf seine Entschuldigungen folgte immer ein »Aber ihr …!«.

Der Tag, an dem sich alles zuspitzte, war meine erste Erfahrung mit einem Missbrauchsopfer.

Die Frau war in ihren Dreißigern. Ich war neun und werde nie vergessen, wie ich auf Zehenspitzen stand und versuchte, das Gleichgewicht nicht zu verlieren, während ich die weinende Frau umarmt hielt. Mir war ganz schlecht vor Kummer über das, was man ihr angetan hatte. Meine Eltern sprachen in der Zeit oft mit uns Kindern über die unschönen Situationen, die wir zwangsläufig miterlebten. Sie hatten uns beigebracht, das Licht zu lieben und zu schätzen – nun war es ihnen wichtig, dass wir auch die dunklen Seiten des Lebens kennenlernten.

»So verhalten sich Menschen, die andere missbrauchen«, erklärten sie uns. »Alles dreht sich nur um sie. Sogar wenn sie sich entschuldigen, konzentrieren sie sich auf sich selbst – wie ihnen Unrecht getan wurde oder was sie ihrer Meinung nach alles richtig gemacht haben –, um so den Fokus vom Leid abzulenken, das sie verursacht haben. Sie übernehmen nie wirklich die Verantwortung für irgendetwas.« Solche Menschen schieben die Schuld immer auf andere, sagten sie. Aber die Liebe tut das nicht. Die Liebe kümmert sich zuerst um den Schaden, der der anderen Person zugefügt wurde. Und im Gegensatz zu Missbrauch entschuldigt oder verharmlost die Liebe kein Fehlverhalten.

»Wenn du jemandem wehgetan hast und dich entschuldigen musst, sagst du: ›Das und das tut mir leid‹, und fertig. Du machst einen Punkt. Du sagst nichts, um das, was du getan hast, zu rechtfertigen, zu verharmlosen oder zu entschuldigen. Du bist immer für deine Entscheidungen verantwortlich, unabhängig davon, was jemand anderes getan hat.« Diese Art von Liebe lebten mir meine Eltern jeden Tag vor.

Mit neun Jahren lernte ich so die Kennzeichen von Missbrauchstätern zu erkennen. Und noch etwas lernte ich aufgrund meines schweren Asthmas und meiner Allergien schon früh: dass selbst die gutmütigsten Ärzte Behandlungspläne verfolgten, die unangenehm sein konnten. Doch es sollte noch Jahre dauern, bis ich erkannte, wie geschickt sich die verschiedensten Muster von Missbrauch als Aufrichtigkeit tarnen und wie schön sie verpackt sein können.

DREI

»Du wirst enttäuscht sein«, sagte mein Vater ernst.

»Was ist?«, schrie ich fast durchs Telefon. »Haben sie verloren? Was meinst du damit?«

»Ich meine damit, dass du enttäuscht sein wirst.« Es kratzte in der Leitung.

»Oh nein …«, stöhnte ich. »Wie konnten sie verlieren? Sie lagen gestern Abend so weit vorn! Du musst mir erzählen, was passiert ist!«

»Auf gar keinen Fall«, lachte mein Vater. »Du musst warten, bis wir es heute Abend zusammen ansehen.«

»Du machst mich wahnsinnig!«

Es war der Sommer 1996. Die Olympischen Spiele fanden in diesem Jahr in Atlanta statt, und das Mannschaftsfinale der Turnerinnen war am Vorabend ausgestrahlt worden. Ich verfolgte den Sport schon seit einiger Zeit wie besessen. Die Turnerinnen, ihre Trainer, das Punktesystem, die internationale Konkurrenz … das alles war unglaublich spannend für mich. Ich kannte die Kürmusik jeder einzelnen Turnerin und meine Lieblingselemente ihrer Übungen, wusste, welche Turnerinnen so groß waren wie ich und welche bei diesen Spielen vielleicht Rekorde brechen würden. Ich hatte jeden Wettkampf verfolgt *außer* den vom Vorabend, an dem die Frauen im Mannschaftsfinale angetreten waren. Wie die ganze Nation hatte ich seit Monaten auf diesen vielversprechenden Wettkampf gewartet, es gab nur ein Problem. Das Mannschaftsfinale wurde spät nachts ausgestrahlt – und meine Eltern bestanden auf regelmäßige Schlafenszeiten.

Das muss man sich mal vorstellen. Es war das größte Ereignis im Turnen, unser Team würde vielleicht die erste US-amerikanische Frauenmannschaft aller Zeiten werden, die eine Goldmedaille gewann! Und meine Eltern schickten mich ins Bett.

Immerhin hatten sie mir versprochen, die Übertragung für mich aufzunehmen, damit ich mir jede einzelne Kür ansehen konnte. Wir würden es am nächsten Tag gemeinsam anschauen, sagten sie. Großartige Idee. Nur dass ich, als ich am nächsten Morgen aufwachte, aus dem Bett sprang und schrie: »Haben sie gewonnen? Was ist passiert? Haben sie gewonnen?« Die Antwort, die ich darauf erhielt, war: »Wir werden es alle gemeinsam ansehen«, was so viel bedeutete wie: »Und davor werden wir dir nichts verraten!«

Was noch schlimmer war: *Gemeinsam* bedeutete *mit meinem Vater*. Nach der Arbeit. Abends. Das hieß, dass ich den ganzen Tag warten musste, um zu erfahren, was passiert war.

Egal wie sehr ich drängte, meine Mutter weigerte sich, auch nur ein Wort darüber zu verlieren, wie das Finale am Vorabend ausgegangen war.

»Du *musst* es mir erzählen!«, jammerte ich mit beinahe verärgertem Unterton.

»Kommt gar nicht infrage«, antwortete sie, während sie ganz offensichtlich jeden Augenblick genoss. »Du wolltest das ganze Erlebnis, es unmittelbar mitverfolgen, also werde ich dir nichts sagen! Du musst es selbst herausfinden, wenn wir es heute Abend ansehen!«

»Ahh!«, rief ich.

Dann hatte ich einen brillanten Einfall. Ich wartete, bis Mama die Küche verließ, eilte zum Papierkorb und begann, die Zeitungen zu durchwühlen. In der Ausgabe von heute Morgen würde ich die Ergebnisse sicher finden.

Ha!, dachte ich triumphierend, während ich darauf achtete, keinen Lärm zu machen. Die Wahrheit war, dass ich Spannung hasste und es nicht ausstehen konnte, Dinge nicht zu wissen. Ich war eines der Kinder, die ein Wörterbuch benutzten, um jedes Wort nachzuschlagen, von dem meine Eltern sagten, dass sie es mir erklären würden, wenn ich älter wäre. Ich war eigenständig. Ich konnte die Antworten selbst finden. Ich würde einfach einen Blick auf die Ergebnisse werfen und meinen Eltern nichts davon erzählen, damit sie am Abend ihr Freude genießen konnten, mich zu »überraschen«. Wo war diese blöde Zeitung?

»Ach übrigens, wir haben die Tageszeitung versteckt«, rief Mama beiläufig vom Wohnzimmer herüber, »also such sie erst gar nicht.«

Meinen Eltern war wirklich *alles* zuzutrauen. Es dauerte eine Ewigkeit bis zum Abend. Endlich durfte ich in dem schwelgen, was das halbe Land – jeder, der keine Eltern hatte, die auf Schlafenszeiten bestanden – bereits am Vorabend genossen hatte. Begeistert kreischte ich bei jeder schön ausgeführten Serie von Überschlägen, jeder Reckübung und Schwebebalken-Kür, voller Ehrfurcht vor der absoluten Perfektion, die über unseren Fernsehschirm wirbelte. Der unglaubliche Fleiß und die harte Arbeit dieser jungen Frauen zahlten sich direkt vor meinen Augen aus, als sie eine Übung nach der anderen mit Bravour meisterten. Und wie der Rest der Welt schnappte ich erschrocken nach Luft, als Dominique Moceanu in der vorletzten Übung des Wettkampfs bei ihren beiden Sprunglandungen stürzte und somit drohte, das amerikanische Team in letzter Minute vom ersten Platz zu stoßen. Ich konnte mir kaum vorstellen, wie sie sich gefühlt haben musste. Ich wusste, dass sie sehr gut war, sehr hart gearbeitet hatte und ihr der Wettkampf sehr wichtig war. Jetzt blieb nur noch Kerri Strug übrig – mit dem letzten Sprung des Abends. Ich wusste, wie das Punktesystem funktionierte; noch *ein* gelungener Sprung würde dem Team den Sieg sichern. Aufgeregt beugte ich mich nach vorne. Jeder meiner Muskeln war angespannt, als sie die Anlaufbahn entlangsprintete, sich vom Sprungbock abstützte, darüberflog und dann … auch Kerri schaffte es nicht, präzise zu landen. Als sie für ihren zweiten Sprungversuch zum Startpunkt zurückhumpelte, war klar, dass sie sich am Fuß verletzt haben musste.

»Neeein. Nein, nein, nein!«, jammerte ich und hielt mir die Hände vors Gesicht. »Sie werden verlieren. Sie sind so nah dran und jetzt werden sie verlieren!« Das also hatte mein Vater gemeint. Aber es gab noch einen winzigen Hoffnungsschimmer. Noch war ein letzter Sprung ausstehend. Und wie am Vorabend sicher auch der Rest der Welt schrie ich vor Aufregung, als Kerri nach diesem letzten Sprung auf ihren Füßen landete, kurz stehen blieb und dann – offensichtlich von Schmerzen überwältigt – auf der Matte zusammenbrach.

Ich sah, wie die Trainer und ein Arzt zu ihr eilten. »Ich hab sie, ich hab sie, … ich hab sie«, hörte ich eine Männerstimme sagen.

Die Emotionen des Augenblicks waren förmlich spürbar. Diese jungen Mädchen hatten mit ihren perfekten Körpern geschafft, was keinem anderen US-amerikanischen Turnerinnen-Team je gelungen war. Sie hatten einen hohen Preis bezahlt, einschließlich der Verletzung einer Kameradin, aber sie hatten durchgehalten. Es war unglaublich.

Wieder einmal wusste ich, wie sehr ich diesen Sport liebte. Als ich klein war, hatte ich regelmäßig Turnstunden gehabt und war seitdem davon fasziniert. Ich konnte mich an vieles nicht mehr erinnern – nur daran, wie sehr die Schaumgrube gestunken hatte. Und wie gerne ich hatte weiterturnen wollen, als es aus finanziellen Gründen nicht mehr möglich gewesen war. Es war einfach zu teuer.

Inzwischen war ich elfeinhalb, also ein paar Jahre zu alt, um ernsthaft eine Karriere als Turnerin zu beginnen. Trotzdem wollte ich zurück in die Turnhalle. Alles daran faszinierte mich. Ich liebte die Kombination aus geistiger und körperlicher Fähigkeit, die der Sport erforderte. Den hohen Grad an Perfektion und die vielen Wiederholungen, die nötig waren, um jede Bewegung makellos und schön auszuführen. Ich staunte über die körperliche Stärke und Gelenkigkeit der Turnerinnen sowie über ihren Fleiß und ihre Entschlossenheit. Es gefiel mir, dass man diesen Sport nicht halbherzig oder nebenbei erlernen konnte. Ich war Perfektionistin und wollte einen Sport, der genau das von mir verlangte.

Nach diesem Abend, an dem ich zugesehen hatte, wie unser Team sich die Goldmedaille holte, begann ich, meine Eltern darum zu bitten, wieder Turnunterricht nehmen zu dürfen. Ich flehte und bettelte, bis meine Mutter bei ein paar Vereinen anrief. Aber die Gebühren waren selbst für Einsteiger ziemlich hoch und stiegen danach rapide an.

Als wir wieder einmal darüber diskutierten, platzte ich plötzlich heraus: »Ich werde mithelfen, das Geld dafür aufzutreiben.«

»Wie bitte?«, fragte meine Mutter ein wenig erschrocken.

»Ich werde helfen, dafür zu bezahlen«, wiederholte ich.

Sie schwieg einen Moment. »Du willst es wirklich so gerne?«

»Ja.« Ich atmete tief durch. »Ja, ich will es wirklich.«

Ich arbeitete schon seit einiger Zeit als Babysitterin und war es gewohnt, Geld beizusteuern, wenn ich etwas Besonderes haben wollte. Für meinen Klavierunterricht half ich Mama bereits, das Haus meines Klavierlehrers zu putzen – ein freundliches Entgegenkommen meines Lehrers, welches es mir und meinen Geschwistern ermöglichte, ein Instrument zu erlernen. Die Idee, für meine Turnstunden zu arbeiten, erschien mir also völlig logisch. Alles, was ich wollte, war eine Chance.

»Na gut«, antwortete meine Mutter. »Wenn es dir wirklich so viel bedeutet, werden wir einen Weg finden, es möglich zu machen.«

Ein paar Wochen später stand ich in einem kleinen Turnstudio, inmitten eines Einkaufszentrums. Ich sah zu, wie ein Mädchen einen Handstützüberschlag vorwärts übte – in einem winzigen Vorraum, der noch dazu mit Plastikstühlen vollgestopft war. Der renovierte Laden, in dem sich auch eine Turnhalle befand, war so klein, dass nur eine halbe *Tumbling*-Bahn, ein verkürzter Sprunganlauf, ein Stufenbarren und ein paar Schwebebalken hineinpassten. Einige Matten und die nötige Ausrüstung fürs Männerturnen rundeten die kleine, vollgestellte Arena ab. Es war kaum etwas los – nur eine Handvoll Mädchen im Wettbewerbs-Team und ein paar Freizeitkurse.

Nebenan boten die Angestellten von *Claire's Boutique* duftende Lotionen und glitzernde Haarspangen feil, während einen Raum weiter Turnerinnen mit blutenden Händen und zweckmäßigen Pferdeschwänzen durch die Luft wirbelten. Man konnte den Kreidestaub in der Luft riechen. Ich liebte es.

Meine Mutter freundete sich sofort mit der Empfangsdame an, und später bemerkte sie, wie gut sie es fand, dass die Eltern alles sehen und hören konnten, was in der Turnhalle vor sich ging. Wir hatten beide noch keine Ahnung von der dunklen Seite, die mein Lieblingssport mit sich bringen würde, aber meine Mutter besaß eine große Portion gesunden Menschenverstand. Zu wissen, was mit ihren Kindern geschah, war für sie immer sehr wichtig. Sie hatte auch keine Scheu davor, die einzige Mutter zu sein, die immer dabei war, um alles zu beobachten, auch wenn andere Eltern sich deshalb über sie lustig machten.

»Es ist egal, was die anderen sagen oder denken«, sagte sie mir. »Dein körperliches und geistiges Wohl sind es mir wert, als Spinnerin angesehen zu werden!«

Als wir die Turnhalle an jenem Tag verließen, war ich für den Anfängerkurs angemeldet, besaß meinen ersten Turnanzug (aus Baumwolle, mit graublauem Karomuster) und war so aufgeregt, dass ich Schmetterlinge im Bauch hatte. Die fünf Tage, die ich auf meine erste Stunde warten musste, fühlten sich wie eine Ewigkeit an.

Als ich in der darauffolgenden Woche aus dem kleinen Studio trat, war ich erschöpft, aber beschwingt. Mein Trainer war der Betreiber der Turnhalle, ein ehemaliger Goldmedaillengewinner aus Osteuropa. Er übernahm die meiste Trainingsarbeit – angefangen bei dem großartigen Mädchen, das ich am ersten Tag über die halbe *Tumbling*-Bahn hatte wirbeln sehen, bis hin zu Anfängerinnen wie mir.

Was mich betraf, ich sah lächerlich aus und wusste es. Mit meinen fast zwölf Jahren war ich 1,67 Meter groß, schlaksig, mit langem Oberkörper. Ganz und gar nicht wie die winzigen Athletinnen, mit denen ich trainierte, die kompakte Muskeln und einen perfekten Körperbau hatten. Doch ich wusste, was ich wollte und dass ich alles erreichen konnte, wenn ich nur hart genug dafür arbeitete. Eigentlich reichte es mir schon, es einfach nur um der Freude willen zu tun, die es mir brachte.

Das erste einstündige Training verließ ich wie im Rausch. Nicht nur, weil ich endlich turnen durfte, sondern weil ich nun eine Vorstellung davon hatte, was ich tun musste. Mein Trainer war von der alten Schule, ich hatte vorher keinen anderen getroffen, der seine Athleten so konditionierte wie er. Als Hobby-Turnerin auf Level 1 bestand meine erste Trainingseinheit aus Sprints, sechzig Liegestützen, sechzig Rumpfbeugen, lächerlichen Klimmzug-Versuchen mit Ober- und Untergriff, Froschsprüngen, *Relevés* (wie eine Ballerina auf die Zehenspitzen stellen), ausgiebigem Dehnen und einer Einweisung in grundlegende Techniken. Ich wusste, dass ich eine unermüdliche Arbeitsmoral brauchte, wenn ich es jemals auf Wettkampfniveau schaffen wollte, und der Ablauf des ersten Trainings gab mir eine Vorlage, nach der ich arbeiten konnte.

An diesem Abend dehnte ich mich zwei Stunden lang und wiederholte das gesamte Konditionstraining. Es gab nicht viel, was ich zu Hause üben konnte, aber ich wollte so stark und gelenkig wie möglich werden, um meine knapp bemessene Zeit in der Turnhalle voll auszuschöpfen. Auch die darauffolgenden Abende dehnte und trainierte ich noch mindestens eine Stunde lang bis zur Schlafenszeit. Innerhalb von zwei Wochen beherrschte ich jeden Spagat perfekt und konnte die verlangten Konditionsübungen mit relativ korrekter Technik und Form ausführen. Es war nicht viel, aber es war ein Anfang.

Den ganzen Herbst, Winter, Frühling und Sommer lang übte ich in der kleinen Turnhalle im Einkaufszentrum und ergänzte mein Training zu Hause. Ich saß im Spagat, während ich meine Schularbeit erledigte, trainierte eine Stunde vor dem Schlafengehen und drehte Pirouetten auf unserem Küchenboden. Den größten Teil der naturwissenschaftlichen Literatur für die Schule las ich kopfüber, im halben Handstand an der Tür zum Wäschezimmer. Das Sofa nutzte ich häufiger, um Überspagat zu üben, als um darauf zu sitzen, und die rauen Holzbretter, mit denen neu gepflanzte Bäume in unserem Garten eingezäunt wurden, dienten mir als Schwebebalken.

Neun Monate nachdem ich zum ersten Mal die kleine Turnhalle betreten hatte, sage mein Trainer die Worte, auf die ich gewartet hatte: »Ich würde gerne darüber sprechen, dass Rachael dem Wettkampfteam beitritt.«

Für eine zwölfjährige Turnerin, die nicht »ins Profil passte«, konnte es nichts Besseres geben. Ich war nicht fürs Collegeturnen gemacht, geschweige denn für die Olympischen Spiele. Viele Trainer hätten mich links liegen lassen, aber meiner gab mir eine

Chance. Endlich würde ich zu einem Mitglied von *USA Gymnastics* werden. Ich würde die Anstecknadel, den Mitgliedsausweis und einen echten Wettkampfanzug bekommen. Das war es, wofür ich so hart gearbeitet hatte, ich war begeistert.

»Was meinst du?«, fragte meine Mutter.

Wir waren beim Infotreffen gewesen, um zu erfahren, was es bedeuten würde, Teilnehmer des Wettkampfprogramms zu werden. Neben der Anzahl der Trainingstage und -stunden ging es vor allem um die finanziellen Anforderungen. Die Gebühren für die Turnhalle, die Wettkämpfe und die Kleidung sowie die »Nebenkosten« für Dinge wie Gelenkstützen und zusätzliche Trainingsanzüge waren zusammengenommen höher, als es sich meine Familie leisten konnte. Und meine Mutter hatte noch andere Bedenken. Sie wusste, dass zum einen Probleme mit dem eigenen Körperbild weit verbreitet waren und es zum anderen häufig Verletzungen gab. Aber ich wollte es. Ich wollte es unbedingt.

»Ich habe doch den Teilzeitjob als Babysitterin«, schlug ich vor. »Einen Teil von dem Geld brauche ich, um etwas zum Biologieunterricht beisteuern zu können. Aber der Rest könnte in meine Turngebühren fließen!«

Meine Mutter dachte eine Weile darüber nach, dann sagte sie: »Wir könnten fragen, ob es irgendwelche zusätzliche Arbeiten in der Turnhalle gibt, die wir übernehmen könnten, um die Gebühren zu reduzieren.«

Mein Puls beschleunigte sich. *Ja! Es wird funktionieren!*

»Aber was ist, wenn du dich verletzt?«, fragte sie dann und brachte mich wieder auf den Boden der Tatsachen zurück. »Dein Vater und ich wollen, dass du das tun kannst, was dir Spaß macht.

Aber nichts ist so wichtig wie deine Gesundheit und deine Sicherheit, mein Schatz. Wenn wir das durchziehen, musst du darauf gefasst sein, dass du dich so schlimm verletzen könntest, dass es unklug sein würde weiterzumachen.«

Meine Eltern scheuten sich nicht davor, auch schwierige Themen anzusprechen, also diskutierten wir an jenem Abend über alle Eventualitäten, bevor wir eine Entscheidung trafen. Wir sprachen über die Sicherheitsvorkehrungen, die wir treffen würden, um mich vor falschen Vorstellungen bezüglich meines Körperbildes zu bewahren, wie wir die Kommunikation offen gestalten würden, damit ich mit allen Bedenken zu meinen Eltern kommen könnte, wie ich mit dem Druck umgehen würde, einen »Turnerinnenkörper« zu erreichen und dem Wunsch, meinem Trainer gefallen zu wollen. Auch meine Bereitschaft, den Sport aufzugeben, wenn es in meinem besten körperlichen, geistigen oder emotionalen Interesse lag, kam zur Sprache, welche Grenzen es für die Trainer geben sollte, wenn sie mir Hilfestellung gaben oder mich dehnten, wie ich die Privatsphäre in der Umkleidekabine wahren würde und welche Arten von Themen ein Trainer nie mit mir als Sportlerin besprechen sollte. Wir sprachen über alles.

Am Ende entschieden wir, es zu versuchen, die Ermahnung meiner Mutter stets vor Augen: »Wenn dein Vater und ich irgendetwas sehen, das uns Anlass zur Sorge um deine Gesundheit oder Sicherheit gibt, bist du schneller raus, als du dir vorstellen kannst.« Sie wusste, dass es schwierig sein würde, mich von diesem Sport abzubringen. »Und ich bin bereit, wenn nötig deinen Zorn mir gegenüber zu riskieren, um dich zu schützen.«

Uns all dessen bewusst, unterschrieben wir den Papierkram, bezahlten die erste Rate der Gebühren und kauften meine ersten Zughilfen (ein spezieller Handschutz mit kleinem Holzstab in der Nähe der Fingerspitzen, mit deren Hilfe man sich besser am Stufenbarren festhalten kann – WIE SIE DIE OLYMPIATEILNEHMER TRAGEN! Ja, zu diesem Zeitpunkt in meinem Leben dachte ich immer in Großbuchstaben an sie).

Um ehrlich zu sein, ich hatte große Angst, als ich zum ersten Mannschaftstraining ging. Die Turnhalle war erst kürzlich in eine ehemalige Autowerkstatt umgezogen und besaß nun eine *Tumbling*-Bahn in (fast) voller Länge, eine verlängerte Anlaufbahn für Sprünge, einen zweiten Stufenbarren und eine Mannschaftskabine. Diese letzte Besonderheit war eigentlich nur ein winziger Raum mit einer Wand voll hölzerner Ablagefächer, aber trotzdem war es die *Mannschaftskabine.*

Unser winziges Team bestand aus neun Mitgliedern, angefangen von aufstrebenden Athletinnen auf Level 5, wie mir, bis hin zu unserer einzigen Turnerin auf Level 9. Ich war fast die Älteste und mit Abstand die Schlechteste, eine Tatsache, die mich ziemlich unsicher machte.

Meine Nervosität ließ jedoch schnell nach, als die erfahreneren Mädchen mich durch das selbstständige Aufwärmen und die Stunde mit Konditionsübungen führten, mit der jedes dreistündige Training begann. Sie beantworteten alle Fragen, die eine brennende Perfektionistin mit der Angst, Fehler zu machen, beschäftigten, und erzählten freundlicherweise selbstironische Geschichten von *ihren* ersten Tagen in der Mannschaft. Daher fühlte ich mich nicht ganz so dumm, als sich meine Beine nach der ersten halben Stunde Muskeltraining in Wackelpudding verwandelten (obwohl das nichts war im Vergleich zu dem Muskelkater, den ich in den nächsten zwei Wochen haben sollte).

Nach und nach wurde das Mannschaftsleben zur Routine. Meine Hände waren von Blasen übersät, rissig und schwielig, auch dann noch, als meine Muskeln sich bereits an das intensive Konditionstraining gewöhnt hatten. Jeden Tag erledigte ich meine

Schularbeit, ging babysitten und dann in die Turnhalle. Einmal die Woche – um einen Beitrag zu den Kosten meiner heiß begehrten Turnstunden zu leisten – half ich meiner Mutter, die ganze Einrichtung zu putzen.

Mit der Zeit fühlte ich mich immer mehr als Teil des eng geknüpften kleinen Teams, das meine Erwartungen übertraf. Es gab keine Ego-Kämpfe, keinen Wettstreit zwischen Turnerinnen, keine fiesen Bemerkungen und keinen Spott über diejenigen, die keinen absolut perfekten Rückwärtsüberschlag machen konnten (und ja, damit meine ich mich). Stattdessen halfen sich alle Mitglieder gegenseitig und boten einander freundliche Korrekturen oder Umarmungen an, wenn jemand entmutigt war. Wir freuten uns über die Erfolge der anderen, halfen uns gegenseitig weiter, und unser Trainer trug dazu dabei, das alles zu ermöglichen. Er war ein Mann der leisen Töne, sanftmütig, zurückhaltend und ruhig. Sein »Sehr gut…«, das mit einem allmählich schwächer werdenden osteuropäischen Akzent gesprochen wurde, war das höchste Kompliment, das wir für eine gelungene Übung bekommen konnten.

Die Turnhalle besaß keinen großen Schnickschnack, und es gefiel mir so. Wir machten das Beste aus dem, was wir hatten, auch wenn das im Winter hieß, bei unserer Ankunft einen Eiszapfen am Wasserhahn vorzufinden, weil die Heizung nur dann eingeschaltet war, wenn wir trainierten. Wir wuchsen enger zusammen, wenn wir »Mir ist so kalt, ich erfriere!« kreischten, und zitternd in die Umkleidekabine liefen, bis die Heizung in Gang kam. Dann stellten wir die wildesten Spekulationen darüber an, was wohl passieren würde, wenn auch das Wasser in der Toilette einmal gefrieren sollte. Glücklicherweise wurde die kleine Halle schnell warm. Innerhalb von wenigen Minuten schmolz das Eis, wir zogen unsere Jogginghosen aus und das Training begann. Im Sommer hatten wir das gegenteilige Problem – den Luxus einer Klimaanlage gab es nicht. Zu unserem Glück hatten wir dafür Garagentore, die sich vollständig öffnen ließen, sodass im vorderen Teil der Halle eine leichte Brise wehte. Aber wenn neun Turnerinnen drei Stunden lang bei über dreißig Grad trainierten, Brise hin oder her, konnte man die Luft in der Umkleidekabine schneiden.

Fast täglich wurden wir von unserem Trainer ermahnt, gut zu essen und viel zu trinken, etwas, von dem ich heute weiß, dass es nur wenige Trainer tun. Die anderen Mädchen tranken *Gatorade*, aber ich bevorzugte – zur Entrüstung aller anderen – *V8*-Eistee für einen schnellen Kalorienkick während des Trainings. Unterm Strich kam das Leben in einen festen Rhythmus, und es war gut.

Um am Ende des Sommers unseren Fortschritt zu beurteilen, ließ uns unser Trainer eine Reihe von Konditions- und Dehntests durchführen. Dazu gehörte das Seilklettern – eine Herausforderung, bei der eine Turnerin ihre Beine in perfekter L-Form ausstreckt und ein bodenlanges Seil nur mit der Kraft ihrer Arme hoch- und herunterklettert, ohne zwischendurch den Boden zu berühren.

»Komm schon, du bist fast da! Du schaffst es!«, riefen wir, als eine unserer Teamkolleginnen zum dritten Mal in Folge nur mit den Händen das Seil erklomm. Sie keuchte, pausierte und streckte immer wieder ihre schmerzenden Arme aus. Endlich schaffte sie es auch dieses Mal wieder bis nach oben und schlug gegen den Metallbalken, an dem das Seil hing. Das metallische Geräusch hallte bis zu uns herunter und signalisierte ihren Erfolg.

Auf ihrem Weg nach unten rief mein Trainer mit ruhiger Stimme: »Vorsichtig, vorsichtig.« Dann, mit einem leicht warnenden Unterton: »Pass auf deine Hände auf!«

Nachdem sie ohne Seilbrand unten angekommen war, rief er freudig aus: »Wo kam das denn her?« Er deutete auf ihre drahtigen

Arme und drückte gestikulierend seine Überraschung darüber aus, dass ihr winziger Körper die Kletterübung so gut gemeistert hatte.

»Sie fühlen sich wie Wackelpudding an«, keuchte sie zurück.

Er nahm ihre Handgelenke und schüttelte sanft die Erschöpfung aus ihren Armen.

»Meine auch! Meine auch!«, fiel eine andere Teamkollegin ein und streckte ihre Arme aus. Er lachte und schüttelte bereitwillig auch ihre Arme.

Ich wusste nicht, wie ungewöhnlich das war, bis zwei Wochen später eine Gastturnerin aus einem anderen Verein mit uns trainierte. Sie war jung, etwa elf Jahre alt. Wir übten *Tumbling* (eine Reihe von Überschlägen, Flickflacks, Salti und Schrauben), wobei je eine Hälfte unseres Teams in zwei verschiedenen Ecken der Halle stand. Meine Partnerin und ich waren bereits an der Reihe gewesen und warteten, bis das restliche Team wieder auf der anderen Seite angekommen war. Als die neue Turnerin sich für den Anlauf bereitmachte, hielten wir den Atem an. Sie hatte Bandagen an beiden Handgelenken und am Knie, wir wussten, dass sie auch gegen Schmerzen im Rücken und an den Kniesehnen ankämpfte. Ihre Mutter hatte es dem Trainer gegenüber erwähnt, bevor wir begannen, und beharrt: »Sie ist es gewohnt, sich durchzukämpfen.«

Die Kleine lief los und warf sich mit unglaublicher Anstrengung in einen Salto mit einer ganzen Schraube. Meine Partnerin und ich schnappten nach Luft.

»Sie wird sich ernsthaft verletzen«, flüsterte meine Teamkollegin mir zu. »Das ist nicht in Ordnung.«

Und das war es auch nicht.

Die Gastturnerin sprang gefährlich tief, was dazu führte, dass sie bei jeder Landung hart auf die Matte aufsetzte. Ihre Knöchel und Knie waren überstreckt, um den Aufprall abzufangen, der durch den falschen Winkel viel zu heftig war. Schlimmer noch, ihr Kopf war viel zu nah am Boden.

»Sie könnte sich das Genick brechen«, sagte meine Partnerin kopfschüttelnd.

Sogar ich konnte sehen, dass ihr Salto nicht annähernd straff genug war, um eine Schraube zu üben, wenn sie gesund gewesen wäre. Geschweige denn in verletztem Zustand.

»Wer lässt sie so trainieren?«, fragte ich ungläubig. »Sehen die nicht, wie gefährlich das für sie ist?«

»Sie ist eins von Johns Mädchen«, antwortete meine Kameradin resigniert.

»Oh.«

Wir wussten beide, was das bedeutete.

»Eins von Johns Mädchen« bedeutete, dass sie eine Athletin bei *Twistars* war, einem der bekanntesten Turnvereine in unserem Bundesstaat. Der Leiter dieses Vereins war John Geddert, und in der Turnerwelt eilte ihm sein Ruf voraus. Seine Mädchen verletzten sich oft, meistens schwer. Fast alle von ihnen, sogar die Anfängerinnen, wurden von Problemen am Rücken, an den Knien und an den Kniesehnen geplagt. Teamkolleginnen und Eltern, die schon seit Jahren in der Welt des Kunstturnens waren, sagten, dass er seine Turnerinnen dazu drängte, Übungen zu machen, für die sie noch nicht bereit oder nicht stabil genug waren, was häufig zu noch schlimmeren Verletzungen führte. Er schrie, er schimpfte, manche Mädchen und Eltern in unserem Verein hatten gesehen, wie er mit Dingen warf, und es wurde gemunkelt, dass dazu auch manchmal seine eigenen Turnerinnen gehörten. Dieses Verhalten trat nicht nur während des Trainings auf – er tat es auch bei Wettkämpfen, direkt vor den Augen der Eltern, der anderen Trainer und der Richter von *USAG*.

Aber niemand stoppte ihn.

Weil John gute Ergebnisse erzielte.

Johns Turnerinnen waren nur ein Mittel zum Zweck. Wenn eine Athletin verletzt war, war eine andere bereit, ihren Platz einzunehmen. Nach einem Wettkampf gingen wir einmal als Team zusammen aus und sprachen dabei ernüchtert darüber, wie sehr Johns Mädchen sich fürchteten zu essen, sogar nach einem Wettkampf. Ein paar aus meinem Team, die schon mit einigen von Johns Spitzenturnerinnen unterwegs gewesen waren, erzählten im Flüsterton, dass diese Mädchen oft nur ein paar Salatblätter auf dem Teller hatten, obwohl sie den ganzen Tag in Wettkämpfen angetreten waren. Sie wussten alle, dass sie beim nächsten Training gewogen werden würden, und auch, dass John sie immer beobachtete.[2]

Wenn diese Gastturnerin eine von Johns Athletinnen war, gab es nichts, was wir oder unser Trainer für sie tun konnten.

In jenem Jahr las ich das Buch *Little Girls in Pretty Boxes* von Joan Ryan, einer Sportredakteurin der *San Francisco Chronicle*. Es war eine verurteilende Anklage gegen die Welt des Wettkampfturnens und Eiskunstlaufs, die den physischen, emotionalen und sogar sexuellen Missbrauch offenlegte, den die Autorin beinahe als ein Kennzeichen dieser Sportarten ansah. Sie argumentierte, dass kleine Mädchen in diesem Sport nicht mehr wert waren als die Medaillen, die sie gewinnen konnten, sodass sie ausgehungert, misshandelt und benutzt wurden, damit ihre Körper und Fähigkeiten perfekt blieben – wie »schöne Schachteln«. Das war es, was das Publikum sehen wollte.

Mit jedem Kapitel, das ich las, spürte ich mehr einen Krieg in meinem Innern toben. Ich wusste, dass einige der Charakterisierungen von Trainern in diesem Sport wahr waren, weil ich selbst schon solche erlebt hatte. Doch als ich am Ende des Buches angelangt war, klappte ich es zu, setzte mich auf den kratzigen

Berberteppich in unserem Keller und schüttelte den Kopf. Ich hatte ein ungutes Bauchgefühl und meine Gedanken überschlugen sich.

Das kann nicht wahr sein, dachte ich. *Es kann nicht alles wahr sein. Die Autorin muss übertrieben haben. Sie muss die schlimmsten Beispiele herausgepickt und all die guten ausgelassen haben.* Obwohl ich den Gedanken, ob die Realität wirklich so hässlich sein konnte, bewusst von mir wies, verspürte ich weiterhin ein nagendes Gefühl in der Magengrube. Immer wieder drehte ich das Buch in meinen Händen um.

Nichts, was sie sagt, ist ein Geheimnis, dachte ich. *Wenn sie die Wahrheit sagt, sind die Beweise offensichtlich und nicht schwer zu finden. Sie hat sie gefunden. Wenn sie die Wahrheit sagt, weiß jeder bei USAG, dass diese Dinge passieren.*

Ich atmete tief durch und schüttelte wieder und wieder den Kopf, als wollte ich meine Zweifel und Bedenken abschütteln. »Es kann nicht wahr sein«, wiederholte ich laut. »Denn wenn es wahr und wirklich *so* schlimm wäre, dann wüssten es alle. Und wenn sie es wüssten, würden sie es stoppen, oder? Ganz sicher glaubt niemand wirklich, dass Medaillen mehr wert sind als kleine Mädchen.«

Ich wiederholte es immer wieder und tröstete mich mit diesem Gedanken. *Es kann nicht wahr sein, denn wenn es wahr wäre, würde es jemand stoppen. Jemand würde für diese Mädchen eintreten.*

Jemand würde es stoppen.

Jemand würde es stoppen.

Oder?

VIER

»Ja!«, kreischte Erin und reckte eine Faust in die Luft.

»Du hast es geschafft! Du hast es geschafft!« Sie schrie so laut, dass man es in der ganzen Halle hören konnte, während sie eine der Turnerinnen stürmisch umarmte. »Ich bin so stolz auf dich!«

Es war Hochsommer und Erin hatte das Training für die Saison übernommen, damit der Betreiber der Turnhalle seine Familie in Europa besuchen konnte. Erin war bei Weitem die lebhafteste Trainerin, die man sich vorstellen konnte, und sie gab alles, um unser winziges Team und jede einzelne Person darin mit ihrer unübertroffenen Zielstrebigkeit zu formen und zu unterstützen. Natürlich erwartete sie dafür viel von uns, doch sie verband ihren Unterricht mit einem so intensiven Enthusiasmus, dass er die ganze Turnhalle mit Energie auszufüllen schien.

»Stell dich da hin«, sagte sie eines Tages und zeigte auf eine Linie am Boden. Sie versuchte, mir zu erklären, in welchem Winkel ich aufkommen musste, um meinen Handstützüberschlag rückwärts mit der richtigen Streckung auszuführen. Ich stellte mich gehorsam an die Linie; dann kam sie zu mir her und stellte sich nur wenige Zentimeter entfernt vor mir auf.

»Wenn wir fertig sind, solltest du das hier können«, erklärte sie und sprang ohne ein weiteres Wort rückwärts in einen Handstützüberschlag, wobei ihre perfekt gestreckten Füße dicht an meinem Gesicht vorbeiflogen. Weil sie es im richtigen Winkel gesprungen war, hatte ich nur den Luftzug und keinen kräftigen Tritt gegen meinen Unterkiefer gespürt. »Siehst du? Ich habe dich nicht getreten!«

Ich nickte eifrig, obwohl ich mein Leben gerade buchstäblich vor meinem inneren Auge vorbeiziehen gesehen hatte. »Wenn du das jetzt versuchen würdest, würdest du mich umbringen«, erklärte sie grinsend. »Wenn ich ›Schultern zurück‹ sage, meine ich das auch!«

Erin schaffte es in jenem Jahr nicht, meinen Rückwärtsüberschlag zu korrigieren, und das Problem lag eindeutig auf meiner Seite. Was sie jedoch erreichte, war noch viel wichtiger. Sie zeigte mir, wie ein guter Trainer in die nächste Generation investiert. Für Erin waren wir nicht nur Fähigkeiten und Ergebnisse, wir waren Menschen mit Herzen, Gedanken, Körpern und Seelen, die geformt werden wollten. Sie interessierte sich für *uns*, für die Entwicklung unserer Persönlichkeit und dafür, wer wir sein würden, wenn wir die Turnhalle verließen.

»Was ihr hier lernt, wird euch euer ganzes Leben begleiten«, sagte sie.

Und sie hatte recht. Mit ihren Worten und ihrem guten Beispiel brachte sie uns Dinge bei, die uns, bis der Sommer vorüber war, zu besseren Menschen gemacht hatten. Sie lehrte uns, wie wichtig es war, in jeden Einzelnen zu investieren und nicht nur in diejenigen, die vielleicht später die öffentliche Aufmerksamkeit erregen würden. Sie ermutigte uns, uns über die Erfolge unserer harten Arbeit zu freuen, über jede gut ausgeführte Übung. Und vor allem lehrte sie uns die kraftvolle Wahrheit, dass die Liebe die größte Motivation ist, die man haben kann. Wir alle blühten in jenem Sommer auf, weil unsere Herzen, Gedanken, Körper und Seelen sicher waren. Wir arbeiteten noch härter an unseren Fertigkeiten und Einstellungen, weil wir geschätzt wurden. Und wir lernten, Fleiß, Ausdauer, Konzentration und eine gute Arbeitsmoral auf eine Art und Weise kennen, wie wir es vorher nie erlebt hatten.

Die Trainer, die ihre Turnerinnen *benutzten*, um Erfolg zu haben, zogen vielleicht die allgemeine Aufmerksamkeit auf sich. Aber sie ließen leere Hüllen von kleinen Mädchen zurück, deren Körper und Gefühle so verletzt waren, dass manche von ihnen nie ganz wieder heil werden würden. Erin wurde nie zu einer berühmten Trainerin, aber sie und unser Vereinsleiter taten in jener winzigen Halle in Kalamazoo, Michigan, mehr Gutes, als die berühmtesten Trainer es je tun würden – Trainer, die in hochmodernen Komplexen arbeiteten und sich mit Trophäen schmückten, die mit dem Blut, dem Schweiß und den Tränen kleiner Mädchen erkauft worden waren.

Dank des intensiven und gründlichen Konditions- und Techniktrainings unseres Trainers war die Verletzungsrate bei uns sehr niedrig. Aber selbst das reichte nicht, um mich ganz davor zu schützen. In jenem Sommer wurden die Schmerzen in meinen Handgelenken und meinem Rücken immer schlimmer. Kurzum: ich war nicht fürs Turnen gemacht. Ich hatte einen zu langen Oberkörper und ungelenkige Schultern, zudem hatte ich viel zu spät mit dem Sport angefangen. Mein Körper war schlichtweg abgekämpft von den ständigen Belastungen. Als es so schlimm wurde, dass ich morgens mit einem tauben Bein und einem ausstrahlenden Ischiasschmerz aufwachte, verschwendete meine Mutter keine Zeit mehr und brachte mich sofort zum Arzt.

Kurze Zeit später saß ich auf dem zerknitterten weißen Papier einer Arztliege, glücklicherweise hatten wir einen Termin in einer der bekanntesten sportmedizinischen Kliniken der Region bekommen. Doch dieser Tag sollte einer der am meisten frustrierenden meiner Turnkarriere werden. Nicht unfreundlich, aber forsch und sehr geschäftsmäßig marschierte der Arzt herein. Es war offensichtlich, dass er andere Dinge zu tun hatte. Er stellte sich vor, schüttelte meiner Mutter und mir kurz die Hand und fragte: »Also, wo liegt das Problem?«

Ich erzählte von den Schmerzen im Rücken und den Handgelenken, wies auf die Stellen an den Daumen, die oft taub waren, und zeigte ihm, bei welchen Bewegungen die Schmerzen schlimmer wurden.

»Und dein Rücken?«, fragte er. »Was löst da die Schmerzen aus?«

Ich beschrieb die Bewegungen und fügte hinzu: »Aber es kann auch schon wehtun, wenn ich einfach nur sitze, gehe oder alltägliche Dinge tue.«

»Hmm.« Er warf einen Blick auf mein Krankenblatt und die kurze medizinische Vorgeschichte, die in der Aktenmappe notiert war. »Nun ja, die Sehnen und Muskeln sind wahrscheinlich entzündet und drücken deshalb auf die Nerven, was zu Schmerzen und Taubheitsgefühlen führt.« Dann sah er auf und sagte: »Kühlen wäre eine gute Sache.«

Ich blinzelte. *Kühlen? Er sagt das, als wäre es eine ganz neue Idee. Hat er nicht mitbekommen, dass ich Turnerin bin? Wir* leben *von Tapes und Eis.*

Er las noch einmal die Notizen und untersuchte meine Handgelenke etwas genauer. Ich wartete gespannt auf die dringend benötigte Klarheit und Anweisung. Endlich nickte er. Ich wappnete mich. *Jetzt kommt es …*

»Ich denke, die Sehnen sind definitiv überanstrengt«, verkündete er selbstbewusst und klappte die Mappe zu.

»Okay … ja«, stimmte ich zu, während ich versuchte, einen höflichen Ton zu bewahren. »Das Turnen ist sehr anstrengend. Was ich eigentlich wissen möchte ist, ob Sie irgendwelche Vorschläge haben, wie es besser werden könnte oder wie ich mich vor Verletzungen schützen kann.«

Es gibt bestimmt etwas, das ich machen kann, dachte ich. *Physiotherapie oder Tipps, was ich tun darf und was nicht. Dehn- oder Kraftübungen. Etwas, was ich an meinem Training verändern könnte!*

»Nun, du musst einfach alles ruhen lassen«, sagte er, als könnte er nicht verstehen, warum wir überhaupt dieses Gespräch führten. »Du musst eine Pause machen.«

»Eine Pause … von allem?«, fragte ich. »Können Sie mir nicht sagen, was ich ohne Probleme machen kann und was nicht? Im Turnen ist eine Pause nicht wirklich möglich. Normalerweise machen wir zumindest so viel vom Training mit, wie wir können, während eine Verletzung heilt. Können Sie mir nicht sagen, was ich vielleicht doch tun kann?«

Er blieb standhaft. »Mach einfach eine Pause«, wiederholte er lässig.

Ich versuchte, meine Frustration zu verbergen. »Okay. Wie lange denken Sie, dass es dauern wird?«

»Mmm … ich würde mit zwei Monaten anfangen.«

»Zwei Monate?« Ich schrie fast. »Ich kann nicht einfach zwei Monate Pause machen!« Mühsam versuchte ich, die Fassung zu bewahren, aber diesen Kampf verlor ich schnell.

»Tut mir leid.« Er zuckte mit den Achseln. »Das ist die einzige Möglichkeit.«

Ich öffnete erneut den Mund und schloss ihn wieder, ohne ein Wort zu sagen. Es war zwecklos. Hier würde ich eindeutig nicht weiterkommen.

Mama und ich meldeten uns ab und machten uns auf den Weg zum Auto.

Ich war fustriert. »Das ist doch Blödsinn!« Ich ließ meiner Verzweiflung freien Lauf. »Wir haben noch nicht einmal *irgendwas* versucht, und er sagt mir einfach, dass ich zwei Monate Pause machen soll?«

Meine Mutter war ratlos. Sie wusste, wie frustriert ich war, aber sie hatte auch keine andere Idee.

»Es tut mir wirklich leid, Schatz«, sagte sie mitfühlend. »Ich weiß aber nicht, was wir sonst tun sollten. Es wäre dumm weiterzumachen, wenn du solche Schmerzen hast. Nichts ist es wert, einen bleibenden Schaden in Kauf zu nehmen.«

Enttäuscht starrte ich auf die graue Fußmatte unseres Wagens. Noch am gleichen Tag bat ich meine Mutter, mich fürs Ballett anzumelden. So würde ich wenigstens die zwei Monate nutzen können, um meine Tanzkünste zu verbessern, damit ich, wenn ich in die Turnhalle zurückkehrte, wenigstens etwas getan hätte, das ich später vielleicht würde gebrauchen können.

In jenen acht langen Wochen fühlte es sich an, als würde die Zeit nicht vergehen. Einmal die Woche ging ich für eine Stunde ins Ballett und fühlte mich total unterfordert. Meine Handgelenke und mein Rücken fühlten sich bald etwas besser an, aber sie waren ganz sicher noch nicht wieder belastbar. Am Ende der zwei Monate hatte ich genug. Ich musste es wenigstens wieder versuchen.

An meinem ersten Tag zurück in der Halle eilte ich in die Umkleidekabine, stellte meine Sporttasche in mein Fach und atmete tief ein. Der vertraute Geruch von Kreidestaub, Lederriemen und verschwitzten Turnanzügen stieg mir in die Nase. Das war es. Hier gehörte ich hin.

Nach zwei vollen Monaten Pause wieder anzufangen brachte meine Frustration jedoch auf ein ganz neues Level. *Gib einfach dein Bestes*, sagte ich mir immer wieder. An der verlorenen Zeit konnte ich nichts ändern, es war also sinnlos, mentale und emotionale Energie deswegen zu verschwenden. *Das Einzige, worauf du Einfluss hast, ist das, was dir heute vor die Füße kommt.*

In den nächsten Wochen wiederholte ich dieses Mantra immer wieder und versuchte, das ungute Gefühl in meiner Magengrube zu ignorieren. Mit jedem Training wurden die Schmerzen in den Handgelenken und im Rücken wieder schlimmer. Es war, als hätten die zwei Monate Pause im Grunde gar nichts gebracht. Schon bald wurden meine Daumen wieder taub und morgens erwachte ich mit dem vertrauten Kribbeln im linken Bein. Ich kämpfte gegen die Hoffnungslosigkeit an. *Was jetzt?* Wir waren bereits in der besten Sportmedizin der Umgebung gewesen, und ich wusste genau, was ich hören würde, wenn wir wieder dorthin gingen.

»Was soll ich nur machen? Ich kann nicht bis in alle Ewigkeit immer wieder zwei Monate Pause machen!«, schnaubte ich nach einem Training verzweifelt. Ich stand mit meiner Mutter an der hüfthohen Wand, die den Elternbereich von dem mit blauem Teppichboden bedeckten Turnbereich trennte. »Es gibt keine anderen Optionen mehr!«

Während ich später meine Übungen beendete und die letzten paar Minuten des Trainings im Überspagat saß, begann meine Mutter, mit der Empfangsdame über das Problem zu sprechen. Als ich dazukam, hörte ich nur noch das Ende ihres Gesprächs.

»Es kann wirklich schwer sein, einen Arzt zu finden, der den Sport gut genug kennt, um hilfreich zu sein«, sagte die Rezeptionistin einfühlsam. Da ihre beiden Töchter als Turnerinnen auf einem höheren Level an Wettkämpfen teilnahmen, hatte sie viel mehr Erfahrung in diesem Bereich. Viele Mütter fragten sie um Rat, wenn sie Bedenken in Bezug auf ihre eigenen Kinder hatten. Jetzt wanderte ihr Blick zwischen meiner Mutter und mir hin und her. »Haben Sie schon darüber nachgedacht, sie mal zu Larry zu bringen?«

Meine Gedanken wanderten ins Jahr 1996 zurück. *Ich hab sie, ich hab sie, … ich hab sie.* Ich erinnerte mich an den Arzt, der zu Kerri Strug geeilt war, um sich nach ihrem legendären Sprung um sie zu kümmern – der Mann, der hinter der Absperrung gestanden hatte und ihr zu Hilfe geeilt war. *Ich hab sie, ich hab sie, … ich hab sie.* Das war Larry Nassar. Der Arzt des Olympischen Teams. Der medizinische Spitzenkoordinator für *USAG*. In der Welt des Turnens war Larry der Experte schlechthin. Sein Buch über Sporttherapie und Konditionstraining wurde als wegweisend erachtet. Turner, die seinen Rat nicht befolgten, taten dies auf eigene Gefahr.

Einmal hatte ich von einer Turnerin aus einem Verein in der Nähe gehört, die sich das Genick gebrochen hatte. Als sie für die Reha zu Larry ging, drückte er sein Entsetzen über ihre mangelhafte Muskelentwicklung aus und fragte: »Haben deine Trainer denn nicht mein Buch gelesen?«

Als sie ihm erzählte, dass sie das Buch wohl hätten, es aber nicht wirklich befolgten, sagte er etwas, was mich zutiefst getroffen hatte, als ich davon hörte: »Wenn deine Trainer meinem Protokoll gefolgt wären, wäre so etwas nicht passiert.« Das Leben einer Turnerin hatte sich für immer verändert durch eine katastrophale Verletzung, die vermeidbar gewesen wäre, hätte man auf Larry gehört.

»Er ist der Beste der Besten.« Die Stimme der Empfangsdame holte mich in die Realität zurück. »Er findet Dinge, die sonst niemand sieht, und kann sie mit Methoden behandeln, die sonst niemand beherrscht.«

Ich nickte. Jeder wusste das. Aber ich war nur eine Turnerin auf Level 5, wie genau sollte das funktionieren? Meine Mutter hatte die gleiche Frage.

»Behandelt er überhaupt Kinder auf diesem Level?«, fragte sie.

»Oh, Larry behandelt jeden!«, versicherte sie uns. »Er arbeitet in der Sportmedizinischen Klinik der *Michigan State University*, und die ist für die Öffentlichkeit zugänglich. Ihr müsst nur anrufen und einen Termin vereinbaren.«

Ich zuckte mit den Achseln und warf mir meine leuchtend blaue Sporttasche über die Schulter. »Es ist einen Versuch wert, denke ich.«

Dennoch fiel es mir schwer zu glauben, dass ein Arzt von Dr. Nassars Größe wirklich Zeit für eine Turnerin in meiner Situation hatte. Außerdem war seine Praxis anderthalb Stunden von uns entfernt – hin und zurück drei Stunden Fahrt. Zudem war ich mir nicht sicher, ob das überhaupt funktionieren würde. Meine Mutter war jedoch ein wenig enthusiastischer.

»Vielen Dank!«, sagte sie nachdrücklich. »Ich werde gleich morgen anrufen.«

»Also«, sagte meine Mutter mit einer leisen Spur von Aufregung in der Stimme, »wir haben einen Termin!«

Das ging schneller, als wir beide erwartet hatten. Bei den meisten Spezialisten dauerte es sehr lange, bis man einen Termin bekam, und Larry … er war der Arzt des olympischen Teams. Wir hatten uns auf eine lange Wartezeit eingestellt, aber zu unserer großen Überraschung war mein Termin schon in wenigen Wochen. Am 2. Februar, keine zwei Monate nach meinem fünfzehnten Geburtstag.

Ich schüttelte ungläubig den Kopf. »Gut!« Zum ersten Mal verspürte ich einen Hauch von Hoffnung.

»Ja«, stimmte meine Mutter zu. »Wir müssen jetzt nichts weiter tun als warten. Die Rezeptionistin der Klinik sagte auch, dass wir eine lockere kurze Hose für dich mitbringen sollen. Die Untersuchungen sind ziemlich gründlich, nehme ich an, und du musst dich gut bewegen können.«

Ich nickte. Das erschien mir logisch, Turnen war ein bewegungsintensiver Sport. Jetzt war es nur noch eine Frage von ein paar kurzen Wochen, bis ich endlich Hilfe bekommen würde.

Später in jener Woche liefen meine Mutter und ich um den Häuserblock, wie wir es oft taten, wenn es viel zu besprechen gab.

Diesmal ging es um meine Verletzungen und was ich im weiteren Verlauf bedenken sollte.

»Es geht nicht nur darum, wann du wieder turnen kannst, weißt du«, sagte meine Mutter. »Es kann sein, dass du ganz damit aufhören musst. Was ich nicht will ist, dass du eine langfristige Verletzung davonträgst, die nicht so schlimm geworden wäre, wenn du früher aufgehört hättest.«

»Ich weiß«, stimmte ich zu, obwohl ich es nicht zugeben wollte. »Ich weiß, dass die Antwort lauten könnte, dass ich aufhören muss. Aber vorher möchte ich gern alles tun, was möglich ist, bevor ich diese Entscheidung treffe. Und du hast recht, das Wichtigste ist, wieder gesund zu werden. Ich denke, zu Larry zu gehen ist die beste Chance, die wir dafür haben.«

Meine Mutter nickte und atmete ein paarmal tief durch. »Es gibt noch eine andere Möglichkeit, die wir in Betracht ziehen könnten, wenn es nötig ist«, sagte sie mit leichtem Zögern. »Ich habe mit Mrs. Harp gesprochen, sie hat gefragt, wie es dir geht. Ich erzählte ihr, wie enttäuschend unser Termin in der sportmedizinischen Klinik war, und sie hatte noch eine andere Empfehlung.«

»Welche?«, fragte ich, während ich meine Arme im Rhythmus unserer Schritte schwang.

»Na ja … du weißt ja, dass sie viele Schmerzen in ihrem Rücken und im Steißbein hatte. Sie hat mir erzählt, dass nur ein Therapeut ihr helfen konnte, der Knochen und Muskeln in diesem Bereich behandelte, aber …«

Meine Mutter hielt erneut inne und sagte dann vorsichtig: »Der Therapeut macht das, indem er von innen auf alles zugreift. Sie sagte, es wäre eine relativ neue Behandlungsmethode, aber bei ihr hätte sie wirklich Wunder gewirkt. Sie schlug vor, dass wir es auch bei ihrem Therapeuten versuchen könnten, wenn wir sonst nirgends Hilfe für dich finden.«

Ich schwieg eine Weile, während ich das Gesagte in meinem Kopf sortierte. Als wir um die Ecke zu unserem Haus bogen, sagte meine Mutter: »Noch eine Runde?«

»Ja, können wir«, antwortete ich langsam, immer noch in Gedanken versunken. »Ich glaube, ich wäre bereit, diese Therapie wenn nötig auszuprobieren, ... denke ich. Keine besonders angenehme Vorstellung, aber immer noch besser als chronische Probleme, was meinst du?«

Meine Mutter nickte zustimmend. »Manchmal muss man bestimmte Dinge tun, die nicht sehr angenehm sind, aber notwendig, um gesund zu werden.« Dann erinnerte sie mich daran, dass ihre Freundin Stacy Physiotherapeutin war. »Ich bin mir ziemlich sicher, dass es eine Therapeutin in ihrer Praxis gibt, die ebenfalls diese Therapie durchführt. Und wir könnten uns jederzeit wieder dagegen entscheiden.«

Das wäre mir auf jeden Fall lieber, dachte ich. »Okay, gut zu wissen. Aber ich denke, wir fangen besser mit Larry an. Er kennt den Sport, es ist sein Fachgebiet. Ich glaube nicht, dass es einen Besseren gibt als Larry.«

Ein paar Wochen später stiegen meine Mutter, meine Geschwister und ich in unseren Minivan, um zum »Besten der Besten« zu fahren. Wie so oft musste die ganze Familie Verzicht üben, damit ich diesen Termin wahrnehmen konnte. Drei Stunden Hin- und Rückfahrt im Auto und mindestens eine weitere Stunde in der Praxis – das war eine erhebliche Störung des Alltags und der Routine aller Beteiligten. Doch für eine Chance, zu dem Arzt zu gehen, der die Olympiateilnehmerinnen behandelte, war es all das wert. Wer bekam schon eine solche Gelegenheit?

Es fühlte sich unwirklich an, die Praxis zu betreten. Ein paar andere Athleten saßen in dem kleinen Wartezimmer. Manche waren offensichtlich Turnerinnen und ich konnte allein an ihrem Körperbau und ihrer Muskelstruktur erkennen, dass sie viel besser waren als ich. Ich fühlte mich unbehaglich und fehl am Platz. Die Frau an der Anmeldung lächelte und nahm die Versicherungskarte meiner Mutter entgegen. Dann reichte sie mir ein Klemmbrett mit einem Stapel bedruckter Seiten.

»Wir brauchen vor allem das Oberste«, sagte sie und zeigte auf ein Formular mit einer Liste von Symptomen, die man ankreuzen musste, und einer Abbildung des weiblichen Körpers von vorne und hinten, auf der ich überall ein *X* setzen sollte, wo ich Schmerzen hatte.

Ich setzte mich auf einen der Stühle im Wartezimmer und betrachtete die Fotos des Turnerinnenteams der *Michigan State University*, die an der gegenüberliegenden Wand hingen. Larry war auch ihr Arzt. *Er ist die erste Wahl von allen*, staunte ich. *Ernsthaft. Ich kann kaum glauben, dass ich hier bin.*

Endlich lenkte ich meine Aufmerksamkeit zurück auf die Formulare, markierte beide Handgelenke und die Ischiasregion im unteren Rücken, und begann mich durch die Liste mit Symptomen zu arbeiten. *Kribbeln?* Ja. *Pulsierender Schmerz?* Ja. *Taubheit?* Ja.

»Haben wir Fälle von hohem Cholesterin in der Familie?«, flüsterte ich meiner Mutter zu, als ich zu dem Abschnitt mit der Familienanamnese kam. Wir füllten ihn gemeinsam aus. Als ich die Papiere der Empfangsdame zurückgab, öffnete sich die Tür zum Behandlungszimmer und ich sah eine Turnerin mit einer Kniebandage heraushumpeln. Sie wurde von einem sympathisch aussehenden Mann begleitet, der ihr die Tür aufhielt.

»Kommst du zurecht? Okay, Kleine, gute Besserung!« Er winkte kurz und eilte dann den Gang hinab. Es war Larry. Ich war überrascht, dass er dieses Mädchen bis zur Tür begleitet hatte. Die meisten Ärzte schickten einen einfach alleine weg. Vielleicht zeigten sie einem noch kurz, wo der Ausgang war, bevor sie davonrauschten.

Aber Larry hatte diese Turnerin begleitet, um sicherzugehen, dass sie klarkam, *obwohl* er offensichtlich wahnsinnig beschäftigt war. Ich nahm an, dass sie schon seit längerer Zeit hierherkam, da er so locker und vertraut mit ihr umging.

Kurze Zeit später lief ich selbst durch diese Tür. – Ich versuchte, nicht vor Aufregung zu kreischen, als ich die Fotos sah, die den Gang säumten: die »Glorreichen Sieben« von den Olympischen Spielen 1996. Sie waren das großartigste Turnerinnenteam der US-Geschichte, und Larry hatte Fotos von vielen von ihnen, manche davon sogar mit Autogramm und persönlicher Widmung an ihn. Mit großen Augen sah ich sie mir an, als wir durch den Flur in Richtung des leeren Behandlungszimmers gingen.

Eine Krankenschwester hielt uns die Tür auf, und wir traten ein. Ich bemerkte einen Arzttisch in der rechten Ecke, schräg gegenüber von einem Rollwagen, dem Waschbecken und den Schränken. Der Rollwagen war länger als üblich, und es befanden sich nur ein Gefäß mit Massagelotion und ein Seifenspender darauf. Ein einsamer Stuhl stand neben dem Kopfende des Untersuchungstisches. Der Arzthocker war zurückgeschoben und stand in der Nähe des Waschbeckens.

Die Schwester forderte mich auf, meine lockere kurze Hose anzuziehen. »Er wird gleich bei Ihnen sein«, sagte sie, als sie hinausging.

»Hast du die Bilder von den ›Glorreichen Sieben‹ gesehen?«, flüsterte ich meiner Mutter zu, während ich schnell in die lockeren Baumwollshorts schlüpfte, die ich mitgebracht hatte.

Sie nickte und nahm neben dem Untersuchungstisch Platz. Wir mussten nicht lange warten.

»Hi«, sagte eine freundliche Stimme, als sich die Tür öffnete. Und herein kam Larry, das Poloshirt in die graue Hose mit Bügelfalte gesteckt, ein Handy am Gürtel und eine Brille auf der Nasenspitze. Er bewegte sich schnell und gab erst mir und dann meiner Mutter die Hand. Seine Stimme klang fröhlich. »Sieht aus, als gäbe es bei dir einiges zu tun, Kleine!«, sagte er, als er das Krankenblatt hervorholte.

Ich nickte und lächelte schüchtern. Er lächelte zurück. Als er auf das Blatt schaute, bemerkte er meine Stiefeletten, die neben dem Stuhl meiner Mutter standen.

»Schöne Stiefel!«, rief er aus. »Die sind toll! – Okay, mal sehen, was wir hier haben.«

Dann begann die Untersuchung. Er prüfte meine Beweglichkeit und Körperspannung, ließ mich eine Reihe von Bewegungen und Tests ausführen und positionierte mich immer so, wie er es für den nächsten Test brauchte. Während er arbeitete, plauderte er die ganze Zeit und machte sich schnelle Notizen auf dem Blatt, das er in der Hand hielt. Der Sportarzt in Kalamazoo hatte nicht einmal einen Bruchteil der Untersuchungen durchgeführt, die Larry jetzt machte. Mit jedem Test wuchs meine Zuversicht. Er wusste offenbar ganz genau, was er tat.

»Mach mal so«, wies er mich an. Er ballte seine Hände zu Fäusten, sodass sie die Daumen umschlossen, und hielt die gebeugten Ellenbogen seitlich am Körper, mit den Fäusten nach vorne. »Jetzt beuge nur die Faust nach unten.«

Ich tat genau, was er sagte.

»Tut das weh?«, fragte er.

Ich verzog das Gesicht und nickte.

»Das habe ich mir gedacht.« Er zwinkerte mir zu. Dann nahm er eine meiner Hände und begann, die Strukturen zu erklären. Er benannte die schmerzenden Sehnen und zeigte, wo sie zusammentrafen und am Arm entlang verliefen.

»De-Quervain-Syndrom. Keine Sorge, Kleine. Das kriegen wir wieder hin.«

Bis zum Ende der Untersuchung hatte ich einige wichtige Dinge erfahren. Erstens war die Beweglichkeit meiner Schultern extrem eingeschränkt, was dazu führte, dass ich meine Handgelenke bei jeder Handstützbewegung überstreckte und zusätzlich massiven Druck auf meinen unteren Rücken ausübte. Zweitens wurden die Muskeln in meinem Rücken nicht in der richtigen Reihenfolge aktiviert, was dazu führte, dass mein unterer Rücken viel mehr Gewicht trug, als er sollte. Und drittens war meine Hüfte verdreht.

Larry gab mir eine Reihe von Dehnübungen für meine Handgelenke mit und zeigte mir, welche Gelenkstützen ich zum *Tumbling* verwenden sollte. Dann ging er mit mir ein paar Übungen durch, um die Muskeln in meinem Rücken neu auszurichten, und brachte mir Dehnübungen für meine Schultern bei. Was die verdrehte Hüfte betraf – das könne er sofort beheben, sagte er mir. Er holte ein Modell von einem Becken aus einer Schublade.

»Sehen Sie das?«, fragte er und streckte es meiner Mutter hin. »Diese Seite ihres Beckens ist verdreht«, erklärte er. »Man muss es nur zurechtrücken. Ich werde den Beckenknochen nehmen und ihn wieder an seinen Platz ziehen, okay?« Er schob seine Brille hoch, hob die Augenbrauen und nickte ihr zu, als würde er ihr eine Frage stellen.

»Okay«, antwortete meine Mutter.

Dann zog Larry mich in die Mitte des Raumes, nur wenige Meter von meiner Mutter entfernt, und schob meine Füße etwa dreißig Zentimeter auseinander. Er kniete sich hin und legte seine eine Hand mit festem Druck auf meinen unteren Rücken. Dann blickte er zu Boden, als wollte er sich konzentrieren, und schlang seine andere Hand unter der Hose um die Innenseite meines Beines.

»Gut, ich werde jetzt etwas Druck ausüben«, erinnerte er mich. Plötzlich schob sich seine Hand in meine Hose. In meine Unterhose. In mich. *Moment – was?* Ich blickte auf ihn hinab. Er biss sich leicht auf die Lippe, als würde er sich konzentrieren – kein Anzeichen dafür, dass irgendetwas nicht stimmte. Meine Mutter saß direkt vor mir und beobachtete, wie er meine Hüfte richtete. Er stieß seine Finger tiefer hinein und zog fest. Es tat weh.

»So!«, verkündete er. »Ich habe es!« Er lächelte zu mir hoch.

In meinem Kopf fand ein fortlaufender Dialog statt. *Er hat gesagt, dass er den Beckenknochen drehen muss. Dieser Therapeut, über den Mama und ich gesprochen haben ... er arbeitet auch von innen an den Knochen und Muskeln. Es muss diese Technik sein*, dachte ich. *Vermutlich ist Larry wirklich unsere letzte Chance. Wenn er diese innere Technik schon anwendet, gibt es nicht mehr viel, was wir noch probieren können.*

»Also gut, Kleine, hüpf hier herauf und leg dich auf den Bauch«, wies er mich an, während er auf den Tisch klopfte.

»Ich würde gerne das Weichteilgewebe etwas bearbeiten – Myofasciale Therapie«, sagte er und sah meine Mutter an. »Sie hat Verspannungen in ihrem Rücken, die noch mehr Zerrungen und Entzündungen verursachen, wenn man sie nicht behandelt.

Ja, ja ... genau so«, sagte er. Er fuhr fort, mich richtig zu positionieren und alles vorzubereiten, während er redete.

Dann zog er meine Hose ein wenig nach unten und steckte ein Handtuch hinein, um sie unten zu halten. Währenddessen plauderte er ungezwungen weiter.

»Habe ich vorhin dein Chemiebuch gesehen?«, begann er. »In welchem Kapitel bist du? Ich werde hier nur etwas Massagelotion auftragen«, fügte er lässig hinzu und schmierte mit einem Holzspatel eine große Portion auf die Innenseite meines Oberschenkels. Dann nahm er etwas davon auf die rechte Hand und begann, meinen unteren Rücken zu massieren. Er knetete die schmerzenden Muskeln erst mit seiner Faust, dann mit seiner geöffneten Handfläche und zum Schluss führte er mit seinem Unterarm feste, gleitende Bewegungen über den ganzen Rücken aus. Bei einem kurzen

Blick über die Schulter sah ich, dass er konzentriert die Augen schloss. Es störte mich nicht, ich hatte häufig Physiotherapeuten gesehen, die bei der Behandlung von Weichteilgewebe die Augen schlossen, damit sie sich auf das konzentrieren konnten, was sie in den Muskelfasern spürten.

Doch dann glitt seine linke Hand wieder zum Oberschenkel und nahm dabei etwas Massagelotion auf. Sie fuhr unter meine kurze Hose. In meine Unterhose. Zwei Finger in mich hinein. Beiläufig massierend. Ich blickte zu meiner Mutter, die nur einige Zentimeter von mir entfernt saß. Sie lächelte beruhigend und beantwortete Larrys letzte Frage über meine Chemielektion.

Ich sah zu Larry hoch. Er hatte noch immer die Augen geschlossen, während er mit meiner Mutter plauderte. *Das muss die Therapie sein, über die Mama und ich gesprochen hatten*, überlegte ich wieder. Sagen wollte ich nichts. Das Ganze war unangenehm genug, und wenn er wüsste, wie peinlich es mir war, wäre es noch unangenehmer. *Mama weiß von dieser inneren Therapie*, dachte ich. *Sie würde etwas sagen, wenn es komisch wäre.* Larry stand genau zwischen ihr und mir. *Sie könnte ihm leicht eine Frage stellen, wenn etwas für sie nicht richtig aussah. Es muss diese Therapie sein.*

Ich dachte an all die Bilder an der Wand zurück. *USAG vertraut Larry seine allerbesten Turnerinnen an und die Michigan State University auch.* Ich dachte an Larrys selbstsichere, schamlose Bewegungen. *Das ist eindeutig etwas, was er regelmäßig macht. Ich bin kein Testfall. Das ist eine normale Behandlung für ihn.* Andere Patientinnen hatten sicher ihren Eltern von dieser Behandlung erzählt. Es war unmöglich, dass man an der *MSU* oder bei *USAG* noch nichts davon gehört hatte. Und wenn es je einen Zweifel daran gegeben hätte, was er tat, hätte es mit Sicherheit schon jemand überprüft.

Wenn etwas nicht in Ordnung wäre, hätte ihn jemand gestoppt.

Oder?

FÜNF

»Also gut, Kleine, ich denke, das reicht für heute«, sagte Larry, als er meine Hose wieder zurechtrückte. Er drehte sich um und ging zum Waschbecken, wo er die Massagelotion abwusch, während er sich weiter mit meiner Mutter unterhielt.

»Wir kriegen sie wieder hin«, zwitscherte er fröhlich und warf die Papierhandtücher in einen kleinen Mülleimer, bevor er seine Aufmerksamkeit wieder mir zuwandte. »Ich werde dir eine Liste mit Dehnungen und anderen Übungen mitgeben, und ich würde dich in nächster Zeit gerne regelmäßig sehen, um deinen Fortschritt im Auge zu behalten. Ich denke, wir sollten dir etwas Physiotherapie zwischen den Terminen verschreiben, um an der Stabilisierung deines Rückens und deines Beckens zu arbeiten. Ich bin mit den Therapeuten in regelmäßigem Kontakt, um ihnen Anweisungen zur besten Vorgehensweise zu geben. Warte einen Moment, ich hole, was du brauchst.«

Als er das Behandlungszimmer verlassen hatte, wandte sich meine Mutter mir zu und fragte: »Nun, was denkst du?«

Ich dachte darüber nach, bevor ich ihr antwortete. Er war gründlich. Er machte Ursachen ausfindig, die bisher niemand gefunden hatte. Er konnte mir genau sagen, was ich tun musste, um an dem jeweiligen Problem zu arbeiten, gab mir genaue Anweisungen, was ich beim Turnen tun durfte und was nicht. Er nahm sich sehr viel Zeit, um die Behandlung mit einem Physiotherapeuten zu koordinieren und einen auf mich angepassten Plan zu erstellen. *Und wir wissen, dass die interne Beckenbodentherapie auch von vielen anderen Therapeuten praktiziert wird*, rief ich mir in Erinnerung.

Nach dem letzten Fehlversuch bei dem Arzt in Kalamazoo war Larrys Ansatz ehrlich gesagt fantastisch. Im Gegensatz zu jenem

Weißkittel, der kaum dazu bewegt werden konnte, von meiner Akte aufzusehen, war Larry aufmerksam. Er stellte Fragen, um herauszufinden, was genau meine Schmerzen verursachte und an welchen Trainingseinheiten ich gerade arbeitete. Er schien aufrichtig an mir interessiert zu sein – daran, wer ich war, nicht nur als Patientin, sondern als Person. Er unterhielt sich mit meiner Mutter über die alltäglichen Dinge im Leben – Schule, Familie, Kirche. Statt von einem Arzt behandelt zu werden, der sich nicht einmal die Mühe machte, auch nur einen einzigen praktischen Vorschlag anzubieten, bekam ich von ihm einen maßgeschneiderten Plan, der darauf abzielte, jeden Aspekt meiner aktuellen Beschwerden zu behandeln und zu verhindern, dass sie erneut auftraten. Der Arzt, dem unsere Olympionikinnen anvertraut waren, war bereit, einer unbekannten Turnerin auf Level 5 Zeit zu widmen, nur weil sie seine Hilfe benötigte.

»Ich denke, er ist wirklich gut«, sagte ich beinahe ungläubig. »Was meinst du?«

Meine Mutter war ziemlich praktisch veranlagt. Sie hatte weder Angst, Fragen zu stellen noch auf Antworten zu bestehen, und ein Arzt, der nichts erklärte oder Fragen als Belästigung ansah, war mehr als abschreckend für sie. Aber Larry schien alles richtig zu machen. Besser als jeder Arzt, bei dem ich je gewesen war. Er hatte sogar ein Skelett hervorgeholt, um zu erklären, was mit meiner Wirbelsäule geschah, und mir alle Namen der Muskeln, Knochen und Sehnen genannt, die mit meinen Rücken- und Handgelenksschmerzen zusammenhingen. Selbst die Physik der jeweiligen Abläufe in Handgelenk und Rücken, während ich bestimmte Übungen machte, hatte er erklärt und erläutert, warum die Dehnübungen, die er mir gegeben hatte, helfen würden.

»Ja, er scheint sehr gut zu sein«, stimmte meine Mutter mir zu. »Ich schätze seine Gründlichkeit und seine Bereitschaft, über das zu sprechen, was los ist. Das ist deutlich mehr Hilfe, als wir anderswo bekommen haben.«

In diesem Moment öffnete sich die Tür und Larry kam zurück, er blätterte durch einen Stapel Papiere. »Das sind die Übungen und Dehnungen, über die wir gesprochen haben. Du machst sie zu Hause und in der Turnhalle, in Ordnung?« Er ging mit mir die Seiten durch und reichte mir dann einen zweiten Stapel. »Das ist für deinen Trainer, falls er weitere Details über deine Probleme wissen möchte.« Dann holte er ein paar weitere Blätter hervor, die seine medizinische Diagnose und ein paar handschriftliche Notizen darüber enthielten, welche Art von Aktivitäten ich vermeiden sollte. »Nimm dieses ganze Paket mit zur Physiotherapie. Es enthält die technischen Informationen für deinen Therapeuten. Meine Nummer steht auch darauf, sie können mich jederzeit anrufen, wenn sie deinen Behandlungsplan oder erste Fortschritte mit mir besprechen wollen.« Er lächelte und wandte sich an meine Mutter. »Oh, und sie könnte nach der Korrektur der Hüfte ein wenig wund sein, geben Sie ihr also ruhig eine Schmerztablette, wenn nötig.«

Ich zuckte leicht zusammen. Das schien einfach so ... *persönlich*. Meine Mutter lächelte zurück. »Ja, das können wir machen!«

»Alles klar«, sagte Larry. »Ich bringe sie noch nach vorne. Du kommst dann alle paar Wochen her, okay?« Ich sah meine Mutter an, nickte und lächelte verlegen. »Vereinbaren Sie etwa sechs Termine mit der Sprechstundenhilfe, damit wir die Zeit freihalten, und dann werden wir sehen, wie es weitergeht.«

Er legte seine Hand auf meine Schulter und führte mich sanft nach draußen. Wir gingen zurück durch den Flur, an den Fotos der Olympiateilnehmerinnen vorbei und zu meinen Geschwistern, die immer noch geduldig im Wartezimmer saßen und ihre Schularbeiten erledigten. Larry hatte mir die Tür aufgehalten, als wir gingen, und enthusiastisch seine nächste Patientin begrüßt. Ein

Mädchen, das etwas jünger war als ich. »Heyyy! Schön, dich zu sehen! Wie geht es dem Knie? Komm herein, Kleine. Wir kriegen dich schon wieder hin.«

Wieder hinkriegen. Das klang gut.

Am nächsten Tag kehrte ich mit einem klaren Ziel und fester Entschlossenheit in die Turnhalle zurück. Die Handgelenksbandagen waren bestellt, meine Handgelenke mit der neuen Methode, die Larry mir gezeigt hatte, getapt, und zum ersten Mal hatte ich eine Orientierung. Ich folgte seinen Anweisungen wie einer Religion, mied gewissenhaft die Dinge, die ich vermeiden sollte, und gab mir bei allem, was ich tun *konnte*, die größte Mühe. Die neuen Dehnübungen und die Physiotherapie, die er empfohlen hatte, fügte ich zu meiner Trainingsroutine hinzu, und mein Trainer half mir, Möglichkeiten zu finden, die Übungen zu ersetzen, die ich aussetzen musste. Ich hatte großes Glück, einen Trainer zu haben, dem meine Gesundheit wirklich am Herzen lag. Er sperrte sich nicht gegen die Einschränkungen und Änderungen, die vorgenommen werden mussten, damit sich meine überanstrengten Muskeln und Sehnen erholen konnten. Ich stürzte mich also auf die Möglichkeiten, die ich hatte, und hoffte, dass sie genügen würden.

Das Übungsgerät in der Physiotherapie – eine dicke weiße Rolle aus Schaumstoff, etwas länger als meine Wirbelsäule – lag auf dem Boden, und ich versuchte mich so daraufzulegen, dass die Rolle an meiner Wirbelsäule entlang verlief. Dieses einfache Hilfsmittel hatte eine Vielzahl von Verwendungsmöglichkeiten, unter anderem, die Ausrichtung der Wirbelsäule zu trainieren. »Lass die Füße am Boden und lege deine Hände auf den Bauch«, erklärte mir meine Therapeutin.

»Das Ziel ist, das Gleichgewicht zu behalten. Heb einfach deinen linken Fuß ein paar Zentimeter an, dann stellst du ihn wieder ab und machst das Gleiche mit dem rechten Fuß. Wenn du eine Fehlausrichtung hast, wird es sich zeigen.«

Ich hob meinen Fuß, wie sie mir gesagt hatte. *Kein Problem.* Ich meine, ich trainierte vier Tage die Woche auf einem zehn Zentimeter schmalen Balken. Ich war es gewohnt, mich zu korrigieren und wieder ins Gleichgewicht zu kommen – wie schwer konnte das schon sein?

»Großartig, jetzt versuche es mit dem anderen Fuß.«

Gehorsam stellte ich den linken Fuß ab und begann, den rechten anzuheben. In dem Moment verstand ich, was sie damit gemeint hatte, dass eine Fehlausrichtung offensichtlich werden würde. Die steife Schaumstoffrolle rutschte unter mir weg, mein kaum angehobener Fuß ging nach unten und der andere flog in die Luft, um die enorme Gewichtsverlagerung zu kompensieren. Meine Hände schossen nach hinten und stützen sich am Boden ab.

»Meine Güte!« Ich begann zu kichern und die Therapeutin lachte mit. Offensichtlich hatte sie das schon mehr als einmal gesehen.

»Versuchen wir es noch einmal«, sagte sie. Wir taten es – mit dem gleichen Ergebnis. Wie sehr ich mich auch anstrengte, es war mir nicht möglich, auf der Rolle liegen zu bleiben, wenn ich den rechten Fuß anhob.

»Das werden wir üben«, sagte meine Therapeutin. Sie erklärte, dass die Wiederholung dieser einfachen Schritte helfen würde, meine Muskeln so zu trainieren, dass sie richtig aktiviert wurden und somit halfen, meine Wirbelsäule wieder besser auszurichten. Wir setzten die Schaumstoffrolle auf die immer länger werdende Liste mit Therapiehilfsmitteln, mit denen ich zu Hause arbeiten sollte.

»Lass uns jetzt deine Hüften untersuchen«, sagte sie. Ich sollte mich vor sie stellen, während sie mit ihren Daumen die Rückseite meiner Beckenknochen ertastete. Sie überprüfte die Vorder- und Rückseite und bemerkte die Drehung und den Höhenunterschied auf einer Seite.

»Ja, dein Becken ist verdreht und seitlich versetzt.«

Genau wie Larry gesagt hat, dachte ich.

»Ich werde dir beibringen, wie du das selbst korrigieren kannst, okay?« Sie nahm sich etwas Zeit, um mir das Konzept des Gegendrucks zu erklären und wie er angewandt werden konnte, um das Becken wieder in Position zu bringen. Auch wie ich selbst überprüfen konnte, ob es falsch ausgerichtet war, zeigte sie mir. Zu Hause sollte ich etwas Festes, wie einen Türrahmen oder ein Sofa, verwenden und mich dagegen drücken, um so die Fehlstellung selbst zu korrigieren. Meine Kleidung behielt ich die ganze Zeit an.

Ich frage mich, warum Larry es anders macht, dachte ich kurz. Ich hatte nicht die Zeit, um über die Frage nachzudenken. Meine Therapeutin holte bereits ein paar große Gymnastikbälle hervor und nahm Augenmaß, um zu sehen, welche Größe ich brauchte. Ich liebte Übungen mit dem Gymnastikball, die Herausforderung machte viel Spaß. Und wer spielt nicht gerne mit einem riesigen Hüpfball, der groß genug ist, um darauf zu sitzen!

An diesem Tag verließ ich die Praxis mit noch mehr Übungen für meine Therapie und noch mehr Unterlagen, die ich zu Larry mitnehmen sollte.

Bei ihm hatten wir noch nicht viel für meine Handgelenke getan, obwohl ich inzwischen ein paarmal wieder dort gewesen war. Er schien sich auf meinen Rücken zu konzentrieren, und diese *innere* Behandlung, die er beim ersten Mal gemacht hatte, war zu einer regelmäßigen Sache geworden. *Wahrscheinlich ist der Rücken das dringlichere Problem*, dachte ich. *Ich bin mir sicher, dass wir zu den Handgelenken kommen werden, wenn die Rückenprobleme einmal unter Kontrolle sind.*

»Alles klar, Aufwärmen für die Radwende«, rief mein Trainer durch die Halle, wobei er mit seinem Akzent ganz leicht das *R* rollte. Es war wenige Tage vor Ostern, und ich versuchte aus jedem Training das Beste zu machen, bevor das Landesfinale stattfand. Wir übten *Tumbling* über Kreuz – in zwei Ecken stand je eine Gruppe von uns und führte abwechselnd Serien von Bodenturnübungen aus – immer zur gegenüberliegenden Ecke hin, wie auf den Linien von einem *X*. Gerade hatte ich meine Serie von Handstützüberschlägen vorwärts beendet und begann mit den Übungen für Rückwärtsüberschläge. Beim ersten Durchgang zuckte ich ein wenig zusammen. Der Knochen im seitlichen Bereich meiner Schienbeine bereitete mir schon längere Zeit Probleme, gelegentlich verspürte ich einen stechenden Schmerz beim Aufprall. Da aber mein Rücken und meine Handgelenke mit Abstand oberste Priorität hatten, weigerte ich mich, über die Schmerzen im Schienbein nachdenken. Ich biss einfach die Zähne zusammen.

»Rachael, durch die Schultern! Deine Schultern!«, rief mein Trainer. Die »Abdruckphase« der Radwende, bei der die Hände den Boden kurz berühren und sich dann schnell wieder abstoßen sollten (wie ein Flummi beim Aufprall), war nicht meine Stärke. Um ehrlich zu sein, das Rückwärts-*Tumbling* im Allgemeinen war nicht mein Ding. Während ich darauf wartete, dass ich wieder an die Reihe kam, machte ich Handstandsprünge auf dem Sprunganlauf, um diesen Teil der Radwende zu üben. Dabei hörte ich auf das rhythmische Stampfen meiner Teamkolleginnen, die über den Boden rannten und wirbelten. Ich war die Nächste.

»Schultern!«, erinnerte mich mein Trainer.

Ich nickte und begann mit dem Anlauf. Eins, zwei, drei, Sprung! Ich streckte meinen Körper, konzentrierte mich auf den Abdruck und drehte mich auf dem Weg nach unten. Als ich landete, spürte ich wieder dieses Stechen in meinem Schienbein.

Knacks!

Das hatte ich gespürt.

Das hatte ich gehört.

Der innere Teil meines Fußes war bei der Landung leicht nach unten umgeknickt gewesen. *Irgendetwas stimmt nicht.* Ich spürte eine Mischung aus stechendem Schmerz und Taubheit. Während ich wieder in der Schlange wartete, schüttelte ich meinen Fuß, damit das Gefühl zurückkehrte und das Kribbeln aufhörte. Als ich wieder an der Reihe war, wollte ich losrennen, blieb aber nach zwei Schritten abrupt stehen. Es fühlte sich an, als hätte ich nicht die vollständige Kontrolle über meinen Fuß. Ich schüttelte den Kopf.

»Irgendetwas stimmt nicht«, sagte ich zu meinem Trainer. »Ich bin seitlich darauf gelandet«, erklärte ich und deutete nach unten.

»Ja, das habe ich gesehen.« Er schlug vor, dass ich eine Weile mit dem *Tumbling* pausierte und einfach an Übungen für den Handstütz arbeitete. Ich nickte, frustriert über ein weiteres potenzielles Problem. Also ging ich in den hinteren Teil der Halle und machte einen Handstand. Ich bog meinen Rücken durch, um meine Füße an die Wand zu stellen – so imitierte ich den letzten Teil eines Handstützüberschlags rückwärts –, dann schwang ich mich zurück auf meine Füße. Wieder und wieder übte ich diese Bewegung, aber die Übelkeit von den Schmerzen wurde so schlimm, dass ich schließlich zum Barren überging. Hier klappte es auch nicht besser. Schon der geringste Druck auf meinen Fuß führte zu Schwindel und Übelkeit. Mir blieb nichts anderes übrig, als zu meinem Trainer zurückzugehen.

»Ich habe das Gefühl, als müsste ich mich übergeben«, gab ich zu.

»Lass mich mal sehen«, sagte er und deutete auf meinen Fuß.

Ich hob ihn auf die dicke Sprungmatte, wo er ihn nahm und vorsichtig mit den Fingern über eine Stelle fuhr, wo es geknackst hatte. Eine deutliche Schwellung und ein roter Fleck waren zu sehen. »Mädchen…« Er hielt inne. »Hast du dir jetzt auch noch den Fuß gebrochen?«

Unglücklich zuckte ich mit den Achseln. Ich wusste nicht mehr, was ich denken sollte. Er schüttelte den Kopf.

»Ich denke, du gehst besser nach Hause und wartest mal ab. Vielleicht musst du es röntgen lassen.«

Frustriert, aber auch mit einer gewissen Erleichterung, atmete ich aus. Tief im Innern wusste ich, dass ich mit meinem Fuß nicht weiter würde trainieren können, und ich war dankbar, dass mein Trainer diese Entscheidung für mich getroffen hatte.

»Ich werde mit deiner Mutter sprechen«, versicherte er mir. »Geh du dich schon umziehen. Ruf mich morgen an und lass mich wissen, was der Arzt gesagt hat, okay?«

Ich stand dabei, als er später mit meiner Mutter sprach. »Sie sollte den Fuß kühlen und heute Nacht gut schlafen. Wenn der Schmerz sie wach halten sollte, bringen Sie sie gleich morgen früh in die Notaufnahme.«

In der Nacht waren die Schmerzen schlimmer geworden, und als wir am Morgen in der Notaufnahme saßen, waren wir alle ziemlich sicher, was das Röntgenbild zeigen würde. Umso überraschter waren wir, als der Arzt hereinkam und verkündete: »Ja, Sie haben einige kleine Knochenbrüche in diesem Knöchel.«

Knöchel? Ich blinzelte. *Ich bin doch nicht wegen eines gebrochenen Knöchels hier.*

»Ich bin nicht wegen meines Knöchels hier«, wiederholte ich laut. »Es ist mein Fuß.«

»Nein, nein«, beharrte der Arzt. »Glaub mir, der Bruch ist in Ihrem Knöchel.«

Frustriert atmete ich tief durch. »Nein«, wiederholte ich. Noch einmal wies ich auf die Stelle an meinem Fuß. »Es ist mein Fuß. Ich habe mich am *Fuß* verletzt.« Nachdrücklich zeigte ich auf die Stelle, wo es wehtat. »Genau hier. Der fünfte Mittelfußknochen.« *Gott segne meinen Biologielehrer*, fügte ich innerlich hinzu. »Ich bin gestern Abend beim *Tumbling* unglücklich darauf gelandet.«

»Oh …«, antwortete der Arzt. »Hmm. Wir werden das noch einmal überprüfen.«

Ich versuchte, gnädig zu lächeln, aber ich hatte die halbe Nacht mit qualvollen Schmerzen wach gelegen. Wenn mir jetzt jemand einreden wollte, ich kenne den Unterschied zwischen meinem Fuß und meinem Knöchel nicht, machte er sich nicht gerade beliebt bei mir.

Wenige Minuten später kam der Arzt zurück und hielt ein paar Röntgenbilder gegen das Licht. »Ja, er ist gebrochen. Ihr Fuß, meine ich. Ich habe den Bruch nicht bemerkt, weil mir auf den ersten Blick Knochensplitter in Ihrem Knöchel ins Auge gefallen sind, und sie sind nicht verheilt.« Er zeigte mir drei kleine Stellen auf dem Knochen, die wie feine Linien aussahen. »Aber, ja. Sie haben sich auch den Fuß gebrochen. Glücklicherweise ist der Knochen nicht verschoben, also werden wir den Fuß eingipsen und Sie dann an einen Orthopäden verweisen.«

Toll …, dachte ich und verzog das Gesicht.

Als der Arzt hinausging, um das Material für den Gips zu holen, sah ich meine Mutter verzweifelt an.

Ihr Gesicht spiegelte meine Frustration wider. »Weißt du was? Ich werde Larry anrufen. Vielleicht kann er dir spontan einen Termin geben, und wir können das Ganze gründlicher überprüfen lassen.«

Ein kleiner Hoffnungsschimmer keimte in mir auf. Larry würde wenigstens wissen, was ich selbst mit einem Gips noch tun konnte.

Und wieder zeigte sich Dr. Nassar verlässlich. Kaum hatte meine Mutter angerufen, hatten wir auch schon einen Termin. Larry würde sich um mich kümmern.

»Oh Mann!«, sagte Larry, umarmte mich und strich mir über die Schulter. »Es tut mir so leid. Warum hast du das gemacht?«, witzelte er, während er auf meinen blauen Gips deutete. Blau war die Farbe meines Teams. *Wenn du sonst schon nichts machen kannst, sei wenigstens repräsentativ*, hatte ich mir gesagt.

»Sehen wir uns mal die Röntgenbilder an.« Er befestigte sie am Leuchtkasten und betrachtete sie.

»Der erste Arzt dachte, es wäre mein Knöchel«, sagte ich verzweifelt. »Er hat den Bruch im Fuß nicht einmal gesehen.«

»Du meinst den Ermüdungsbruch hier?« Er wies auf eine Stelle am Wadenbein. »Das ist nicht einmal in der Nähe deines Fußes!«

»Ermüdungsbruch …?« Ich blinzelte irritiert. »Nein, davon hat er nichts gesagt.«

»Ja. Ja, genau hier. Hat dein Schienbein dir irgendwelche Probleme gemacht?« Er kam zu mir und hob mein gesundes Bein an. »Wir sollten auch das andere Bein untersuchen. Wenn die eine Seite betroffen ist, findet man es häufig auch auf der anderen Seite. Etwa hier«, sagte er und drückte mit dem Finger sanft auf einen bestimmten Punkt.

»Ja-ah!« Ich verzog das Gesicht und jaulte auf. »Das ist die Stelle.«

Larry lachte und entschuldigte sich. »Wir müssen auch von diesem Bein ein paar Röntgenbilder machen«, kündigte er an.

»Der andere Arzt hat aber nichts davon gesagt«, protestierte ich. »Er hat nur meinen Knöchel erwähnt.«

Larry schmunzelte und winkte ab. »Die sind schwer zu erkennen. Die meisten Ärzte wissen nicht, wie man danach sucht.«

»Aber was meinte er mit meinem Knöchel?«, fragte ich. »Er bestand darauf, dass ich wegen meines Knöchels gekommen sei, und es dauerte ewig, ihn davon zu überzeugen, dass es mein Fuß war.«

Larry schob seine Brille ein wenig nach oben und wies erneut auf das Röntgenbild. »Er meinte das hier, da hast du ein paar Knochensplitter. Das kommt relativ oft vor und passiert, wenn Turner bei ihren Überschlägen zu flach landen. Aber wenn die Splitter so winzig sind, sieht man sie erst, wenn der Knöchel zu heilen beginnt. Die Tatsache, dass der Kollege sie sehen konnte, hätte ihm zeigen müssen, dass es keine aktuelle Verletzung ist.«

Ich atmete tief durch. »Wie lange dauert es, bis man sie sehen kann? Ich meine, um eine Diagnose stellen zu können?«

»Oh, sie sind in der Regel frühestens nach ein paar Wochen zu sehen ... Wenn man weiß, wonach man sucht«, sagte er. »Aber nie so schnell. Die hier sind ziemlich alt, sie sind fast verheilt.«

Inzwischen war ich wirklich verärgert. Larry wusste nicht, dass ich, noch bevor ich den ersten Termin bei ihm gehabt hatte, bereits zweimal bei einem Orthopäden gewesen war, um meinen Knöchel untersuchen zu lassen. Das erste Mal, nachdem ich schon einmal falsch aufgekommen war und starke Schmerzen hatte. Sechs Wochen später ging ich erneut zu ihm, um den Knöchel nochmals untersuchen zu lassen, weil er mir immer noch Probleme machte. Er hatte sogar Röntgenbilder machen lassen und mir, nachdem er sie angesehen hatte, versichert, dass alles in Ordnung sei.

In Gedanken begann ich, all die Ärzte aufzuzählen, bei denen ich gewesen war, die die Probleme völlig übersehen hatten oder nicht in der Lage gewesen waren zu helfen. *Oh Mann. Wie gut, dass wir jetzt nur noch zu Larry gehen.*

In einem Nebenraum wurde eine weitere Reihe Röntgenaufnahmen gemacht, die unsere Befürchtung bestätigten. Auch im rechten Wadenbein zeigte sich eine Ermüdungsfraktur.

Als ich ins Behandlungszimmer zurückkam, wartete Larry bereits auf mich. »Wenn du schon mal hier bist, wie geht es deinem Rücken?«, fragte er. »Ich kann mir vorstellen, dass er nach deiner schiefen Landung und dem Gehen an Stützen ziemlich wehtut?«

Ich nickte.

»Nun, wenn du jetzt da bist, können wir die Zeit nutzen, um dich wieder hinzukriegen. Mit der Physiotherapie musst du noch etwas warten, aber ich kann trotzdem etwas für dich tun, auch wenn du den Gips hast.«

Er wies auf den Tisch und half mir hinauf. Unterwegs schnappt er sich die Massagelotion. »Arme Kleine, alles tut weh!«, sagte er mit einem mitfühlenden Lächeln. Ich atmete tief durch und erinnerte mich an meine Frustration in der Notaufnahme. *Bin ich froh, dass Larry bereit war, mir spontan einen Termin zu geben*, dachte ich, während ich spürte, wie er mir die kurze Hose herunterrollte.

Die Behandlung war unangenehm und ich mochte sie nicht. Aber endlich schenkte mir jemand Aufmerksamkeit und war bereit, mir zu helfen. Ich sah zu meiner Mutter hoch, die auf dem Stuhl saß, hinter Larry konnte ich sie kaum sehen. Sie lächelte und ich lächelte zurück. Wir hatten endlich Hilfe bekommen.

Ein paar Wochen später war ich wieder in der Turnhalle – auf Krücken und mit Gips, aber wenigstens war ich zurück. Der Bruch war so weit geheilt, dass Larry keine Bedenken mehr hatte, der Knochen würde sich auch dann nicht mehr verschieben können, wenn ich mir versehentlich den Fuß stieß. Also hatte er grünes

Licht gegeben. Ich durfte zwar keine Turnübungen machen, aber ich konnte meine Kondition trainieren, mich dehnen und einen Teil meiner Übungen aus der Physiotherapie machen. Es war eine lächerliche Angelegenheit, einen Turnanzug über den Gips zu bekommen, aber ich wollte es so gerne, dass es mir völlig egal war, wie lange es dauerte.

In den nächsten Monaten machte ich bei jedem Training meine Konditionsübungen – erst mit Gips, später mit einer Orthese – und wartete … wartete, dass der Knochen heilte. Den Gips konnte ich nicht leiden, aber ich mochte die Muskeln, die ich durch ihn bekam, weil ich bei jedem Klimmzug und jedem Beinheben sein zusätzliches Gewicht von mehr als vier Kilo stemmen musste. Schon vorher war ich ziemlich muskulös gewesen, aber es dauerte nicht lange, bis ich ahnte, dass ich im Armdrücken gegen die meisten Jungs in meinem Alter gewinnen würde. Das war immerhin auch schon etwas. Auch ein Sixpack zu haben, das sich unter dem Turnanzug abzeichnete, war ziemlich cool. Und ich wusste, dass es einfacher werden würde, den Sport wieder aufzunehmen, je fitter ich war. Sobald Larry sein »Okay« dafür gab.

In alldem war Larry da. Für die regelmäßigen Nachuntersuchungen ging ich zu ihm statt zu einem Orthopäden. Er blieb mit meiner Physiotherapeutin in Kontakt, sodass ich mit der Reha für mein Bein und meinen Fuß beginnen konnte, sobald der Gips abgenommen wurde. Und jedes Mal, wenn ich zu Larry kam, fragte er nach meinem Rücken. Das Gehen an Stützen brachte alles wieder aus dem Gleichgewicht. Ich ging nicht wegen meines Rückens zu ihm, aber er wusste, dass er wehtat, deshalb bot er bei jedem Termin an, ihn zu behandeln.

»Komm, auf die Liege, Kleine«, sagte er, und ich tat es. Ein paarmal rutschte seine Hand von vorne in meine Hose.

Sie muss ihm ausgerutscht sein.

Ist es möglich, so auszurutschen?

Natürlich war es ein Ausrutscher. Was sollte es sonst sein?

Einmal, als meine Mutter und ich aus dem Untersuchungszimmer kamen, waren Flur und Anmeldebereich bereits dunkel, scheinbar waren alle schon nach Hause gegangen. Ich hatte keine Ahnung, dass wir so lange drinnen gewesen waren, und war überrascht, dass Larry mit einer Patientin ganz allein gelassen wurde.

»Wen sollen wir morgen anrufen, um sicherzustellen, dass das über unsere Versicherung abgerechnet wird?«, fragte meine Mutter. »Wir waren ja eigentlich gar nicht wegen ihres Rückens hier, also sollte ich jemandem Bescheid sagen.«

Larry winkte ab, als wollte er ihre Bedenken beiseiteschieben. »Oh, keine Sorge. Sie brauchte die Hilfe. Das geht aufs Haus. Werde einfach schnell wieder gesund, ja, Rach?«

Er umarmte uns beide und wir gingen. Er war so anders als die anderen Ärzte, die nicht einmal von ihrem Papierkram hatten aufsehen oder zuhören können, wenn ich versucht hatte zu erklären, was mir wehtat. Gedankenverloren humpelte ich an den Fotos der »Glorreichen Sieben« vorbei. Ihre Unterschriften waren in der Dunkelheit kaum zu erkennen. *Kein Wunder, dass USAG und die MSU ihn bei sich haben wollen.*

»Also ... das war komisch«, flüsterte meine Teamkollegin Ashley.

Wir saßen auf der Rückbank des Minivans meiner Mutter und fuhren von Lansing nach Hause. Jetzt, wo ich die Orthese nicht mehr tragen musste, nahm ich zwar wieder am Turntraining teil – obwohl ich immer noch sehr eingeschränkt war und nur wenig mitmachen konnte –, setzte aber gleichzeitig meine Reha und Physiotherapie fort. Larry beaufsichtigte natürlich alles.

Da Ashley seit einiger Zeit erhebliche Rückenprobleme hatte und ihre Mutter sie nicht zu Larry bringen konnte, fuhren wir gemeinsam zu unseren Terminen bei ihm. »Behandelt er deinen Rücken auch *so*?«, fragte sie.

Ich dachte darüber nach, was Ashley mir anschließend beschrieben hatte.

Meine Mutter hatte sie und mich in das gleiche Behandlungszimmer mitgenommen. Sie wollte sichergehen, dass jemand bei Ashley war und ihrer Mutter berichten konnte, wie es weitergehen sollte. Larry kam herein, verteilte Umarmungen, machte Smalltalk und stellte Fragen über die Schule und das Turnen. Dann kam er zur Sache. Er untersuchte Ashleys Rücken gründlich und stellte dann einen umfassenden Plan zusammen – es war ja schließlich Larry. Er sagte ihr, dass er gerne etwas Weichteilmassage machen wollte, um die Muskeln zu lockern und alles wieder richtig auszurichten.

»Möchtest du, dass sie hinausgehen, oder ist es okay, wenn sie im Zimmer bleiben?«, fragte er. Ich fand es gut, dass er ihr die Möglichkeit gab, ihre Privatsphäre zu schützen.

»Nee, wir sind Teamkolleginnen. Wir sehen sowieso alle alles«, lachte sie.

Larry erwiderte das Lachen. »Keine Geheimnisse in der Umkleide!«, kicherte er.

Er ließ sie auf die Liege hüpfen und sich auf den Bauch legen, so wie auch ich immer lag. Ich sah, wie er ihre Hüfte mit einem Handtuch bedeckte, ihre Hose und ihr Shirt ein wenig zur Seite schob und begann, ihren Rücken mit seiner rechten Hand und seinem rechten Unterarm zu massieren, wie er es auch bei mir tat. Dann bemerkte ich, dass er seine linke Hand beiläufig unter das Handtuch gleiten ließ, während er sprach. Er scherzte und lachte mit ihr, während er ihre weichen Muskeln mit seiner sichtbaren Hand knetete.

Ich hatte die Hand unter dem Handtuch kaum bemerkt. *Wow. Wenn ich nicht wüsste, was er da tut, würde ich es nie erraten. Ich wusste gar nicht, wie diskret er sein kann.*

Bis Ashley es durch ihre Frage bestätigte, war ich mir tatsächlich nicht einmal sicher gewesen, ob Larry bei ihr das Gleiche gemacht hatte wie bei mir, obwohl ich diese *innere* Behandlung inzwischen schon oft erlebt hatte. Ich war erleichtert, festzustellen, dass es beinahe unmerklich war. *Wir wollen ja schließlich, dass Ärzte unsere Privatsphäre schützen, oder?* Die Fähigkeit, eine so heikle Behandlung durchzuführen, ohne etwas nach außen zu zeigen oder Aufmerksamkeit darauf zu lenken, schien der Notwendigkeit geschuldet zu sein, solch persönliche Anwendungen diskret zu behandeln.

Meine Gedanken kehrten in die Gegenwart zurück. »Ja, es *ist* unangenehm.« Ich schwieg einen Moment. »Aber, ja. Meinen Rücken behandelt er auch immer *so*. Eigentlich jedes Mal.«

Seine Bewegungen waren so routiniert, dass es für mich offensichtlich war, dass es eine normale Behandlungsmethode für ihn sein musste. Die Tatsache, dass Ashley und ich das Gleiche erlebt hatten – während wir auch noch im selben Raum waren –, bestätigte es.

»Na ja … ich meine, es ist Larry, richtig? Also …« Ihre Stimme verlor sich. Ich murmelte etwas Zustimmendes, während wir die Autobahn entlangfuhren. Ashley hatte recht. Es war *Larry*. Er behandelte tagtäglich von morgens bis abends Mädchen. Sogar die Olympiateilnehmerinnen. Es *musste* normal sein.

Auf dem restlichen Heimweg sprachen Ashley und ich nicht mehr viel.

Wochen später informierte mich meine Mutter, dass wir das Datum unseres nächsten Termins ändern mussten, weil eines unserer Autos ein mechanisches Problem hatte.

»Ach, das ist in Ordnung«, antwortete ich beiläufig. »Wir hätten den Termin wahrscheinlich sowieso verschieben müssen, ich bekomme in der Zeit meine Tage.« Ohne einen weiteren Gedanken fuhr ich fort, den Boden zu kehren.

»Warum sollte das eine Rolle spielen?«, unterbrach mich die verwirrte Stimme meiner Mutter.

Ich lachte. *Peinlich! Äh, muss ich das jetzt wirklich erklären?* »Na ja, ich meine ... Er kann mich nicht wirklich behandeln, wenn ich meine Periode habe!«, sagte ich mit einem kurzen Lachen und warf ihr einen schiefen Blick zu, der meiner Meinung nach eindeutig war.

»Warum kann er dich nicht behandeln?«, sagte meine Mutter mit etwas mehr Dringlichkeit in der Stimme. »Rachael, macht er ... macht er etwas Innerliches?«

Ich hielt verwirrt inne und stellte den Besen ab. »Äh, ... ja?«

Warum ist das neu für sie? Wir gehen doch schon seit Monaten hin. Ich verstand es nicht.

»Rachael, das wusste ich nicht.«

Schock und Verwirrung, kombiniert mit einer Angst, die ich nicht verstand, stürzten auf mich ein. Ich zwang mich zu lachen. *Mach es nicht noch unangenehmer, als es sowieso schon ist*, ermahnte ich mich selbst. Ich wollte kein Theater. Es war schon peinlich genug, ohne zusätzliche Aufmerksamkeit darauf zu lenken. Meine Mutter war immer sehr gut darin gewesen, mit meinen Geschwistern und mir über unseren Körper und über Sexualität zu sprechen, aber trotzdem ... es war *privat*.

»Ich meine, was dachtest du, wie er mein Becken gedreht hat?«, fragte ich mit erzwungener Lässigkeit.

»Äußerlich!«, antwortete meine Mutter bestimmt. »Ich habe nicht gemerkt, dass er etwas Innerliches gemacht hat.« Sie hielt inne und atmete tief durch. »Na gut«, sagte sie mit fester Stimme, »Und was hältst du davon?«

Ich dachte eine Weile nach, bevor ich antwortete. Larry war der Arzt, dem *USAG* seine Olympiateilnehmer anvertraute. Außerdem war er der Arzt, an den die *MSU* ihre eigenen Turnerinnen überwies. Larry behandelte jeden Tag Mädchen, und das schon seit Jahren. Ich wusste, dass er *das* die ganze Zeit tat, sogar mehrmals am Tag. Und von der Freundin unserer Familie wusste ich, dass Physiotherapeuten spezielle Schulungen für die interne Beckenbodentherapie machen konnten. Also wählte ich meine Worte vorsichtig und ehrlich.

»Ich meine, es ist unangenehm … aber so ist das bei medizinischem Kram manchmal, oder?«

»Ja …«, antwortete meine Mutter, offensichtlich nicht überzeugt.

»Und wir wissen ja, dass es Therapeuten gibt, die interne Beckenbodentherapie praktizieren. Wir haben sogar schon darüber gesprochen, dass ich sie vielleicht brauche, nicht wahr? Und dass es nicht unbedingt angenehm sein wird, aber notwendig sein könnte?«, drängte ich.

»Ja, das stimmt.« Meine Mutter seufzte. »Das stimmt. Ich hatte nur vor, dich zu einer weiblichen Therapeutin zu bringen, wenn es sich herausstellen sollte, dass du wirklich irgendeine innere Behandlung brauchst.«

Ich zuckte mit den Achseln und begann wieder zu fegen. Der braune Geschirrschrank in unserem Esszimmer züchtete Wollmäuse, da war ich mir sicher. Ich zog eine besonders große aus der linken Ecke hervor. »Na ja, da Larry alles kann und das Fachwissen im Turnen hat, dachte ich eigentlich, dass wir entschieden hätten, bei ihm zu bleiben«, sagte ich.

Meine Mutter nickte, war aber noch nicht fertig. Sie gab nicht so leicht auf, und bald musste ich ihr eine Frage nach der anderen beantworten.

Hatte ich je das Gefühl gehabt, dass es unprofessionell war?

War es unangenehmer als eine normale ärztliche Untersuchung?

Hatte er je irgendetwas getan, das nicht wirklich medizinisch wirkte?

»Nein.«

»Nein.«

»Nein.«

Und ich glaubte meine Antworten. Nur eine schmutzige Fantasie würde eine medizinische Untersuchung sexualisieren. Dass ich daran arbeiten musste, nichts in die Behandlung »hineinzulesen«, war *mein* Problem.

Endlich gab meine Mutter nach. »Na gut. Aber wenn du dich je auch nur ein kleines bisschen unwohl fühlst oder das Gefühl hast, dass etwas nicht ganz richtig ist, sag mir sofort Bescheid. Wir können jederzeit zu einem anderen Therapeuten wechseln. Es gibt mehrere Physiotherapeutinnen in der Gegend, die interne Therapien durchführen.«

Ich nickte zustimmend. »Okay, das werde ich.« Und ich meinte es so, weil ich wusste, dass auch sie es so meinte. Wenn irgendetwas nicht stimmte, würde ich es ihr erzählen. Aber wenn wirklich etwas nicht stimmte, würde Larry bestimmt nicht jeden Tag Mädchen behandeln.

SECHS

»Und wie geht es Ihrer Frau, jetzt, wo das Baby fast da ist?«

Larry senkte den Kopf und schüttelte ihn ungläubig. »Oh Mann. Es geht ihr großartig, Rach. Ich meine, sie fühlt sich natürlich ziemlich unwohl, aber wir sind so bereit für dieses kleine Mädchen.« Er machte eine Pause. »Ich kann es kaum erwarten.« Seine Stimme war voller Emotionen und Ehrfurcht.

Es war Spätsommer 2001, über anderthalb Jahre nachdem ich zum ersten Mal die Klinik der *MSU* betreten hatte. Larrys erstes Kind, ein kleines Mädchen, sollte in einigen Wochen zur Welt kommen, und er war fast übermütig, wenn er von ihr sprach. Seine Frau Stephanie hatte ich erst vor Kurzem getroffen, mit ihrer süßen und zierlichen Figur trug sie schwer an ihrem Babybauch. Ich konnte verstehen, dass sie beide sehnsüchtig auf die Ankunft des kleinen Mädchens warteten.

»Es muss sich unbeschreiblich gut anfühlen, Vater zu sein.« Er schüttelte erneut den Kopf, seufzte und wechselte dann in den Arbeitsmodus. »Also gut, Kleine, komm auf die Liege. Mal sehen, was wir hier haben.« Dann führte er eine Reihe von Kraft- und Beweglichkeitstests mit mir durch. Als er bei einem Test meiner Bauchmuskeln aus Versehen seinen Finger zwischen meinem Rücken und der Untersuchungsliege einklemmte, jaulte er vor Schmerzen auf. »Meine Güte, mit deinem Bauch gibt es jedenfalls keine Probleme!«, sagte er mit einem Lachen.

»Jetzt dreh dich um, damit wir an deiner Rückenmuskulatur arbeiten können.« Er schnappte sich die Massagecreme, trug sie auf und begann zu massieren. Während seine linke Hand in mir war und er mit der rechten meinen Rücken massierte, plauderte er mit meiner Mutter. »Was nehmen die anderen beiden Kinder gerade in Naturwissenschaften durch?«, fragte er.

Bevor sie antworten konnte, unterbrach er sich. »Mann, ich liebe diese Stiefel!«, sagte er mit einem Blick auf meine schwarzen Knopfstiefeletten, die neben dem Stuhl meiner Mutter standen. Ich bezweifelte, dass er sich wirklich für mein Schuhwerk interessierte, aber er wusste, dass ich die Stiefel mochte, also war es eine nette Geste, ein Kompliment darüber zu machen.

»Naturwissenschaften sind so wichtig«, sagte er und nahm das Gespräch mit meiner Mutter wieder auf. Er unterhielt sich immer mit ihr, über alle möglichen Dinge, zum Beispiel die Hausaufgaben, die meine Geschwister oft im Wartezimmer erledigten, während ich behandelt wurde. Einmal hatte er sogar mein Wissenschaftsbuch durchgeblättert und sich über das Hochschulniveau der Kapitel über Zell- und Molekularbiologie gefreut.

Plötzlich verstummte er für eine Weile, um sich zu konzentrieren. »Wow, du bist echt verspannt hier.« Ich lag still, während er eine schmerzende Stelle an meinem unteren Rücken bearbeitete. Seine linke Hand massierte mich dabei die ganze Zeit von innen. Seine Stimme verlor sich und er schloss die Augen. Dann zog er beiläufig seine Hand unter dem Handtuch heraus und trat näher an meine Schultern heran. Er stand zwischen meiner Mutter und mir. Ohne mit der rechten Hand zu pausieren, öffnete er mit der anderen Hand meinen BH durch das Shirt.

Er muss wahrscheinlich an meinem oberen Rücken arbeiten, überlegte ich, obwohl er das noch nie getan hatte. Seine Atmung wurde schneller und ich blickte auf. Noch immer hatte er die Augen geschlossen und schien völlig in Gedanken versunken zu sein. Ich legte meinen Kopf wieder ab, um ein paar Minuten später erneut aufzusehen, überrascht, dass er auf die andere Seite der Liege gewechselt war.

Das hat er noch nie gemacht, dachte ich. *Er steht immer auf der rechten Seite, zwischen meiner Mutter und mir.* Wortlos legte er seine Hände auf meine Hüften und drehte mich auf die Seite, sodass ich in seine Richtung sah, weg von meiner Mutter. *Warum …? Was …? Das ist vollkommen neu …*

Ich sah zu ihm hoch. *Irgendetwas stimmt nicht.* Angst überkam mich. Ich wusste nicht warum oder woran ich es merkte, aber irgendetwas war hier ganz und gar nicht in Ordnung. Ich blickte erneut zu Larry. Er hatte die Augen geschlossen und atmete schwer, beinahe keuchend. Sein Gesicht war leicht gerötet. Und seine Hose … ich bemerkte eine sichtbare Ausbuchtung an der Vorderseite. *Das ist nicht … das ist unmöglich!*

In dem Moment fasste Larry mit der rechten Hand über meine Hüfte und fuhr fort, meinen Rücken zu massieren. Seine linke Hand blieb vorne und stützte mich, während er mit der rechten Hand die schmerzenden Muskeln bearbeitete. Langsam begann er, sich meinen Oberkörper hochzuarbeiten, eine Hand auf meinem Rücken, die andere vorne. Meine Gedanken überschlugen sich. Er würde sich mit der Hand unter meinem T-Shirt nach oben durcharbeiten. *Das würde er nicht tun. Natürlich nicht.* Aber ich wusste, dass er genau das tun würde. Die Zeit verdichtete sich, während meine Gedanken sich vor Fragen überschlugen und ich meine eigenen Instinkte hinterfragte, weil es *Larry* war.

Ohne eine Pause, ohne auch nur eine Sekunde zu zögern, massierte er weiter und seine Hand wanderte nach oben. Plötzlich wie in einem Strudel aus Verwirrung und Angst schrie ich, dass er aufhören sollte, aber es kam kein Ton heraus. Panik überkam mich, und einen kurzen Moment lang wurde der Raum dunkel und ich verlor das Bewusstsein. Benommen und desorientiert spürte ich, wie er mich endlich zurückdrehte und meinen BH wieder schloss.

»Ich denke, das reicht. Du kannst dich wieder aufsetzen!«, säuselte er fröhlich.

Was ist gerade passiert?

Er half mir an den Rand der Liege, noch immer fühlte ich mich benommen und verwirrt. Meine Gedanken und mein Körper standen wie unter Schock, sodass ich kein Wort herausbekam. Und selbst wenn, was hätte ich sagen sollen?

Was ist da gerade passiert?

Wer ist das? Dieser olympische Arzt, der sich um mich gekümmert hatte. Der Ehemann der süßen schwangeren Frau, die ich erst vor Kurzem getroffen hatte. Der Vater einer Tochter, die bald zur Welt kommen würde. *Wer ist das?* Ich war sechzehn. Er ging auf die vierzig zu.

Geistesabwesend saß ich auf dem zerknitterten Papier und antwortete knapp, wenn es notwendig war, während er meiner Mutter Anweisungen für die weitere Physiotherapie gab. Alles, was ich über Larry wusste, alles, was er gesagt und getan hatte, wirbelte durch meinen Kopf. Ich konnte den Mann, den ich kannte, nicht mit dem in Einklang bringen, der mich gerade an Stellen und in einer Weise berührt hatte, von denen ich sicher war, dass er es nicht hätte tun sollen. Völlig mechanisch beendete ich den Termin und ging hinaus. Ich wollte ihm nicht zeigen, wie beschämt und verängstigt ich vor wenigen Minuten gewesen war, und tat alles, was ich konnte, um normal zu erscheinen. Heute weiß ich, dass ich versucht hatte, ihn, wenn es mir nicht gelungen war, ihn von meinem Körper fernzuhalten, zumindest von meiner Seele fernzuhalten. Ich konnte meine Gedanken und Gefühle schützen. Ich konnte ihn daraus aussperren.

Wem hat er das noch angetan?

Es war, als könne ich mich schützen, indem ich keine zusätzliche Aufmerksamkeit auf meine Scham zog. Wie immer hatte ich ihn angelächelt und ihm gedankt, bevor wir gingen.

Als ich in jener Nacht im Bett lag, überschlugen sich meine Gedanken. *Interpretiere ich zu viel hinein? Könnte es einen Grund für seine »Behandlung« gegeben haben?* Nein. Larry hatte eine Absicht hinter dem, was er getan hat. Es war berechnet gewesen. Ich wusste, dass es so war. Und ich wusste, was das bedeutete. Der Larry, den ich zu kennen geglaubt hatte, war nicht der echte Larry. *Wie ist das möglich?* Auch nur zu denken, dass jemand ein Sexualstraftäter war, war eine unglaublich schwere Anschuldigung.

Wie eingebildet bist du eigentlich, dass du glaubst, er würde dich attraktiv finden? Damals wusste ich nicht, dass es bei sexuellem Missbrauch nicht um äußerliche erotische Anziehungskraft geht. Es geht um Kontrolle. Jeder kann ein Ziel sein. Sogar Teenager in der unbeholfenen Phase ihrer Pubertät. Aber was, wenn es doch nur das übermäßig sexualisierte und dramatische Denken meines jugendlichen Verstandes war? Wenn ich mich irrte, würde ich nicht nur Larry ruinieren, sondern auch mich selbst.

Aber ich irrte mich nicht.

Die ganze Nacht über rang ich mit mir selbst und schüttelte immer wieder den Kopf, als könnte ich so die streitenden Stimmen aus meinen Gedanken verbannen. Wie ein kleines Kind, das ungestüm die Münzen aus seinem Sparschwein schüttelt. Ich ballte meine Hände zu Fäusten, bis sich meine Fingernägel in die Handflächen bohrten. Der Schmerz gab mir etwas, worauf ich mich konzentrieren konnte, und half mir, mich zu orientieren.

Ich wusste die Wahrheit, aber sie half mir nicht weiter. Sie stellte alles auf den Kopf, was ich zu wissen geglaubt hatte. Jede Überzeugung, die ich gehabt hatte. Jede Interaktion. Jedes Wort. Jeden Kommentar. Ich wusste die Wahrheit, aber sie brachte keine Ruhe, sie brachte Verwirrung, Orientierungslosigkeit, Wut. *Wer ist dieser Mann?* Die Person, die mich an jenem Nachmittag so berechnend missbraucht hatte, und die Person, die jeder kannte, die ich zu kennen geglaubt hatte – wie passten diese beiden Seiten zusammen? Und was sollte ich tun?

Während ich zwar wusste, dass etwas mit mir geschehen war, das nicht in Ordnung war, war mir jedoch noch nicht klar, dass auch die Penetration und alles, was ich als »Beckenbodentherapie« abgestempelt hatte, alles andere als legitim gewesen war. Ich war mir nur sicher, dass es niemanden kümmern würde, wenn eine Jugendliche begrapscht worden war. Man musste sich nur umschauen, um das zu wissen. Die sexuelle Belästigung und Objektifizierung von Frauen, die schmutzigen Witze, das »Umkleidekabinen-Geschwätz«, das sexuell aggressive Verhalten von Männern – all das wurde ständig heruntergespielt.

Ich wusste auch, dass das, was passiert war, von vielen wahrscheinlich eher als Kompliment denn als Verbrechen angesehen würde – wenn mir überhaupt jemand glaubte. Traurigerweise hatte ich Ähnliches schon einmal erlebt, ausgerechnet in der Kirche, in der ich aufgewachsen war.

Ich erinnere mich so gut daran, als wäre es gestern gewesen. Die Gemeinde war klein, nur ein paar hundert Leute, und jeder kannte jeden. Meine Mutter spielte Flöte und gelegentlich sang sie in einem der Musikteams mit. Schon früh war ich für meine Liebe zu Kindern bekannt, nach dem Gottesdienst unterstützte ich tatkräftig die oft müden Mütter, indem ich mich um ihre Babys kümmerte oder während Besprechungen mit ihren Kleinkindern in der Kinderkrippe spielte. Unsere Familie war Teil einer eng verbundenen Kleingruppe zum Bibelstudium, deren Treffen immer ein Höhepunkt der Woche war. Meine Eltern hatten schon lange vor meiner Geburt enge Freundschaften mit Gemeindemitgliedern aus der

Gruppe geschlossen, ich war im gleichen Alter wie ihre Kinder, und so waren wir zusammen aufgewachsen. Die Gemeinde war ein Teil unserer Familie, und wir waren ein Teil von ihr.

Doch etwas änderte sich, als ich sieben Jahre alt war. Nach der Sonntagsschule lief ich nicht mehr direkt zum »Briefkasten« – eine Wand voller Fächer, auf denen die einzelnen Familiennamen standen –, um nachzusehen, ob Mitteilungen oder Newsletter darin waren. Ich hüpfte nicht mehr durch die Gänge und fuhr mit dem Finger die Linien zwischen den riesigen, cremefarben gestrichenen Backsteinen nach und rannte nur noch selten mit den anderen Kindern über den saftig grünen Rasen. Viel mehr Zeit verbrachte ich damit, mich in der Damentoilette zu verstecken. Dann saß ich dort, zitterte und wünschte, jemand würde fragen, was los war. Aber gleichzeitig wusste ich, dass ich keine Ahnung hatte, was ich sagen sollte, wenn jemand danach fragte.

Ich war missbraucht worden, von einem Studenten aus unserer Kirche, der mich auch danach noch weiterverfolgte. Er hatte es getan, als er mich während einer Bibelstunde der Gemeinde auf seinem Schoß sitzen ließ. Niemand außer mir wusste davon. Ich war mir nicht sicher über das, was passiert war, außer dass ich schreckliche Angst gehabt hatte und mich körperlich krank fühlte. Genauso wenig konnte ich erklären, warum ich mich so fühlte. Also hielt ich mich auf der Toilette auf, dem einzigen Ort, an dem er mich nicht finden konnte. Bis er eines Tages nicht mehr kam, vermutlich weil er das Studium abgeschlossen hatte und umgezogen war. Aber irgendwie kehrte die Normalität auch dann nicht wieder ein, nachdem er gegangen war. Die Bibelgruppe, zu der wir gehörten, löste sich irgendwann auf, die Erwachsenen, die ich liebte und denen ich vertraute, wirkten plötzlich unnahbar und distanziert. Einige unserer engsten Freunde gingen fort, um eine neue Gemeinde zu gründen, und diejenigen, die blieben, standen uns als Familie nicht mehr nahe. Über ein Jahr später verließen auch wir die Gemeinde, die Gründe waren vage und unklar. Ich war am Boden zerstört und frustriert, dass ich nicht verstehen oder erfahren konnte, was geschehen war.

Erst Jahre später, als ich etwa zwölf Jahre alt war und die lebendigen Erinnerungen an damals einfach nicht abschütteln konnte, erzählte ich meiner Mutter, was dieser Mann getan hatte. Sie schwieg lange und sagte dann leise: »Es tut mir so leid.« Wir sprachen darüber, ich stellte Fragen und bekam endlich die Antworten, nach denen ich gesucht hatte. Aber sie gefielen mir nicht.

Irgendwann erfuhr ich, dass der Mann, der mich missbraucht hatte, gebeten worden war zu gehen, weil mehrere Studentinnen sich über sein Verhalten beschwert hatten. Aber es war schon viel früher Alarm geschlagen worden. Nicht allein aufgrund seines Verhaltens mir gegenüber, auch einem anderen kleinen Mädchen aus der Gemeinde war er gefährlich nahegekommen. Ein Missionars-Ehepaar und eine Gruppe von Seelsorgern, die sich besonders mit dem Thema »Sexuelle Gewalt« befassten, hatten die Warnsignale bemerkt: die übertriebene, zielgerichtete Aufmerksamkeit und die große körperliche Vertrautheit, mit denen Täter auf ganz typische Art und Weise Kinder manipulieren und versuchen, eine emotionale Verbindung aufzubauen. Sie hatten die Gemeinde daraufhin gewarnt, ohne zu wissen, dass bereits ein Missbrauch passiert war. Meine Eltern hatten sofort reagiert, indem sie entsprechende Maßnahmen ergriffen, um mich zu schützen, denn auch ihnen waren manche seiner Verhaltensweisen unangenehm aufgefallen. Sie hatten bereits einige Grenzen gesetzt, den Kontakt aber noch nicht ganz abgebrochen, weil sie an ihren Befürchtungen zweifelten. Sie wussten, wie schwerwiegend es war, auch nur einen Verdacht zu hegen, dass jemand ein Sexualstraftäter sein könnte. Dank derer, die den Mund aufgemacht und sofort reagiert hatten, war ich vor einem noch schlimmeren Missbrauch bewahrt worden, dafür werde ich ihnen für immer dankbar sein.

Doch ich erfuhr auch die andere Seite der Geschichte. Viele unserer Freunde aus der Gemeinde, von denen einige Älteste waren oder andere wichtige Positionen hatten, erkannten die Entscheidung meiner Eltern nicht als Schutzmaßnahme an. Da ich nichts von einem Missbrauch gesagt hatte, wurde ihre Reaktion als Anschuldigung ohne Beweise angesehen. Auch das Fachwissen der Seelsorger wurde abgelehnt, weil sie Unterlagen von Psychologen und lizenzierten Therapeuten verwendeten, die »außerhalb der Schrift« waren, darauf konnte man nicht vertrauen.

Einige der Leute, die Alarm geschlagen hatten, einschließlich meiner Mutter, hatten selbst einmal Missbrauch erlebt. Manchmal setzten die Skeptiker genau das als Waffe gegen sie ein: »Missbrauchsopfer übersexualisieren immer alles«, sagten sie. »Sie stülpen allem um sie herum ihre Erfahrungen über.« Aus diesem Grunde könne man auch ihnen nicht vertrauen.

Und es ging nicht nur um mich. Das Thema »Sexuelle Gewalt« und wie damit umgegangen werden sollte, hatte der Gemeinde schon lange Zeit schwer im Magen gelegen. Der erbitterte Streit darüber, welche Methoden in der kirchlichen Beratungsstelle für sexuellen Missbrauch angemessen und biblisch waren und welche nicht, hatte die Mitglieder schon seit Jahren gegeneinander aufgebracht. Meine Mutter erzählte mir, dass in demselben Gebäude, in dem von sexueller Gewalt Betroffene weinten und mit Seelsorgern beteten, andere Gemeindemitglieder Kassetten verteilten, die die Experten und das entsprechende Arbeitsmaterial, mit dem die Seelsorger arbeiteten, angriffen. Sie wurden als unbiblisch und gottlos abgestempelt. Bald ging es so weit, dass gewisse Kleingruppen keine Mitglieder der Beratungsstelle mehr in ihren Bibelstunden haben wollten.

Und die ganze Zeit über, während die Feindseligkeit in der Gemeinde ihren Höhepunkt erreichte, stellte dieser Mann mir nach.

Wie so oft hatten fehlgeleitete Theologien und die Weigerung, in solchen Angelegenheiten mit Experten zusammenzuarbeiten, dazu geführt, dass der sexuelle Missbrauch in den eigenen Reihen erst übersehen und dann vertuscht worden war. Ich war damals nicht die einzige Betroffene. Auch andere ernst zu nehmende und glaubwürdige Vorwürfe dieser Art des Missbrauchs waren unter den Teppich gekehrt worden. Für eine kleine Gemeinde von ein paar Hundert Mitgliedern war sexuelle Gewalt zu einem vorherrschenden und doch wohlbehüteten Geheimnis geworden. Jedes Mal, wenn ein Missbrauchstäter entlarvt oder ein Skandal aufgedeckt wurde, war die Reaktion die gleiche: Den Täter in aller Stille ausschließen. Es vertuschen. Niemandem davon erzählen. Meine Eltern kannten viele der Details nur, weil sie clever genug waren, um zu erkennen, dass die Methoden des Ausschlusses keinen Sinn ergaben. Zudem standen sie den wichtigsten Gemeindeleitern nahe genug, um Antworten verlangen zu können.

Die Informationen, die meine Mutter mir damals weitergab, nachdem ich ihr erzählt hatte, was passiert war, beantworteten Fragen, die mich jahrelang beschäftigt hatten. Sie erklärten auch das kühle Verhalten einiger Leute, das ich zuvor nicht verstanden hatte. Und sie waren mir zu einer Lektion geworden, die ich nie vergessen habe und sogar mit in Larrys Behandlungszimmer nahm: *Wenn du es nicht beweisen kannst, sag nichts, denn es wird dich* alles *kosten.*

Als ich in der Nacht, nachdem Larry mich missbraucht hatte, im Bett lag, dachte ich daran zurück, was meine Mutter mir darüber erzählt hatte, warum wir unsere Gemeinde verloren hatten. Schon damals wurde mir klar, wie unzulänglich viele Gemeinden mit sexuellem Missbrauch umgehen: Der Widerwille, es zu glauben.

Die Weigerung, mit Experten zusammenzuarbeiten. Die Diskriminierung derer, die es tun. Verschwiegene Geheimhaltung, um das makellose Bild »des Evangeliums« zu bewahren, obwohl Gerechtigkeit die Liebe Christi doch viel besser demonstrieren würde. Und ich ahnte, dass die Situation außerhalb der Gemeinde nicht anders war.

Wenn unsere eigenen Freunde nicht bereit gewesen waren, den Bedenken meiner Eltern über einen Studenten Glauben zu schenken, wie würde dann die breite Öffentlichkeit jemals dem Wort einer namenlosen sechzehnjährigen Turnerin gegen einen weltbekannten olympischen Arzt glauben. Sosehr meine Gemeinde negative Presse verhindern und ihren Ruf wahren wollte – eine der zehn renommiertesten Universitäten der Vereinigten Staaten, wie die *Michigan State* es war, und ein olympischer Dachverband wie *USAG* wollten es sicherlich noch mehr. Und sie hatten die Macht, alles unter den Teppich zu kehren, was ich melden würde. Meine Mutter und ich wussten aus der Erfahrung des früheren Missbrauchs, den wir erlebt hatten, dass Missbrauchstäter, die sich mächtig und unerreichbar fühlen, in der Regel dazu neigen, ihre Aktivitäten zu verstärken. Wenn ich es versuchte und scheiterte, würde das ernsthafte Konsequenzen für weit mehr Menschen als nur für mich bedeuten können.

In den nächsten Tagen dachte ich darüber nach, es meiner Mutter zu erzählen, was bei Larry passiert war. Ich wusste, dass sie mir glauben würde. Aber ich hatte zu viel Angst, um es in Worte zu fassen, Worte würden es so viel *wirklicher* machen. Und die Verwirrung, die mich in jenem Moment erfasst hatte, war immer noch da. Ich wusste nicht einmal, wie ich klar denken sollte. Außerdem gab es nichts, was sie würde tun können. Selbst ihre Stimme würde meiner nicht mehr Macht verleihen, gegen die Institutionen und Personen, die Larry umgaben, anzugehen.

Es gab nichts, das ich tun konnte.

Ein paar Tage später erkannte ich, dass ich ein weiteres Problem hatte – ich sollte weiterhin zu Larry in die Behandlung gehen. Wenn ich aufhörte, müsste ich es begründen, was mir unmöglich erschien, also beschloss ich, Larry einfach zu sagen, dass es meinem Rücken besser ginge. Er konnte ein letztes Mal meine Handgelenke behandeln, und wir würden es dabei belassen.

Als er beim nächsten Termin ins Behandlungszimmer kam, schien es, als hätte sich nichts geändert, zumindest nicht für ihn. Das gleiche einnehmende Auftreten, der gleiche Small Talk, der gleiche Blickkontakt mit meiner Mutter und mir. Nachdem ich ihm mitgeteilt hatte, dass es meinem Rücken besser ginge, schien er froh zu sein und zögerte keinen Augenblick, sich stattdessen auf meine Handgelenke zu konzentrieren.

Nur eine Sache war wirklich neu. Larry war endlich geworden, worauf er gewartet hatte. Er war Vater geworden.

»Komm her, komm her!«, beharrte er beinahe im Flüsterton. Aufregung lag in seiner Stimme. »Komm schon!« Er bedeutete mir, an der Tür zu stehen zu bleiben, und schlüpfte für einen Moment hinaus. Dann kehrte er mit einem winzigen, weichen Bündel zurück. »Ich weiß, dass du sie gerne sehen wolltest, und ich muss einfach mit ihr angeben!«

Sein Gesicht strahlte vor Stolz, als er mir seine neugeborene Tochter zeigte. Seine Frau war kurz vorher zu Besuch gekommen, und als Larry sah, dass ich da war, hatte er sie auf dem Handy angerufen und gebeten, noch mal in die Praxis zurückzukommen, damit ich das Baby sehen konnte.

»Willst du sie halten?«, fragte er, obwohl er die Antwort schon kannte, da er wusste, wie sehr ich Kinder liebte. Er legte mir das Baby in die Arme und flüsterte: »Sie ist wundervoll.«

Seine Erstgeborene hatte eine winzige Knopfnase, feine Augenlider, die im Schlaf geschlossen waren, und dunkles Haar wie Larry. Ein zartes Händchen schaute aus der Decke hervor, in die sie eingewickelt war. »Sie sieht Ihnen ähnlich«, flüsterte ich.

Das war das letzte Mal, dass ich Larry sah. Er forderte mich nicht mehr auf, einen weiteren Termin zu vereinbaren. Meine Handgelenke waren noch nicht in Ordnung. Vielleicht konnte man an diesem Punkt wirklich nichts mehr tun – vielleicht aber hatte er auch das Interesse verloren. Oder er hatte einfach nur bekommen, was er wollte. Auf jeden Fall war es vorbei.

Das folgende Jahr über versuchte ich, das Ganze zu vergessen. Immer, wenn Erinnerungen hochkamen, schüttelte ich mich in Gedanken. Es gab nichts, was ich tun konnte, argumentierte ich vor mir selbst, also hatte es auch keinen Sinn, darüber nachzudenken. Wann immer ich Wut oder Angst verspürte, wies ich mich zurecht. Ich wiederholte die Lügen, die die Gesellschaft jedem Opfer von sexueller Gewalt vermittelte: *Hör auf damit, überdramatisch zu sein. Es war keine so große Sache. Du interpretierst zu viel hinein und machst es schlimmer, als es war.*

Warum … warum kam ich einfach nicht darüber hinweg?

Im Laufe der Zeit wurde ich immer aufgewühlter. Meine Toleranzgrenze für die allgemeinen Anzüglichkeiten, mit denen Frauen regelmäßig konfrontiert sind, war niedrig bis inexistent. Ich wusste nun, dass sich Gedanken ohne Vorwarnung in Taten verwandeln konnten, und ständig fühlte ich mich unsicher und ungeschützt. Plötzlich bekam ich Albträume, und die Erinnerungen an meinen ersten Missbrauchstäter kehrten mit aller Macht zurück. In Gedanken ging ich alles durch, was Larry von Anfang an getan hatte, um mein Vertrauen zu gewinnen – einfache Komplimente, unschuldige Berührungen, lockere Unterhaltungen, Interesse an meiner Person.

Wie kann ich wissen, dass jemand aufrichtig ist?, fragte ich mich.

Die grundlegendsten Handlungen menschlicher Beziehungen waren missbraucht worden.

Mein eigenes Vertrauen war als Waffe eingesetzt worden. Meine Bitte um Hilfe war ausgenutzt worden. Vielleicht war die einzige Möglichkeit, einen erneuten Missbrauch zu verhindern, diese Dinge einfach abzuschalten. Niemandem mehr zu vertrauen. Niemals mehr. Punkt.

Auch meine Mutter bemerkte meine Veränderung. Überfüllte Orte, Männer, die hinter mir standen, und einfache Ausflüge in Einkaufszentren oder *Fast-Food-Restaurants* wurden zu einem Problem. Was als lustige Mutter-Tochter-Unternehmung begann, verwandelte sich plötzlich und ohne Vorwarnung in den Auslöser einer Stimmung, die mich nervös und bissig machte. Meine Mutter wusste, dass etwas nicht stimmte.

Nach einem besonders katastrophalen Ausflug zu *Subway*, wo sich die normalerweise ausgewogene Rachael in eine schimpfende, nervöse Version ihrer selbst verwandelte, die auch auf die einfachste Frage keine freundliche Antwort mehr geben konnte, war meine Mutter sicher, dass etwas geschehen war, von dem sie nichts wusste. Doch klug und einfühlsam, wie sie war, diskutierte sie es nicht an Ort und Stelle mit mir, sondern blieb ruhig und wartete auf eine bessere Gelegenheit, um nachzuhaken.

»Darf ich dich fragen, was bei *Subway* los war?«, fragte sie lässig über das Geräusch von fließendem Wasser hinweg. Es war ein oder zwei Tage später, wir spülten gemeinsam das Geschirr. Meine Mutter übernahm das Nachspülen, während ich abwusch. Ich war also mehr oder weniger gezwungen zuzuhören, und das wusste sie.

»Ja, es tut mir leid«, seufzte ich. »Ich weiß, dass ich mürrisch war. Ich hatte einfach nur großen Hunger.« Das Trinkglas in meiner Hand wurde energischer geschrubbt, als es notwendig war. Um ehrlich zu sein, verstand ich meine unvorhersehbaren Reaktionen nicht einmal selbst. In den seltenen Fällen, in denen ich ahnte, warum ich aufgewühlt oder ängstlich war, schüttelte ich jede aufkeimende Erinnerung schnell mit der Ermahnung ab, nicht so dramatisch zu sein.

»Bist du sicher, dass das alles ist?«, fragte sie, während sie das Glas aus meiner Hand nahm und es unter das heiße Wasser hielt. »Mir ist aufgefallen, dass es dir nicht nur so geht, wenn du hungrig bist. Gibt es einen bestimmten Grund dafür, dass es dich so nervös macht, wenn jemand hinter dir steht?«

Ich legte eine weitere Tasse ins Spülbecken und täuschte Unschuld vor. »Ist das so?«

»Schatz …« Mama hielt inne. »Ist irgendetwas passiert, von dem ich nichts weiß?« In dem Schweigen, das darauf folgte, nahm sie die Tasse, die ich ihr hinhielt, und spülte sie ab.

»Ich weiß es nicht.« *Okay, ja, das ist eine Lüge.*

»Was ist los?«, beharrte meine Mutter sanft. Ich kannte sie gut genug, um zu wissen, dass ich damit nicht davonkommen würde. Also konzentrierte ich mich auf die Handvoll Besteck, die ich gerade bearbeitete, und erzählte ihr, wie Larry meine Brust begrapscht hatte. Sie sagte keinen Ton, während weitere Blasen unter dem fließenden Wasser ihren Untergang fanden. Dann sah sie mich an.

»Das macht mich so unglaublich zornig.« Die Stimme meiner Mutter war voller Wut, Trauer und Bedauern. »Es tut mir so leid …«

Sie glaubte mir, ich hatte gewusst, dass sie es tun würde. Sie kannte die Erfahrung, wie es sich anfühlte, wenn einem nicht geglaubt wurde.

»Ich weiß nicht, was ich sagen soll.« Fassungslos sah sie mich an. »Es tut mir so leid, mein Schatz. Wie konnte ich das nicht bemerkt haben? Ich war doch im selben Raum!«

Auch das hatte ich gewusst, dass sie sich selbst Vorwürfe machen würde. Der Kummer in ihrer Stimme war nicht zu überhören.

»Es war nicht deine Schuld«, versicherte ich ihr. »Er wusste genau, was er tat, und drehte mich so, dass du es nicht sehen konntest. Du hattest keine Chance, es zu bemerken, und ich habe nichts gesagt.« *Es war meine Schuld*, schloss ich im Stillen.

»Das ist auch nicht zu erwarten, dass du dazu in der Lage sein solltest«, erwiderte sie. »Und es ist *nicht* deine Schuld.« Ihre Fähigkeiten im Gedankenlesen waren wie immer unschlagbar. Eine Zeit lang spülten wir schweigend weiter. »Dein Vater sollte es ebenfalls wissen. Möchtest du es ihm selbst sagen?«

Ich dachte eine Weile darüber nach. »Es wäre mir lieber, wenn du es ihm erzählst. Es ist mir wirklich unangenehm, darüber zu sprechen.«

»Das dachte ich mir«, gab sie zu. »Ich werde es dich wissen lassen, wenn ich mit ihm geredet habe, damit du Bescheid weißt.«

Vorsichtig hob ich den Stapel Teller ins Seifenwasser und versuchte dabei, nichts in die gelben Gummihandschuhe spritzen zu lassen, die ich immer trug. Die Teller klapperten leise, und das fließende Wasser rauschte sanft, während es über das Porzellan floss.

»Es tut mir so leid«, sagte meine Mutter erneut.

Wir spülten schweigend zu Ende. Es gab nichts mehr zu sagen.

Ein paar Tage später zogen wir uns nach dem Abendessen unsere Turnschuhe an und gingen unsere Runde um den Block.

»Kann ich dich noch etwas über Larry fragen?«, sagte meine Mutter, als wir um die erste Ecke bogen.

Ich nickte.

»Hältst du es für möglich, dass etwas mit der Beckenbodenbehandlung nicht stimmte?«, fragte sie.

Mein Herz setzte einen Schlag aus. Es war die Frage, die ich mir selbst nicht hatte stellen wollen, die aber doch immer wieder leise in meinem Hinterkopf nachklang, egal wie oft ich versuchte, sie zu überhören. Ich schüttelte mich innerlich. *Rede dir das aus. Sei nicht überdramatisch und interpretiere nicht zu viel hinein!*, ermahnte ich mich streng.

»Das habe ich mich auch gefragt«, gab ich zu, »aber ich glaube nicht. Ich meine, wir wissen ja, dass es eine legitime Behandlungsmethode ist, wie sie auch Physiotherapeuten hier bei uns praktizieren. Und wir wissen, dass Larry Behandlungen durchführt, die sonst keiner macht. Wenn er so oft Beckenbodenbehandlungen durchführt, wie es scheint, muss er auf jeden Fall zertifiziert sein. Sonst hätte ihn schon längst jemand gestoppt. Ich meine …« Ich dachte an den Termin mit Ashley zurück. »Wir wissen, dass er das andauernd tut, mehrmals am Tag.«

Während meine Mutter neben mir lief, konnte ich spüren, dass sie nicht zufrieden war. »Ich frage mich nur, weil … jetzt im Nachhinein kommt mir manches seltsam vor.« Sie zählte ein paar Dinge auf. Er hatte keine Handschuhe getragen. Er hatte sie nicht um Erlaubnis gebeten oder wirklich erklärt, was er tat. Ich nickte und atmete ein paarmal tief durch. Ich hatte nicht wirklich eine Antwort, aber ich war auch nicht bereit, mir selbst einzugestehen, was da passiert war. Dass ich nicht bereit war, war mir nicht bewusst, in meinem Kopf ergaben die Antworten, die ich mir selbst gab, einfach Sinn.

Meine Mutter hielt erneut inne. »Es war beim vorletzten Besuch, dass er deine Brüste berührt hat, oder?«

Ich nickte.

»Das dachte ich mir, weil ich an dem Tag gemeint hatte, eine Erektion zu sehen. Es tut mir so leid, Schatz.« Sie suchte nach Worten. »Ich dachte, ich müsste mich geirrt haben …« Ihre Stimme verlor sich. »Es gab noch einen anderen Termin, bei dem ich meinte, ich hätte eine gesehen. Aber ich … ich habe es einfach nicht für möglich gehalten. Es war *Larry*.«

Ich konnte verstehen, was sie damit meinte. Aber ich wusste auch, dass die meisten es nicht verstehen würden.

»Okay, ich habe noch eine Frage.« Sie machte eine Pause. »Hast du darüber nachgedacht, zur Polizei zu gehen?« Wieder fing mein Herz an zu klopfen. Es gab tatsächlich zwei Fragen, mit denen ich mich nicht befassen wollte, und natürlich hatte meine Mutter beide gefunden.

»Ich weiß nicht, was ich tun soll«, sagte ich und spürte Verzweiflung in mir aufkommen. Unsere Füße zertraten die heruntergefallenen Ästchen der großen Ahornbäume, die unsere Straße säumten.

»Noch eine Runde?«, fragte meine Mutter.

Ich nickte. Noch immer dachte ich über ihre letzte Frage nach. »Ich weiß einfach nicht, was ich tun soll, Mama. Die Polizei erhebt fast nie Anklage gegen solche kleinen Verbrechen. Die Wahrscheinlichkeit, dass irgendetwas unternommen wird, ist nahezu bei null. Nur, dass er dann weiß, dass er nicht erwischt wird, obwohl mir klar ist, was er getan hat.

Meine Mutter nickte. »Hast du über die Tatsache nachgedacht, dass er es wahrscheinlich wieder tun wird, so wie sicher schon viele Male zuvor?«

Diese Tatsache belastete mich mehr als alles andere. »Ja. Und es macht mir wahnsinnige Angst. Aber Mama, wenn er es schon oft getan hat, hat doch bestimmt schon irgendjemand den Mund aufgemacht, vielleicht sogar schon mehrere. Aber er tut es immer noch, was bedeutet, dass bisher noch niemand zugehört hat. Wieso sollte jetzt jemand auf mich hören?«

Meine Mutter seufzte erschöpft. »Ich weiß nicht, wie wir irgendwen dazu bringen sollen, uns zu glauben.« Ich war dankbar, dass sie die Realität nicht beschönigte.

»Die *MSU* und *USAG* werden viele Gründe haben, es vertuschen zu wollen«, fügte ich hinzu und beendete so ihren Gedanken. »Ich kann nicht gegen beide Organisationen ankämpfen. Ich wüsste nicht einmal, wie ich genügend Druck aufbauen könnte, um sie dazu zu bringen, mich überhaupt ernst zu nehmen.«

Es fühlte sich wie ein unüberwindbares Hindernis an. Wie sollte eine einzige Person gegen zwei riesige Institutionen mitsamt der internationalen Berühmtheit und Beliebtheit eines Missbrauchstäters ankommen?

»Was, wenn wir zur Presse gehen?«, fragte meine Mutter.

Den gleichen Gedanken hatte ich auch schon gehabt. Vielleicht könnte es funktionieren. Es war das Jahr 2002, und die von *Boston Globe* durchgeführte Untersuchung des Missbrauchsskandals in der katholischen Kirche erschütterte immer noch die ganze Welt.

»Das wäre die einzige Möglichkeit, genügend Druck aufzubauen, um gehört zu werden. Wenn wir andere Betroffene erreichen könnten … die Situation seiner Kontrolle und der Kontrolle der Organisationen entreißen könnten … Aber wie sollen wir das anstellen?«

Und wieder wussten wir beide, dass wir in einer Sackgasse waren.

»Ich meine, können wir nicht einfach zum örtlichen Nachrichtensender fahren und ihnen die Geschichte erzählen?«, fragte sich meine Mutter.

Ich schüttelte den Kopf. »Journalisten übernehmen solche Geschichten nicht einfach so. Man muss Beweise haben, und mein

Wort wird nicht genug sein.« Ich hielt inne. »Wenn irgendjemand aufdeckt, was Larry tut, wird das landesweit in den Nachrichten sein, so berühmt wie er ist. Ich weiß ehrlich gesagt nicht, ob ich damit umgehen kann, dass mein Missbrauch zu einem nationalen Nachrichtenbeitrag wird. Selbst wenn wir versuchen, meine Identität zu schützen, kann es gut sein, dass mein Name bekannt wird.«

Ich wusste, dass es vielleicht die einzige Möglichkeit war. Tief in meinem Innern wusste ich, dass ich diese Chance ergreifen würde, wenn es sein musste. Aber ich brauchte zuerst einen realistischen Ausweg, und den sah ich einfach nicht. Kein Medienunternehmen würde eine Geschichte aufgreifen, ohne Beweise dafür zu haben. Und die Wahrscheinlichkeit, dass mir überhaupt geglaubt werden würde … ging gegen null.

»Aber was, wenn er es wieder tut?«, fragte meine Mutter noch einmal.

Ich fühlte, wie mich Verzweiflung erfüllte. »Das wird er wahrscheinlich, aber ich habe keine Ahnung, wie ich ihn aufhalten soll. *Eine* anonyme Stimme wird niemals genug sein.«

Meine Mutter schwieg. Wir beide kannten die Realität.

Es gab nichts, was wir tun konnten.

SIEBEN

»Hurra, hurra, hurra für mich!«, sang die kleine Turnerin, und ihre blonden Zöpfchen hüpften auf und ab, während sie im Kreis tanzte und mit den Armen wedelte. Gerade hatte ich diese winzige Person gelobt, weil sie ihren Bauch eingezogen hatte, als sie einen Rückschwung machte – ihren Körper vom Reck abstieß und wieder zurückfallen ließ –, und nun führte sie ihren eigenen kleinen Siegestanz auf und gratulierte sich für die gute Arbeit. Ich brach in Lachen aus und hob sie hoch.

»Sehr gut gemacht, Süße. Ich bin *so* stolz auf deine harte Arbeit!« Dann sah ich mich zu den anderen kleinen Turnerinnen um, die glitzernde Turnanzüge in verschiedenen Farben trugen, und lächelte. An der gegenüberliegenden Wand übte Leigh jetzt ihren einfachen Handstand, aber sie war noch so jung, dass sich ihr kleiner runder Bauch immer ganz hinreißend vorwölbte, auch wenn sie noch so sehr versuchte, ihn einzuziehen. Sie lächelte mich zwischen ihren auf dem Kopf stehenden Zöpfen an, wobei die Grübchen in ihren kleinen Wangen zeigten, wie viel Kleinkind noch in der frischgebackenen Vierjährigen steckte. Auf dem kleinen Schwebebalken übte Greta gerade das Gehen auf Zehenspitzen. Sie hatte die Wangen eingesogen und ihr Mund formte konzentriert ein perfektes kleines *O*. An verschiedenen Stationen um mich herum übten sechs kleine Mädchen – meine »Mini-Turnerinnen« – ihre Figuren oder saßen über Kreuz auf einem großen gelben Gummiring und federten mit grenzenloser Energie mit den Beinen auf und ab. Mein Herz war erfüllt. Ich hatte den perfekten Übergang geschafft.

Etwa sechs Monate zuvor hatte Jackie, die Cheftrainerin meines neuen Turnvereins, mit mir über meine Optionen gesprochen.

Sie hatte angefangen, mich zu trainieren, als mein Turnverein in Kalamazoo sich vor ein paar Jahren mit dem einer anderen Stadt zusammengeschlossen hatte. »Weißt du, Rach, ich unterstütze dich bei allem, was du möchtest, und ich arbeite immer gerne mit dir. Aber wenn du beschließt, mit dem Trainieren aufzuhören, kann ich dir helfen, selbst Trainerin zu werden. Es ist eine großartige Möglichkeit, um in diesem Sport zu bleiben, und du könntest einen enormen Einfluss auf diese kleinen Mädchen haben.«

Ich wusste, dass sie es ernst meinte. Uns beiden war klar, dass ich es im Turnen nie weit schaffen würde, und selbst wenn ich wieder bei Wettkämpfen antreten sollte, würde ich keine beeindruckenden Ergebnisse erzielen. Aber Jackie investierte trotzdem in mich, arbeitete innerhalb meiner Grenzen mit mir und schlug mir neue und kreative Dinge vor, die ich in meine Übungen integrieren konnte. So half sie mir, das, was ich noch tun konnte, in gewisser Weise besonders zu machen und mein Training interessant zu gestalten. Während ihre Persönlichkeit sich sehr von Erins, meiner früheren Trainerin, unterschied, waren ihre Ideologien doch ähnlich, was nicht zu übersehen war. Jackie kümmerte sich um jedes Mädchen individuell. Es ging ihr darum, was die Kleinen durch den Sport lernen konnten, und nicht darum, was sie ihr persönlich einbringen würden. Sie war ruhig, vernünftig und auf sanfte Weise bestimmt. Wir hatten immer gewusst, dass wir mit unseren Sorgen jederzeit zu ihr kommen konnten, dass sie uns zuhören und sich darum kümmern würde. Wir konnten sie definitiv nicht aus der Fassung bringen, sie führte auch keinen Siegestanz auf wie Erin, wenn wir eine Übung endlich erfolgreich gemeistert hatten, aber ihr aufrichtiges »Ich freue mich so für dich!« bedeutete genauso viel.

Innerhalb der nächsten Wochen sprachen wir immer öfter über meine weiteren Möglichkeiten, und nachdem ich alle anderen Pflichten und Prioritäten berücksichtigt hatte, traf ich meine

Entscheidung. Vor Kurzem erst hatte ich die Highschool abgeschlossen und erkannt, dass ein Vollzeitstudium am *College* nicht mit dem Wettkampfsport vereinbar war. Meine Chancen, wieder bei Wettkämpfen antreten zu können, waren ohnehin sehr gering, und wenn, würden sie mir nichts einbringen als noch mehr Verletzungen. Aber was ich von Jackie über die Arbeit mit Kindern würde lernen können, darüber, wie man ihnen half, ihre Ängste zu überwinden und durch den Sport wichtige Dinge fürs Leben zu lernen – das hatte bleibenden Wert.

Also ergriff ich die Chance, und es war genau so, wie ich es mir erhofft hatte. Wenig später begann ich, meine ersten eigenen Gruppen zu trainieren.

Mein Leben drehte sich weiterhin um zwei Dinge, das Pauken fürs *College* und das Turnen, aber es nahm eine neue Form an. Ich lernte noch immer im Spagat, trainierte weiterhin meine Kondition, um meine körperliche Fitness beizubehalten, und ab und zu, wenn der Turnunterricht vorüber war, machte ich zum Spaß ein paar Überschläge. Aber die meiste Zeit arbeitete ich als Trainerin. Zusätzlich zur Unterstützung der Wettkampfteams unterrichtete ich die teamorientierten Programme für kleine Mädchen, Kurse, die für Kinder ausgelegt waren, die ein vielversprechendes Talent im Turnen zeigten.

»Du wirst es in ihren Augen sehen«, sagte mir der Betreiber der Turnhalle. »Es liegt eine Schärfe darin. Die Kinder, die es lieben und ›das gewisse Etwas‹ haben – ihre Augen leuchten auf. Wenn du nicht sicher bist, ob ein Kind für ein Mannschaftsprogramm bereit ist, achte auf das Funkeln in seinen Augen.«

Er hatte recht. Es ist mehr als nur körperliches Können nötig, um im Turnen überragend zu sein. Kinder, die bereit für mehr sind, stechen auch mental und emotional hervor. Sie haben eine intellektuelle Schärfe, die es ihnen ermöglicht, schon in sehr jungem Alter

Anweisungen zu verstehen und sich selbst zu korrigieren. Sie sind fähig, Ursache und Wirkung zu begreifen, die Auswirkungen, die ihr Training auf ihren Fortschritt hat. Sie haben ein inneres Feuer und einen Drang zu lernen sowie eine emotionale Reife, die sie befähigt, sich zu konzentrieren und selbst mit einem anspruchsvolleren Training umzugehen. Diese Kinder neigen dazu, frühreif und witzig zu sein, und es bereitet einem Trainer viel Spaß, mit ihnen zu arbeiten.

Einmal, als sich meine Gruppe von acht Mädchen – alle etwa sechs Jahre alt – zu den Bodenübungen um mich scharte, setzten sich Jade und Jillian ein paar Meter von mir entfernt auf den Boden. Ich saß vorgebeugt mit gestreckten Beinen da und hatte ihnen gerade eine neue Beinübung gegeben, die sie als Teil ihres Krafttrainings machen sollten.

Jade und Jillian waren schlau genug, um Anweisungen zu befolgen, aber irgendwie entging ihnen die Tatsache, dass ich jedes Wort ihres Gesprächs hören konnte.

»Was meinst du, warum Trainerinnen keine Turnanzüge tragen?«, fragte Jade ihre Freundin.

Jillian zuckte mit den Achseln. »Ich weiß es nicht. Es ist wahrscheinlich einfacher so. Aber wir müssen einen tragen, deshalb sollten die Trainerinnen es *definitiv* wahrscheinlich auch.«

»Na ja, Trainerinnen sind echt groß«, beobachtete Jade, »und Turnanzüge nicht. Ich denke, dass es vielleicht keine gibt, die groß genug für sie sind.« Sie nickte in meine Richtung, während sie ihre Beine bis an ihre Nase hochstreckte.

Jillian dachte darüber nach, während sie zählte, schüttelte dann aber den Kopf und traf eine Aussage, die das Gespräch vorerst beendete: »Nee, ich glaube schon, dass sie große Anzüge machen können. Ich glaube, sie trägt einfach keinen, weil es ihr peinlich wäre.«

Manchmal brachten meine frühreifen und geliebten Zwerge ihre Gedanken auch direkter zum Ausdruck. Zum Beispiel sah einmal eine meiner Minis, ein hinreißendes fünfjähriges Mädchen in ihrem lila glitzernden Lieblingsanzug, zu mir hoch und fragte: »Trägst du heute Lippenstift?«

»Nein«, zwinkerte ich ihr zu. »Ich hatte keine Zeit, einen aufzutragen, bevor ich herkam. Sonst wäre ich zu spät gewesen!«

»Hmpf«, antwortete sie in einem fröhlichen Tonfall. Dann erklärte sie, ohne zu zögern: »Du solltest es aber. Damit siehst du viel schöner aus!«

Ich musste schallend lachen. Das Leben war nie langweilig mit den Mini-Turnerinnen.

Schon bald lernte ich, welch unglaubliche Macht man als Trainer hat. Turnen ist ein ausgesprochen körperlicher Sport, der von der richtigen Technik abhängig ist. Und das nicht nur, um Fortschritte zu erzielen, sondern auch, um sich zu schützen. Das bedeutete, dass ein Trainer schon ab den untersten Schwierigkeitsgraden eine bedeutende Menge an Körperkontakt mit den Kindern haben musste: Man hatte sie immer wieder neu zu positionieren, um die richtige Körperhaltung und -stellung zu betonen und ihnen zur Sicherheit aller Beteiligten Hilfestellungen zu geben, selbst wenn sie nur die grundlegendsten Figuren übten. Was zugegebenermaßen mit einem gewissen Risiko für den Trainer verbunden war. Wie an dem Tag, als ich einer Turnerin am Stufenbarren half und sie eine Grätsche machte, anstatt die Beine zusammenzupressen – und mir dabei mit ihrem Knie die Nase brach.

Aber die vielen Möglichkeiten der Trainer, ihren körperlichen Zugang zu den Kindern zu missbrauchen, führten zu einem entsprechend höheren Risiko. Manchmal konnte ein Trainer seine Turnerinnen körperlich gefährden – sie überdehnen oder sie über die Grenze dessen antreiben, was sicher und erwünscht war –, manchmal aber auch verbal oder emotional verletzen, durch erniedrigende oder drohende Worte, die das Selbstwertgefühl der Kinder an ihre Stellung in der Welt des Sports banden. Und ich sah das Risiko für sexuellen Missbrauch. Mädchen mussten nicht nur *akzeptieren*, dass sie von einem Trainer berührt wurden, sondern ihre Sicherheit hing davon ab, und das wussten sie.

Darüber hinaus beobachtete ich die enge Bindung, die Kinder zu ihren Trainern entwickelten. Sobald die Kleinen bei Wettkämpfen antraten, waren sie in der Regel mindestens viermal die Woche in der Turnhalle, auch dann, wenn sie noch auf den untersten Schwierigkeitsstufen antraten. Dies begann oft bereits im Alter von acht oder neun Jahren. Ihre Trainer waren die ganze Zeit bei ihnen und machten alles mit ihnen durch – angefangen von dem Kummer, der Frustration und den Schmerzen bei Verletzungen bis hin zur Aufregung und Freude eines jeden Meilensteins oder erzielten Fortschritts. Kombiniert mit der intensiven gemeinsamen Zeit und der ständigen Notwendigkeit, in engem körperlichem Kontakt zu stehen, schuf ein solch nahes Verhältnis das perfekte Umfeld für sehr viel Unheil.

Die meisten Sportler – von klein auf daran gewöhnt, ihren Trainern zu vertrauen und sie als Autoritätspersonen anzusehen – würden verbalen, emotionalen und sogar körperlichen oder sexuellen Missbrauch sehr wahrscheinlich nicht selbst erkennen. Schlimmer noch, viele Turnhallen operieren so, dass die Eltern von ihren Kindern getrennt werden, da es nur sehr wenig Platz für Zuschauer gibt. Dies macht es schwierig zu sehen, und unmöglich zu hören, was in der Turnhalle vor sich geht.

Turnerinnen, die zu Wettkämpfen fahren, dürfen oft nicht mit ihren Eltern reisen oder unterwegs bei ihnen übernachten – auch nicht sehr junge Mädchen auf dem Anfängerlevel des Wettkampfs. Selbst die wachsamsten Eltern gewöhnen sich irgendwann an die

Turnhallenroutine und können einfach nicht jeden Tag in der Woche bleiben, um beim Training zuzusehen. Besonders beunruhigend ist, dass die gleichen Dynamiken, die eine Turnerin dazu bringen, ihrem Trainer zu vertrauen – die intensive gemeinsame Zeit und die wichtigen gemeinsamen Erfahrungen, der gerechtfertigte enge Körperkontakt und die Abhängigkeit vom Trainer für Fortschritte und Sicherheit –, oft dazu führen, dass auch die Eltern ein tiefes Vertrauen und Zuneigung zum Trainer entwickeln. In vielen Fällen entsteht so eine gute Arbeitsbeziehung. Aber es kann Eltern auch dazu verleiten, Warnsignale für sexuellen Missbrauch zu ignorieren oder gar nicht erst wahrzunehmen. Auf diese Weise bleiben die Kinder ungeschützt und können sich an niemanden wenden, wenn etwas falsch läuft.

Ich erinnerte mich daran, dass ich einmal in einer auswärtigen Turnhalle trainierte, als ich mit meiner Familie im Urlaub war. Ich war schockiert, als der Cheftrainer am Ende des Trainings einer jungen Turnerin fröhlich ihre »Geburtstagsklapse« erteilte, wobei er wiederholt und spielerisch mit den Händen auf ihren kleinen Hintern schlug. Keine drei Meter entfernt sah die Gruppe von Müttern zu, die darauf warteten, ihre Töchter abzuholen, und lachten. »Er macht das mit *allen* an ihren Geburtstagen. Es ist so süß!«, hörte ich eine von ihnen sagen. Ich wusste nicht, ob dieser Trainer spezielle Hintergedanken dabei hatte, aber ich stellte mit Entsetzen fest, dass er gerade einen Spaß genutzt hatte, um das Berühren der privaten Bereiche eines kleinen Mädchens als etwas ganz Normales darzustellen. Und dabei war er auch noch so erfolgreich, dass die Mütter es für »süß« hielten.

Die Eltern aus der Turnhalle auszuschließen, war nicht die einzige Möglichkeit, um Missbrauch die Tür zu öffnen. Sie in alles einzubeziehen und dann fragwürdiges oder gefährliches Verhalten zu normalisieren funktionierte oft genauso gut. Auch konnte eine

Gemeinschaft definitiv durch Angst zum Schweigen gebracht werden. So hatte ich zum Beispiel gehört, dass der Trainer von *Twistars* sowohl die Turnerinnen als auch die Eltern so sehr einschüchterte, dass sie sich allem fügten. Und manchmal gibt es ein noch wirksameres Hindernis, die Wahrheit zu sehen: eine Gemeinschaft, die sich einem Missbrauchstäter verschrieben hat, weil sie glaubt, dass eine fürsorgliche und gute Beziehung besteht.

Ich war dankbar, keine dieser Dynamiken selbst erlebt zu haben, weder in meinem alten noch in dem neuen Turnverein. Aber ich wusste, dass diese Gefahren existierten und sehr real waren. Vielleicht hatte ich auch deshalb das Gefühl, dass das Coaching mein Weg war, mein Möglichstes zu tun, um ein Kind positiv beeinflussen zu können. Ich war entschlossen, meinen Einfluss als Trainerin zu gebrauchen, um diesen kleinen Mädchen zu helfen, zu sicheren, starken, selbstbewussten und geschätzten Frauen heranzuwachsen.

Vor allem wollte ich meinen kleinen Turnerinnen beibringen, dass ihr Wert nicht darauf beruhte, was sie *taten*, sondern vielmehr darauf, wer sie *waren*. Das Training mochte sich momentan wie ihr ganzes Leben anfühlen. Aber ich wusste, dass ihre Tage in der Turnhalle einmal enden würden, und wenn ihr Selbstwert an einen Sport gebunden war, würden sie später mit vielen Dingen im Leben zu kämpfen haben. Sie würden sehr wahrscheinlich nicht wissen, wann sie zum Sport oder zu einem Trainer »Nein« sagen sollten, selbst wenn ihre eigene Gesundheit oder Sicherheit auf dem Spiel stünde. Und wenn es ihr sportlicher Erfolg war, der ihren Wert definierte, würden sie auch mit hoher Wahrscheinlichkeit unter Ängsten, Depressionen oder Problemen mit Körperbild und Selbstwertgefühl leiden. Wie ich mit ihnen sprach und wie ich sie behandelte, würde ihnen zeigen, was sie wert waren. Und diese Lektionen würden sie für immer begleiten, das wusste ich.

Als ich meinen eigenen Ansatz veränderte, um bewusst diese Ergebnisse zu erzielen, begann ich, die Mädchen anders zu korrigieren. Wenn eine Turnerin herumalberte und sich nicht konzentrierte, wies ich sie nicht für ihren Misserfolg im Erlernen einer Fertigkeit zurecht, sondern erinnerte sie daran, dass ihr Trainingserfolg davon abhing, wie gut sie ihre Zeit nutzte. Wenn eines der Mädchen eine Technik gut beherrschte, lobte ich sie nicht für ihren Erfolg, sondern sagte ihr, wie stolz ich auf ihre Konzentration war und dass sie sich darüber freuen konnte, wie gut sich ihre harte Arbeit auszahlte. Am Ende des Trainings wandte ich mich auch an ein Mädchen, das genauso hart arbeitete, aber weniger erfolgreich war. Ich erinnerte sie daran, wie stolz ich auf ihren Fleiß war, und sagte ihr: »Du hast weiter daran gearbeitet, obwohl es viel Zeit und Geduld benötigt, und das ist wirklich schwer. Du hast das heute sehr gut gemacht.« Die schönsten Momente im Training waren oft nicht die Tage, an denen eine neue Disziplin erreicht wurde, sondern die Tage, an denen eine neue Lebenskompetenz erlernt wurde.

Als die Wettkampfsaison 2003 näher rückte, trainierte ich schon seit einer Weile meine eigenen Vorwettkampf-Teams. Ich liebte meine Arbeit und den Sport, auch meine Kompetenzen als Trainerin hatte ich ausgebaut. Das Einzige, worin ich scheinbar keine Fortschritte machte, war, über das hinwegzukommen, was Larry getan hatte. Noch immer hatte ich Albträume und war in der Nähe von Männern nicht weniger ängstlich als noch ein Jahr zuvor. Dennoch schien es mir unmöglich, medizinische Hilfe in Anspruch zu nehmen, obwohl ich sie offensichtlich nötig hatte. Ich hasste es, dass es mein alltägliches Leben beeinflusste, meine Arbeit und alles, was ich liebte. Oft wies ich mich selbst dafür zurecht, dass ich nicht darüber hinwegkam, aber ich hatte das Gefühl, unmöglich unterscheiden zu können, wer wirklich ungefährlich war und wer nur so tat. In jener Wettkampfsaison folgte mir meine Angst bis in die Turnhalle – durch ein Ereignis, von dem ich gehofft hatte, dass es nie passieren würde.

Gerade hatte ich eine Privatstunde mit einem kleinen Mädchen beendet, mit dem ich seit jenem Frühjahr arbeitete. Sie war etwa sieben Jahre alt, unglaublich süß und still, aber zugleich auch wild entschlossen. Das war eine fantastische Kombination. Es gab nur ein Problem, ihre Füße drehten sich deutlich nach innen, was das Turnen schwierig und im weiteren Verlauf möglicherweise auch gefährlich machte. Wir hatten Dehn- und Kraftübungen mit ihren Knöcheln und Knien gemacht, in der Hoffnung, das Problem beheben zu können. Aber im Laufe des vergangenen Jahres war es nicht wirklich besser geworden.

Obwohl Jackie mitten in einer Trainingseinheit war, nahm sie sich eine Minute Zeit, um die Situation mit mir zu besprechen. Sie hatte gesehen, dass ich für diesen Tag mit dem Mädchen fertig war, und war zu uns herübergekommen.

»Ich fürchte, dass ihr Sichelfuß zum Teil strukturell bedingt sein könnte und von ihrer Hüfte kommt. Ich denke, sie sollte zu einem Spezialisten gehen«, sagte Jackie, während sie ihre Turnerinnen im Auge behielt.

Ich nickte. Das erschien mir auch sinnvoll.

Jackie machte bereits wieder ein paar Schritte auf ihr Team zu, dann hielt sie kurz inne und sagte: »Ich habe bereits mit ihrer Mutter gesprochen und ihr gesagt, dass ich sie gerne zu Larry schicken würde, um ihre Hüfte untersuchen zu lassen. Sie haben einen Termin vereinbart, den warten wir ab und sehen dann weiter.«

Moment, was?

Sie drehte sich um und lief zu ihrer Gruppe zurück. »Okay, Mädels, trinkt etwas und geht dann zum Schwebebalken!«

Ich stand regungslos da. *Larry. Wegen ihrer Hüfte.* Mir wurde schlecht. Wenn die Kleine wegen ihrer Hüfte zu ihm ging, würde er auch leichten Zugang zu allem anderen haben. Ich wusste, dass ich das auf keinen Fall zulassen durfte. Sie war mein Baby. Meine kleine Turnerin. Niemand würde sie anfassen. Ich *musste* es jemandem erzählen und einfach hoffen, dass man mir glauben würde. Verschiedene Möglichkeiten schossen mir durch den Kopf, während ich begann, meine nächste Stunde vorzubereiten.

Wem erzähle ich es? Was erzähle ich? Ich schüttelte den Kopf, während ich eine Keilmatte für Handstand-Übungen an der Wand aufstellte. *Es wird mir sowieso niemand glauben.* Ich fühlte mich hoffnungslos und verzweifelt. Abwesend stellte ich den Kinderbarren eine Stufe tiefer – meine nächsten Schülerinnen waren ziemlich klein. *Du musst es versuchen. Egal was geschieht, du musst es versuchen.* Das war meine Turnerin. Sie stand unter meinem Schutz. Ich war verantwortlich.

Mir war immer noch schlecht, als ich an jenem Abend nach Hause ging. Aber inzwischen war ich fest entschlossen, mir einen Plan auszudenken.

»Ich muss es jemandem erzählen, Mama«, sagte ich verzweifelt. Sie stimmte mir zu. Wir wussten beide, was zu tun war, und überlegten gemeinsam, wie wir vorgehen sollten. Sollten wir zusammen hingehen? Mit wem sollten wir reden? Sollten wir jemand anderen anrufen lassen? Wie würden wir überhaupt erklären, was geschehen war?

Ich atmete tief durch und verkroch mich in meinem Zimmer, um in Ruhe darüber nachzudenken. Was waren meine Möglichkeiten? Mein oberstes Ziel war, mein kleines Mädchen davon abzuhalten, zu Larry zu gehen. Wenn ich es nur der Polizei erzählte, würde ich das damit nicht erreichen. Ich musste mit jemandem sprechen, der direkt mit ihr zu tun hatte. *Ihre Mutter?* Ich entschied mich dagegen. Sie war entschlossen, dass ihre Tochter eine erfolgreiche Turnerin werden würde, zudem wusste ich aus Erfahrung, dass sie nicht geneigt war, auf eine jüngere Trainerin zu hören. Und wenn ich ihr erzählte, was passiert war, würde sie sowieso direkt zu Jackie oder der Betreiberin der Turnhalle gehen, um eine Bestätigung zu erhalten, die ihr beide nicht würden geben können, wenn ich es ihnen nicht vorher erzählte. Angestrengt dachte ich nach. Vermutlich hatte ich bessere Chancen, angehört zu werden, wenn jemand mit Autorität mich unterstützte. Sonst würde ich gar nichts erreichen.

Sollte ich bei der Turnhallenbetreiberin anfangen? Sie war mit Larry gut befreundet. Er hatte sie sogar kürzlich wegen einer Verletzung behandelt, die sie sich zugezogen hatte, nachdem andere Ärzte die Genesung verpfuscht hatten. Und der Turnverein sandte schon seit einiger Zeit Mädchen zu Larry. Sie pflegte also zusätzlich eine gute Arbeitsbeziehung zu ihm. Die Betreiberin *könnte* mir glauben, aber ich hielt es nicht für wahrscheinlich. *Wenn aber jemand anderes mit mir kommt … jemand, der mir glaubt und dem sie vertraut, könnte es vielleicht funktionieren.*

Jackie. Es musste Jackie sein. Sie war die Cheftrainerin und wurde von allen in der Turnergemeinschaft respektiert. Tatsächlich hatte sie ein gutes Verhältnis zur Betreiberin der Turnhalle und auch zu der Mutter des kleinen Mädchens. Wenn Jackie den beiden auch nur andeutete, dass sie besorgt war, wäre es viel wahrscheinlicher, dass sie auf mich hören würden. Und es gab noch einen anderen Aspekt, den ich für sehr wichtig hielt – ihren Freund Mike. Jackie war in einer stabilen, dauerhaften Beziehung mit einem Polizisten. Ich wusste, dass er in seinem Job auch mit Missbrauchsopfern zu tun hatte. Wenn irgendjemand etwas von Traumata verstand und davon, warum Opfer schweigen oder wie durchtrieben Missbrauchstäter sein können, war es Mike. Ich wusste nicht, ob Jackie diese Dynamiken verstehen würde, aber Mike sollte es möglich sein, ihr dabei zu helfen.

Mit dem Finger zeichnete ich das rosa Muster auf meiner Bettdecke nach. Der Gedanke daran, in Worte fassen zu müssen, was ich erlebt hatte, erfüllte mich mit Scham und Angst. Die Tatsache, dass es an einen Mann weitergegeben würde, war noch schlimmer. Aber es war auch die beste Chance, die ich hatte, und ich musste in jedem Fall das tun, womit ich am wahrscheinlichsten Erfolg haben würde. Es war kein Geheimnis, dass Polizisten Ermittlungen wegen sexueller Gewalt oft nicht ernsthaft genug verfolgten. Aber ich wusste auch, dass wenn jemand in blauer Uniform für mich bürgte – wenn Mike einem Ermittlungsbeamten sagte, dass ich vertrauenswürdig wäre –, würden meine Chancen steigen, dass die Polizei meine Vorwürfe ernst nehmen würde.

Vielleicht war jetzt der Zeitpunkt, endlich melden zu können, was vor Jahren passiert war. Es war nicht nur ein verzweifelter Versuch, mein kleines Mädchen zu retten. Es war auch ein Test. Würde irgendjemand in der Turnerwelt mir auch nur so viel Glauben schenken, um auch zu handeln? Konnte ich einen Polizisten, den ich kannte, davon überzeugen, dass ich die Wahrheit sagte? Vielleicht war endlich der Zeitpunkt gekommen, Larry anzuzeigen. Vielleicht konnte ich ihn jetzt stoppen.

Aber es stünde mein Wort gegen Larrys, mein Erleben dessen, was er getan hatte, gegen seinen Ruf. Wenn ich nicht *jetzt* irgendjemandem klarmachen konnte, wer und was Larry war – und dass ich wusste, wovon ich sprach, wenn ich sagte, dass ich selbst missbraucht worden war –, würde ich nie jemanden dazu bringen, mir zu glauben.

Als ich am nächsten Tag zur Arbeit ging, war ich entschlossen, sofort mit Jackie zu sprechen. Der Unterricht würde in wenigen

Minuten beginnen, also musste ich es direkt angehen. Ich bahnte mir einen Weg über den mit Matten übersäten Boden zu den Schwebebalken. Mein Magen zog sich zusammen. Jackie unterhielt sich gerade mit Megan, einer weiteren Trainerin, gemeinsam gingen sie den Trainingsplan des Wettkampfteams für diesen Tag durch.

»Hey Jackie. Es gibt da etwas Privates, über das ich mit dir sprechen möchte«, sagte ich, als eine Gesprächspause entstand.

Ich blickte zu Megan. Sie verstand den Hinweis. »Soll ich gehen?«, fragte sie freundlich.

»Nein, bleib ruhig«, warf Jackie ein. »Was ist los, Rach?«

Ich holte tief Luft. *Okay*, beruhigte ich mich selbst. *Ich schätze, ich erzähle es heute gleich zwei Personen.* »Ich muss mit dir darüber reden, dass du Sophie zu Larry schicken willst. Ich … ich denke nicht, dass du das tun solltest.«

Jackie sah mich geduldig an.

Das läuft nicht wirklich gut. Ich biss mir auf die Lippe und versuchte es erneut. »Larry … Larry macht Dinge … Er ist wirklich gut darin, zu verbergen, was er tut. Er gibt vor, Untersuchungen und Behandlungen durchzuführen. Aber in Wirklichkeit macht er Dinge, die nicht … okay sind.« Ich flehte sie innerlich an, zu verstehen, was ich meinte, bevor ich es genauer erklären musste.

»Was meinst du?«, fragte sie ruhig.

Du musst es sagen. Ich spürte, wie mir die Hitze ins Gesicht stieg, und wehrte mich gegen die Tränen. Ich würde mich nicht übergeben. Mit dem Finger fuhr ich über die Naht der Matte.

»Larry missbraucht seine Patientinnen sexuell, unter dem Deckmantel einer medizinischen Behandlung. Er hat *mich* missbraucht.«

Megan starrte mich schweigend an.

»Okay … ich meine, woher weißt du das? Es wird medizinische Gründe für das geben, was er tut?«, sagte Jackie.

Oh, oh, das läuft nicht gut. Ich verstand ihre Verwirrung. Ich hatte das Gleiche empfunden. Ich hatte es erlebt.

»Es wird medizinische Gründe geben«, wiederholte Jackie.

Ich wollte weinen. *Du musst es noch einmal versuchen.*

»Es gab keinen medizinischen Grund dafür, meinen BH zu öffnen und meine nackte Brust zu massieren.«

Niemand sagte ein Wort.

»Und es gibt noch andere Dinge, die meiner Meinung nach nicht richtig waren.« *Ich. Werde. Nicht. Weinen.* In der Nacht zuvor hatte ich mir überlegt, welche Details ich weitergeben würde. Was die Beckenbodenbehandlung betraf, war ich mir noch nicht sicher. Ich fürchtete, dass der Missbrauch schlimmer gewesen sein konnte, als es mir in dem Moment bewusst war. Zudem konnte ich es noch nicht beweisen. Trotzdem nahm ich allen Mut zusammen und erzählte ihr davon, und auch von den Warnsignalen, die darauf hinwiesen, dass die Behandlung nicht in Ordnung gewesen war. Aber vor allem hob ich den letzten Termin hervor, bei dem ich auf seiner Bank gelegen hatte. Eine *Brustmassage* sollte schließlich für jeden eine offensichtliche Grenzüberschreitung sein.

Es war das erste Mal, dass ich diese Worte vor jemand anderem als meiner Mutter laut ausgesprochen hatte. Ich hatte sie nicht einmal geschrieben. Seit zwei Jahren kämpfte ich gegen die Erinnerungen an, und nun musste ich sie beschreiben. Ich atmete tief durch. Jackie musste verstehen, wie gut Larry darin war, zu verbergen, was er tat.

»Er hatte eine Erektion, als er meine Brust massierte«, erzählte ich weiter. »Meine Mutter war im selben Raum, und er konnte den Missbrauch selbst vor ihr verbergen. Er weiß, was er tut. *Niemand* sollte mehr zu ihm gehen.« Ich schwieg. Es gab nichts mehr zu sagen.

»Okay … ich bin froh, dass du es mir erzählt hast. Ich werde darüber nachdenken müssen.« Sie stand von der Matte auf und ging los, um das nächste Training zu beginnen.

Tu das. Ich denke auch darüber nach. Immer noch kämpfte ich gegen die Tränen an und atmete tief durch. Auch ich musste zu meiner Gruppe und mit dem Training beginnen. *Reiß dich zusammen.* Ich hatte alles getan, was ich konnte. Jetzt musste ich abwarten.

Vielleicht werden sie und Mike mir glauben. Vielleicht kann ich es jetzt melden. Vielleicht können wir ihn stoppen.

Aber ich war alles andere als zuversichtlich.

»Jackie hat mich angerufen«, sagte meine Mutter, als ich nach meinem Kurs am *Community College* in unseren Minivan stieg.

»Tatsächlich?« Ich sah einen winzigen Hoffnungsschimmer am Horizont. »Was hat sie gesagt?«

»Sie sagte, dass du ihr etwas erzählst hast, über das sie mit mir reden muss.«

Okay. Das ist gut. Sie hat es ernst genug genommen, um mehr Fragen zu stellen. Ich hatte gewusst, dass sie sich darum kümmern würde. *Deshalb habe ich mich für sie entschieden.* Herbstfarben schmückten die Bäume und flogen an unserem Fenster vorbei, als wir die Ahornallee entlangfuhren.

»Und?«, fragte ich.

»Sie bat mich, das nicht falsch zu verstehen, aber wie, fragte sie mich, sollte so etwas möglich gewesen sein, wenn ich mit im selben Raum war?«

Ich zuckte zusammen. Es war eine berechtigte Frage, das wusste ich, aber sie tat trotzdem weh. *Ich frage mich, wie ich das geschehen lassen konnte, obwohl immer jemand mit im Raum war,* dachte ich, während mich erneut Schuldgefühle überkamen. *Wie konnte ich es nicht wissen? Warum habe ich mich nicht gewehrt?* Ich schüttelte den Kopf, um diese Gedanken loszuwerden. Es war egal. Was nicht egal war, war die alles entscheidende Frage. Glaubte sie mir?

»Ich habe ihr erzählt, dass auch ich Larrys Erektion gesehen habe. Ich war sehr direkt und hatte das Gefühl, dass es sein musste«, entschuldigte sich meine Mutter. »Sie fragte, ob ich mir sicher wäre, und ich sagte, dass jede verheiratete oder sexuell aktive Frau weiß, wie so etwas aussieht! Da gibt es keine Zweifel. Ich erzählte ihr auch, dass sein Gesicht gerötet war und sein Atem schneller ging, alles Anzeichen dafür, dass er erregt war. Und ich erzählte ihr auch von der Penetration und warum wir das für fragwürdig halten.« Sie hielt inne. Wir beide hassten es, darüber zu reden, und ich wusste, dass meine Mutter immer noch schreckliche Schuldgefühle plagten, obwohl ich ihr kein einziges Mal die Schuld dafür gegeben hatte.

»Und?«, drängte ich, als wir an einer roten Ampel hielten.

»Und das war's eigentlich«, seufzte meine Mutter, als sie wieder losfuhr. »Ich habe ihr alles gesagt, was ich wusste und dass du mir erzählt hast, was er getan hat. Und dass wir einfach keinen Weg sahen, wie wir damit umgehen sollten. Das war alles.«

»Denkst du, dass sie uns glaubt?«, fragte ich.

Meine Mutter seufzte. »Ich denke, sie versucht, die Wahrheit herauszufinden, Schatz. Und ich verstehe das.« Das taten wir beide. Die Schwierigkeit, irgendjemanden davon zu überzeugen, dass solch ein Missbrauch möglich war, war die Hürde, von der wir schon die ganze Zeit über nicht wussten, wie wir sie überwinden sollten.

Einige Tage später, als ich in die Turnhalle kam, war ich in Gedanken gerade mit den Vorbereitungen für das Sprungtraining beschäftigt, das ich an jenem Abend mit meinen Mädchen üben wollte. Ich lief durch den leeren Elternbereich in Richtung Büro, als die Lichter in die Turnhalle bereits angingen. Ich hatte noch nichts von Jackie gehört, seit sie mit meiner Mutter gesprochen hatte, aber ich war mir sicher, dass Sophie zumindest zu einem anderen Arzt geschickt werden würde. Da meine Gedanken um die Trainingspläne für den Abend kreisten, war ich unvorbereitet, als Jackie plötzlich vor mir stand.

»Hey, ich wollte noch mal auf unser Gespräch von neulich zurückkommen«, sagte sie. Sie sprach schnell und schien kurz angebunden zu sein. »Ich habe mit Mike gesprochen.« Das hatte ich erwartet. »Er hat jeden ihm offenstehenden Kanal genutzt, um herauszufinden, ob schon einmal jemand eine Beschwerde gegen Larry eingereicht hat. Wir haben überall nachgesehen. Wir können keine Beweise dafür finden, dass irgendjemand auch nur die geringsten Bedenken über ihn geäußert hat.«

Ich spürte, wie mein Herz einen Schlag aussetzte. *Natürlich nicht. Weißt du nicht, wie viele Opfer die meisten Sexualtäter haben, bevor irgendjemand den Mund aufmacht? Das war doch zu erwarten.*

»Also habe ich entschieden, es dabei zu belassen, Sophie zu Larry zu schicken.« Der Schock rollte wie eine Welle über mich hinweg. Ich öffnete den Mund, ohne zu wissen, was ich sagen sollte. Schnell hob Jackie die Hände und bedeutete mir abzuwarten. »Aber ich habe ihrer Mutter gesagt, dass sie sichergehen soll, dass sie alles versteht, was Larry tut. Sie soll ihm ruhig viele Fragen stellen.«

Aber ... aber ich habe dir doch erzählt, dass ich missbraucht wurde, als meine Mutter im selben Raum war. Ich habe dir erzählt, dass er sehr gut darin ist, es zu verbergen. Meine Mutter hat es dir erzählt. Meine

Gedanken überschlugen sich. Was nun? Sollte ich direkt zu Sophies Mutter gehen? Ich wusste, dass es ein großes Risiko war, Jackies Autorität in dieser Weise zu untergraben, aber ich musste es versuchen. Ich kehrte mit meinen Gedanken in die Gegenwart zurück. Jackie redete immer noch.

»Ihren ersten Termin hat sie sogar schon gehabt, …«

Nein …

»… und er hat sie ohnehin an einen anderen Spezialisten überwiesen.«

Nichts. Es gab nichts, was ich tun konnte. Es war bereits geschehen. Ich fühlte mich absolut geschlagen und übergangen. *Gibt es eine Chance, dass sonst jemand im Turnverein mir glauben würde? Würde ich es schaffen, es erneut zu versuchen?*

»Ich glaube wirklich nicht, dass du noch irgendetwas darüber sagen solltest«, warnte Jackie. »Die Betreiber der Turnhalle sind wirklich eng mit ihm, vor allem, nachdem er ihren Turnerinnen so viel geholfen und auch ihre eigenen Verletzungen behandelt hat. Es könnte wirklich schlecht für dich aussehen, wenn es sich bis zu ihnen herumspricht.«

Ich hatte das Gefühl, keine Luft zu bekommen.

»Also. Das wollte ich nur kurz mit dir besprechen.« Mit diesen Worten ging sie in die Turnhalle und blätterte dabei durch ihr Anwesenheitsbuch.

Mit einem innerlich tauben Gefühl ging ich ins Büro, während sich unser Gespräch in meinem Kopf noch einmal abspielte. *»Wir können keine Beweise dafür finden, dass irgendjemand auch nur den leisesten Verdacht über ihn geäußert hat.«* Jackie und Mike fanden das beruhigend. Ich nicht. Im Gegenteil, ich wusste, dass es nur *eines* bedeuten konnte: Wer immer auch sonst etwas über Larry sagte oder gesagt hatte, wurde zum Schweigen gebracht. *Eine* Stimme würde nie genug sein. Niemals.

Ich kannte Jackie. Und ich kannte Mike. Ich wusste, dass sie sich wirklich kümmerten. Ich wusste, dass beide das Richtige tun wollten. Und das machte alles noch viel schlimmer. Jackie hatte zwar nicht gesagt, dass sie mir nicht glaubten, aber man schickt kein Kind zu jemandem, von dem man gehört hat, dass er ein Missbrauchstäter sein könnte. Zumindest nicht, wenn man es wirklich glaubt. Und dann fordert man ein Opfer nicht dazu auf, niemanden mehr darauf hinzuweisen. Vielmehr hilft man ihm dabei, auch alle anderen zu warnen.

Ich hatte Sophie nicht beschützen können.

Wenn ich eine Trainerin und einen Polizisten, die mich kannten, nicht dazu bringen konnte, mir genug Glauben zu schenken, um keine Kinder mehr zu Larry zu schicken, würde *niemand* jemals auf mich hören.

ACHT

»Du bist es!«

Überrascht drehte ich mich um. Ich hatte keine Ahnung, wer dieser Typ war.

Es war Herbst 2003, nicht lange nachdem ich mit Jackie über Larry gesprochen hatte. Vor ungefähr einem Jahr hatte ich mein Zertifikat als Anwaltsgehilfin gemacht und wartete auf den Beginn meines Jurastudiums. In der Zwischenzeit war es mir möglich gewesen, einen Teilzeitjob bei einem Abgeordneten des Parlaments von Michigan zu bekommen, wo ich an den Tagen arbeitete, an denen ich kein Training gab. Ich zog es in Betracht, mich in Richtung »Öffentliche Politik« zu orientieren, also hatte ich die Gelegenheit beim Schopfe gepackt, für jemanden zu arbeiten, den ich respektierte, zumal er in mehreren wichtigen Haushalts- und Bildungsausschüssen war.

»Du *bist* es!«, sagte der Mann erneut. »Du bist das Mädel von vor ein paar Jahren!«

Ich reichte ihm die Hand. »Ich bin Rachael«, stellte ich mich ihm vor und konnte einen Anflug von Verwirrung nicht verbergen.

»Hey«, rief er meinem Chef über die Schulter zu. »Das ist sie! Das Mädchen, von dem ich dir vor ein paar Jahren erzählt habe!«

Amüsiert hob ich die Augenbrauen. Ich hatte immer noch keine Ahnung, wo ich diesem Mann schon einmal hätte begegnet sein sollen.

»Ernsthaft? Das war Rachael? Das wusste ich nicht!« Mein Chef brach in Gelächter aus und der Mann wandte sich wieder mir zu.

»Ich bin es – Mark«, erklärte er. »Du warst bei diesem Camp. Ich habe vor deinem Ausschuss ausgesagt, und du hast mich in Stücke gerissen. Du warst schrecklich!«

Langsam ging mir ein Licht auf. »Sie meinen das *Student Statesmanship Institute*?«, fragte ich unsicher. Das *SSI* war ein christliches Camp für Schüler der Highschool, die Interesse an den Bereichen »Regierung« und »Leitung« hatten. Seit 2000 nahm ich regelmäßig daran teil. In der Regel lief es dort so ab, dass uns, nachdem wir in verschiedene Gremien und Ausschüsse eingeteilt worden waren, echte Aufgaben der Gesetzgebung zugewiesen wurden, die wir studieren und diskutieren sollten. Dann hielten wir gespielte Ausschusstreffen ab, entwarfen ein Gesetz, und aktuelle Parlamentarier oder ihre Angestellten spielten die Rollen der Lobbyisten.

»Ja, genau! Sie brauchten noch einen Lobbyisten und Jack schickte mich«, fuhr er fort. »Er sagte, es wäre ganz einfach und ich müsste mir keine Gedanken machen. Ich hatte das Infopaket und alles, aber du warst der Wahnsinn! Du hattest diese ganzen zusätzlichen Daten und Beweise, die gar nicht mit im Paket waren, und hast mich mit Fragen bombardiert und einfach nicht lockergelassen!« Er lachte und schüttelte den Kopf.

Ich konnte ihn immer noch nicht einordnen.

»Der eigentliche Abgeordnete, der deinem Ausschuss vorstand, bot dir am Ende des Camps praktisch einen Job an.«

Oh, jetzt erinnerte ich mich. Ich dachte an das Jahr zurück, in dem ich zum ersten Mal an dem Camp teilgenommen hatte. Obwohl ich Diskussionen liebte, war ich eigentlich eher ruhig und schüchtern. Es war das Jahr, in dem die Behandlung bei Larry begonnen hatte. Ständig fühlte ich mich unsicher und wusste nicht warum, was mein ruhiges und reserviertes Auftreten noch verstärkte. Scheinbar war es so auffällig, dass der Leiter des Camps vermutete, ich würde es nicht die ganze Woche durchhalten.

Jetzt grinste ich Mark an. »Ah, ich erinnere mich an das Jahr. Es war *ziemlich* schlimm, nicht wahr?« Der Ausdruck auf seinem Gesicht sagte alles. In jenem Jahr blieb ich nicht nur bis zum Schluss im Camp, sondern hatte mir am Ende der Woche auch den Spitznamen »*Pitbull*« eingehandelt – nicht zuletzt wegen genau jener Anhörung.

»Du bist wie dieser furchterregende Hund!«, hatte der dozierende Anwalt erklärt, der mir den Spitznamen gegeben hatte. »Du siehst süß und unschuldig aus, und die Leute glauben, dass sie in Sicherheit sind. Aber wenn du etwas zu fassen bekommst, gräbst du deine Zähne hinein und lässt nicht mehr los! Du springst einem direkt an die Kehle!«, hatte er gelacht. »Du gibst einfach nicht auf, es ist unglaublich.«

Der Spitzname war mir seitdem geblieben, auch im letzten Jahr noch, als ich bei einer der inszenierten Gerichtsverhandlungen des Camps das Schlussplädoyer hielt. Der Richter für unser Team, ein ehemaliger Bundesrichter und Professor an einer renommierten Jurafakultät in Lansing, hatte mich danach gelobt und gesagt, dass es eines der besten Schlussplädoyers gewesen wäre, die er in seiner gesamten Karriere gehört hatte, und mir geraten, auf jeden Fall ein Jurastudium zu beginnen. Das *SSI* hatte mein Interesse an »Öffentlicher Politik« sowie an Debatten geweckt und mich in dem Wunsch, Jura zu studieren, bestärkt. Tatsächlich war es sogar für viele der politischen Verbindungen verantwortlich, die ich inzwischen geknüpft hatte. Aber ich hatte nicht erwartet, dass es mich auf diese Weise bis in die Arbeitswelt verfolgen würde.

»Tut mir leid«, grinste ich.

Er lachte. »Ich kam von dem Camp zurück und erzählte Jack von dir. Ich sagte ihm, dass er dich unbedingt einstellen sollte!«

Wow. Ermutigend zu hören, dachte ich.

»Nun, drei Jahre später: Willkommen in der Kanzlei!« Er lächelte und verschwand dann in eine Arbeitsnische.

Ich arbeitete sehr gerne in der Hauptstadt. Natürlich brachte es auch viele Erinnerungen zurück, mehrmals die Woche nach

Lansing zu fahren. Die allgegenwärtigen Farben der *Spartans*, der Sportmannschaft der *MSU*, ließen mich nun an mehr als nur an *Football* denken. Sosehr ich mich auch anstrengte, ich konnte die Erinnerung an das, was bei Larry geschehen war, nicht abschütteln. Es verfolgte mich überallhin. Im Kopierraum fiel es mir auf engem Raum mit dem Mitarbeiter, der mich einwies, sehr schwer, mich auf den Code zu konzentrieren, den ich mir behalten sollte. An meinem Schreibtisch zuckte ich zusammen, wenn Kollegen sich über mich beugten, um ein Blatt Papier zu holen, oder hinter meinen Stuhl traten, um eine Frage zu stellen. Auf der anderthalbstündigen Fahrgemeinschaft nach Lansing und zurück war ich immer nervös, wenn ein männlicher Kollege hinter mir saß. Es spielte keine Rolle, dass ich mir sicher war, dass die Menschen, mit denen ich im Auto saß oder zusammenarbeitete, Integrität besaßen. Egal wie sehr ich versuchte, mich zur Vernunft zu bringen, Larry hatte bei meinen Behandlungen immer hinter mir gestanden, und mein Kopf und mein Körper hatten dies als gefährlich abgespeichert. Aus diesem Grund reagierte ich intuitiv mit Angst, wann immer jemand hinter mir stand oder mir zu nahe kam. Ich hasste es. Es frustrierte mich. Es machte mich wütend. Nicht auf Larry, sondern auf mich selbst. Ich war labil und geriet häufig in Situationen, in denen ich überreagierte. Die einzige Art, mit der ich damit umzugehen wusste, war, zu versuchen, die Erinnerungen auszublenden und sie einfach »nicht zu beachten«. Also tat ich alles, was ich konnte, um jeden Gedanken daran zu begraben. Und wenn es mir einmal nicht gelang, gab ich mir selbst die Schuld.

An einem grauen, regnerischen Tag fuhr ich wie immer mit meiner Fahrgemeinschaft nach Hause, als die Moderatoren einer Radiosendung begannen, über die Anschuldigungen gegen Michael Jackson wegen sexuellen Missbrauchs zu diskutieren.

»Verrückt, was?«, quäkte einer der Moderatoren ungläubig. »Ich meine, wie kann Eltern so etwas entgehen?«

Ich sah zu, wie die Regentropfen über die Windschutzscheibe glitten, und hielt meine Hände locker in meinem Schoß gefaltet. *Bloß nicht angespannt wirken.* Während ich die Regentropfen zählte, kaute ich auf meiner Unterlippe herum und atmete langsam aus. Ich verstand nur zu gut, wie Eltern die Warnsignale übersehen konnten. *Es ist nicht so einfach, wenn man selbst in der Situation ist,* beklagte ich mich im Stillen.

Schon seit Jahren wusste ich von den Schuldgefühlen, die meine Eltern plagten. Mir war klar, dass es nicht ihre Schuld war, wir hatten darüber gesprochen, aber ich wusste, dass sie sich trotzdem schuldig fühlten.

»Ich meine, Michael Jackson rief das Kind sogar an!«, fuhr der Moderator fort.

Ich dachte an den Studenten in der Gemeinde zurück. Auch ich hatte Anrufe bekommen. Ich erinnerte mich daran, dass meine Mutter sich geweigert hatte, ihn mit mir sprechen zu lassen. Und daran, wie ich mich auf der Damentoilette versteckte hatte, damit er mich nicht finden konnte.

»Scheint ein ziemlich eindeutiges Warnsignal zu sein. Und doch hat das Kind anscheinend nie etwas gesagt!«, seufzte der Co-Moderator.

Sie denken, dass das Kind zum Teil selbst schuld ist. Ich bin zum Teil schuld. Es war mein Fehler. Beide Male. Mein Fehler.

Mark drehte die Lautstärke herunter und sah zu mir herüber. »Beunruhigt dich das?«, fragte er plötzlich. Ich zuckte ganz leicht zusammen und zwang mich, ihm in die Augen zu sehen.

»Nein. Nein, alles in Ordnung«, antwortete ich so gelassen wie möglich. Ehrlich gesagt war ich dankbar, dass er gefragt hatte, aber jetzt hatte ich noch mehr Angst. Ich hatte meine Gefühle nicht gut genug versteckt, um mein Unbehagen zu verbergen. Ich hatte mich verwundbar gemacht. Das Einzige, wozu Larry nie Zugang gehabt hatte, waren meine Gedanken und Gefühle, und ich war noch immer bereit, sie zu schützen. Ich musste ruhig, cool und professionell wirken. Alles andere roch nach Verwundbarkeit, und ich war entschlossen, mich nie wieder in eine solche Situation zu bringen.

In jenem Herbst begannen meine Mutter und ich, etwas gründlicher über die Beckenbodentherapie nachzuforschen. Wir hatten beide noch immer ein ungutes Gefühl über die »Methode«, die Larry bei mir angewandt hatte, und wollten mehr darüber herausfinden. Als ich mich über die allgemeinen Techniken zu informieren begann, war ich überrascht, nichts zu finden, was Larrys »Behandlung« ähnelte. Die meiste Zeit über hatte ich den Gedanken ausgeschlossen, dass *möglicherweise* etwas Ungutes in diesem Raum hatte geschehen sein können. Aber hin und wieder sickerten Fragen durch, die ich mir nicht selbst beantworten wollte. *War damals mehr passiert, als mir bewusst gewesen war? Gab es einen Grund dafür, dass ich mich die ganze Zeit über so unwohl gefühlt hatte, jedes Mal, wenn ich ihn sah?* Und doch war der Gedanke, dass mir etwas so Abstoßendes passiert sein konnte –, ich selbst etwas so Verletzendes zugelassen haben konnte – unvorstellbar.

In dem verzweifelten Versuch, mich davon zu überzeugen, dass das, was Larry getan hatte, legitim war, recherchierte ich weiter – bis ich irgendwann abrupt aufhörte. Nicht, weil ich keine Antworten mehr fand. Sondern weil ich nicht die bekam, die ich wollte.

»Möchtest du, dass ich Sue frage?«, bot meine Mutter schließlich an. Sue leitete die Physiotherapiepraxis, in die ich ging, auch sie hatte meinen Rücken einige Male behandelt. Eine der Therapeutinnen, die bei ihr arbeiteten, war auf Beckenbodenbehandlungen spezialisiert. Ich dachte einen Moment darüber nach.

»Was meinst du, sollen wir sie nicht einfach fragen?«, drängte meine Mutter sanft. »Wir könnten ganz allgemein mit ihr darüber sprechen, um herauszufinden, was normal ist.« Die Vorstellung gefiel mir gar nicht, ich hasste den Gedanken, darüber zu sprechen. Aber auch ich wollte unbedingt Antworten.

»Vielleicht kannst du sie fragen gehen, während ich an den Handgelenken behandelt werde«, schlug ich vor. Meine Mutter stimmte sofort zu.

Noch nie hatte ich jemandem beschrieben, wie genau Larry seine angebliche »Behandlung« durchgeführt hatte, aber es gab ein paar allgemeine Dinge, die meiner Mutter aufgefallen waren. Zum Beispiel trug er nie Handschuhe. Er erklärte sein Vorgehen nicht. Und keine von uns beiden hatte jemals ihre Zustimmung gegeben.

Am nächsten Tag, als ich mit winzigen Elektroden am Handgelenk an einem der Behandlungstische saß, schlüpfte meine Mutter aus dem Raum, um Sue zu suchen.

»Kann ich kurz persönlich mit dir reden?«, hörte ich sie wenig später fragen. Den Rest konnte ich nicht verstehen. Und es war mir auch lieber so.

Als wir später ins Auto stiegen, fragte ich meine Mutter nicht nach dem Gespräch. Ich wollte das Thema weder ansprechen noch den Eindruck vermitteln, als wäre es mir wichtig. Es war in Ordnung. Doch dann war es meine Mutter, die damit begann, kaum dass wir losgefahren waren. »Also, … ich habe mit Sue und Kathy gesprochen.«

»Was hast du ihnen erzählt?«, fragte ich leise und sah aus dem Fenster.

»Ich habe ihnen gesagt, dass du eine Beckenbodenbehandlung bekommen hast und dass wir uns zu fragen beginnen, ob dabei alles seine Ordnung hatte.« Meine Mutter hielt inne. »Schatz, … sie haben beide gesagt, dass es nicht gut klingt. Sie sagten, dass ich dich nicht mehr dort hinbringen soll.«

Keine Handschuhe, keine Erklärung und definitiv keine informierte Einwilligung – insbesondere, da ich zum Zeitpunkt der Behandlung noch minderjährig war. All diese Dinge waren den beiden Therapeutinnen nicht geheuer. Es war nicht eindeutig – ich hatte nichts beschrieben und wir hatten auch nicht gefragt, was »normale« Techniken waren – trotzdem spürte ich, wie mir das Herz in die Hose rutschte. *Wie kann ich versuchen, von etwas geheilt zu werden, wenn ich nicht einmal genau weiß, was dieses »etwas« wirklich ist, wann es begann oder wie weit es ging?* Auch das waren Fragen, die mich beschäftigten. Aber ich hatte Angst vor den Antworten.

»Du musst dich damit auseinandersetzen, Liebes«, sagte meine Mutter ein paar Monate später sanft, aber nachdrücklich zu mir. »Du kannst es nicht immer weiter vergraben. Es wird dich zerstören.« Auch mein Vater machte sich Sorgen um mich. Meine Mutter hatte mir von seiner Wut über das, was geschehen war, erzählt, von seinem Kummer und seinen Schuldgefühlen. Aber auf meine Bitte hin sprachen wir beide nie darüber.

Auch von dem Schmerz und der Wut, die in mir brodelten, wusste meine Mutter. Doch jedes Mal, wenn sie mir vorschlug, professionelle Hilfe in Anspruch zu nehmen, weigerte ich mich vehement. Ich wollte nicht darüber sprechen. Stattdessen klammerte ich mich an jedes bisschen Kontrolle und Entscheidungsfreiheit, das ich hatte. *Niemand wird es je erfahren.*

Da ich weder zu einem Psychologen noch zu einem Seelsorger gehen wollte, suchte meine Mutter nach anderen Optionen, die mir helfen sollten, meine Gefühle zu verarbeiten. »Wie wäre es mit einem Tagebuch?«, fragte sie mich. »Niemand wird es sehen – nur du.«

Ich hasste auch diese Idee. Einfach nur deshalb, weil ich dann würde zugeben müssen, dass der Missbrauch wirklich geschehen war und dass es mir nicht gut damit ging. Verzweifelt klammerte ich mich an die Rolle einer jungen Frau, das alles im Griff hatte. Sie war stark, sie war nicht angreifbar und niemand konnte ihr wehtun.

»Wie denn? Ich habe ja noch nicht mal einen Raum für solche persönlichen Dinge!«

Das stimmte. Wir lebten in einem kleinen Haus – weniger als hundert Quadratmeter –, und ich teilte ein nicht sehr großes Schlafzimmer mit meiner Schwester. Ich liebte sie, aber ich hatte keinerlei Privatsphäre, um irgendetwas mit mir alleine verarbeiten oder betrauern zu können.

»Wir werden alles tun, was nötig ist«, sagte meine Mutter sachlich. »Wie wäre es, wenn wir dein Schlafzimmer für eine Weile in den Keller verlegen und ihn zu deinem Raum machen würden?«

Anfangs schien die Idee lächerlich. Der Keller, der den gleichen Grundriss wie das Erdgeschoss unseres Hauses hatte, beherbergte bereits eine ganze Menge – die Bücherregale und Schreibtische für unseren Hausunterricht, die Waschküche, unsere Vorrats- und Abstellkammern, die Werkstatt meines Vaters, das große alte Klavier, auf dem meine Schwester übte, und ein zweites Bad. *Andererseits*, überlegte ich, *allein das eigene Bad ist die Sache schon wert, und ich kann die Tür oben an der Treppe schließen, um allein zu sein.* Das war mehr Privatsphäre, als ich oben hatte. Sosehr sich meine »Psyche« über die Andeutung meiner Mutter ärgerte, dass sie Hilfe bräuchte, wusste ich tief im Innern, dass sie recht hatte. Und ich wusste, dass sie nie aufgeben würde, wenn ich nicht wenigstens ein bisschen nachgab.

»Na gut«, antwortete ich betont lässig. »Aber ich weiß nicht, was ich deiner Meinung nach da unten machen werde.« Ich war wütend. Frustriert. Trotzig. Ich war entschlossen, die Mauern aufrechtzuerhalten und die Erinnerungen auszuschließen, aber meine Mutter war einer dieser wunderbar furchtbaren Menschen, die immer wussten, wann sich etwas zusammenbraute. Sie war hartnäckig, aber nicht aufdringlich. Sie wusste, wie und wann sie uns Zeit und Raum geben musste, damit wir die Dinge selbst aufarbeiten konnten. Aber sie war auch nicht geneigt, die Hände in den Schoß zu legen und jegliche Kommunikation oder Hilfsangebote zu vermeiden, nur weil es schwierig war oder uns missfallen könnte. »Ich liebe euch zu sehr, um echte Probleme nicht anzugehen«, war ihr Mantra.

»Versuch es doch einfach mal mit dem Tagebuch«, sie lächelte ermutigend. »Schreib auf, was du denkst und fühlst. Schreib deine Gebete auf. Fang an, alles in Worte zu fassen, damit es sich nicht immer weiter in dir anstaut.«

Ein paar Tage später besorgten meine Eltern eine Luftmatratze für mich und halfen mir, einige meiner Besitztümer nach unten zu bringen. In den nächsten Monaten nutze ich die Einsamkeit, um mit mir selbst, mit Gott und mit allen anderen zu ringen.

Der Plan war einfach. Ich wollte mich in aller Ruhe zurückziehen, das Ganze vernünftig durchdenken und die richtigen Schlussfolgerungen ziehen. Dann würde es mir wieder gut gehen. Was geschehen war, konnte ich nicht beeinflussen, aber ich konnte beeinflussen, wie ich darauf reagierte. Außerdem wusste ich, welche Entscheidungen ich treffen musste, und ich *wollte* sie treffen – mehr als alles andere. Ich wollte mit der Angst und der Scham abschließen. Ich wollte mit der Trauer abschließen. Ich wollte mich wieder *ganz* fühlen.

Eines Abends schrieb ich die Entscheidungen auf, die ich treffen konnte und wollte:

Ich entscheide mich dafür, es aufzugeben.
Ich entscheide mich dafür, loszulassen.
Ich entscheide mich dafür, mit den Konsequenzen zu leben.

Ich wusste, dass es nicht funktionierte, so zu tun, als würde es die Konsequenzen dessen, was Nassar getan hatte, nicht geben. Es war an der Zeit, den Schaden einzugestehen, statt ihn weiter zu verdrängen.

Ich entscheide mich dafür, keine Entschuldigung
von ihm zu benötigen.
Ich entscheide mich dafür, nicht darauf zu hoffen,
dass er bereut, was er getan hat.

Meine Heilung durfte nicht von Larry abhängen. Ich musste der Wahrheit ins Auge sehen, sie eingestehen und an ihr festhalten, egal was *er* entschieden hatte zu tun. Ich konnte keine Entscheidungen für *ihn* treffen, aber für *mich*.

Ich entscheide mich dafür, auf Gottes Gerechtigkeit
zu vertrauen, anstatt es Nassar selbst heimzahlen zu wollen.

Ich wusste, dass ich die erste Chance ergreifen würde, die sich mir bot, um Larry davon abzuhalten, weiter andere zu benutzen. Aber mir wurde auch klar, dass ich nicht länger besessen davon sein konnte, Gerechtigkeit zu bekommen. Die Wahrscheinlichkeit, dass es je geschehen würde, war sehr gering. Wenn mein Heil-Werden nur von einem Gerichtsurteil oder einer Gefängnisstrafe abhinge, würden die Wunden immer wieder aufbrechen.

Ich entscheide mich dafür, es in Gottes Hände zu geben, statt an dem Wunsch festzuhalten, Larry klarmachen zu können, was er mir angetan hat.

Ich konnte Larry nicht dazu zwingen, den Schaden zu begreifen, den er angerichtet hatte. Ich konnte ihn nicht dazu zwingen, traurig darüber zu sein. Aber die Wahrheit war nicht davon abhängig, was Larry dachte oder fühlte; das durfte ich nicht vergessen.

Ich entscheide mich dafür, zu vergeben.
Ich entscheide mich dafür, Larrys Umkehr und Errettung zu wünschen, nicht weil ich es will, sondern weil es das ist, was er braucht.

An diesem Abend schloss ich die Mappe, in der ich die losen Blätter meines Tagebuchs aufbewahrte, und fühlte mich das erste Mal besser.

Ich begann, es zu verarbeiten. Es ging mir gut.

Doch zwei Tage später erkannte ich, … dass es doch nicht so einfach war.

Während ich die Erinnerungen herausgelassen hatte, wenn auch nur zaghaft, war eine Flutwelle aus Wut und Selbstschutz entfesselt worden, die sich langsam Bahn brach. All die Lügen, die ich seit Jahren zu begraben versucht hatte, hallten in meinem Kopf wider, lauter, als ich es für möglich gehalten hatte. *Es ist deine Schuld! Du hast dich nicht gewehrt! Wer ist so dumm, dass er nicht einmal weiß, was passiert? Du hast dich selbst nicht geschützt, weil es dir nicht wichtig genug war! Deine Schuld!*

Zugleich war ich wütend. Kümmerte es Gott überhaupt? Kümmerte es *irgendjemanden*? Die Sorge meiner Eltern sah ich als zu voreingenommen, zu parteiisch an, um zuverlässig zu sein. Natürlich kümmerte es sie – so wie alle Eltern denken, dass ihr Neugeborenes das schönste Baby der Welt ist! Ich war unglaublich dankbar dafür, dass meine Eltern auf meiner Seite waren. Aber konnte ich mich auf ihre Beurteilung verlassen?

Wütend kritzelte ich einen weiteren Eintrag in mein Tagebuch.

Geht Wert verloren, wenn etwas davon gestohlen wird?

Ich dachte an eine Begebenheit während eines Gottesdienstes an unserer Highschool zurück. Unsere Klasse hatte an jenem Sonntag einen Vertretungslehrer, der beschlossen hatte, die Geschichte von David und Bathseba durchzunehmen. In dieser Geschichte ruft David, ein König im alten Israel, eine junge Frau zu sich, die er beim Baden auf ihrem Dach beobachtet hatte, und schläft mit ihr. Das Ganze wird noch düsterer, als David ihren Ehemann töten lässt, um die daraus folgende Schwangerschaft zu verheimlichen.

»Also, was denkt ihr über Bathseba?«, fragte der Lehrer beiläufig. »Ist sie irgendwie verantwortlich für das, was passiert ist?«

Ich zuckte zusammen. *Oh nein … bitte nicht dieses Thema*, flehte ich innerlich.

In diesem Moment ergriff eine Klassenkameradin das Wort und wies darauf hin, dass David als König Bathsebas Leben in der Hand hatte, sie also gar nicht hätte Nein sagen können.

Danke, seufzte ich innerlich, erstaunt, dass sie den Mut gehabt hatte, etwas dazu zu sagen. Ich selbst hätte diese Frage nicht einmal mit der Kneifzange angefasst, jedenfalls nicht zu diesem Zeitpunkt. Aber meine Erleichterung löste sich schnell in Luft auf, als einer der wenigen Jungen der Klasse, die ich respektierte, sich in die Diskussion einmischte.

»Ich denke, das stimmt nicht ganz«, sagte er ruhig. »Sie hätte den Tod wählen können. Das war kein Missbrauch.«

Zorn stieg in mir auf und ich hielt den Atem an, um nicht damit herauszuplatzen. *Das war kein Missbrauch? Er hatte ihr Leben in der Hand, aber es war* ihre *Schuld?* Auf keinen Fall würde ich etwas dazu sagen. Ich konnte es nicht, ohne dass jemand herausfinden würde, warum mir dieses Thema so wichtig war. Aber meine Wut veränderte sich bald in Traurigkeit, als die Diskussion weiterging.

»Mm-hmm.« Der Lehrer nickte beiläufig.

Er stimmt ihm zu. Am liebsten wäre ich aufgestanden und gegangen. Hier ging es nicht nur um mich. Ich wusste, dass mindestens ein Vergewaltigungsopfer ebenfalls in diesem Raum saß, und statistisch gesehen noch einige mehr Missbrauchsopfer. *Was, wenn* sie *sich auch nicht hatte wehren können? Weiß sie, dass es nicht* ihre *Schuld ist? Was haben wir diesem und womöglich manch anderem Mädchen hier gerade kommuniziert?* Ich wusste, dass sie sich für ihren Missbrauch schuldig fühlen würden – und diese Worte, so unwahr sie auch sein mochten, konnten zusätzlich verheerend sein –, insbesondere, wenn ihnen die Unterstützung ihrer Familien fehlte, die ich glücklicherweise hatte.

Verärgert sah ich zu meinem Klassenkameraden hinüber. Ich wusste, dass seine Interpretation falsch war, sie entsprach nicht einmal der biblischen Darstellung der Geschichte. Später – in dem Abschnitt, den der Lehrer nicht erzählt hatte und an den sich auch sonst niemand zu erinnern schien – wird David durch ein Gleichnis mit seiner bösen Tat konfrontiert. Er wird als egozentrischer, mächtiger und reicher Mann beschrieben, der ein unschuldiges Lamm (Bathseba) stiehlt und tötet. Statt Bathseba die Schuld zu geben, wird sie zärtlich als Unschuldige beschrieben, der Gewalt angetan wurde.

Aus Erfahrung wusste ich, dass Kirchengemeinden Hochburgen falscher Vorstellungen über Missbrauch waren. Diese Vorstellungen versteckten sich häufig hinter einer frommen Fassade, und man hielt sowohl aus Unwissenheit als auch aus fester Überzeugung daran fest.

Wenn sie so von Bathseba denken, würden sie auch von mir so denken – besser tot als vergewaltigt.

Die Gemeinde war nicht sicher. Kein Ort war sicher.

Es waren bereits einige Monate, die ich im Keller schlief und meine Wut, meine Verwirrung und meine Schuldgefühle in meinem Tagebuch festhielt. Endlich kam der Frühling, und es ging mir etwas besser. Das Aufschreiben meiner Gedanken hatte mir geholfen, zumindest einen Teil des Schadens zu erkennen, und ich fühlte mich etwas weniger angespannt und ängstlich. Immer noch hatte ich weder Antworten, noch war ich wirklich über die Fragen hinausgekommen. Aber wenigstens war ich inzwischen bereit, sie mir zu stellen, nachdem ich mich so lange dagegen gewehrt hatte.

Jetzt wird alles besser, richtig?

Falsch.

Ich dachte, ich wäre darüber hinweg, schrieb ich in jenem April, während ich, den Kopf aufgestützt, auf meiner Luftmatratze lag. Gerade war ich von einer Orientierungswoche meiner Juristischen Fakultät in Oklahoma zurückgekommen, es war dieselbe Hochschule, an der ich bereits meine Ausbildung zur Anwaltsgehilfin absolviert hatte. Ihr modifiziertes Fernstudienformat war so ausgelegt, dass die Studenten ihre Ausbildung beschleunigen und praktische Berufserfahrungen mit akademischem Lernen verbinden konnten. Diese Möglichkeiten – kombiniert mit den niedrigeren

Studiengebühren – bedeuteten, dass ich meine Kurse abschließen würde, bevor ich vierundzwanzig war. Vorausgesetzt, alles lief wie geplant. Dann könnte ich das Staatsexamen ablegen und ohne Schulden meinen Abschluss machen und zudem einen Großteil des Studiums von zu Hause aus erledigen. Mein Semester sah ich nur hin und wieder für einzelne Kursbausteine, wie Prozess- und Rechtsmittelvertretung.

Schon seit Monaten hatte ich mich auf die Orientierungswoche gefreut. In alternativen Programmen wie diesem waren die Klassen meist sehr klein, ich hatte gehört – und es bei der Ausbildung zur Anwaltsgehilfin schon selbst erlebt –, dass die Gruppen dadurch oft sehr eng geknüpft waren und tiefe, lebenslange Freundschaften entstanden waren.

Gleich nach meiner Ankunft erfuhr ich, dass ich in meiner Klasse aus etwa fünfzig Studenten eine von nur vier Frauen war, und die einzige unter vierzig Jahren. Das störte mich nicht. An das Lernen und die Interaktion mit verschiedenen Generationen war ich gewöhnt, und als Kind war ich glücklicherweise mit vielen Jungs befreundet gewesen. Doch am Ende des ersten Tages wusste ich, dass ich ein Problem hatte.

Es war einer der älteren Studenten. Wann immer ich mich umdrehte, war er da – überall, wohin ich ging und so nah er konnte. Sein aufdringliches, anzügliches Grinsen blieb unverändert, dabei sah er mir selten ins Gesicht und seine Hände kamen mir viel zu nah, wenn er beim Reden gestikulierte.

Außerdem gefiel ihm, was er sah, und machte das sehr deutlich, ohne je ein Wort dazu zu sagen. Ich versuchte, ihn zu ignorieren, mich anderen aus der Gruppe anzuschließen, andere Tische und Lernbereiche aufzusuchen, aber es nützte alles nichts. Am dritten Tag konnte ich in der Mittagspause kaum etwas essen, was einen Kommilitonen dazu veranlasste, mich freundlich zu fragen, ob ich in meiner Zeit als Turnerin je mit Anorexie zu tun gehabt hätte.

Überall fühlte ich mich unsicher, und je mehr ich mich bemühte, es zu verbergen, desto weniger gelang es mir. Als ich an einem der ersten Tage in den Aufzug stieg, um zu meinem Zimmer zu gelangen, war ein etwa gleichaltriger Student bereits eingestiegen. Kaum dass der Fahrstuhl sich in Gang setzte, wandte er sich zu mir um und fragte: »Sag mal, hast du Angst vor mir?«

Ich erstarrte. *Was habe ich gemacht? Woher weiß er das?* Ich zwang mich, aufzuschauen und zu lächeln. »Nein«, lachte ich und versuchte, unbeschwert zu klingen. »Ich bin einfach ein ruhiger Mensch.« Der letzte Teil stimmte; ich war von Natur aus eher zurückhaltend. Aber der erste Teil war eine glatte Lüge, und ich wusste es. Alles fühlte sich gerade unsicher an, und enge Räume wie Aufzüge machten es nur noch schlimmer. Auf meiner Etage stieg ich aus und verabschiedete mich in einem, wie ich hoffte, fröhlichen Ton – um mich dann auf dem langen Weg durch den Flur selbst zurechtzuweisen. Offensichtlich hatte ich etwas durchblitzen lassen – ein Gefühl, einen Gedanken oder instinktiven Reflex – und hatte es nicht einmal gemerkt. Aber es machte mich verwundbar. Ängste und Emotionen konnten zu leicht ausgenutzt und manipuliert werden, und dazu wollte ich niemandem mehr eine Chance geben.

Wo war es mir noch misslungen, mich zu schützen?, fragte ich mich wieder und wieder. Ich durchsuchte mein Gedächtnis nach Situationen ab, in denen ich die Maske vielleicht hatte fallen lassen. *Niemand wird es jemals erfahren*, versprach ich mir selbst erneut. Ich schloss die Tür zu meinem Zimmer hinter mir ab, entschlossen, mich genauso vor jeder Spur von Verletzlichkeit zu verschließen.

Irgendwie überstand ich den Rest der Woche, aber die einfachsten Dinge waren viel schwieriger, als sie hätten sein sollen. Der Beginn des Jurastudiums fühlte sich ohnehin an, als würde man aus einem Feuerwehrschlauch voll Informationen trinken, doch durch das ständige Gefühl der Unsicherheit fiel es mir noch schwerer, mich zu konzentrieren. Die Stunden, die ich mit Lernen zubrachte, waren lang, und mein Schlaf war nicht mehr erholsam. Aufgeregt und begierig war ich in die Woche gestartet, aber nun warfen die negativen Erinnerungen einen Schatten über alles. So hatte ich es mir nicht vorgestellt. Schon bald war ich wütend über mich selbst, weil ich nicht fähig war, mich zusammenzureißen.

Selbst das einfache Ritual, ein Klassenfoto zu machen, bedeutete für mich mehr Stress als die Zwischenprüfung am Ende der Woche. Ich stand mit den drei anderen Frauen auf der Bühne, wo der Fotograf uns bedeutet hatte zu warten, während er den Rest des Semesters aufstellte. Anschließend würde er besser beurteilen können, an welcher Stelle er uns dazwischenschob. Verstohlen warf ich einen Blick auf die Reihen schick gekleideter Männer, die sich schubsten und lachten, und spürte Panik in mir aufsteigen. *Zu nah. Zu nah. Zu nah.* Meine Gedanken überschlugen sich. Was, wenn jemand das »versehentliche« Schubsen ausnutzte? Damals hatte ich einige von Larrys Berührungen für »zufällig« gehalten und meine Unschuld teuer bezahlt. Wie konnte ich wissen, ob eine zufällige Berührung wirklich ein Versehen war, während wir uns alle zusammendrängten, um auf das Bild zu passen? Wenn ich darauf reagierte und es war *tatsächlich* nur ein Versehen, müsste ich meine übertriebene Reaktion erklären. Schlimmer noch, vielleicht würde sogar jemand erahnen, was niemand wissen durfte. Wenn es jedoch absichtlich passierte und ich *nicht* reagierte, würde ich es versäumt haben, mich zu schützen – einmal mehr.

Es waren einfach zu viele. Zu viele Männer. Ich konnte niemandem vertrauen. Keine Versehen, keine unschuldigen Berührungen, keine beiläufigen Komplimente. All das hatten beide Männer, von denen ich benutzt worden war, als Waffen gegen mich eingesetzt. Nichts war sicher.

Als der Fotograf mir ein Zeichen gab, lief ich zu der Stelle, zu der er mich gewiesen hatte. Dabei hielt ich so viel Abstand zu den Männern um mich herum, wie ich konnte, ohne aufzufallen. *Hör auf damit*, sagte ich mir wütend. Ich konzentrierte mich darauf, entspannt und glücklich zu wirken. *Niemand wird es erfahren.* Zwischen den Aufnahmen trat ich einen Schritt zurück und fügte mich dann wieder möglichst gut in die Gruppe ein. *Es war meine Schuld. Ich hatte den Missbrauch nicht gestoppt, also war es meine Schuld. Und dass ich die Konsequenzen nicht stoppen kann, ist genauso meine Schuld.*

Jetzt, da ich sicher zu Hause auf meiner Luftmatratze lag, kehrte ich in die Gegenwart zurück und sah auf mein Tagebuch hinab. Ich hatte ein raues Gedicht geschrieben, meine Gedanken hin gekritzelt, während ich über die Woche nachgedacht hatte. Ich hasste die Worte, aber sie waren da. Wie der Missbrauch, wie die Konsequenzen. Es war alles da. Und ich war nicht in der Lage gewesen, es zu stoppen. Ich schloss meine im *Anne-Geddes*-Stil so fröhlich aussehende Tagebuch-Mappe, vergrub mein Gesicht in meinem Kopfkissen und versuchte, die letzten Zeilen aus dem Kopf zu bekommen.

Immer, wenn ich meine, es ist endlich vorbei,
fröstelt es mich wieder, im warmen Sonnenschein.

NEUN

Zwei Wochen nachdem ich erkannt hatte, dass es nicht »vorbei« war, gab es keinen Gedanken mehr, den ich noch hätte ins Tagebuch schreiben können. Ich wusste nicht mehr, was ich noch sagen oder mich fragen sollte. Mein Schmerz und meine Verzweiflung waren so groß, dass ich keine Worte mehr finden konnte, um sie auszudrücken.

In jenem Mai begann ich damit, Bibelverse und Lieder aufzuschreiben. Ich ließ andere die Tiefen meiner Hoffnungslosigkeit und Trauer ausdrücken, als ich es selbst nicht mehr konnte. Insbesondere das Buch der Psalmen ermöglichte es mir, auf den Wellen des Schmerzes zu reiten, denen ich scheinbar nicht entkommen konnte:

> Rette mich, Gott,
> denn das Wasser steht mir bis zum Hals.
> Immer tiefer versinke ich im Schlamm,
> meine Füße finden keinen Halt.
> Ich stehe im tiefen Wasser, und die Flut überwältigt mich.
> Ich bin müde vom Schreien, […]
> Die Feinde, die mich vernichten wollen,
> haben keinen Grund für ihr Tun.
> Sie verbreiten Lügen über mich und fordern zurück,
> was ich nicht genommen habe.
>
> *Psalm 69,2-5*

Ich saß in unserem kühlen Keller und war in einen alten, handgemachten Quilt gewickelt, den mein Vater in seiner *College*-Zeit geschenkt bekommen hatte. Es war die schwerste Decke, die wir besaßen, und ihr Gewicht, das mich von allen Seiten umgab, tröstete mich. Ich spielte mit einem Stück des blauen Garns, das die Ecken der einzelnen Quadrate der Decke zierte, und fragte mich: *Ist es überhaupt möglich, Verlorenes zu erstatten?*

Die Realität, mit den Folgen des Missbrauchs zu leben, war frustrierender, als ich es ausdrücken konnte. Da die Gesellschaft den unglaublichen Schaden, den eine solche Erfahrung anrichtete, nur selten erkannte, hatte ich ihre verharmlosende Botschaft jeden Tag in mir aufgenommen und mir selbst die Schuld für die Angst, die Albträume und die Nervosität gegeben. Bis zu einem gewissen Punkt war ich bereit, mir einzugestehen, was passiert war, aber immer noch versuchte ich, den daraus entstandenen Schaden zu verbergen. Ich hielt mein eigenes Versagen für den Grund, dass ich so verletzt war. *Warum muss ich so überdramatisch sein?*, fragte ich mich immer wieder.

Die noch beste Reaktion, die mir zu diesem Zeitpunkt gelang, war, mich innerlich zu schütteln und entschieden dazu aufzufordern *aufzuhören*, wenn ich spürte, wie Angst oder Erinnerungen in mir aufstiegen. Damals war mir nicht bewusst, dass es der Versuch war, mich zu schützen. Wenn der eigentliche Schaden eine Folge *meines* Unvermögens war, richtig zu reagieren, dann war es vielleicht möglich, ihn auch selbst zu kontrollieren – wenn ich es nur richtig machte. Das Letzte, was ich wollte, war, noch einmal die Kontrolle zu verlieren. Mich selbst dafür zu beschuldigen, dass ich nicht darüber hinwegkam, gab mir Gewissheit, dass ich die Kontrolle hatte und die Dinge in Ordnung bringen konnte – wenn ich es nur *richtig* machte. Das Problem war nur, dass ich es offenbar nicht richtig hinbekam, denn es ging mir immer noch nicht besser. Auch die »magischen Worte« der Vergebung, die ich noch wenige Monate zuvor in mein Tagebuch geschrieben hatte, hatten den Albträumen, Rückblenden und Ängsten kein Ende gesetzt.

Immer wieder bemühte ich mich nach allen Kräften, den inneren Orkan zu beruhigen, der zu den ungünstigsten Zeiten in meinem Kopf ausbrach – wie etwa bei der Aufstellung zum Klassenfoto. Durch Larrys Missbrauch war alles, was mir in alltäglichen Interaktionen begegnete, auf den Kopf gestellt worden. Smalltalk, unschuldige und freundschaftliche Berührungen, Freundlichkeit, Vertrauen, der Anschein, »auf meiner Seite« zu sein und für Lösungen »zusammenzuarbeiten«, all das, was mir normalerweise zeigen würde, dass jemand ein guter Mensch war, alles, was im Zentrum gesunder menschlicher Beziehungen stand, war verdreht, manipuliert und gegen mich verwendet worden. Was gewöhnlich den Grundstein für jede Art von Freundschaft legte – oder selbst nur für nette Bekanntschaften –, war verwendet worden, um mich auf tiefster Ebene zu verletzen.

Wieder tobten die Fragen in meinem Kopf. An welchem Punkt hätte ich merken müssen, dass etwas nicht stimmte? Missbrauchstäter legen nicht einfach einen Schalter um. Es war nicht so, dass Larry erst kurz davor beschlossen hatte, mich zu benutzen. Es war berechnet gewesen. Ich war darauf vorbereitet worden. Wann hätte ich aufhören sollen, ihm zu vertrauen? Was hätte mich warnen müssen? Dass er mir Komplimente für meine Schuhe machte? *Aber Menschen machen sich andauernd kleine Komplimente*, überlegte ich. Als er mich kurz umarmte? *Wie viel andere männliche Freunde oder Vaterfiguren haben mich schon umarmt? Sie sind nicht alle Missbrauchstäter.* Als er Small Talk über meine Hausaufgaben machte oder nach meinen Geschwistern fragte? Wann hätte ich es wissen sollen? Wie hätte ich ihn aufhalten können, bevor er mich missbrauchte? Die einfachsten Dinge waren nun nicht mehr sicher, weil ich wusste, dass auch sie als Waffe gegen mich verwendet werden konnten.

Die Fragen waren aufreibend und ich hatte keine Antworten darauf.

Irgendwann zog ich zurück in mein altes Schlafzimmer – ich konnte mich ja nicht für immer im Keller verstecken – und versuchte, mit dem Leben weiterzumachen. Ich trainierte meine Teams und Gruppen, verbrachte Zeit mit Freunden und lernte einige meiner Studienkollegen von der Rechtsfakultät näher kennen. Kurz gesagt, ich stürzte mich in mein Leben, für das ich unglaublich dankbar war. Aber wann immer negative Erinnerungen hochkamen, verbarg ich auch weiterhin die Tränen, die sich anbahnen wollten.

Während medizinischer Behandlungen waren meine Sinne in besonders hoher Alarmbereitschaft. Zum Beispiel benötigte ich eine Operation zu diagnostischen Zwecken, weil das Handgelenk, das Larry hätte behandeln sollen, immer noch nicht in Ordnung war. Leider waren nur männliche Chirurgen verfügbar, und der beste war etwa in Larrys Alter und hatte die gleichen dunklen Haare. Der Gedanke, unter Narkose zu sein, während ein männlicher Arzt mich operierte, war unvorstellbar, und ich hätte alles gegeben, um diese Operation absagen zu können. Aber dann hätte ich zugeben müssen, dass ich nicht »okay« war, was mich wiederum verletzlich gemacht hätte. Und außerdem: Was blieb mir anderes übrig? Also setzte ich meine Maske auf und ließ mich operieren.

In einem anderen Fall musste ich Bilder von meinem Rücken machen lassen. Als ich mich vom Röntgentisch aufrichtete, in den verhassten Patientenkittel mit offener Rückseite gekleidet, bemerkte ich einen medizinisch-technischen Assistenten, der in den Raum gekommen sein musste, während ich mit dem Rücken zur Tür lag. Anstatt mich auf seine Anwesenheit aufmerksam zu machen, muss er die ganze Zeit dagestanden haben, während die Assistentin, die die Bilder machte, hinter dem Vorhang gewesen war. Er half ihr nicht, sondern war nur hereingekommen, um … zu gaffen. Und da er abgewartet hatte, bis ich mit dem Rücken zur Tür lag, hatte ich keine Ahnung, wie lange er dort gestanden und den Anblick genossen hatte. Doch die entspannte Haltung, in der er sich mit einem spitzen Grinsen an die Wand lehnte, verriet, dass es lange genug gewesen war. Nichts, *gar nichts* war sicher.

Während dieser Zeit setzte ich meine Studien in Juristischer Recherche, Deliktsrecht, Vertrags- und Strafrecht fort. Jedes Mal, wenn ich auf einen Fall oder eine Straftat stieß, die mit sexueller Gewalt zu tun hatte, kämpfte ich gegen Panikattacken an. Mich in schwere Decken zu wickeln wurde zu einer hilfreichen Gewohnheit, aber das konnte ich schlecht tun, wenn sich meine Studienklasse vor den großen Prüfungen für den Wiederholungskurs traf.

In jenem Sommer nahm ich erneut am Regierungscamp in Lansing teil, welches mein Interesse an Jura und Politik überhaupt erst geweckt hatte. Diesmal hatte ich freie Hand, um den Anwaltskurs mit zu entwickeln und zu unterrichten, es war toll. Mit Ausnahme der Begebenheit, als ein anderer Betreuer eine beiläufige Bemerkung über sexuellen Missbrauch machte. Ich muss zusammengezuckt sein, denn er wandte sich kurz darauf zu mir um und sagte: »Du bist abwehrend zurückgetreten, als ich das gesagt habe.« Ich zuckte mit den Achseln. Vielleicht war ich zurückgeschreckt, aber nur ganz leicht. Ich hatte es nicht einmal bemerkt.

»Meine Schwester ist ein Missbrauchsopfer«, sagte er ruhig. »Ich kenne die Anzeichen.«

Ich antwortete nicht. Ganz offensichtlich musste ich mich mehr anstrengen, es zu verbergen.

Die Albträume verschwanden, nur um ohne Vorwarnung wieder zurückzukehren. Manchmal war es der eine, manchmal der andere Missbrauchstäter. Manchmal war es aber auch irgendeine harmlose Person aus der Vergangenheit oder Gegenwart, was auf subtile Weise die Frage aufwarf, mit der ich nun ständig lebte: *Wem vertraue ich, dem ich nicht vertrauen sollte? Wer ist sonst noch gefährlich?*

Und dann gab es ein neues Problem. Ich rang mit meinem Glauben – immer und immer wieder. Ich erinnere mich daran, wie meine Fragen sich an einem Frühlingstag im Jahr 2007 zuspitzten, als ich versuchte, für einen meiner Rechtskurse zu lernen. Ich saß auf unserem Sofa, während Sonnenlicht durch das große Panoramafenster unseres Wohnzimmers hereinfiel. *Interessiert es Gott überhaupt? Wenn ja, warum hat er nichts getan? Warum sagt er auf all den Seiten der Bibel nicht mehr dazu?* Meine Gedanken schweiften zurück zu dem, was ich als Siebenjährige erlebt hatte. Wenn Missbrauch und Ungerechtigkeit so schlimm waren, wie es sich für mich anfühlte, warum verstanden Christen das so falsch? Oder lag ich falsch? Vielleicht brauchte ich gar keine Heilung. Vielleicht musste ich mich einfach nur zusammenreißen?

Wie siehst du mich?, hatte ich einige Wochen zuvor in einem Gebet geschrieben. Ich war verzweifelt, und ich war wütend. Während ich das gepunktete Sofakissen zerknautschte, um das ich mich zusammengerollt hatte, biss ich die Zähne zusammen, um meiner Frustration lautlos Ausdruck zu geben. Systematisch begann ich, alles zu durchdenken, woran ich glaubte. Ich kannte mich selbst gut genug, um zu wissen, dass ich genügend getan hatte, wofür ich Vergebung benötigte. Auch wenn ich im Grunde ein »netter Mensch« war, glaubte ich, dass ich nur in Jesu Opfer am Kreuz Vergebung finden konnte. Demnach würde nichts Gutes, das ich tat, etwas an meinen schlechten Taten ändern, genauso wenig wie Larrys fachlich großartige Arbeit das wiedergutmachen konnte, was er mir angetan hatte. Ich konnte mich nicht aus meinen Fehlern »herausarbeiten«. Wenn Gott wirklich vollkommen war – was ich glaubte –, würde es nicht seinem Wesen entsprechen, so zu tun, als wären schlechte Dinge nicht wirklich schlimm oder als könnten sie durch Nettigkeiten ausgelöscht werden. Ich wusste, dass Gott Sünde hasst.

Aber ich merkte, dass Christen häufig nur darüber sprachen, verstehen zu müssen, was *wir* Schlechtes getan hatten. Niemand sprach über Gottes Hass gegen das Unrecht, das *uns* angetan wurde. Wenn jemand in der Gemeinde über die Ungerechtigkeit in der Welt sprach, betonte er fast immer, wie falsch es war, wütend, verbittert oder nachtragend zu sein – als wäre solches Verhalten schwerwiegender als das, was ein Missbrauchstäter tun konnte.

Ich glaubte nicht, dass Bitterkeit richtig war, und erst recht nicht gesund. *Aber nicht verbittert zu sein, hilft nicht gegen die Albträume.* Ich seufzte und stützte meinen Kopf in die Hände. Für mein eigenes Wohlergehen wollte ich Larry ja vergeben. Aber ich wollte nicht, dass meine Vergebung als Vorwand gebraucht wurde, so zu tun, als wäre etwas Schreckliches gar nicht so schlimm. Einige bekannte christliche Lehrer hatten angedeutet: »Du hast nicht wirklich vergeben und vertraut, wenn du nicht auch dankbar für das sein kannst, was dir passiert ist.« *Ist es wirklich das, was Vergebung bedeutet?* Für mich stimmte das so nicht, aber ich hatte es inzwischen so oft von Autoritätspersonen gehört, dass ich mich in meinem Kummer vollkommen allein fühlte.

»Vertraue darauf, dass Gott etwas Schönes daraus wachsen lässt«, lehrten andere. Ich kannte all die Verse darüber, dass Gott selbst aus Asche Gutes hervorbringen kann, aber ich wusste auch, dass dieser Gedanke allzu oft wie ein Pflaster auf einer klaffenden Wunde gebraucht wurde. »Aber schau doch auf all das Gute, das daraus entstanden ist!«, sagten manche, als würde das entstandene Gute das Böse auf geheimnisvolle Weise weniger böse machen.

Als ich an jenem Morgen in unserem Wohnzimmer darüber nachdachte, spürte ich, wie Tränen und Zorn in mir aufstiegen. Ich wusste, dass das Übel und die negativen Konsequenzen von Missbrauch von vielen Menschen verharmlost wurde. Aber es half mir nicht weiter, wenn sie mir mit ihren hohlen Phrasen deutlich machen wollten, es sei keine große Sache.

Ich schloss die Augen. Der Krieg, der ständig in mir tobte, war erschöpfend. Ich wollte, dass er aufhörte. Ich wollte Antworten, aber sie schienen nie zu kommen.

Was sind meine Alternativen? Meine Augen flogen wieder auf. *Was, wenn ich Gott aus dem Bild löschen würde?*

Ich schüttelte den Kopf. Diesen Weg hatte ich gedanklich schon oft eingeschlagen, er hatte das Problem nicht gelöst. Wenn die Parameter der Wahrheit allein von Menschen festgelegt wurden, gab es keine Möglichkeit mehr, das Böse oder Gerechtigkeit zu definieren. Ein Zitat von C. S. Lewis schoss mir durch den Kopf: »Der Mensch nennt keine Linie krumm, bis er nicht die Vorstellung von einer geraden Linie hat.«[3] Gott aus der Gleichung zu nehmen, löste nicht das Problem. Es machte es sogar schlimmer. Und ein schwacher Gott, der das Böse nicht aufhalten konnte, war ebenso nutzlos. Welche Hoffnung gab es bei einem moralischen Gesetzgeber, der nicht die Macht hat, dafür zu sorgen, dass sein Gesetz befolgt oder Gerechtigkeit geübt wird? Ich seufzte frustriert. Die Alternativen – Gott aus dem Bild zu löschen oder mein Gottesbild zu ändern – halfen mir nicht, meine Fragen zu beantworten. Nicht, wenn ich ehrlich zu mir sein wollte.

Ich nahm das Notizbuch und den Stift zur Hand, das ich für den Fall, dass die Erinnerungen das Lernen unmöglich machten, immer griffbereit hatte. Dann malte oder kritzelte ich vor mich hin, während ich alles durchdachte – wie an diesem Morgen, als mir der vergangene Sommer in den Sinn kam.

Meine Familie war mit drei anderen Familien, mit denen ich aufgewachsen war, zum Zelten gefahren. Es war fast zur Tradition geworden, irgendwann hatte eine der Mütter unserer Gruppe den Spitznamen »Indianerstamm« gegeben. Auf unseren Ausflügen saßen wir oft zusammen und sprachen über Probleme, die wir hatten, oder Dinge, die wir gerade durchmachten. Von meinem Missbrauch hatte ich nie jemandem erzählt, aber es gab immer eine Menge anderer Dinge zu besprechen. An jenem Tag war es besonders heiß gewesen. Wir hatten uns alle im Esszelt meiner Eltern versammelt, einem kleinen quadratischen Pavillon mit Moskitonetzen, der mit Campingstühlen und einem Picknicktisch ausgestattet war. Eine leichte Brise brachte zumindest ein wenig Erleichterung, während die Schatten der Ahornblätter auf jeder Oberfläche flackerten.

»Manchmal«, hatte einer der Väter erzählt, »haben mir die Antworten, die Gott mir gegeben hat, nicht gefallen. Oder ich habe gar keine Antworten bekommen.«

Das konnte ich gut nachvollziehen.

»Aber wisst ihr«, fuhr er fort, »ich muss immer wieder daran denken, wie Petrus von Jesus gefragt wurde, ob er auch weggehen wolle. Und Petrus fragte zurück: ›Wohin sonst sollte ich gehen, Herr?‹ – Ich muss mich das auch ab und zu fragen, wenn die Lage besonders düster scheint.«

Während ich auf unserem Sofa saß, erkannte ich, dass seine Antwort auch meine war. Es war alles, was mir übrig blieb. Im Laufe der letzten Jahre hatte ich jede andere Möglichkeit erforscht. Etwas an der biblischen Definition Gottes zu ändern, ihn ganz aus dem Bild zu löschen, andere Glaubensrichtungen in Erwägung zu ziehen – nichts davon hatte meine Probleme gelöst oder meine Fragen beantwortet. Ich hatte mich mit Naturwissenschaften und der Informationstheorie befasst, mit Geschichte und philosophischen Konzepten. Ich hatte Beweisprinzipien berücksichtigt und mich mit der Kritik am christlichen Glauben auseinandergesetzt. Aber wo ich auch hinsah, war ich mit Dingen konfrontiert gewesen, die ich ohne Gott nicht hatte erklären können. Und vor allem nicht ohne das Evangelium. Jede andere Glaubensrichtung stützte sich auf irgendeine Form von guten Werken, um von Schuld befreit zu werden, oder den »Himmel« oder irgendeine höhere Ordnung zu erreichen. Aber Gerechtigkeit funktionierte so nicht. Gute Werke löschten die schlechten nicht aus. Und auch wenn es sich gut anfühlen mochte, zu sagen, dass alle diese Vorstellungen richtig seien, funktionierte es nicht. Jede Glaubenstradition hatte bestimmte Wahrheitsansprüche, die nicht mit anderen Glaubensrichtungen vereinbar waren. Sie konnten nicht alle wahr sein. Ich brauchte echte Antworten. Nicht einfach nur etwas, was sich gut anfühlte. Und je mehr ich darüber nachdachte, desto überzeugter wurde ich, dass ich zwar nicht alles erklären konnte, aber mehr »echte Antworten« durch meinen Glauben hatte als ohne ihn. *Wohin sonst sollte ich gehen, Herr?*

Ich zeichnete zwei große Kreise in mein Notizbuch. *Von welchen Dingen weiß ich, dass sie wahr und real sind?*, fragte ich mich. Ich füllte den ersten Kreis mit den Antworten aus, die ich bisher hatte – Dinge, von denen ich *wusste*, dass sie wahr waren.

Es gibt Richtig und Falsch.

Ich glaubte, dass diese beiden Dinge existierten – nicht nur in den Köpfen der Menschen, sondern wirklich und echt. Menschen konnten etwas Böses sehen, zum Beispiel den Holocaust, einen Mord oder sexuellen Missbrauch, und *wissen*, dass es falsch war. Wir mussten es nicht hinterfragen oder unsere Schlussfolgerungen auf das stützen, was jemand anderes darüber dachte. Niemand sah sich Fotos von Auschwitz an, wandte sich dann an einen Freund

und sagte: »Ich denke, das könnte moralisch akzeptabel sein; was meinst du?« Ich schüttelte den Kopf. Nein. Wir *wussten*, dass es einen Maßstab von Richtig und Falsch gab – egal was andere sagten oder eine Gesellschaft für eine Weile geduldet haben könnte.

Wahrheit, Richtig und Falsch – diese Dinge existieren.

Dann schrieb ich die nächste Schlussfolgerung auf, die sich wie selbstverständlich daraus ergab.

Es gibt einen Gott, der Gut und Böse definiert.

Es führte kein Weg daran vorbei. Entweder war die Wahrheit in irgendeiner Form von menschlichen Vorstellungen abhängig, was bedeuten würde, dass Gut und Böse Ansichtssache wären, oder die Definition von Gut und Böse kam von jemandem, der über dem Menschen stand. Ja, es herrschte oft Uneinigkeit darüber, wo genau diese Linien verliefen und woher wir sie kannten, und es musste Raum für solche Diskussionen geben. Trotzdem wussten wir alle, dass bestimmte Dinge gut und andere böse waren, egal welche Ansicht jemand dazu hatte. Hinter all den Diskussionen gab es immer noch einen absoluten Maßstab, der nicht menschlichen Meinungen entsprang – was bedeutete, dass er etwas Höherem entspringen musste. Es musste einen Gott geben.

Ich sah durchs Fenster zu dem riesigen Ahornbaum auf der anderen Straßenseite hinüber, dessen Zweige sich sanft in der Frühlingsbrise wiegten. In der Mittagssonne war das Grün der neuen Blätter leuchtender, als es mir je vorher aufgefallen war. Dann las ich die beiden Sätze, die ich notiert hatte. *Und es gibt keinen anderen Ort, an den ich gehen könnte. Wenn es keinen Gott gäbe und kein Gut und Böse, könnte ich das, was Larry mir angetan hat, nicht einmal als falsch bezeichnen, weil »Richtig und Falsch« nur Konstrukte menschlicher Anschauung wären.*

Ich nahm meinen Stift wieder auf.

Dieser Gott ist der Gott der Bibel.

Ich hatte nicht genug Platz auf der Seite, um alle Gründe aufzuschreiben, warum ich sicher war, dass, wenn es einen Gott gab, es der Gott der Schrift sein musste. Doch da andere bereits ganze Bücher darüber geschrieben hatten, gab ich mich damit zufrieden, nur die Schlussfolgerung aufzuschreiben.

Gott ist gerecht.

Im Christentum gibt es keinen alternativen Weg, ein begangenes Unrecht abzumildern. Es gibt keine Möglichkeit, genügend gute Dinge zu tun, um die schlechten auszugleichen. Es gibt keine magischen Worte, Einstellungen oder Lebensveränderungen, die all die Dinge auslöschen könnten, die wir falsch gemacht haben. So läuft es nicht im wirklichen Leben.

Ich musste lächeln, als ich plötzlich an die kleinen Zankereien dachte, die meine Geschwister und ich früher untereinander gehabt hatten. Einer von uns tat etwas, was den anderen verletzte: ein Spielzeug wegnehmen, zornig um sich schlagen, egoistisch sein oder verletzende Dinge sagen. Und wenn der Betroffene zu weinen begann, fing der Übeltäter – der ja die Konsequenzen kannte, die drohten, wenn ein Elternteil Wind von der Sache bekam – schnell an, besonders nett zu sein, um die Tränen zu stillen und das kindische Unrecht zu verbergen, das er gerade begangen hatte. Aber egal wie viele Spielzeugponys ich meiner Schwester anbot oder wie viele Bücher ich versprach, meinem Bruder vorzulesen – ich hatte sie trotzdem verletzt. Ich hatte trotzdem Unrecht getan. Ich konnte versuchen, es in Zukunft besser zu machen, aber ich konnte weder die Zeit zurückdrehen noch die Vergangenheit auslöschen. Sich zu entschuldigen und um Vergebung zu bitten waren wichtige Schritte, die unsere Eltern uns beigebracht hatten. Diese Schritte halfen, eine Sache hinter sich zu lassen und vorwärtszugehen. Aber sie beseitigten nicht den Schaden, der bereits entstanden war.

Ich rollte mich auf dem Sofa zusammen und ließ die Erinnerungen kommen. Es war inzwischen sechs Jahre her, seit ich Larry zum letzten Mal gesehen hatte. Ich wusste nicht, was er in dieser Zeit getan hatte oder was er in Zukunft tun würde. Aber ich wusste, dass es mich auch dann nicht so wiederherstellen würde, wie ich vor dem Missbrauch war, wenn ich ihn »Es tut mir leid« sagen hörte. Jede andere Religion und Gottheit außer dem Christentum beruhte in irgendeiner Form auf dem Prinzip, dass man genügend gute Dinge tun musste, um die schlechten zu überwiegen – als wäre das Leben bloß eine Waage, als löste der Schaden des Bösen sich in Luft auf, wenn jemand nur genug Wohltätigkeitsarbeit leistete, die richtigen Gebete sagte oder genügend Pilgerreisen unternahm. Aber das ist keine Gerechtigkeit. Ich wusste, dass Larry eine Autismus-Stiftung mitgegründet hatte, was großartig war, aber diese gute Tat ließ meine Albträume nicht aufhören. Seine bösen Taten waren immer noch da

Wieder nahm ich meinen Stift in die Hand.

Gott ist Liebe.

Gerechtigkeit allein fühlte sich hoffnungslos an, weil ich wusste, dass es nichts gab, was ich tun konnte, um ihr zu entkommen. Und doch musste ich zugeben, dass Gott auch *liebt*. Er zeigte es, als Jesus entschieden hatte, das Urteil, das wir verdienten, auf sich zu nehmen. Er löschte unsere Sünden nicht aus, sondern er bezahlte dafür. *Das ist ein ziemlich wesentlicher Unterschied*, dachte ich.

Ich seufzte und fuhr die Linien der karierten Couch nach. Noch immer gab es so vieles, das ich nicht verstand. Wie passte Gottes Liebe mit so viel Missbrauch in der Welt zusammen? Ich betrachtete noch einmal mein einfaches Kreisdiagramm. Die Wahrheiten, die ich aufgeschrieben hatte, galten für alles. Wenn sie echt waren, waren sie echt. Punkt. Das bedeutete: Was auch immer ich nicht verstand, welche Antworten ich auch noch immer nicht gefunden hatte, nichts konnte das anfechten, was ich wusste. Die Antworten auf meine Fragen gehörten ebenfalls in den ersten Kreis, auch wenn ich nicht verstand, wie.

Es gibt Gut und Böse.
Es gibt einen Gott, der das definiert.
Er ist gerecht.
Er ist liebevoll.

Endlich lehnte ich meinen Kopf ans Sofa und sah zu, wie sich Wolkenfetzen über den klaren Himmel bewegten. Ich fühlte mich erschöpft. Aber ich spürte auch ein kleines bisschen Gewissheit. Es gab keinen *anderen* Ort, an den ich gehen konnte, aber es gab *einen*. Ich hatte nicht *alle* Antworten, aber ich hatte *etwas*. Ich konnte sagen, dass das, was mit mir geschehen war, böse war. Ich wusste, dass Gerechtigkeit und Liebe existierten. Es war nicht alles. Aber es war *etwas*. Und daran konnte ich mich festhalten.

ZEHN

»Befreit Pommern!!!«

Auf dem Blog, den ich auf *Xanga.com* las, endete fast jeder Eintrag mit diesem Aufruf. Ich musste lachen. *Wer ist das?*

Erst kürzlich hatte ich damit begonnen, auf diesem Sozialen Netzwerk meinen eigenen Blog zu führen, und war, nachdem ich einem Kommentarpfad gefolgt war, der unter einem meiner Beiträge gepostet worden war, auf diese Einträge gestoßen. Die Blogseite schien komplett satirisch zu sein, es war kein Name damit verbunden, doch sie wurde angeblich von einer Gruppe von Personen geführt, die behaupteten, sich für die Befreiung der Region Pommern einzusetzen. Eigentlich war es totaler Quatsch, aber ich fand die Texte amüsant und der Schreibstil war flott und geistreich.

Kurz nachdem ich begonnen hatte, die Hypothesen dieser Pommern-Befreiungsgruppe zu lesen, hinterließ ein Benutzer seinen ersten Kommentar zu einem Eintrag, den ich verfasst hatte. Ich hatte darüber geschrieben, wie wichtig es ist, unsere Überzeugungen und die daraus resultierenden Konsequenzen zu überprüfen. »Sehr guter Beitrag«, schrieb der Kommentator. »Mit den vielen Büchern, Geschichten und Kommentaren, die wir heute haben, müssten wir die bestinformierte Generation sein, die die Welt je gesehen hat.« Der Verfasser erwähnte kurz, dass sein Name Jacob sei und er über das *Xanga* eines gemeinsamen Freundes postete. Damit war sein Kommentar alles, was ich an Angaben von ihm hatte.

Genau einen Monat später hinterließ der Satireblog, dem ich inzwischen folgte, seinen ersten Kommentar unter meinem aktuellsten Beitrag. Er endete mit »Befreit Pommern!« und der Anmerkung: »PS: Ich bin Jacob, der letztens über die Seite deines Freundes gepostet hat.«

Ein Lächeln umspielte meine Mundwinkel. Ich fand es amüsant, dass die nachdenkliche Person, die vor Wochen meinen Blogeintrag kommentiert hatte, tatsächlich der Besitzer des verrückten Satireblogs war, den ich seit Wochen las.

Alle paar Tage, wenn ich meinen Blog öffnete, fand ich neue Nachrichten von dem ungewöhnlichen »Befreit Pommern«-Blogger – und beantwortete sie. Nach und nach fand ich heraus, dass Jacob aus einer großen Familie stammte und einen zweijährigen Bruder hatte, dem er den Namen »Der ehrenwerte Herr Minister für die Zerstörung von Wertsachen anderer Menschen« gegeben hatte. Wir teilten unsere Liebe zu Kindern sowie zum Lesen, Lernen und dem Glauben. Je mehr wir einander erzählten, desto mehr Diskussionsstoff fanden wir. Wir tauschten Buchempfehlungen aus, diskutierten aktuelle Ereignisse und sprachen über das tägliche Leben – alles in gegenseitigen Kommentaren auf unseren Blogs.

Sieben Monate nachdem Jacob das erste Mal auf meiner Seite aufgetaucht war, erfuhr ich, dass ein weiteres Geschwisterchen in seiner Familie geboren war, und bat ihn kurzerhand darum, Babyfotos sehen zu dürfen. Zwei Minuten später wies er mich darauf hin, dass er nicht einmal meinen Namen kannte – wir hatten noch nicht einmal Bilder voneinander gesehen! Ich grinste. Mir fiel ein, dass es ein Mittel dagegen gab. *Facebook* hatte vor Kurzem die Welt erobert, und erst am Vortag hatte ich, als ich auf das Profil unseres gemeinsamen Freundes gegangen war, um ein paar Worte über seine bevorstehende Abschlussarbeit zu hinterlassen, einen Beitrag genau über meinem gesehen, der von einer Person namens Jacob verfasst worden war. Der Schreibstil war zu eindeutig, als dass er von jemand anderem als meinem neuen Online-Freund hätte stammen können.

»Stimmt, du kennst meinen Namen nicht«, schrieb ich zurück. »Aber wenn du bei *Facebook* auf Brians Seite gehst und den Kommentar gleich unter deinem ansiehst, kannst du zumindest das herausfinden.« Von dem interessanten Bonus der Profilfotos – etwas, was es auf unseren Blogs nicht gab, schrieb ich nichts. Mein Bild auf *Facebook* stammte aus meinem letzten Jahr an der Highschool. Es war an einem Wintertag im Schnee aufgenommen worden und sah ziemlich »verzaubert« aus. Jacobs Bild dagegen war eine Nahaufnahme von seinem zu einer skeptischen Grimasse verzogenen Gesicht, die zumindest zeigte, dass er erstaunlich bewegliche Augenbrauen hatte. Wie so vieles andere in Bezug auf ihn brachte es mich zum Lachen und schien zu der Persönlichkeit zu passen, die ich immer besser kennenlernte. Es gab noch andere Fotos. Eine Kostümparty an Silvester, auf der er als verrückter Wissenschaftler verkleidet war. Er trug einen weißen Laborkittel und eine fantastische Perücke, die ihn wie eine Comicfigur aussehen ließ, die die Finger in eine Steckdose gesteckt hatte. Bilder, auf denen er Wasserski fuhr, ein Foto von einem Teddybären, der ihm von einem seiner geliebten jüngeren Geschwisterchen geschenkt worden war. Ein weiteres Bild ließ mich entzückt nach Luft schnappen: Jacob vor einer großartigen Sammlung von Büchern – alt, dick und wunderschön vergoldet. Ich vergrößerte das Foto so stark wie möglich und versuchte vergeblich, einige der Titel zu erkennen. Mein Interesse an der Bibliothek war geweckt, aber ebenso fasziniert war ich von der Person, die davorstand.

An jenem Tag tauschten wir unsere E-Mail-Adressen aus und Jacob schickte mir die Babyfotos, die so entzückend waren, wie er es versprochen hatte. Und dann, sehr zu seiner Enttäuschung, wie ich später erfuhr, vergaß ich ihn prompt über einen Monat lang in der Hektik der Abschlussprüfungen. Als ich endlich wiederauftauchte und mich daran erinnerte, dass es Sachen wie *Facebook* und *Xanga* überhaupt gab, fand ich eine alte Nachricht von ihm. Er fragte mich, was meine Motivation für mein Schreiben,

Studium und den Anwaltsberuf sei. *Nun, das ist eine Diskussion wert!*, dachte ich eifrig.

»Ideen haben Konsequenzen«[4] war ein Satz, den ich gerne meinen eigenen Schülern im Anwaltskurs, den ich immer noch jeden Sommer für das *SSI* unterrichtete, weitergab. Ideen zu diskutieren, die Motivation hinter ihnen zu untersuchen und ihre Folgen zu analysieren, war meine wahre Leidenschaft. »Je mehr man liebt, desto härter kämpft man«, erklärte ich meinen Schülern. »Sowohl eure Ideen als auch eure Motivationen müssen die richtigen sein.« Ideen, die nicht auf Tatsachen oder echten Überzeugungen beruhten, hatten das Potenzial, zerstörerische Konsequenzen zu haben. Wenn man hingegen die richtigen Ideen hatte, diese aber getrennt von der Liebe zu den Menschen waren, führten sie zu Arroganz und einem Mangel an Mitgefühl und richteten somit ebenfalls Schaden an.

»Die Liebe muss eure Motivation sein«, erklärte ich. »*Prüft* eure Überzeugungen und Ideen; versichert euch, dass sie gut und richtig sind. Tut nichts aus dem überheblichen Wunsch zu gewinnen, sondern handelt aus Liebe zu denjenigen, die den Preis bezahlen müssen, wenn wir an die falschen Dinge glauben.« Die Grundlage dafür war für mich in erster Linie die Liebe zu Gott – dem, der für mich Güte und Liebe definierte – sowie all die wertvollen Lektionen, durch die mich meine Eltern geprägt hatten.

Während ich an dem kleinen Schreibtisch in der Ecke unseres Kellers saß und fast ein bisschen aufgeregt meine Antwort auf Jacobs Frage schrieb, ließ ich kein wichtiges Detail aus.

»So. Das ist meine (kurze) Lebensgeschichte«, beendete ich meine E-Mail. Er reagierte prompt darauf, bevor er auf seine eigenen Gedanken zu diesem Thema einging.

In den nächsten elf Monaten flogen fast täglich E-Mails von Kalamazoo, Michigan, in die kleine Stadt Salmon Arm in British

Columbia und wieder zurück. Ich lernte einiges über diesen Jacob, der einst den Kommentar unter meinem Blogeintrag hinterlassen hatte. Er war fleißig, hatte als junger Mann eine Schreiner- und Tischlerausbildung gemacht und arbeitete jetzt selbstständig im Baugewerbe, während er über ein Fernstudium seinen Bachelorabschluss machte.

Wir fanden schnell heraus, dass sich unsere wichtigsten Themen perfekt ergänzten. Ich konzentrierte mich auf Interessenvertretung, praktische Anwendungen und die korrekte Kommunikation von Ideen. Jacob hingegen erinnerte mich daran, wie wichtig Theologie, Wahrheit und grundlegende Prinzipien waren, um eine Lebenseinstellung nach dem Motto »Der Zweck heiligt die Mittel« zu vermeiden.

Neben dem täglichen E-Mail-Kontakt mit Jacob investierte ich Zeit in die Beziehungen, die ich zu meinen Studienkollegen geknüpft hatte. Sie waren erfüllender, als ich erwartet hatte. Mein Semester war nach dem ersten Jahr auf nur neun Studenten geschrumpft, mich und acht Jungs in meinem Alter. Ein paar Absolventen und eine Handvoll Studenten aus den Klassen über uns rundeten meinen Freundeskreis ab, und ich hatte gelernt, sie alle auf besondere Weise zu schätzen. Ein paarmal im Jahr trafen wir uns für Wiederholungskurse oder Ehemaligen-Veranstaltungen, einige von uns telefonierten regelmäßig, um gemeinsam zu lernen oder einfach nur Neuigkeiten auszutauschen.

Zugegebenermaßen hatte ich unserer ersten Wiederholungskonferenz mit einer Mischung aus Eifer und Furcht entgegengesehen. Zwar hatte ich inzwischen enge Freundschaften mit einigen der wenigen Studenten unseres Semesters geknüpft, aber egal wie gut die Freundschaft war, ein allgemeines Gefühl der extremen Wachsamkeit durchdrang noch immer die meisten meiner Begegnungen. Vor allem wusste ich, dass wir ein Thema betrachten würden, das alles ans Licht zu bringen drohte – umso erleichterter war ich, als ich erfuhr, dass der aufdringliche Student, der im Vorjahr ein Problem für mich gewesen war, das Studium abgebrochen hatte. Aber viele andere blieben – auch der Kommilitone, der bei unserer letzten Begegnung genug bemerkt hatte, um mich zu fragen, ob ich Angst vor ihm hatte. Diesmal unterhielten wir uns jedoch über ganz andere Dinge. Als wir in der prunkvollen Lobby des Konferenzzentrums standen und uns unterhielten, entdeckten wir unsere gemeinsame Liebe zum Sport. Zugegeben, Turnen hatte nichts mit dem Sport zu tun, den er ausgeübt hatte, und meine Sportkenntnisse außerhalb des Turnens waren mehr als nur begrenzt, aber es reichte, um uns Gesprächsstoff zu geben.

»Warum hast du aufgehört?«, fragte ich ihn. Ich vermutete, dass eine Verletzung oder vielleicht einfach praktische Gründe, wie der finanzielle oder zeitliche Aufwand, sein Engagement beendet hatten. »Wurde es dir zu viel?«

»Nein, nicht wirklich«, sagte er direkt. »Ich würde es immer noch sehr gerne machen. Aber ehrlich gesagt war das, was in der Umkleidekabine so lief, nicht gut.«

Er führte es nicht weiter aus, aber wir wussten beide, was er meinte.

»Ich wollte meine Gedanken nicht damit füllen«, fuhr er fort. »Mich davon fernzuhalten war mir wichtiger, als den Sport weiterzumachen.«

Ich fühlte mich wie betäubt. Seine Antwort war nahezu unbegreiflich. *Das hat dich gestört? Es stört fast keinen.* Meine Gedanken wanderten zurück in die Zeit, als ich mit einer Bibelarbeitsgruppe für Teenager ausgegangen war. Der Typ, der neben mir saß und den ich nicht einmal kannte, legte plötzlich seinen Arm um mich und tat so, als würde er meine Brust begrapschen. Keiner der anderen sechs Jungen, die dabei waren, sagte ein Wort. Ich erinnerte mich auch an die Listen, die ich bei einem Teenie-Event gefunden hatte, auf denen die Körper aller Schülerinnen auf einer Skala von 1 bis 10 bewertet waren. Und ich dachte daran zurück, wie mein Bruder meinen Freundinnen und mir bei einem Sommerferienlager empfohlen hatte, immer in seiner Nähe zu bleiben. Nachdem er vier Tage lang dem Gerede der Jungs in seinem Zimmer zugehört hatte, war er um unsere Sicherheit besorgt gewesen. Ich dachte an die unverhohlen sexuellen Diskussionen, die der Typ, der im Matheunterricht neben mir saß, immer wieder anregen wollte, während wir eigentlich unsere Schultexte lesen sollten. Auch an all die Male, die ich das Turntraining verlassen oder die Schlange im Supermarkt gewechselt hatte, um ungewollte Aufmerksamkeit zu vermeiden, erinnerte ich mich. An die Umarmungen, die ich zugelassen hatte, die ausgenutzt wurden und keineswegs nur »freundschaftlich« gemeint waren. Und das waren nur die Erinnerungen, die mir sofort in den Sinn kamen. Diese Liste ging weiter und weiter, doch von anderen wurden solche Dinge immer nur mit den Worten »So sind Jungs eben« oder »Das ist doch nur ein Scherz« abgetan.

Das hat dich gestört? Ich hätte es fast laut ausgesprochen, aber ich verkniff mir die Frage. Ich fürchtete, dass ich zu viel preisgeben würde, wenn ich jetzt etwas dazu sagte. Aber die kurze Unterhaltung war Grund genug, um Tränen – die ich im Grunde nie vor anderen vergoss – freien Lauf zu lassen. Unser Gespräch hatte mich sehr traurig über den gewöhnlichen Stand der Dinge gemacht, aber auch ein kleines bisschen Hoffnung in mir geweckt, dass es manchmal anders ausgehen konnte.

Das Jahr, in dem Jacob und ich uns ernsthaft zu schreiben begannen, war das gleiche, in dem ich allmählich erkannte, wie viele

Mauern ich um mich herum errichtet hatte. Außerdem wurde mir klar – zumindest teilweise –, wie viel von mir selbst wirklich verletzt worden war.

In jenem Jahr kamen meine Kommilitonen und ich für einen Kurs über Rechtsmittel zusammen. Es war eine intensive Woche, und der Rest meines Semesters trug in den Pausen oft ausgiebige *Football*-Spiele aus. Anfangs sah ich nur dabei zu, aber irgendwann beschlossen meine Studienkollegen, dass ich mindestens *einmal* mitspielen musste (wobei »spielen« nett ausgedrückt war, so, wie man von einem Kleinkind sagt, dass es »hilft«). Als ich endlich zustimmte, sorgten sie dafür, dass ich den Ball bekam, und behandelten mich mit einer amüsierten Geduld, die normalerweise nur Engeln zugeschrieben wird. Anschließend durfte ich mich glücklicherweise wieder hinter die Seitenlinie zurückziehen, um den Rest des Spiels entspannt beobachten zu können. Ein Regenschauer beendete die Partie vorzeitig und wir schlenderten zum Konferenzzentrum zurück.

Kurz danach versammelten wir uns in der Sofa-Ecke im Gemeinschaftsraum, um uns zu unterhalten. Zwischen der Vollzeitbeschäftigung als Kinderbetreuerin, meinem Studium und meinem Nebenjob als Lehrassistentin waren die Wochen vor dem Forum immer sehr anstrengend gewesen. So war es nicht verwunderlich, dass ich irgendwann mitten in der Runde einschlief. Doch ich wachte gerade rechtzeitig wieder auf, um ein paar Bemerkungen zu hören, die über mich geäußert wurden, während man mich noch immer für schlafend hielt. Es fielen Worte wie *sanft*, und ich war dankbar dafür. Aber es überraschte mich auch. Es war das erste Mal seit der Sache mit Larry, dass es mir kein Gefühl der Unsicherheit mehr gab, so wahrgenommen zu werden. Wann immer ich Personen trainierte oder betreute, die klein, schwach oder weiblich waren, fand ich es unglaublich wichtig, Liebe, Mitgefühl und Sanftmut zu vermitteln. Ich wollte, dass sie sich in meiner Umgebung sicher fühlten. Aber bis zu jenem Abend hatte ich nicht gemerkt, wie sehr ich mich bemühte, von Männern genau *so nicht* wahrgenommen zu werden. »Professionell«, »sachlich«, »scharfsinnig«, »intelligent« – Beschreibungen, die ein gewisses Maß an Stärke und Unberührbarkeit vermittelten – waren die einzigen Adjektive, mit denen ich in Verbindung gebracht werden wollte. Jegliche Assoziationen mit Sanftmut, Weiblichkeit, Unschuld oder anderen »weichen« Eigenschaften galt es unbedingt zu vermeiden. Diese Attribute würden mich verletzlich machen, sie konnten manipuliert oder ausgenutzt werden. Sie waren nicht sicher. Früher war ich all das gewesen. Und ich hatte meine Lektion nicht gelernt, als ich sieben war, und war so geblieben – ich blieb weich. Larry hatte es bemerkt, und es kostete mich alles. Ich hatte versagt – hatte mich ungeschützt und verletzlich gemacht – und die Folge war Missbrauch gewesen. So wollte ich nie wieder sein.

Doch an jenem Abend fühlte es sich zum ersten Mal nicht unsicher an, dass mir diese Adjektive zugeschrieben worden waren. Meine Eigenschaften waren dafür geschätzt worden, was sie zu bieten hatten, und nicht dafür, wie sie ausgenutzt werden konnten. Wenn andere diese Eigenschaften schätzen konnten, ohne sie manipulieren zu wollen, würde vielleicht eines Tages auch ich sie wieder schätzen können.

In der Zwischenzeit bekam ich regelmäßig E-Mails von Jacob. Hunderte von E-Mails. Er schrieb am Ende sogar auch meinen Eltern und stellte sich ihnen vor, weil er der Meinung war, dass es nicht schaden würde, wenn sie wüssten, wer er war. In jenem Dezember, nachdem ich mich darüber beschwert hatte, dass es in

Michigan für meinen Geschmack nicht annähernd genug Schnee gab, behauptete er, dass er ein Paket mit kanadischem Schnee per Post an meine Haustür liefern lassen würde. Ich lachte darüber, aber als ich am nächsten Tag nach Hause kam, fand ich einen rosa Zettel an unserer Haustür, auf dem stand, dass ich eine Lieferung verpasst hatte. *Was? Er kann nicht wirklich Schnee geschickt haben.* Da war ich mir sicher. Ich hatte ihm nicht einmal meine Adresse gegeben. Zwei Tage später kam der Paketbote erneut durch gefrorenen Schlamm und Eisregen gestapft und lieferte ein Paket aus, auf dem tatsächlich Jacobs Name und Absenderadresse stand.

»Aha?«, sagte meine Mutter mit hochgezogenen Augenbrauen und einem neckenden Unterton in der Stimme, als ich den nassen Karton auf den Küchentisch stellte und mich sehr bemühte, locker zu wirken. Ich schälte das feuchte Klebeband ab, spähte hinein und schnappte entzückt nach Luft. Mit meiner Vermutung, dass sich kein Schnee in dem Paket befand, hatte ich recht gehabt. Aber sosehr ich Schnee liebte, der tatsächliche Inhalt war noch besser. Er schien den Absender widerzuspiegeln – und in gewisser Weise auch mich selbst. Vorsichtig holte ich eine wunderschön vergoldete, gebundene Ausgabe von Augustinus' *Confessiones* vom Verlag *Easton Press* und ein Secondhand-Exemplar von P. G. Wodehouses *Piccadilly Jim* heraus.

»Wow!« Ich fuhr mit den Fingern über die Goldprägung auf dem Buchdeckel von *Confessiones* und atmete den herrlichen Geruch eines neuen Buchs ein. Ich schlug es auf, um die dicken Seiten zu fühlen, und schwelgte in dem leisen, knackenden Geräusch, das jedes neue Buch macht, wenn man es zum ersten Mal öffnet. Im Innern fand ich eine Inschrift. »Für Rachael. Von deinem Freund Jacob.« In meinem Entzücken bemerkte ich gar nicht, dass die Inschrift die Worte wiederspiegelte, die Professor Bhaer in das Buch schrieb, das er Jo in *Little Women* von Louisa May Alcott schenkte. Jacob wusste, dass dieses Buch noch immer einer meiner Lieblingsklassiker war und dass genau diese beiden Charaktere zu meinen liebsten literarischen Figuren gehörten. Die Ähnlichkeit war also kein Zufall. Wenn mir diese Anspielung aufgefallen wäre, hätte ich meine Augenbrauen vielleicht auch neckisch fragend hochgezogen, wie meine Mutter es noch immer tat. Aber so sah ich das Geschenk als nette Geste von jemandem an, der ein lieber Freund geworden war, und nicht mehr.

An jenem Abend rollte ich mich mit einer heißen Schokolade und *Piccadilly Jim* unter einer Decke zusammen. Ich verlor mich sofort in der urkomischen, schrulligen Welt von P. G. Wodehouse – meine Einführung in die exzentrischen Handlungsstränge, die er wob. Diese absurde Geschichte war eine romantische Komödie voller übertriebener Persönlichkeiten wie eines gelassenen, aber außergewöhnlich schlagfertigen Protagonisten und einer sachlichen Protagonistin mit sehr viel Charakterstärke und Mumm. Und natürlich verliebten sie sich am Ende (wie meiner Meinung nach jede Geschichte enden sollte). Ich musste über das letzte Bild lächeln, das Piccadilly Jim vom »häuslichen Glück«, wie er es nannte, malte.

> Ein reges Geben und Nehmen ist die Grundlage einer glücklichen Ehe … Ich kann uns schon im hohen Alter sehen, du auf der einen Seite der Heizung, ich auf der anderen, während wir unsere alten Gliedmaßen wärmen und uns schlagfertige Dinge ausdenken, um sie uns gegenseitig an den Kopf zu werfen – noch immer verliebt![5]

Ich liebte es. Die Vorstellung von zwei Liebenden, die zusammen alt geworden sind und sich damit wohlfühlen, wer sie sind und was aus ihnen geworden ist, die Seite an Seite sitzen und immer noch lebhaft Ideen und erfrischenden Humor austauschen, war süß und lustig zugleich. Und es war ziemlich genau das, was ich mir selbst für später erhoffte.

Als ich mich durch *Confessiones* arbeitete, schrieb ich Jacob, was ich daraus lernte, und wir diskutierten über unsere Lieblingsstellen – auch die, an denen wir mit der verehrten historischen Hauptfigur nicht einverstanden waren. Die Monate vergingen wie im Flug und ich war glücklich mit unserer Freundschaft. Doch im späten Frühjahr, als wir gerade in der Stadt herumfuhren, um Besorgungen zu machen, begann meine Mutter, mich über meine Freundschaften mit verschiedenen anderen Männern auszuquetschen. Wir hatten relativ oft solche Gespräche und ich war dankbar für unsere offene Kommunikation. Mehrere junge Männer hatten mich in den letzten Jahren gefragt, ob ich mir eine Beziehung mit ihnen vorstellen konnte. Obwohl sie gute Freunde und großartige Menschen waren, war bisher niemand dabei gewesen, dessen Leben, Leidenschaften und Persönlichkeit mir so entsprochen hatten, dass ich ihn als möglichen Lebenspartner in Betracht gezogen hätte. Deshalb hatte ich immer Nein gesagt.

Trotz allem hatte ich keine Angst vor einer Beziehung. Ich liebte sogar die Vorstellung, Ehefrau zu sein und eine Familie zu haben. Ich wusste, dass es eine Menge aufzuarbeiten gäbe, und die Aussicht, über etwas sprechen zu müssen, das ich kaum in Worte fassen konnte – sogar bei jemandem, den ich liebte –, war beängstigend. Aber ich wusste auch, dass es das wert sein würde.

Während der Zeit meines Missbrauchs war die Beziehung meiner Eltern zu mir und zueinander meine Rettung gewesen. Meine Mutter, die ebenfalls ein Missbrauchsopfer war, hatte es nie verheimlicht. Dass es Männer gab, die an der Seite von Missbrauchsopfern durch Trauer und Schmerz mitgingen und ihnen bei der Heilung halfen, statt sie zu verletzen, wusste ich deshalb, weil mein Vater das für meine Mutter getan hatte. Von ihm und meinem Bruder wusste ich ebenso, dass gesunde Männlichkeit ein Geschenk war. Aber bevor ich mit jemandem eine Beziehung einging, wollte ich eine ausreichend tiefe Freundschaft zu ihm aufbauen, um entscheiden zu können, ob eine Heirat überhaupt infrage käme. Ich sah keinen Sinn darin, mich romantisch auf jemanden einzulassen, wenn ich wusste, dass ich nicht für immer mit ihm zusammen sein wollte.

»Was ist mit *Soundso*?«, fragte meine Mutter und zählte einige meiner Freunde auf. »Wie stehst du zu ihm?«

Ich betrachtete die Bäume, an denen wir vorbeifuhren, leuchtend grün mit ihren jungen Blättern, die ein neues Erwachen versprachen. Alle Freunde, die meine Mutter aufzählte, schätzte ich sehr, aber bei keinem von ihnen hatte ich je über eine feste Beziehung nachgedacht.

»Was ist mit Jacob?«, fragte meine Mutter.

Ich lächelte ein wenig. »Ich meine, er lebt an einem See in Kanada, hat eine Bibliothek und mehrere entzückende kleine Geschwister – sagt das nicht schon alles?«, neckte ich.

Meine Mutter lachte. »Nein, mal im Ernst«, beharrte sie.

»Ganz ehrlich?«, antwortete ich. »Ich habe keinen Grund zu der Annahme, dass er an mir interessiert ist. Aber …« Ich dachte kurz nach. »Ich würde gerne mit *Sicherheit* wissen, dass er es nicht ist, bevor ich mit sonst jemandem eine Beziehung anfangen würde.«

Die Antwort darauf kam nur wenige Wochen später.

»Hi.« Mein Vater steckte seinen Kopf ins Wohnzimmer. »Mama und ich müssen was mit dir besprechen. Kannst du dich einen Moment hinsetzen?«

»Ja, klar.« Ich setzte mich aufs Sofa.

»Ich habe einen Brief bekommen«, sagte mein Vater mit einem leichten Lächeln, obwohl er offensichtlich versuchte, es zu unterdrücken. »Von Jacob.«

Ich nickte. Ich wusste es. Er hatte sich vor Monaten bei meinen Eltern vorgestellt.

»Ja, ich wusste, dass er euch geschrieben hat«, sagte ich, während ich das marineblaue Sofakissen auf meinen Schoß plumpsen ließ.

»Nein …«, sagte mein Vater, immer noch mit einer Spur von Heiterkeit. »Es ist ein neuer Brief. Er wollte über einen Besuch sprechen.« Mein Vater erklärte, dass Jacob ein letztes Praktikum vor seinem Abschluss in Lansing in Betracht zog und sich nun endgültig festlegen musste. »Er wusste, dass du mitten in den Abschlussprüfungen gesteckt hast, und wollte dich nicht ablenken. Deshalb hat er sich an uns gewandt.«

Das wusste ich zu schätzen. Wahrscheinlich hätte ich mich kaum konzentrieren können, wenn ich vorher von seinen Plänen erfahren hätte.

»Also«, fuhr mein Vater fort, »wenn du einverstanden bist … Er hat bereits ein vorläufiges Flugticket für nächste Woche gebucht, wenn du Semesterferien hast.«

Mir fiel die Kinnlade herunter. *Nächste Woche?*

»Nächste Woche, also schon in fünf Tagen?«, fragte ich ungläubig. Ich war absolut nicht in der Lage, das aufgeregte Lächeln zu verbergen, das sich über meinem Gesicht ausbreitete.

»Ja«, sagte mein Vater mit einem Grinsen. »Und er würde gerne etwa eine Woche lang bleiben – wenn es dir recht ist. Wenn ihr euch dann einig seid, wird er im Juni das Praktikum in Lansing machen.«

»Aber klar würde mir das gefallen!«

An jenem Sonntag telefonierten wir zum ersten Mal miteinander, seit wir uns vor fast zwei Jahren »kennengelernt« hatten. Zu dem Zeitpunkt hatten wir bereits E-Mails im Umfang von über neunhundert Seiten ausgetauscht, aber es gab immer noch *so* viel zu besprechen. Als wir Stunden später aufgelegt hatten, konnten wir es kaum erwarten, uns zu treffen.

Ich lächelte, während ich mich langsam in meinem Schreibtischstuhl drehte und müßig den Stapel Lehrbücher an einem Ende meines Arbeitsplatzes betrachtete – Überbleibsel eines abgeschlossenen Semesters. Jacob hatte deutlich gemacht, dass es sein Wunsch für die nächste Woche war, im Gebet über eine ernsthafte Beziehung nachzudenken. Er wollte mich nicht unter Druck setzen, aber er hatte auch nicht die Absicht, mich fragend und in Unsicherheit zu lassen. Dafür war ich ihm dankbar.

Die nächste Woche wird … interessant, dachte ich mit einer Mischung aus Aufregung und Vorfreude.

In den darauffolgenden Tagen dachte ich immer wieder über all die Fragen nach, die ich stellen wollte, alles, was ich über Jacob wissen wollte und darüber, wie es möglich sein würde, eine ernsthafte Beziehung führen zu können – wenn wir tatsächlich beschließen würden, in diese Richtung zu gehen. Da wäre zunächst einmal die große Entfernung zwischen uns und die Frage, ob einer von uns bereit wäre umzuziehen. Und … *diese Sache.* Meine freudige Erwartung wurde augenblicklich von Angst und Unruhe überlagert. *Ich werde ihm davon erzählen müssen.* Sogar vor mir selbst verwendete ich nur Andeutungen. Worte, die ich kaum *dachte,* würde ich nun früher oder später aussprechen müssen.

Ich könnte noch warten, sagte ich mir selbst, so sehr wünschte ich mir, dieses Thema zu umgehen. *Nein, das kannst du nicht. Es wird vieles beeinflussen,* ermahnte ich mich. *Er muss es wissen.*

Es war nicht nur um seinetwillen wichtig, sondern auch um meinetwillen. Wenn Jacob kein Verständnis hatte, könnte er zu den Lügen, die ich jeden Tag in meinem Kopf hörte, noch mehr hinzufügen, und das wäre vernichtend für jede Beziehung. Ich kam kaum selbst gegen das Chaos in meinem Innern an und hatte weder die Fähigkeit noch den Wunsch, es vor der Person verstecken zu müssen, die ich am nächsten an mich heranlassen würde.

Du musst wissen, ob er damit umgehen kann, sagte ich mir bestimmt. *Wenn er es nicht kann, ist es sinnlos weiterzumachen.* Ich hatte keine andere Wahl. Ich musste es gleich nächste Woche klären. Gedankenverloren drehte ich mich in meinem Stuhl hin und her, angespannt und wachsam. *Wie fange ich dieses Gespräch nur an?*, fragte ich mich mit einem unguten Gefühl. Irgendwann hörte der Stuhl auf, sich zu drehen, und ich saß nur noch still da. Schon bei dem Gedanken daran fühlte ich mich halb erfroren.

In den vergangenen zwei Jahren hatte ich, entgegen meiner anfänglichen Proteste, ausführlich Tagebuch geführt. Meistens schrieb ich mit Bleistift, um, wenn es sein musste, alles ausradieren und verbergen zu können, was ich niederschrieb. Jetzt holten mich die Erinnerungen wieder ein, als ich darum rang, *was* ich Jacob erzählen sollte und *wie*. Nervös blätterte ich meine alten Einträge durch.

> Wie erklärt man jemandem die Verwirrung, das ungute Gefühl und die Scham – für die man oft selbst den Grund nicht kennt –, die einem durch den Kopf gehen, ... wenn etwas furchtbar falsch läuft? Wie erklärt man jemandem, der nie so verletzlich gewesen ist, dass ich damals, obwohl ich nicht »festgehalten« wurde, trotzdem gefangen war? Dass ich, obwohl ich nicht »körperlich überwältigt« wurde, absolut machtlos war? Ich kann kein einziges Detail vergessen.

Zwei Jahre zuvor war ich auf einen Bericht gestoßen, der sich explizit mit sexuellem Missbrauch von Kindern befasste. Der Verfasser hatte das in Worte gefasst, was ich nie verstanden hatte – warum ich nicht fähig gewesen war, mich während des Missbrauchs zu bewegen oder etwas zu sagen. Es gab nicht nur zwei Reaktionen auf Gefahr – kämpfen oder fliehen –, wie so oft leichtfertig behauptet wurde. Es gab drei. Kämpfen, fliehen oder erstarren.

> Ich weiß, was es bedeutet, vor Angst zu erstarren. Man ist so verwirrt und beschämt, entsetzt und verängstigt, dass man einfach … dicht macht, weil die Realität nicht zu begreifen ist.

Wie kann ich jemanden nach diesen Erfahrungen nur in meine Nähe lassen? Ich biss mir auf die Lippe, damit ich etwas spürte, auf das ich mich konzentrieren konnte, um klar denken zu können. Auch das Vertrauensproblem hatte ich in meinem Tagebuch bearbeitet.

> Weil ich vertraute, entschied ich im Zweifelsfall zugunsten des anderen. Wenn ich diesen Männern nicht genug vertraut hätte, um sie in meine Nähe zu lassen, wenn ich ihnen nicht genug vertraut hätte, um zu glauben, dass sie mich nicht verletzen würden, wäre es nie passiert. Wenn sie nicht gewusst hätten, dass ich ihnen vertraute, hätten sie es nie getan.
> Es war mein Fehler. Ich gab ihnen die Macht, mich zu benutzen, als ich ihnen mein Vertrauen gab.
> Es war nie die Hand im Dunkeln. Es war immer die Hand, die ich hielt.

Ich stützte meine Stirn in die Hände. Ich hatte keine Ahnung, wie ich dieses Gespräch führen sollte. Ich wusste nur, dass es stattfinden musste, auch wenn ich es nicht wollte. *Niemand wird es je erfahren*, war das Versprechen, das ich mir jahrelang gegeben hatte. Doch ich hatte die Tatsache ignoriert, dass es vielleicht eines Tages jemand erfahren musste. Wie viel Spielraum konnte ich Jacob geben, es womöglich nicht zu verstehen, aber dennoch bereit zu sein, damit umgehen zu lernen? Ich wappnete mich für die verschiedensten Reaktionen, die wahrscheinlich darauf folgen würden. Unruhig überflog ich die handgeschriebenen Seiten, die auf meinem Kopfkissen verstreut lagen.

Ich war zu ängstlich und beschämt, zu verwirrt, um es damals zu verstehen, aber der Preis dafür ist, dass es *jetzt* niemand versteht. Was ich damals für meine Schuld hielt, halten die meisten *jetzt* für meine Schuld.

Ich war erstarrt gewesen, ich hatte vertraut, ich hatte meinen Verdacht, dass etwas nicht stimmen könnte, auf eine schmutzige Fantasie zurückgeführt. Fast niemand verstand diese inneren Vorgänge. Alles, was andere sehen konnten, war ein Mädchen, das sich nicht gewehrt hatte. »Also muss sie es gewollt haben.« *Meine Schuld.*

Als ich die losen Blätter einsammelte, um sie wieder in die Mappe zu legen, rutschte ein alter Zettel heraus, dem Text hatte ich den Titel »Stille Schlacht« gegeben. Ein Versuch, Worte für den inneren Krieg zu finden, der in einem Opfer tobt, wenn die Handlungen eines Menschen nicht zu der Person passen, die er eigentlich sein sollte. Ein Versuch, die ständig wiederkehrende Frage zu beantworten, die ich so oft gehört hatte: *Warum hast du es niemandem erzählt?* Ich fühlte mich ausgelaugt. Ich wusste, dass mir auch diese Unterhaltung bevorstand, weil ich sie nicht einmal aus meinem eigenen Kopf herausbekam.

Warum hast du nicht geschrien? Er hätte wahrscheinlich aufgehört, wenn du geschrien hättest. Genau genommen wäre es wahrscheinlich gar nicht passiert, wenn er davon ausgegangen wäre, dass du schreien würdest.
Warum hast du nicht geschrien?

Warum? Weil ich vertraute. Ich war ein Kind. Er war Arzt.
Er wusste es am besten. Er hat sich um mich gekümmert.
Er kannte mich. Es musste einen Grund geben für das,
was er tat. Ich durfte nicht zu viel hineininterpretieren.
Es ist nicht fair, anzunehmen, dass er sexuell übergriffig war.
Denk daran, wer er ist. Gib ihm einen Vertrauensvorschuss.
Ich muss diejenige mit der schmutzigen Fantasie sein,
wenn ich so etwas auch nur denken kann.
Panik. Scham. Verwirrung. Zerstörtes Vertrauen. Demütigung.
Horror. Ekel. Schmutzig. Benutzt.
Wie konntest du still bleiben?
Ich wusste es nicht besser.
Dumm. Wie konntest du es nicht wissen?
Weil ich vertraute.
Wie konntest du so unachtsam sein?
Wie konntest du so vorbehaltlos vertrauen?
Es ist vorbei. Aber abgeschlossen ist es nicht.
Du hast nicht geschrien.
Ich habe es innerlich getan.
Ist das genug?

Ich atmete tief ein, schloss ruckartig die Mappe und schaltete das Licht aus. Es war sinnlos, darüber nachzudenken, wie Jacob sich diese unausgesprochenen Fragen beantworten würde. Ich konnte es nicht ändern. Alles, was ich tun konnte, war, mit den Konsequenzen zu leben.

ELF

In der nächsten Woche stand ich in der Nähe der Gepäckausgabe des kleinen Flughafens von Kalamazoo und gab mir alle Mühe, locker und gelassen zu wirken – jedoch ohne Erfolg. Meine Eltern waren mitgekommen, und mein Vater schien seine ganze Selbstbeherrschung aufwenden zu müssen, um mich nicht zu necken.

Endlich setzte sich das Gepäckförderband mit einem metallischen Knirschen in Bewegung, und wie auf ein Stichwort wurde die Halle von Menschen geflutet. Wie gebannt starrte ich in Richtung der Passagiere, die sich durch die Tür drängten – und blieb dabei natürlich vollkommen entspannt. Sehr, *sehr entspannt*. Jacob hatte mir gesagt, dass er einen »Opahut« tragen würde – eine dieser altmodischen Schiebermützen, die Golfer oft tragen. Er nannte sie so, weil beide seiner Großväter solche Kappen trugen.

Mein Magen zog sich zusammen, als eine graue Opahut-Kappe aus der Masse der Reisenden auftauchte. Zaghaft lief ich ein paar Schritte auf den jungen Mann zu, der mit schnellen Schritten in meine Richtung kam.

Umarmen wir uns?, fragte ich mich. *Ich treffe ihn gerade zum ersten Mal! Aber ich kenne ihn. Wäre das komisch?* Ich entschied mich für den schnellen, sichereren Händedruck.

»Es ist schön, dich endlich zu treffen!«, fing ich an. Als ich ihn anlächelte, begegneten mir zwei dunkelbraune Augen, die warm auf mich herabblickten. (Erst später sollte ich erfahren, dass er meine Begrüßung zum Totlachen förmlich fand.)

Ich war beeindruckt, dass er für die ganze Woche nur einen Handgepäckkoffer dabeihatte. Nachdem meine Eltern ihn begrüßt hatten, konnten wir also direkt zum Auto gehen.

Auf der Heimfahrt fragte ich mich abwechselnd: *Wie sind wir nur von Xanga an diesen Punkt gekommen?* Und: *Was, wenn wir am Ende der Woche ankommen und da ist einfach … nichts?*

Einige Tage später leerte sich das Haus am frühen Nachmittag, da jeder in der Familie seinen eigenen Verpflichtungen nachging, und Jacob und ich blieben allein zurück. Wir saßen im Wohnzimmer, draußen hatte sich das helle Sonnenlicht in weiches Gold verwandelt, welches alles entspannt und einladend wirken ließ. Wir sprachen über Bücher und unser Studium, die Familie, über den kleinen Jungen, auf den ich aufpasste, sowie über die Ziele und Leidenschaften, die jeder von uns hatte. Wir stießen sogar auf eine theologisch-philosophische Frage, in der wir unterschiedlicher Meinung waren. Wie üblich gab es ein gutes »Geben und Nehmen«, genau wie ich erwartet und gehofft hatte. Jacob wurde immer lebhafter und seine Augen leuchteten auf, als er auf Wahrheiten zu sprechen kam, die ihm besonders wichtig waren. Amüsiert beobachtete ich die Verwandlung.

»Hier, lass es mich dir zeigen!« Er griff nach der Bibel, die auf dem Couchtisch lag, und begann aufgeregt darin zu blättern. Ich lächelte, als ich ihm zusah. Er war so begierig zu lernen, zu lehren und zu wachsen, und so leidenschaftlich in Bezug auf die Wahrheit und ihre Folgen. *Das ist ein Mann, mit dem ich zusammen sein könnte*, dachte ich mit ruhiger Zuversicht. Als wir uns an jenem Abend endlich trennten und zu Bett gingen, war ich mir sicher, was ich mir für diese Beziehung wünschte. Aber irgendwann würde ich mich noch um diese *Sache* kümmern müssen.

Am nächsten Morgen versuchte ich verzweifelt herauszufinden, wie ich darüber reden sollte. Zuerst musste ich einen privaten Ort finden, um es zur Sprache zu bringen, es war keine Option, irgendwohin auszugehen. Auf keinen Fall konnte ich in einem Restaurant oder Café darüber sprechen. Und unser Haus war wundervoll, aber klein und unruhig, ich musste sicher sein, dass wir nicht gestört werden würden.

Am gleichen Abend, als die Sonne unterzugehen begann, gingen Jacob und ich noch für eine Runde spazieren. »Hey, gibt es einen Ort in der Nähe, einen Park oder so, wo wir uns einfach hinsetzen und reden können?«, fragte er.

Ich dachte einen Moment nach. »Hmm … ja, da ist ein Spielplatz hinter der Schule, ein paar Blocks von hier«, sagte ich.

Jacob nickte und wir schlenderten in diese Richtung. Der Spielplatz war leer. Wir überquerten das offene Feld und setzten uns auf die Schaukeln. Ich pendelte leicht vor mich hin, während wir einfach dort saßen.

»Jetzt, wo wir ungestört sind …«, begann ich leise, »es gibt da ein paar Dinge, die ich dir erzählen muss. Sie könnten Einfluss darauf haben, ob du unsere Freundschaft weiterführen willst.« Ich stemmte meine Schuhspitzen in den Sand und bewegte die Schaukel sanft vor und zurück. *Tja, es gibt keine besonders »schöne« Art, das zu sagen.* Ich hielt meinen Kopf gesenkt, holte tief Luft und zwang die Worte einfach hinaus. »Ich wurde von einem Typen in meiner Kirche sexuell belästigt, als ich sieben war.« Ich machte eine Pause. *Uuund …* gaben meine Gedanken vor. »Und von einem Arzt, als ich fünfzehn war.« Noch einmal holte ich tief Luft, bevor ich weitersprach. »Ich habe ihn nie angezeigt, weil er sehr berühmt ist und mir vermutlich niemand glauben würde. Sollte aber je irgendetwas darüber ans Licht kommen, wird es eine große Sache werden – ziemlich groß.« Ich hielt inne. *Stell den Zusammenhang für ihn her. Er muss wissen, dass er einen Ausweg hat.* »Wenn das die Dinge für dich ändert, verstehe ich das.« Ich fühlte mich so verletzlich wie schon lange nicht mehr. Konzentriert beobachtete ich, wie der Sand sich unter meinem Schuh hin- und herschob, und hielt den Blick gesenkt.

Auch Jacob schaukelte jetzt leicht vor und zurück. Das Gewicht dessen, was ich gerade gesagt hatte, hing still und schwer in der Luft. »Das tut mir so leid«, sagte er. »Es tut mir so, so leid.« Ich blickte kurz auf und bemerkte, dass er mich sanft und voller Mitgefühl ansah. Langsam schaukelte ich weiter und richtete den Blick wieder auf den vorbeiziehenden Sand. »Es ist nicht deine Schuld«, sagte er bestimmt, aber freundlich.

»Ich erwarte nicht, dass du das sagst oder glaubst«, antwortete ich.

»Ich weiß, dass es nicht deine Schuld ist«, sagte er sanft. »Es war Missbrauch. Das ist nie die eigene Schuld.« Er schwieg erneut. »Ich bin wütend für dich, und ich bin verletzt für dich. Aber nein, das ändert nichts an meinen Gefühlen für dich.«

Eine Weile saßen wir schweigend da. »Du musst wissen«, begann er, »dass das, was passiert ist, deinen Wert nicht schmälert. Ich denke deswegen nicht anders über dich.« Er sah zu mir herüber und ich erwiderte kurz seinen Blick. »Der einzige Unterschied ist, dass es mir zeigt, wie ich dir am besten dienen und für dich sorgen kann. Ganz ehrlich ...« Er lachte ein wenig. »Ich habe mich die ganze Zeit gefragt, was ich *überhaupt* in die Beziehung mit einbringen kann. Du bist intelligent, nett, talentiert; es gibt nichts, was ich dem hinzufügen könnte. Aber was ich tun kann, ist an deiner Seite zu sein. Wenn Gott uns weiter zusammenführt, kann ich auch da gemeinsam mit dir durchgehen.« Er hielt noch einmal inne. »Und es wäre ein Privileg.«

Da saßen wir und schaukelten langsam weiter, während es immer dunkler wurde. Ich war nervös, aber auch dankbar, weil ich glaubte, dass Jacob wirklich meinte, was er sagte. Doch ich wusste auch, wie tief meine Verletzungen noch immer saßen und wie lange es dauern könnte, sie zu überwinden. Die Narben würden immer bleiben, und ich wusste, dass die Dinge sich manchmal änderten, wenn die Realität einkehrte. Ich wusste, dass ich nicht erwarten konnte, dass er *immer* zärtlich und geduldig sein oder mich *immer* verstehen würde. Ich atmete tief ein und stieß mich etwas fester vom Boden ab, sodass die Schaukel leise knarrte. *Aber es ist ein Anfang.*

Die Mücken kamen in der Dämmerung heraus und so machten wir uns widerwillig auf den Heimweg. Als wir die Hintertür erreichten, atmete ich tief durch und zog das Fliegengitter auf. Das Licht aus der Küche fiel auf die Treppe. Als wir aus der Dunkelheit und Ruhe in das hell erleuchtete Haus voller Lachen und Menschen traten, stiegen wir schnell wieder in die Gespräche der anderen mit ein. Aber für uns beide hatte sich in jener Nacht etwas verändert.

Jacob flog ein paar Tage später nach Kanada zurück. Das Praktikum in Lansing hatte er angenommen, sodass er versprach, in acht Wochen zurück zu sein. Er würde beim *Student Statesmanship Institute* arbeiten, der gleichen Organisation, die auch das Camp organisierte, an dem ich früher selbst teilgenommen hatte und inzwischen unterrichtete. Bis ich wieder dort zu tun hatte, wäre er schon wieder weg, daher hatte ich beschlossen, eine Woche als Betreuerin dort zu arbeiten, so würden wir noch ein paar weitere Tage zusammen verbringen können. Und dann … nun, würden wir weitersehen.

Die kommenden acht Wochen fühlten sich wie eine Ewigkeit an, auch wenn sie von täglichen E-Mails und langen Telefonaten am Wochenende unterbrochen wurden. Ich war mit dem Jurastudium und meinen beiden Jobs beschäftigt, außerdem betreute ich die Mentoring-Programme der Schule. Auch Jacob arbeitete und studierte gleichzeitig. Bevor er gegangen war, hatten wir festgelegt, dass zum gegenseitigen Respekt sowie zur gegenseitigen Fürsorge gehörte, die Verpflichtungen des anderen zu unterstützen, statt ihn selbstsüchtig davon abzulenken. Also studierten und arbeiteten wir fleißig, lernten einander besser kennen und vermischten das Ganze mit total sentimentalem Gesülze.

Endlich kam der Sommer – obwohl wir so oft gestöhnt hatten, dass er nie kommen würde –, und wir genossen jeden Augenblick, den wir zusammen verbringen konnten. Zwischen den beiden Sommerferienlagern, bei denen Jacob mitarbeitete, hatte er eine Woche Urlaub, die er bei uns zu Hause verbrachte. Eines Abends kehrten wir bei Sonnenuntergang zu den Schaukeln auf dem Spielplatz zurück. »Ich habe viel darüber nachgedacht, was beim letzten Mal geschehen ist, als wir hier waren«, sagte Jacob leise. »Ich glaube, ich muss dir etwas sagen.« Er hielt für einen kurzen Augenblick inne. »Ich liebe dich.«

Ich erstarrte. In unserer Familie hatten diese Worte eine ernst zu nehmende Macht. Das Wort *Liebe* wurde nicht in jedem beliebigen emotionalen Augenblick durch die Gegend geworfen. Es wurde nicht verwendet, um die intensiven Gefühle oder die körperliche Anziehung zu beschreiben, die man beim Kennenlernen empfand. In unserer Familie bedeutete Liebe eine Verpflichtung – eine Entscheidung, für jemanden zu sorgen, ihm zu dienen und sich vorbehaltlos für ihn einzusetzen. *Kann er wirklich jetzt schon wissen, dass er mich liebt?* Meine Gedanken überschlugen sich. *Ich kann das noch nicht sagen.*

Jacob sah den Ausdruck auf meinem Gesicht und fuhr schnell fort: »Ich weiß, dass du noch nicht so weit bist und vielleicht nie so weit sein wirst. Ich nehme nicht an, dass es nur einen möglichen Ausgang für diese Beziehung gibt. Aber …«, er schaukelte hin und her, »wegen dem, was du durchgemacht hast, ist es mir wichtig, dass du dich nicht ständig fragst und herauszufinden versuchst, wo ich stehe. Ich will, dass du in dieser Beziehung von einem Ort der Sicherheit ausgehst, von dem aus du tun kannst, was immer du tun musst. Du sollst wissen, dass ich nirgendwo hingehe.« Er atmete tief durch. »Ich stehe zu dir und möchte mit dir zusammen durch all das durchgehen, was kommen mag, ohne vorauszusetzen, wo wir enden werden. Ich will nicht, dass du dich von mir unter Druck gesetzt fühlst, aber ich will auch, dass du weißt, was ich für dich empfinde.«

»Danke«, flüsterte ich. Tatsächlich wusste ich nicht, was ich sonst sagen sollte. Jacob schaukelte ein paarmal vor sich hin und lachte dann leise.

»Ich muss daran denken, was mein Freund Jesse mir über Beziehungen gesagt hat«, fing er an. »Er sagte: ›Wenn du eine Rose pflegst, gießt du sie nicht mit einem Feuerwehrschlauch.‹ Ich frage mich, ob ich genau das gerade getan habe.«

Auch ich fing an zu lachen. Es war eine witzige, treffende Beschreibung. »Nein«, sagte ich mit einem sanften Lächeln und sah zu ihm hinüber. »Nein. Es hat mir wirklich gutgetan, es zu hören, und ich bin dankbar, dass du es gesagt hast – mehr als ich es selbst gerade in Worten ausdrücken kann.« Einen Moment lang hielt ich inne. »Du hast recht, ich bin noch nicht so weit. Und doch wird es mir womöglich irgendwann leichter fallen, dir zu sagen, dass ich dich liebe, als dir zu sagen, dass ich dir vertraue. Aber ich bin dir dankbar, dass wir darüber reden können. Es bedeutet mir sehr viel.«

Wir schaukelten noch eine Weile schweigend weiter und gingen dann nach Hause, um dem Heer von Moskitos zu entkommen, die die unmittelbare Zugabe der Natur von Michigan war. Wie beim letzten Mal atmeten wir tief durch, bevor wir aus der stillen Dämmerung in die Helligkeit und Geschäftigkeit eines vollen, fröhlichen Hauses traten. Und wie beim letzten Mal wussten wir beide, dass zwischen uns etwas anders geworden war.

Unsere erste richtige »Prüfung« folgte eine Woche später, als wir beide im Camp arbeiteten. Nachdem wir die Vorbereitungen für den nächsten Tag abgeschlossen hatten, zog ein Großteil der Mitarbeiter los, sich für einen Film mit spätabendlichem Snack im Hauptklassenzimmer des Campus zu treffen. Jacob und ich blieben im Aufenthaltsraum, der nun ruhig und verlassen war, um ein paar kostbare Minuten allein miteinander verbringen und vor dem Schlafengehen miteinander beten zu können. Bisher hatten wir noch nicht einmal Händchen gehalten, Jakob wartete geduldig darauf, dass ich mich bereit und sicher fühlte, um selbst den ersten Schritt zu machen.

»Lass uns kurz beten«, sagte Jacob, als er die Bibel zuklappte, in der wir gemeinsam gelesen hatten. »Und dann gehe ich ins Bett.« Wir beide waren »alte Leute«, oder zumindest verhielten wir uns so, im Vergleich zu der energiegeladenen Gruppe, die sich jetzt noch einen Film anschaute. Jakob lehnte sich auf dem Sofa nach vorne. Ich zögerte einen Moment, dann streckte ich meine Hand aus und berührte seine. Er hielt kurz inne, lächelte mich an und schloss seine viel größere Hand sanft um meine.

Nachdem wir gebetet hatten, liefen wir zu den Schlafräumen, unsere Finger noch immer ineinander verschlungen. An der Stelle, wo sich der Gehweg teilte, um zu den Männer- und Frauenschlafzimmern zu führen, blieben wir langsam stehen. Ich sah auf unsere Hände hinab, während wir sehr nah beieinanderstanden. *Es war nie die Hand im Dunkeln*, kam mir plötzlich in den Sinn. *Es ist immer die Hand, die du hältst*. Bisher hatte ich alles in Schach halten können, aber bevor mir überhaupt klar wurde, was ich dachte, reagierte mein Körper automatisch. Ich erstarrte und begann innerlich zu zittern. Jacob sah mir sofort an, dass etwas nicht stimmte.

»Alles okay?«, fragte er und wich ein wenig zurück, um mir Raum zu geben. Eine gefühlte Ewigkeit stand ich einfach nur still. Endlich nickte ich. Mit besorgtem Blick sah er zu mir herab. »Okay. Lass uns schlafen gehen.« Er hielt inne. »Ich liebe dich.« Dann zog er vorsichtig seine Hand aus meiner und lief in seine Richtung auf die Schlafräume zu.

Am nächsten Tag gingen wir während einer Nachmittagspause spazieren und fanden einen ruhigen Platz mit einem einsamen Picknicktisch. »Können wir darüber reden, was gestern Abend passiert ist?«, fragte Jacob. Ich nickte und überlegte zugleich fieberhaft, wie ich es erklären sollte.

»Ich konnte sehen, dass du Angst hattest«, half er mir, als er sah, dass ich nach Worten rang. Über uns hörte ich einen Vogel zwitschern, während ich die Befangenheit unterdrückte, die schon wieder in mir aufsteigen wollte. In dem Moment schien es mir schon zu viel zu sein, einfach nur zu sagen, was ich dachte. Sobald Jacob meine Gedanken und Gefühle kannte, hatte er Zugang zu mir – noch mehr Angriffsfläche, die manipuliert werden konnte. Meine Gedanken und Gefühle waren das Einzige gewesen, zu dem Larry nie Zugang gehabt hatte, deshalb schien es das Einzige zu sein, das ich noch beschützen konnte. Doch ich wusste, dass es mich irgendwann zerstören würde, wenn ich mich für immer hinter diesen Mauern verstecken wollte.

»Der Grund, warum diese Typen tun konnten, was sie getan haben, ist, dass ich ihnen vertraut habe. All die Dinge, die sie taten, die total unschuldig wirkten, wurden gegen mich verwendet. Deshalb …« Ich suchte wieder nach Worten. »Unschuldige Dinge fühlen sich nicht mehr unschuldig an. Wenn ich dir vertraue und dich in meine Nähe lasse, gebe ich dir Zugang zu mir.« Ich sah zu ihm auf und biss mir auf die Lippe. »Ist dir bewusst, was du damit tun könntest …?«

Seine Augen waren voller Mitgefühl. »Ja, das verstehe ich. Aber es gibt nichts, das du mir schuldest.«

An jenem Abend, nachdem die anderen wie immer in den großen Saal gegangen waren, saßen Jacob und ich wieder im Aufenthaltsraum und beteten, bevor wir uns auf den Weg zu den Schlafräumen machten. Ich hielt seine Hand, während wir schweigend den Gehweg entlangschlenderten. Als wir die Stelle erreichten, wo der Weg sich teilte, blieben wir wie immer stehen. Die kühle Nachtbrise war eine willkommene Abwechslung von der drückenden Hitze des Tages. Jakob sah auf unsere Hände hinab und hielt sie ganz leicht hoch. »Ich verspreche dir«, sagte er ruhig und bestimmt, »dass diese Hand, die du hältst, immer nur dazu gebraucht werden wird, um dich zu beschützen.« Er flüsterte: »Ich liebe dich« und verschwand.

Der Juli endete viel schneller, als wir beide es wollten, und Jacob kehrte nach Kanada zurück. Die beste Nachricht war, dass wir nicht ganz so lange warten mussten, bis meine Eltern und ich ihn dort besuchen würden. Wir wollten seine Familie treffen und mit ihnen an einer jährlichen Freizeit teilnehmen, die von Familien aus der Umgebung organisiert wurde. In der Zwischenzeit musste ich eine Abschlussarbeit schreiben und das *MPRE* ablegen, ein landesweites Ethik-Examen, das angehende Anwälte in den Vereinigten Staaten zusätzlich zum Staatsexamen bestehen müssen.

Genau vierundzwanzig Tage nachdem wir uns verabschiedet hatten, fuhren meine Familie und ich mit einem Mietwagen eine kurvenreiche, steile Auffahrt hinauf. Durch die Aufregung, Jacob wiederzusehen und noch dazu seine Familie kennenzulernen, waren meine Nerven bis zum Äußersten gespannt. In meiner Familie waren wir sehr eng verbunden, und ich hoffte, auch zu seiner Familie eine liebevolle Beziehung aufbauen zu können.

Als ein paar Tage später die Freizeit begann, war ich schon um einiges entspannter und wusste mit noch größerer Sicherheit, dass ich in diesen Mann verliebt war. Die Art und Weise, wie Jacob auf eine Begebenheit auf der Freizeit reagiert hatte, brachte mich dazu, es ihm zu sagen.

Ein Zweck der Freizeit war es, den Familien Kurse in theologischen und familienbezogenen Themen anzubieten. Die Vorträge wurden oft von einem der dort fest angestellten Männer geleitet. In diesem Jahr lag der Fokus hauptsächlich darauf, wie man das Herz seines Kindes erreicht – ein Thema, das eine Diskussion wert war. Irgendwann entschied einer der Vortragenden, dass ein Dokumentarfilm mit dem Titel *Die Rückkehr der Töchter* eine ausgezeichnete Ergänzung für die diesjährige Botschaft, das Ziel der Freizeit und den Glauben der teilnehmenden Familien sei. Weder Jacob noch ich kannten den Film, aber aus Respekt vor denjenigen, die ihn zeigen wollten, gingen wir hin.

Der Film hatte bereits begonnen, wir fanden noch einen Platz in den hinteren Reihen. Schon nach wenigen Minuten, nachdem wir uns hingesetzt hatten, richtete einer der Männer, die in dem Film sprachen, sein Augenmerk auf die Vergewaltigung von Dina – eine Geschichte aus dem Alten Testament, in der eine Frau entführt und dann vergewaltigt wird, als sie in der Stadt ist, um ein paar Freundinnen zu besuchen. Ihre Brüder rächen sie, während ihr Vater nichts unternimmt. Sobald ich den Namen Dina aus dem Mund des Lehrers hörte, verkrampfte ich mich. Ich wusste genau, wo das hinführen würde, zu oft schon hatte ich es gehört. *Sag es nicht. Nein, nein …*

Aber er tat es. »Diese Vergewaltigung, dieser Missbrauch«, fing er an, »ist das, was geschieht, wenn eine Tochter den Schutz ihres Vaters verlässt.«

Ich wollte schreien. Es war eine Lüge aus den Tiefen der Hölle, und ich kannte den Schaden, den sie anrichten würde. Niemand sonst bewegte sich oder äußerte irgendwelche Bedenken. Das hatte ich alles bereits erlebt. *Missbrauch ist die Schuld der Frau. Es ist eine weitverbreitete Annahme, dass man dann missbraucht wird, wenn man sich selbst falsch verhalten hat.* Dem Vergewaltiger wurde keine Schuld gegeben, auch nicht dem Vater, der das Ganze mit einem Achselzucken abtat. Es war die Schuld der Tochter. Das ist es, was mit Mädchen passiert, die ______. Diese leere Zeile füllt die

Gesellschaft ständig aus – darauf ist Verlass: Mädchen, die trinken, Mädchen, die einen zu tiefen Ausschnitt tragen, Mädchen, die aufs *College* gehen oder in Bars, Mädchen, die erstarren, statt sich zu wehren. Auf die eine oder andere Weise trifft die Schuld immer das Mädchen und nie die Person, die das Verbrechen begangen hat. Christen verpackten es auf verschiedene Weise, und an diesem Abend war es die gleiche Botschaft: *Du bist geschädigt. Und es ist deine Schuld. Das passiert mit Mädchen, die …*

Jacob drückte meine Hand und sah mich an – dann standen wir auf und gingen. Wir fanden einen großen, leeren Raum, der hauptsächlich als Lager verwendet wurde, und schlüpften hinein. Nebeneinander saßen wir auf dem Fußboden und lehnten uns an die Wand. Es war kein unbedingt romantischer Ort, aber wir waren zusammen und das war genug. Meine Gedanken waren damit beschäftigt, Jacob dem Lehrer im Film gegenüberzustellen. Unbewusst verglich ich die Art, wie Jacob mich wertschätzte, mit der Art, die der Mann in diesem Film Frauen gegenüber ausgedrückt hatte. Ich lächelte ihn an und nahm seine Hand.

»Ich liebe dich«, flüsterte ich.

Er setzte sich auf. »Wie bitte?«

Ich lächelte noch immer. »Ich liebe dich.«

Sein Gesicht verzog sich zu einem breiten Grinsen. »Na, dann habe ich ein Geheimnis für dich«, erklärte er triumphierend. Er beugte sich zu mir herüber, öffnete den Mund, um mir, wie ich sicher war, süße Worte der Zuneigung zu sagen. »Ich …«, begann er. Und dann, zu seinem großen Entsetzen, rülpste er mir direkt ins Ohr. Ich brach in schallendes Gelächter aus, während er sich beschämt an die Stirn schlug.

»Ach, du Schreck! Das hätte so schön werden sollen! Oh Mann! So hätte ich das nicht planen können, wenn ich es versucht hätte, das musst du mir glauben!«

Ich hielt noch immer meinen Bauch und konnte nicht aufhören zu lachen.

»Lass es mich noch einmal versuchen«, sagte er entschlossen und beugte sich zu mir, um mir, als ich endlich stillhielt, zuzuflüstern, wie sehr er *mich* liebte. Diesmal klappte es. Wir liebten uns beide. Wir wussten beide, dass ich die größere Hürde noch nicht überwunden hatte, aber wir liebten uns. Und fürs Erste war das mehr als genug.

Als die Freizeit vorbei war, hatten wir nur noch wenige Tage, bevor meine Familie und ich uns auf den Heimweg machen würden. Jacob wollte mich auf den Gipfel des Berges mitnehmen, der Salmon Arm überragte, also schnappten wir uns nach dem Mittagessen zwei seiner Pullover – ich hatte natürlich vergessen, einen eigenen mitzubringen – und stiegen in seinen rostigen alten Pickup. Die Aussicht vom Gipfel war atemberaubend. Nachdem wir uns hingesetzt hatten, um gemeinsam die schöne Landschaft zu genießen, legte ich meinen Arm neben seinen und hielt seine Hand. Bis Januar würden wir uns nicht mehr sehen, und wie es danach weiterging, wussten wir nicht. Flugtickets waren teuer, wir mussten beide unser Studium finanzieren und ich im Februar das Staatsexamen ablegen. Zärtlich fuhr Jacob mit dem Daumen über meinen Handrücken. Ich lächelte. Dann holte ich tief Luft und sagte entschlossen: »Ich vertraue dir.«

Er sah mich an, umschloss meine Hand mit seinen beiden Händen und atmete aus. Noch immer hatten wir viel aufzuarbeiten, das wussten wir beide. Noch immer beängstigte mich ein wenig, zu sagen, dass ich ihm vertraute. Aber ich konnte es sagen, und das war ein erster Schritt. Noch eine ganze Weile saßen wir schweigend zusammen, bevor wir nach Hause fuhren – zurück in einen geschäftigen, fröhlichen Haushalt. Und wieder wussten wir beide, dass etwas anders geworden war.

ZWÖLF

Als unser grauer Mietwagen sich von Jacobs Haus entfernte und die lange steile Auffahrt dieses Mal hinabfuhr, wussten auch meine Eltern, dass sich etwas verändert hatte. Zwei lange Reisetage später kamen wir endlich zu Hause an und meine Mutter umarmte mich. »Es ist schwieriger, voneinander getrennt zu sein, als es sein wird, weit weg zu ziehen, nicht wahr?«, sagte sie mit Tränen in den Augen. »Wir verstehen das. Wir wussten immer, dass irgendwann die Zeit kommen wird, dich loszulassen.«

Doch bis dahin sollte es noch eine lange Wartezeit für uns werden. Das Staatsexamen war im Februar, das musste ich zuerst hinter mich bringen. Jacob würde im Januar wieder nach Michigan kommen und ich wusste, dass er mich so kurz vor dem Examen nicht mit einer Verlobung und Hochzeitsplänen ablenken würde. Also stürzte ich mich in meine Bücher und ins Training, entschlossen, die Zeit gut zu nutzen.

Viele Monate später, nachdem ich endlich die Abschlussprüfungen der Juristischen Fakultät beendet hatte, schloss ich meinen Laptop mit einem Seufzen. *Vier Jahre …* Es fühlte sich bittersüß an, fertig zu sein. Einerseits war ich erschöpft und froh, alles hinter mir zu haben, andererseits wurde mir bewusst, wie sehr mir das Studium gefallen hatte und mit wie vielen wertvollen Freundschaften ich durch meine Kommilitonen beschenkt worden war.

An jenem Abend rief Jacob mich an, um mir zu sagen, wie stolz er auf mich war. »Ach übrigens«, fügte er hinzu, »ich habe dir ein Päckchen geschickt. Es muss gerade geliefert worden sein. Geh doch mal zur Tür und öffne es gleich jetzt, während du mit mir telefonierst.«

Ich lächelte und biss mir aufgeregt auf die Lippe. Die Schmetterlinge in meinem Bauch waren in den letzten Monaten zu einem vertrauten Gefühl geworden. Gespannt lief ich zur Haustür, es war bereits dunkel, sodass ich nicht hinaussehen konnte. Ich öffnete – und kreischte vor Überraschung und Freude. *Er* stand da – mit einem Dutzend Rosen in der Hand. Ich hatte das Gefühl, als würde mein Herz platzen.

Die nächsten paar Tage vergingen wie im Traum. Als Jacob an jenem Samstag vorschlug, einen Kaffee zu trinken und an einem unserer Lieblingsorte spazieren zu gehen, stimmte ich sofort begeistert zu. Es war ein nahe gelegener Park mit gewundenen Pfaden und mehreren Brücken, die über den Fluss führten. Ich legte meine Hand in seine, während wir den gepflasterten Weg entlang, über die Holzbrücke und unter den Bäumen hindurchliefen. An einem *unserer* Plätze – einer massiven Steinbrücke über dem breitesten Teil des Flusses – legten wir eine kurze Pause ein. Ich stütze meine Ellbogen auf das Geländer und lächelte, während wir die Enten beobachteten, die auf dem langsam fließenden Wasser dahinglitten. Wir waren tief in eine Diskussion verwickelt, hielten dann aber inne, als ein Mann mittleren Alters auf uns zukam. Er trug einen Kapuzenpullover und hielt einen großen schwarzen Müllsack im Arm.

Als er gerade an uns vorbeigegangen war, wandte er sich noch einmal um. »Hey …«, rief er, »ich habe etwas im Auto vergessen und muss zurück, um es zu holen. Dieses Ding ist ziemlich schwer«, sagte er mit einer Kopfbewegung zu dem Müllsack, »und ich habe keine Lust, es den ganzen Weg zurück zu schleppen. Wäre es in Ordnung, wenn ich es hierlasse, während ich die Sachen holen gehe?«

Die Skeptikerin in mir war sofort alarmiert, aber Jacob zuckte mit den Achseln. »Ja, natürlich, Sie können es hier abstellen.«

»Okay, danke, das ist nett.« Der Mann stellte die Tüte auf den Steinsims und eilte zurück zum Parkplatz. Ein paar Sekunden lang beobachtete ich noch die Enten, hatte aber keine Ruhe mehr.

»Das ist aber wirklich seltsam«, sagte ich.

Jacob zuckte nur mit den Achseln. »Ach, es wird schon okay sein.«

Ich war mir da weniger sicher. *Was, wenn etwas Illegales in der Tüte ist? Was, wenn das irgendeine komische Form einer Übergabe war? Was, wenn dieser Typ irgendetwas hatte, was er nicht haben durfte, und nur nicht wusste, wie er es anders loswerden sollte? Was, wenn jetzt* uns *jemand damit findet?*

Ich stellte mich auf Zehenspitzen und sah mich um. Den Parkplatz konnte ich von der Brücke aus sehen, aber nirgendwo war ein Mann in Kapuzenpulli in Sicht.

»Er kommt nicht zurück«, sagte ich nervös.

»Na ja, komm, lass mich mal nachsehen, was drin ist«, sagte Jacob zögernd und begann, sich an der Tüte zu schaffen zu machen.

»Was? Nein!«, zischte ich im Flüsterton. »Du kannst nicht die Mülltüten von irgendwelchen Fremden öffnen! Was, wenn etwas Illegales drin ist und du es nicht sehen darfst?« Ich streckte mich erneut und versuchte, diesen *sehr* störenden Fremden irgendwo zu sehen.

»Hey, es ist eine Holzkiste!«, sagte Jacob. Ich warf einen kurzen Blick darauf. *Definitiv handgemacht.*

»Mach sie bitte nicht auf!«, flüsterte ich eindringlich, während ich weiterhin die Umgebung absuchte.

»Oh, es sind alte Bücher drin!«, sagte Jacob entzückt. »Und … dein Name steht auf einem von ihnen.« Ich wirbelte verwirrt herum.

»Was?«

»Hier steht dein Name drauf«, sagte er und reichte mir beiläufig ein Buch.

»Wie … Was …?« Ich war so verwirrt, dass ich nicht einmal den Satz beenden konnte. Diesen Mann hatte ich noch nie in meinem Leben gesehen, und Jacob bestimmt auch nicht, da war ich mir sicher.

»Wow, es ist eine großartige Ausgabe von *Little Women*!«, sagte Jacob.

Ich starrte das Buch an, das er mir in die Hand gedrückt hatte. Dann sah ich mich erneut um. *Wo ist dieser Kerl?*

»Da ist ein Lesezeichen«, half er nach. Ich starrte das Buch an. Etwas war an das Ende des Lesezeichens gebunden. Es war rund.

»Rachael.«

Überrascht sah ich zu ihm auf. Jacob nahm das Buch, legte es ab und ergriff meine beiden Hände. Dann kniete er sich auf den steinernen Boden – und all meine Verwirrung schmolz dahin, als mir endlich klar wurde, was hier geschah. Eine tiefere Freude, als ich mir je hätte vorstellen können, überkam mich, während er in zärtlichen, ermutigenden Worten alles beschrieb, was er an mir schätzte, und seinen Wunsch äußerte, mich hingebungsvoll zu lieben. – »Rachael, … Willst du mich heiraten?«

Später fand ich heraus, dass natürlich Jacob die Truhe von Hand gemacht und schon vor Wochen als Vorbereitung auf diesen Tag an meinen Vater geschickt hatte. Und der Typ im Kapuzenpulli? Mein Vater gestand mir später, dass dieser Fremde ein Kollege von ihm war, dem es riesigen Spaß gemacht hatte, bei der Überraschung mitzuhelfen.

Jacob und ich wussten, dass wir uns bis zur Hochzeit nicht mehr sehen würden, die schon bald für den 1. August geplant war. In jenem Frühjahr hatte ich nach Wochen des intensiven Studiums das Staatsexamen bestanden – nur *ein* wichtiger Meilenstein. Jetzt konzentrierte ich mich darauf, unsere Hochzeit zu planen und mit Jacob Geld zu sparen, um uns auf den Start unseres gemeinsamen Lebens vorzubereiten.

Nach einer scheinbar endlosen Zeit des Wartens kam endlich der Abend vor unserer Hochzeit. Wir gingen alles noch einmal durch und staunten erneut darüber, mit wie viel Liebe wir uns gegenseitig begegneten. Als ich mich zu Jacob wandte, um mich ein letztes Mal von ihm zu verabschieden, bevor wir verheiratet und für immer zusammen sein würden, fand ich noch mehr Liebe. Er gab mir einen Briefumschlag und strich mir sanft über die Wange. »Ich will, dass du an meiner Seite nichts anderes als Sicherheit und Liebe erfährst«, sagte er.

Als ich allein war, öffnete ich seinen Brief, in dem er mir versprach, dass er nach unserer Hochzeit keine Erwartungen an mich stellte – dass ich ihm nichts schuldete. Meine Sicherheit und die Voraussetzungen für mich, ihm vertrauen zu können, stünden bei ihm an erster Stelle, wie auch immer das aussehen würde. Ich wusste, dass es uns beide Arbeit kosten würde – wir mussten unsere Ängste und Unsicherheiten mitteilen, einander zuhören und zusammen lernen. Ich würde daran arbeiten müssen, ihm zu sagen, was ich dachte und fühlte, und gegen den Drang ankämpfen, dichtzumachen und ihn auszuschließen. Er würde viel Geduld und Mitgefühl brauchen, da die Heilung meiner inneren Wunden nur langsam voranging. Den Grundstein hatten wir bereits gelegt, indem wir offen und ehrlich miteinander über alles redeten, während wir schrittweise zusammenwuchsen. Wir sahen körperliche Intimität als einen Weg an, einander zu dienen und zu lieben, und nicht nur darin, die »Bedürfnisse« des anderen zu erfüllen. Wir hatten ein Fundament, auf dem wir aufbauen konnten. Zwar hatte ich noch immer ich Angst, aber es gab Hoffnung, weil wir uns den Folgen des Missbrauchs gemeinsam gestellt hatten.

Unser großer Tag begann hell und sonnig. Ich eilte zur Kirche, wo ich mich mit meinen Brautjungfern traf, zusammen mit ein paar Freundinnen, die eingesprungen waren, um uns mit den Frisuren und dem Make-up zu helfen. Sonnenlicht strömte durch die bunten Fenster, tanzte auf dem rosafarbenen Satin der Brautjungfernkleider und hob die Spitzenstickerei auf meinem eigenen Kleid hervor. Nachdem wir geschminkt und unsere Haare fertig gelockt waren, versteckten wir verstohlen Taschentücher in unseren Sträußen und bereiteten uns darauf vor, uns hinter der Kirche aufzustellen.

Die sanften Klavierakkorde des Vorspiels erklangen, und mein Herz raste. Endlich war es soweit! Ich sah, wie die süßen kleinen Blumenmädchen und Ringträger feierlich vorangingen, gefolgt von einer von Jacobs kleinen Schwestern, die eine brennende Laterne trug. Die Brautjungfern bewegten sich zur sanften Melodie der Geige auf den Altar zu, dann schlossen sich die Türen. Voller Aufregung wartete ich auf den triumphalen Einsatz der Orgel und konnte die Freudentränen kaum mehr zurückhalten. Als die Türen sich wieder öffneten und mein Vater begann, mich den langen Gang entlangzuführen, war Jacobs Gesicht, das voller Liebe auf mich blickte, alles, was ich sehen konnte. Nachdem wir Jacob erreicht hatten, legte mein Vater meine Hand in die seine und wir standen uns gegenüber. Ich war von größerer Freude erfüllt, als ich es für möglich gehalten hatte.

Zusätzlich zum traditionellen Gelübde hatten wir unsere eigenen Eheversprechen geschrieben. Als Jacob meine Hände nahm und mir zu sagen begann, was er verfasst hatte, sah ich voller Vertrauen zu ihm auf.

> Durch die Gnade und Barmherzigkeit Gottes nehme ich dich, Rachael, zu meiner Frau.
> Ich verpflichte mich, mein Leben in aufrichtiger Liebe für dich zu leben. Nicht nur in außergewöhnlichen Umständen, sondern auch in den alltäglichen Dingen,
> indem ich deine Bedürfnisse über meine stelle.

Indem ich sicherstelle, dass du die Gelegenheit hast,
die Gaben einzusetzen, die Gott dir gegeben hat.
Indem ich auf deine Gesundheit achtgebe.
Indem ich mich entscheide zuzuhören.
Indem ich danach strebe, dir ein Gefühl der Sicherheit,
Geborgenheit und Wertschätzung zu geben.
Indem ich deine Hoffnungen und Ängste zu meinen mache.
Ich verpflichte mich dazu, in schweren Zeiten dein sicherer
Ort zu sein, die Schulter, an der du in Zeiten der Trauer weinen kannst.
Ich werde derjenige sein, den jeder Feind und Unruhestifter
zuerst überwinden muss, sei es gedankenloser Tratsch
oder die Hand im Dunkeln. Ich verspreche dir die Art
von Beziehung, die dich erbaut und der Welt zeigt,
wie wertvoll du mir bist.
Weil Christus versprochen hat, uns niemals zu verlassen
oder aufzugeben, verspreche ich dir mit Gottes Hilfe,
dass dieser Bund Bestand haben wird.
Dies ist mein feierliches Gelübde.

Jeder Augenblick dieses Tages war perfekt – schöner und reicher, als ich es mir je erträumt hatte, bevor wir so viel zusammen durchgemacht und verarbeitet hatten. Verwandte und Freunde kamen aus allen Richtungen, geliebte Menschen aus unserer Kindheit oder von so weit her, dass wir nie gedacht hatten, dass sie wirklich mit uns würden feiern können. Die Liebe, mit der wir umgeben waren, war überwältigend.

Nun waren Jacob und ich zusammen. Mithilfe seiner Geduld waren zu all dem, was sich so unsicher und bedrohlich angefühlt hatte, neue Verknüpfungen entstanden. Neue Erinnerungen halfen, die alten zu überdecken. Ein neues Leben hatte begonnen.

DREIZEHN

4. August 2016

»Einen Moment, Süße, ich nehme dich gleich hoch«, rief ich sanft. Dann kippte ich den letzten Rest Waschmittel in die Waschmaschine und warf noch ein oder zwei herumliegende Socken hinein, bevor ich den Deckel schloss und die Maschine einschaltete. *Sooo viel Wäsche.* Ich drehte mich um und lächelte auf das knapp einjährige Mädchen hinab, das sich an mein Hosenbein klammerte und wimmerte.

»Hast du Zahnschmerzen, meine Süße?«, fragte ich, während ich mich bückte, um das verzweifelte, völlig vernachlässigte kleine Mädchen hochzuheben und sein dünnes Haar zu küssen. »Komm, wir stecken dich ins Tragetuch«, schlug ich vor, »und kuscheln einfach ein bisschen.«

Als ich durch unsere kleine Küche in Richtung Schlafzimmer ging, blieb ich kurz stehen und machte einen großen Schritt um die Zweijährige herum, die fröhlich ihre Schnullersammlung in verschiedene Behälter sortierte. Es war nun fast sieben Jahre her, seit Jacob und ich unser neues Leben zusammen begonnen hatten, und während ich mich in unserem kleinen Zuhause umsah, konnte ich nicht glauben, wie viel sich verändert hatte.

Jacob schloss nicht lange nach unserer Hochzeit sein Grundstudium ab und plante, ein paar Monate später eine Ausbildung am Theologischen Seminar in Kentucky anzufangen. Der Umzug nach Louisville wurde jedoch verschoben, nachdem wir von einem kleinen Pluszeichen auf einem Schwangerschaftstest überrascht worden waren. Der Geburtstermin war einen Monat nachdem sein Semester beginnen sollte.

Wir waren voller Vorfreude, die Reise der Elternschaft anzutreten, doch bald bemerkte ich, dass eine unerwartete Angst mit diesem Prozess verbunden war. Wir hatten uns für einen Geburtsvorbereitungskurs angemeldet, wo wir etwas über die emotionalen Wegweiser bei der Geburt lernen sollten. Nun waren wir gerade bei einem der letzten angekommen, der als die »Phase des Schamgefühlverlustes« bezeichnet wurde. *Was für eine Phase?* Meine Gedanken überschlugen sich, während ich unsere Hebamme höflich anlächelte, die keine Ahnung hatte, was sie gerade in mir ausgelöst hatte. »Im Grunde genommen«, erklärte sie, »ist dies die Phase der Entbindung, die so intensiv ist, dass den Frauen einfach alles egal ist und sie alle Hemmungen verlieren.« Die Kursleiterin stellte dies als etwas Positives dar, da uns der entblößende Akt der Geburt nicht mehr wirklich stören würde, wenn wir an jenem Punkt angekommen waren. Ich hingegen fand es erschreckend. Noch immer fiel es mir schwer, mich in einem medizinischen Umfeld zu bewegen. Es war beinahe *undenkbar*, ein Kind zu gebären und nicht wachsam sein zu können.

Ich hatte mir eine Gruppe ausgesucht, in der es nur weibliche Hebammen gab, aber wir hatten keine Praxis in der Umgebung, in der nur Frauenärztinnen arbeiteten. Wenn es bei der Geburt irgendwelche Komplikationen geben würde, war ich gezwungen, von einem männlichen Arzt behandelt zu werden. Ich hatte keine Wahl. Und nun wurde uns auch noch gesagt, dass ich womöglich nicht einmal ausreichend bei Bewusstsein sein würde, um mich daran zu stören. Die Albträume, die nie ganz aufgehört hatten, kehrten mit aller Gewalt zurück.

»Ich werde nicht in der Lage sein, mich zu verteidigen, wenn es sein muss«, sagte ich immer wieder zu Jacob.

»Aber ich«, versicherte er mir. »Ich werde dich verteidigen.« Das tröstete mich ein wenig, aber es lag noch immer ein Schatten über der Vorfreude auf unser erstes Kind. *Das ist nicht gerecht,* dachte ich voller Kummer und Frustration. *Ich sollte nicht immer noch jedes Mal mit* Larry *zu kämpfen haben, wenn ich mich umdrehe. Er sollte nicht bei jedem größeren Meilenstein dabei sein!* Aber die Narben blieben. Alles, was ich tun konnte, war auf die Folgen zu reagieren.

Jonathan Edward kam in September 2011 zur Welt, fast drei Wochen zu früh und nach nur fünf Presswehen. Die Wochenbettdepression, die folgte, dauerte leider länger. Ich fühlte mich, als lebte ich im Kopf einer anderen Person und schaute durch ein kleines Guckloch in eine Welt hinaus, die ich vielleicht wiedererkannt hätte, wenn ich nur ich selbst gewesen wäre.

Gerade als der Nebel sich aufzulösen begann, starb meine Großmutter an einem schweren Schlaganfall. Sie hatte Jonathan einmal auf dem Arm gehabt, zwei Wochen bevor es passierte, das war ein kleiner Trost. Aber es tat weh, sie zu verlieren. Und es folgten weitere Schicksalsschläge. Nur wenige Wochen später ging das Unternehmen bankrott, für das ich arbeitete, dadurch verloren wir beinahe ein Viertel unseres jährlichen Einkommens. Ein schwerer Schlag, da unsere Haushaltskasse ohnehin schon knapp bemessen war. Das folgende Jahr war in jeder Hinsicht schwierig. Kurz nachdem wir nach Louisville gezogen waren, schloss die kleine Firma, für die Jacob gearbeitet hatte, ohne Vorwarnung. Im nächsten Jahr hatte Jacob mehrere kleinere Jobs und schrieb sich für ein Vollzeitstudium ein, während wir uns gleichzeitig ans Elterndasein gewöhnen mussten. Aber am Ende dieser schwierigen Phase hatten wir ein wundervolles Kleinkind, unsere Ehe war gestärkt worden, und wenn die Albträume kamen, hatte ich jemanden, bei dem ich sicher aufwachen konnte.

Inzwischen war das kleine Pluszeichen fast fünf Jahre alt und rannte mit scheinbar endloser Energie in unserem winzigen Haus hin und her.

»Mama! Mama! Weißt du, warum ich so schnell rennen kann? Ich hole ganz *tiiieeef* Luft und presse sie in meiner Lunge fest zusammen. Der Druck gibt mir einen Kraftstoß wie ein Turbolader in einem Verbrennungsmotor!« Ohne eine Pause holte der kleine Junge, der die braunen Augen seines Vaters und den sturen Charakter seiner Mutter geerbt hatte, tief Luft, spannte die Muskeln des drahtigen kleinen Körpers an und flitzte pfeilschnell durch unser Wohnzimmer, während er gleichzeitig die Luft aus seinem Mund pustete.

Ich nickte ernst. »Wow, das ist wirklich ganz schön schnell! Aber deine Schwester sitzt in der Küche, also will ich nicht, dass du da hineinrennst, okay? Wenn du mit ihr zusammenstößt, könnte sie sich schlimm wehtun.«

Er nickte wieder. »Alles klar!«

Ich blieb an der Schlafzimmertür stehen. *Wo ist nur dieses Tragetuch? Wie kann man in einem so kleinen Haus etwas verlegen?* Es *war* ein kleines Haus, aber es leistete uns gute Dienste. Außerdem verknüpften wir bereits schöne Erinnerungen damit – nicht zuletzt an den Tag, an dem wir unser zweites Kind, Annaliese Grace, mit nach Hause gebracht hatten, nur wenige Monate nachdem wir das Haus gekauft hatten.

Ich hatte gehofft, dass die zweite Geburt nicht so viele Erinnerungen wachrütteln würde, aber auch dieses Mal hatte das Schreckgespenst des Missbrauchs seine hässliche Fratze gezeigt. Doch das blauäugige Baby, das fast genauso wie Jacobs Mutter aussah, war es mehr als wert gewesen. Und zuzusehen, wie Jonathan sich in seine kleine Schwester verliebte, sorgte für viele schöne Momente. Er war ein Beschützer, so wie sein Daddy, und er war entzückt über jedes ihrer kleinen Speckröllchen und Grübchen.

Und ich war dankbar, als ich nur wenige Monate später zu Jacob ging und ihm, während ich mit einer Hand die gerade viermonatige Annaliese an mich drückte, mit der anderen einen positiven Schwangerschaftstest vor die Nase hielt.

»Könnte das ein Irrtum sein?«, fragte mein Mann verdutzt.

»Na ja, ich habe vier gemacht«, versicherte ich ihm, »also eher nicht.«

Ellianna Hope wurde im Sommer 2015 geboren. Sie war die Molligste von allen, sehr zur Freude ihres großen Bruders. Als er ins Krankenhauszimmer kam, wickelte er sie sofort aus den Decken, in die sie eingepackt war, um jeden winzigen Finger und Zeh zählen zu können. Auch Annaliese gewann ihre kleine Schwester sofort lieb, zu *meiner* großen Freude. Ich hatte mir Sorgen gemacht, wie sie mit der neuen Situation umgehen würde, da sie gerade erst ein Jahr alt war, aber Annaliese liebte Ellie. Darüber hinaus war sie fest entschlossen, sich um sie zu kümmern – ganz allein. Sie warf jedem, der es wagte, Ellies kleinen Kopf zu stützen, während sie sie auf dem Arm hatte, einen bösen Blick zu.

Ich streckte erneut meinen Kopf in die Küche, um nach meiner Zweijährigen zu sehen. Annaliese sortierte immer noch fröhlich Sachen in Behälter, aber sie war auf jeden Fall das Kind, das am meisten »überprüft« werden musste. Tatsächlich hatte ich sie nur wenige Wochen vorher im Schneidersitz auf der Arbeitsplatte neben unserem Gasherd gefunden, den sie angezündet hatte. Als ich sie entsetzt fragte: »*Was machst du da?*«, antwortete sie ganz cool: »Ich mache Tee«, und deutete auf den Teekessel auf dem Herd, den sie selbst gefüllt und aufgesetzt hatte.

»Nein, mein Schatz. Da könntest du dich ganz schlimm verbrennen. Es ist zu heiß«, ermahnte ich sie, worauf sie in der besten »Ach, Mama«-Stimme, die eine knapp Zweijährige zustande bringen kann, erklärte: »Ich weiß. Es ist *Tee*!«

Jetzt kam Jonathan an mir vorbeigebraust, als er eine weitere Runde seines »Rennwagenrennens« startete. Annaliese folgte ihm auf den Fersen. »Passt bitte auf, dass ihr nicht zusammenstoßt!«, rief ich. »Wechselt euch ab!« Ja, unser Haus war *wirklich* klein, und ja, es war chaotisch. Ja, ich verlegte oft Sachen in der Anstrengung, drei kleine Kinder im Alter von vier Jahren und darunter großzuziehen, während Jacob arbeitete und studierte. Aber wir liebten uns. Wir liebten unsere Kinder. Und wir liebten das schöne, geschäftige Leben, das uns geschenkt worden war.

Inzwischen gab ich es auf, nach dem Tuch zu suchen, und schnallte mir stattdessen resigniert die Babytrage um. Dann hob ich die zahnende Ellianna in all ihrem Elend auf meinen Rücken. Sie gluckste und legte ihren Kopf mit einem tiefen Seufzer an meine Schulter. »Ich liebe dich, mein Baby. Ich bin so froh, dass Gott dich uns geschenkt hat«, flüsterte ich.

Kurz darauf ging ich zur Waschmaschine zurück, die sich praktischerweise in der kleinen Küche befand. Zwischen Wäschemachen und Kochen war ich mir ziemlich sicher, dass ich fast meine ganze Zeit in diesem einen Raum verbrachte. Ich begann, die nasse Wäsche in den Trockner zu verfrachten, und schlug meine Hände in gespielter Verzweiflung über dem Kopf zusammen, als ich das schwarze Tragetuch aus der Waschmaschine zog.

Oh Mann. Wie konnte ich so schnell vergessen, dass ich es in die Wäsche getan hatte? Ich drehte den Kopf, um das Baby auf meinem Rücken zu sehen, das zufrieden mit meinem Pferdeschwanz spielte. »Du sollst doch schlafen, meine Kleine! Ich werde noch meinen Verstand verlieren, wenn du so weitermachst.« Jacob und ich waren beide sehr erschöpft, aber unsere Tochter war das wert. Jede kostbare kleine Seele war es wert.

Was werde ich wohl diese Woche für unsere Kleingruppe kochen?, überlegte ich und checkte den Inhalt des Gefrierschranks. Seit etwa zwei Jahren war Jacob Kleingruppenleiter unserer Gemeinde, und so trafen wir uns jeden Sonntag bei uns zu Hause, um zusammen zu essen und Gemeinschaft zu haben. Das Jahr, in dem wir nach Louisville gezogen waren, war schwierig gewesen; zwischen meiner Wochenbettdepression, dem Tod meiner Großmutter und dem Verlust meines Einkommens fühlten wir uns lange Zeit total erschöpft. In jener Zeit war unsere Kleingruppe eine unglaubliche Quelle der Fürsorge und Freude gewesen, und auch unsere Kinder, die mit diesen Familien aufgewachsen waren, liebten sie sehr. Dieser Gruppe hatten wir es zu verdanken, dass wir uns in Louisville endlich zu Hause fühlten. Der Sonntagnachmittag, wenn das Haus mit Liebe, Gelächter und dem Lärm von mehr als einem halben Dutzend Kindern unter vier Jahren erfüllt war, war unsere Lieblingszeit der Woche.

Der Kühlschrank schien alle Hauptzutaten für ein mexikanisches Essen herzugeben. *Hm … außer der Salsa*, fiel mir auf. Ich ging zu meinem Laptop und klappte ihn auf. Seit einiger Zeit führte ich eine laufende Einkaufsliste auf meinem E-Mail-Konto, damit ich sie mir rasch auf mein Smartphone schicken konnte, wenn ich einkaufen ging. Den Browser hatte ich am Vorabend offen gelassen, und meine *Facebook*-Seite füllte den Bildschirm aus. Gerade wollte ich sie minimieren, als ich einen neuen Bericht in meinem Nachrichteneingang sah. Ich fragte mich kurz, warum er dort erschien, ich hatte nichts angeklickt oder gesucht, was den Artikel zu einer relevanten Nachricht für mich gemacht hätte. Trotzdem stand es da: »*Augen vor sexuellem Missbrauch verschlossen: Wie USA Gymnastics es unterließ, Fälle zur Anzeige zu bringen.*« Mein Herz wurde mit einem Mal tonnenschwer.

Schon wieder. Es passiert schon wieder. Warum schaffen wir es nicht, das auf die Reihe zu kriegen?, fragte ich mich mit einem tiefen, verzweifelten Schmerz. *Es ist überall.*

Im Großen und Ganzen ging es mir gut. Unter Jacobs geduldiger Fürsorge hatte ich neue Assoziationen mit Körperkontakt und Intimität entwickelt, neue, schöne Erinnerungen überlagerten die negativen. Ja, hin und wieder kam ohne Vorwarnung eine ungewollte Reaktion oder ein Albtraum aus dem Nichts und erschütterte mich, aber Jacob war immer da, um es mit mir durchzustehen. Irgendwann war ich an dem Punkt angelangt, ein paar ausgewählten, engen Freunden zu erzählen, dass ich sexuell missbraucht worden war. Nun konzentrierte ich mich darauf, anderen zu helfen, die Ähnliches durchgemacht hatten. Es tat immer noch weh, aber ich hatte Antworten zu meiner Situation, und ich hatte Frieden.

Im Verlauf des letzten Jahres jedoch hatte sich das Thema eine Zeit lang wieder sehr frisch angefühlt, ironischerweise aufgrund verschiedener Vorfälle in unserer aktuellen Gemeinde. Die Gemeinde hatte eine Arbeitsbeziehung zu einem neuen Gemeindezweig in Louisville geknüpft, dem Flaggschiff eines Gemeindenetzwerks, das vor Kurzem in *Sovereign Grace Churches (SGC)* umbenannt worden war. In Louisville wurde diese Gemeinde und ihr Dienst als Ganzes von einem namhaften Pastor geleitet, den ich früher sehr respektiert hatte – zumindest aus der Ferne. Das Problem war, dass in diesem Gemeindenetzwerk nur wenige Jahre zuvor zahlreiche Vorwürfe darüber laut geworden waren, dass Pastoren und Gemeindeleiter Beschuldigungen wegen sexueller Übergriffe routinemäßig falsch handhabten. Sie rieten den Opfern, zu vergeben und zu vergessen. Wenn Alarm geschlagen wurde, weil eine Person sich auffällig verhielt, wurde die Warnung nicht ernst genommen. Viele Betroffene bezeugten, dass manche Gemeindeleiter sich sogar in die polizeilichen Ermittlungen eingemischt hatten oder diesen gegenüber negativ eingestellt waren. Eine Frau beklagte sich, dass ihr geraten worden sei, bei ihrem Mann zu bleiben, der ihre Tochter sexuell missbrauchte. Anderen wurde empfohlen, sie sollten öfter Sex mit ihrem Mann haben, um zu versuchen, ihn so von seiner Pädophilie oder schweren Pornografiesucht zu heilen. Einige ehemalige Mitglieder brachten Missbrauchsvorwürfe gegen mehrere der gemeindeeigenen Pastoren vor, von denen einige weiterhin in der Gemeindeleitung geblieben waren.[6] Für diejenigen von uns, die sich mit Beweisrecht auskannten oder mit den Dynamiken von Missbrauch vertraut waren, waren das allesamt genau die Art von Beweisen, die viel Gewicht hatten. Eine Untersuchung wäre zumindest gerechtfertigt gewesen.

Doch sofort stellte sich eine Reihe von bekannten christlichen Leitern hinter diesen hochkarätigen Pastor und seinen Dienst – sie verteidigten ihn öffentlich und holten ihn zurück in den Kreis der nationalen Vortragsredner. Und das war genau der Fehler, den allzu viele Gemeinschaften begingen. »Nicht *er*.« Gemeinschaftlicher Protektionismus. Alle hassen Missbrauch und keiner will, dass er vertuscht wird – bis er in ihrer eigenen Gemeinschaft passiert. Dann ist es »etwas anderes«.

Währenddessen übersahen die Leiter der Gemeinde etwas Entscheidendes: Alle Betroffenen schrieben die falsche Handhabung ihrer Fälle der Theologie der Gemeinde zu. Sie nannten Dynamiken wie eine übertriebene Auffassung von pastoraler Autorität, die Weigerung, sich mit weltlichen Autoritäten oder Missbrauchsspezialisten außerhalb der Gemeinde in Verbindung zu setzen, und Lehren über Einheit, Vergebung und Gnade. Das führte dazu, dass man Missbrauchstätern »vergab«, während die Opfer zum Schweigen gebracht wurden, indem man sie als »verbittert« abstempelte. Das war keine neue Geschichte. Weder für mich noch für sonst jemanden, der die Gründe dafür verstand, dass Gemeinden in den meisten Fällen nicht fähig oder bereit waren, in korrekter Weise mit Missbrauch umzugehen. In den letzten Jahren hatte ich sogar zahlreiche *Facebook*-Artikel über Skandale in konservativen und evangelikalen Kreisen verfasst, ob an namhaften Universitäten wie *Baylor* oder in bibeltreuen Gruppen. Fachleute warnten schon seit Jahrzehnten, dass Missbrauchstäter oft Kirchen aufsuchten, und zwar wegen genau der Dynamiken, die die Opfer in den Gemeinden der *SGC* beschrieben hatten. Aber niemand hörte darauf – auch unsere Gemeinde nicht.

Jacob und ich hatten davon nichts gewusst, bis wir eines Morgens im Gottesdienst saßen und einer unserer Pastoren dafür betete, dass die Leiter der *SGC* diese falschen Beschuldigungen gegen sie ertragen konnten. Mir wurde schlecht. Ich hatte bereits Anrufe von mehr als einem Missbrauchsopfer in der Gemeinde bekommen, das tief verletzt worden war und sich sehr unsicher fühlte, weil die Gemeindeleitung auf ebendiese Weise mit dem Skandal bei *SGC* umgegangen war. Und ich ahnte, dass es noch mehr Betroffene gab, die sich nur nicht trauten, es anzusprechen. Zudem waren Jacob und ich über die Botschaft besorgt, die unsere Leiter über Missbrauch weitergaben, indem sie sich mit den *SGC*-Gemeinden verbündeten und sogar in einer Weise für die Opfer beteten, in der klar wurde, dass sie selbst es waren, die Umkehr nötig hatten.

Noch am selben Tag redete Jacob mit ein paar unserer Ältesten und fand heraus, dass niemand, mit dem er sprach, auch nur grundlegende Kenntnisse über die Vorwürfe hatte. Soweit wir sehen konnten, verließen sich alle auf die Untersuchungen, die ein kleines Komitee von Ältesten durchgeführt hatte, bevor die Gemeinde entschieden hatte, mit diesem Netzwerk zusammenzuarbeiten. Das überraschte uns nicht; es war sowohl von der Kanzel aus als auch schriftlich mitgeteilt worden, dass die Ältesten den Chefpastor zu diesen Anschuldigungen gründlich befragt hatten und zu dem Schluss gekommen waren, dass es keinen Grund gab, sich ihm und seinem Dienst nicht anzuschließen. Manche Gemeindeleiter hatten sogar ihre eigenen Plattformen in den Sozialen Medien genutzt, um Christen dazu aufzufordern, den Pastor und seinen Dienst zu unterstützen. Außerdem hatten sie zum Teil Aussagen getroffen, die sachlich nicht korrekt waren – Fehler, auf die wir die Ältesten bereits aufmerksam gemacht hatten.

Wir gingen davon aus, dass unsere Gemeinde Informationen haben sollte, die die Angelegenheiten klären würden, also baten wir um ein Treffen mit einem der Männer, die an der Befragung des Chefpastors der *SGC* beteiligt gewesen waren. Er stimmte sofort zu, wofür wir sehr dankbar waren.

Als wir uns zum ersten Mal hinsetzten, um über unsere Bedenken zu sprechen, sagte ich: »Ich möchte sehr vorsichtig sein, wie ich unsere Besorgnis ausdrücke …«, und wurde direkt von dem Leiter unterbrochen.

»Das rate ich Ihnen auf jeden Fall«, sagte er mit einem bestimmten Kopfnicken.

Ich war überrascht. *Was soll das denn heißen? Ich habe noch nie mit diesem Pastor gesprochen. Er kennt mich gar nicht.*

Der Mann bestätigte, dass unsere Gemeinde sich auf das persönliche Wort eines berühmten Pastors verließ. Dieser hatte angeblich die Rückkehr des ehemaligen Chefpastors der *SGC* überprüft und beaufsichtigt. Wir hörten jedoch nicht heraus, was genau dieser bekannte Pastor getan hatte, um den Bedenken nachzugehen. Also erklärten wir unserem Gemeindeleiter, dass wir nicht von den Ältesten verlangten, die Angelegenheit zu klären, sondern nur sehr beunruhigt darüber wären, was ihre Unterstützung der *SGC* den Opfern von sexuellem Missbrauch vermittelte, da das Vorgehen unserer Ältesten viel über ihr Verständnis von den Dynamiken sexuellen Missbrauchs aussage.

Ziemlich schnell landeten wir in einer Sackgasse. Unser Gespräch war enttäuschend und anstrengend, als wir das Treffen verließen, fühlte ich mich leer und voller Traurigkeit. Ich wusste, dass das Vorgehen der Ältesten nicht böswillig geschah, aber das machte es fast noch schlimmer. Es war gut gemeint und wurde sehr, sehr falsch gehandhabt. Fast schien es, als herrschte eine völlige Unfähigkeit, weder die Beweise für Missbrauch zu verstehen noch dessen Auswirkungen. Bald darauf hatten wir einen anderen Pastor für ein Folgetreffen kontaktiert, aber es hatte bis jetzt noch nicht stattgefunden, und ich fühlte, wie es wie eine schwere Last über uns hing.

Und nun gab es auch in der Welt des Turnens ähnliche Bedenken. Die Kirche und die Turnhalle – die beiden Orte, die ich am besten kannte.

Warum können wir das einfach nicht richtigstellen? Das kombinierte Leid aus den beiden Umgebungen fühlte sich überwältigend an. Jetzt sah ich mich in unserer Küche um, um sicherzugehen, dass Jonathan beschäftigt war, und klickte auf den Link. Mehrere Sätze aus dem Artikel sprangen mir ins Auge:

> Hohe Führungskräfte … versäumten es, die Behörden auf zahlreiche Vorwürfe wegen sexuellen Missbrauchs durch Trainer aufmerksam zu machen – man verfolgte eine Strategie, die es Tätern ermöglichte, Turnerinnen zu missbrauchen, auch lange nachdem USA Gymnastics bereits gewarnt worden war …
> Zwei ehemalige Funktionäre von USA Gymnastics gaben unter Eid zu, dass die Organisation Vorwürfe wegen sexuellen Missbrauchs routinemäßig zurückwies …
> Steve Penny, seit 2005 Präsident von USA Gymnastics, sagte aus, … dass die Möglichkeit einer Hexenjagd »sehr real« sei und die Funktionäre bei Beschwerden vorsichtig vorgehen müssten.[7]

Ich hielt mich an der Waschmaschine fest, während ich las. Ich hörte die Angst in den Aussagen der Eltern und sah in Gedanken die kleinen Mädchen, die, wie ich wusste, hinter jeder Erwähnung eines »Opfers« steckten. Aber diese Zeilen – oder vielmehr die Journalisten – trafen voll ins Schwarze. Sie verstanden, um was es ging. Sie kannten die bewährten Verfahren. Sie ließen sich nicht von verschwommenen Darstellungen, Ausweichmanövern und Ausreden von *USAG* täuschen. Die Journalisten hatten genau die Wahrheit getroffen, obwohl sich das Hauptquartier von *USAG* in ihrer eigenen Stadt befand. Der Bericht war explosiv. Er traf jeden Ton, und der Schaden, den die Familien und all diese Mädchen erlitten hatten, wurde nicht von einem Haufen schöner Floskeln verdeckt.

Sie verstehen die Verwüstung, die zurückbleibt. Sie wissen, worauf es ankommt.

Ich überflog die Geschichte dreimal und suchte nach Hinweisen darauf, dass sie von mehr als nur den Trainern wussten – ich suchte nach Larry. Da war nichts. Aber sie hatten verstanden, und sie waren auf der richtigen Spur.

Wenn sie die Trainer anzeigen, können sie vielleicht auch Larry entlarven. Noch einmal warf ich einen Blick auf meine *Facebook*-Seite, der Artikel wurde immer noch häufig aufgerufen. Die Leute waren aufmerksam. Sie hörten zu.

Das ist es. Jetzt. Das ist es.

Ellianna begann zu jammern, ich hatte zu lange auf einer Stelle gestanden. Dank ihrer Aufforderung atmete ich tief durch und nahm meine hüpfende Bewegung wieder auf. Sie legte ihren Kopf zurück an meine Schulter. Dann öffnete ich mein E-Mail-Programm.

Es wird seinen Preis haben, wenn das ans Licht kommt. Wenn unsere Gemeinde es herausfindet, werden sie denken, dass du ihnen deine Situation einfach übergestülpt hast.

Ich schüttelte den Kopf. Es war mir egal. Ich fühlte mich körperlich krank, wenn ich daran dachte, was geschehen würde, wenn der *IndyStar* meine Geschichte aufgriff, aber es musste sein.

Es ist mir egal.

Jetzt. Das war es. Jetzt.

Ich begann zu tippen.

Ich schreibe diese E-Mail, um einen Vorfall zu melden. Nicht von meinem Trainer wurde ich belästigt, sondern von Dr. Larry Nassar, dem Mannschaftsarzt von USAG. Ich war fünfzehn Jahre alt. Die Patientenakten, in denen meine Behandlung aufgezeichnet ist, befinden sich in meinem Besitz, sie liegen in einem Aktenschrank bei meinen Eltern, ein paar Stunden von hier entfernt. Ich habe Nassar nie irgendwem gemeldet, außer meiner Trainerin, ein paar Jahre später… Mir wurde gesagt, dass ich es bloß niemandem sagen solle,… es würde auf mich zurückfallen. So entschied ich mich dagegen, zur Polizei zu gehen,… mein Wort stand gegen seines… Ich war mir sicher, dass man mir nicht glauben würde. Bisher hatte ich wenig Hoffnung, dass irgendetwas aufgeklärt werden würde, wenn ich an die Öffentlichkeit ginge, deshalb habe ich geschwiegen. Wenn sich das nun ändern könnte, werde ich mich so öffentlich wie nötig äußern.

Dann drückte ich auf *Senden*.

VIERZEHN

Nachdem ich die E-Mail abgeschickt hatte, holte ich tief Luft und wandte mich zu meiner halb aufgeräumten Küche, der ungefalteten Wäsche und den zwei Gesichtern um, die lächelnd zu mir aufsahen. *Konzentrier dich auf das Hier und Jetzt. Sei treu im Hier und Jetzt.* Ich hatte getan, was ich konnte. Das war für den Moment alles.

Als Jacob an jenem Abend nach Hause kam, sprachen wir über das, was ich getan hatte. Er atmete tief durch und zog mich an sich.

»Okay«, sagte er ruhig. »Du hast das Richtige gemacht. Was immer daraufhin passiert, wir werden es zusammen durchstehen.«

Ich hatte eine kurze automatische Antwort vom *IndyStar* erhalten, in der mir für meinen Hinweis gedankt wurde. Das war alles. Jetzt konnte ich nur warten. Ich hatte befürchtet, dass es mir schwerfallen würde, an irgendetwas anderes zu denken, aber zwei Tage später nahm tatsächlich ein Ereignis unsere volle Aufmerksamkeit in Anspruch.

Adam, der weitere Gemeindeleiter, den wir um ein Gespräch gebeten hatten, kam endlich auf uns zurück. Er schrieb uns eine E-Mail, um noch für denselben Abend einen Gesprächstermin zu vereinbaren. Irgendetwas schien nicht zu stimmen. Mein Verdacht wurde bestätigt, als wir uns, nachdem wir die Kinder ins Bett gebracht hatten, mit ihm in unser Wohnzimmer setzten. Er erzählte uns, dass die Gemeindeleiter das Gefühl haben würden, von mir hintergangen worden zu sein. Der Grund dafür war, dass ich meine Besorgnis über ihre Unterstützung der *SGC* zum Ausdruck gebracht hatte, nachdem mir von zwei guten Freunden von uns, ebenfalls Gemeindemitglieder, diesbezüglich eine Frage gestellt worden war.

Ich war erstaunt, als Adam – nicht unfreundlich, aber bestimmt – die Position der Gemeinde erklärte: Ich hätte Spaltungen gefördert, indem ich gegenüber anderen Mitgliedern der Versammlung meine Bedenken geäußert hatte. Ich hätte vielleicht noch mit der Frau eines Ältesten reden können, aber weiter hätte ich nicht gehen sollen. »Manche haben ebenfalls Bedenken wegen deiner *Facebook*-Einträge geäußert – sie seien spalterisch.«

»Auf *Facebook* habe ich mich gar nicht über unsere Gemeinde geäußert«, antwortete ich verwirrt. »Ich habe über das Thema ›Missbrauch in der Kirche‹ im Allgemeinen geschrieben.« Bereitwillig bot ich an, ihm alle *Facebook*-Beiträge zu zeigen, darin wurden zahlreiche Organisationen genannt, die in einen Skandal verstrickt waren, und sie bezogen sich eindeutig nur auf die gesellschaftlichen Fragen. Für dieses Thema hatte mich schon eingesetzt, lange bevor unsere Gemeinde zur *SGC* Stellung bezogen hatte.

»Aber du hast über dieses *Thema* geschrieben«, wiederholte er. »Es spielt keine Rolle, ob es um unsere Gemeinde ging oder im allgemeineren Kontext gemeint war. Du hast etwas über Angelegenheiten geschrieben, die auch die *SGC* betreffen, und deine Position weicht von der ab, die die Ältesten bezogen haben.«

Ich öffnete den Mund und schloss ihn wieder, unfähig, die richtigen Worte zu finden. Adams Darstellung der Dinge ließen keine Zweifel offen. »Du darfst das Thema der *SGC* in keinem Kontext diskutieren, in dem ein anderes Mitglied heraushören könnte, dass deine Position von der der Leitung abweicht.« Er hielt inne.

»Rachael … Du musst wissen, dass deine Beiträge bedeutend genug sind, dass wir in unseren Ältestentreffen eine Diskussion darüber hatten«, fuhr Adam fort. »Wir haben sogar darüber diskutiert, ob Jacob weiterhin Kleingruppenleiter sein sollte.«

Wie bitte? Ihr habt über meine Bedenken und die Rolle meines Manns in der Gemeinde diskutiert, ohne jemals mit uns *darüber zu sprechen?* In meinem Kopf drehte sich alles.

»Wenn wir glauben würden, dass es eine absichtliche Vertuschung gab«, sagte ich, »wären wir nicht mehr hier. Wir würden nicht versuchen, mit den Ältesten darüber zu diskutieren. Ich habe E-Mails an die Gemeindemitglieder versandt, die ausdrücklich aussagen, dass wir nicht glauben, dass die Ältesten etwas falsch gemacht haben. Wir glauben nur, dass es einen blinden Fleck gibt.« Ich machte eine Pause. »Du darfst die E-Mails gerne sehen.«

Adam lehnte sich in seinem Stuhl zurück und sah Jacob und mich an. »Warum ist euch das so wichtig? Warum ist das so eine große Sache für euch zwei?«

Ich spürte, wie mir das Herz schwer wurde. Er hatte die richtige Frage gestellt. Niemand sonst hatte sich die Mühe gemacht, zu fragen, *warum* es uns wichtig war. Ich atmete tief durch und erklärte den Schaden, der daraus entstehen konnte, wenn dieses Thema nicht entsprechend ernst genommen wurde.

»Mir liegen die von Missbrauch betroffenen Menschen am Herzen, mir liegt die Gemeinde am Herzen und mir liegt die Integrität des Evangeliums am Herzen. Wenn wir falsch damit umgehen, richtet es furchtbare Schäden an.« Ich war frustriert. Das hatten wir alles schon einmal erklärt.

Adam nickte. »Ist das alles?«

Ich spürte, wie Jacob mich ansah. Wir hatten bereits darüber gesprochen, ob ich von meinen persönlichen Erfahrungen erzählen sollte. Jacob war der Ansicht, dass es helfen könnte, und ich war sicher, dass es das nicht tun würde. »Sie würden sofort annehmen, dass ich meine eigenen Erfahrungen in die Gemeindesituation projiziert habe«, hatte ich Jacob gewarnt. »Jegliche Kommunikation wird dann unmöglich.« Andererseits war Adam derjenige von den Ältesten, dem wir am ehesten zutrauten, möglicherweise eine klare Sicht auf die Dinge zu haben.

»Nein. Das ist nicht alles.« Ich sprach so ruhig, wie ich konnte. »Ich habe persönliche Erfahrungen damit. In meiner damaligen Gemeinde, als ich etwa sieben Jahre alt war – und später noch einmal mit einem Arzt, als ich fünfzehn war. Daher habe ich mich lange Zeit mit diesem Thema auseinandergesetzt.«

Er nickte. »Danke, dass du mir das gesagt hast. Ich werde es vertraulich behandeln, solange du nicht möchtest, dass es die Gemeindeleitung erfährt.«

Daraufhin ebbte unser Gespräch ab. Wir versprachen Adam, dass wir eine Entschuldigung an das gesamte Ältestenteam schreiben würden, und baten ihn, sie bei ihrem nächsten gemeinsamen Treffen abzugeben. Als er gegangen war, saß ich mit dem Kopf in den Händen auf der Couch. Ich ahnte, dass es nicht einfach werden würde.

Noch am selben Abend formulierte ich eine Entschuldigung: Wir verstanden die Sorge der Ältesten und wir wollten sie wissen lassen, dass wir niemandem aus der Gemeinde Sünde, Bosheit oder böse Absicht vorgeworfen hatten. Wir waren traurig über den Schaden, den wir angerichtet hatten, und bestätigten erneut unsere Liebe zur Gemeinde.

Schon am nächsten Tag wurde unser Brief den Ältesten übergeben, worauf wir noch in derselben Woche zu einem weiteren Gespräch geladen wurden – stundenlang saßen wir dort und sprachen mit dreien von ihnen. Sie hatten eine Liste verschiedener Aussagen mitgebracht, die ich angeblich gemacht hatte, und erklärten ihre Beunruhigung. Am Ende stimmten sie zu, dass es sich um ein Missverständnis gehandelt hatte, das durch meine Verwendung des Wortes *ungenau* verursacht worden war. So hatte ich die Einträge überschrieben, die unsere Ältesten veröffentlicht hatten, weil sie tatsächlich so waren – ungenau. Die Ältesten hatten es sogar selbst zugegeben. Ich fühlte mich hilflos.

»Du bist eine sehr intelligente Frau, Rachael«, sagte einer der Leiter. »Es wäre ein Leichtes für dich, Ideen zu verbreiten, ohne dich direkt zu etwas zu äußern. Bist du sicher, dass du deine Kommunikationsfähigkeit nicht genau dafür eingesetzt hast?«

Meine Intelligenz hatte nicht viel gezählt, als ich meine Bedenken geäußert hatte. Hier ging es um eine Verantwortung, nicht um einen Vorteil. »Nein. Natürlich könnte ich das tun, aber ich habe keinen Grund, indirekt zu sein.« Ich dachte an meine E-Mail an den *IndyStar* und was ich würde tun müssen, wenn die Zeitung darauf einging.

Abschließend wurde mir gesagt, dass ich nirgendwo mehr über das Thema *SGC* posten solle und es auch mit niemandem mehr in der Gemeinde oder irgendwo sonst, wo es ein Gottesdienstbesucher sehen oder hören konnte, diskutieren dürfe.

Also löschte ich alle Beiträge auf meiner *Facebook*-Seite, in denen es um die Kirche in Verbindung mit sexuellem Missbrauch ging. Wir wollten nicht die Gemeinde verlieren, in der wir uns inzwischen so zu Hause fühlten.

Jacob wurde zwei Tage später erneut zu einem Treffen gebeten, in dem es diesmal um die Zukunft unserer Kleingruppe ging. Als er nach Hause kam, konnte ich den Schock und die Enttäuschung in seinen Augen sehen.

»Sie lösen unsere Kleingruppe auf«, sagte er.

»Was?«, keuchte ich ungläubig. »Das verstehe ich nicht.« Jacob war bereits nach dem ersten Treffen mit Adam aus seinem Amt als Gruppenleiter enthoben worden. Aber zumindest hatte man uns versichert, dass die Gruppe zusammenbleiben würde.

Ich fühlte mich leer und erinnerte mich daran, wie es gewesen war, meine erste Gemeinde zu verlieren. Meinen Kindern hatte ich nicht das Gleiche antun wollen, aber die Entscheidung war endgültig, unsere Gesuche führten nirgendwohin. Es hieß, dass es niemanden sonst gäbe, der die Kleingruppe würde leiten können. Wir sollten aber noch keinem davon erzählen, einer der Ältesten würde zu einem letzten Kleingruppentreffen dazukommen, um die Entscheidung zu verkünden.

Anscheinend hatte ich zu »schweres Gepäck« geschaffen, um die Gruppe weiter bestehen zu lassen.

Achtundvierzig Stunden später, noch immer vom Verlust unserer Kleingruppe verunsichert, öffnete ich meinen Posteingang.

> Mein Name ist Mark Alesia, einer der Journalisten, die an der Untersuchung von USA Gymnastics gearbeitet haben. Ich hoffe, mit Ihnen über Dr. Nassar sprechen zu können.

Ich erstarrte in einer Mischung aus Unglauben und Angst. Nach zwei Wochen der Stille hatte ich die Hoffnung aufgegeben, aber plötzlich war sie wieder da – es gab noch eine Chance.

> Wir können anfangs inoffiziell darüber sprechen, und Sie entscheiden später, was wir veröffentlichen dürfen – wenn überhaupt.

Ich schätzte seine Vorsicht, doch die Entscheidung war schon gefallen. Gerade war ich dabei, das Abendessen für die Kinder zu richten, und war bereits spät dran. Ich sah mich kurz in der Küche um. *Eine kurze E-Mail ist besser als keine*, entschied ich.

> Ja, ich bin bereit, alles Nötige zu tun. Ich will, dass es aufhört, und wenn das jemals möglich ist, dann jetzt, wo die

> Leute hinsehen und vielleicht eher bereit sind, zu glauben, was sie erfahren.
> Ich lebe in Louisville, Kentucky. Möchten Sie telefonieren oder persönlich mit mir sprechen?

Erschöpft klappte ich den Computer zu. Ich erwartete nicht, vor dem nächsten Arbeitstag noch etwas zu hören, aber gegen dreiundzwanzig Uhr erhielt ich bereits eine Antwort von Mark. – Er wolle gerne nach Louisville kommen, wenn ein vorheriges Telefongespräch gut laufen würde, und fragte mich, ob ich am nächsten Nachmittag telefonieren könne. Und dann schrieb er es.

> Wir haben von noch einer Person gehört, die denselben Mann erwähnte.

Ich war nicht allein. Ich war *nicht allein*.

Nicht nur das, es konnte nun auch möglich sein, die Polizei dazu zu bringen, gegen Larry Nassar zu ermitteln. Ich schnappte mir das Strafgesetzbuch von Michigan und begann nach den Verjährungsfristen zu suchen, die ich zwar bereits überprüft hatte, als mir zum ersten Mal klar wurde, dass ich missbraucht worden war – aber das war lange her. Damals wusste ich noch nicht, dass die Penetration ebenfalls Missbrauch gewesen war, nur beim Begrapschen meiner Brust war ich mir sicher gewesen. Nachdem ich damals die Art von Verbrechen bestimmt hatte, die Larry meines Wissens begangen hatte, begann ich nachzuforschen, wie viel Zeit mir das Gesetz geben würde, um Anzeige zu erstatten. Ich hatte es bald herausgefunden: Es waren zehn Jahre.

Als vor einigen Jahren mein 25. Geburtstag nahte, hing der Stichtag wie eine dunkle Wolke über mir. In der Nacht davor hatte ich wach gelegen und mich gefragt, ob es vielleicht doch irgendeinen

Weg gäbe, dass man mir glauben würde, wenn ich Anzeige erstattete. Aber ich konnte einfach keine Hoffnung sehen. Als ich am nächsten Morgen aufgewacht war, dachte ich nur: *Das war's. Ich habe meine Chance vertan.* Nun konnte ich keine Anzeige mehr erstatten.

Aber jetzt sagte Mark, dass es noch ein anderes Opfer gab. Mein Fall war zu alt, um Anzeige zu erstatten, aber ihrer vielleicht nicht. Vielleicht könnte *sie* Anklage erheben. Ich könnte anbieten, als Zeugin in dem Fall aufzutreten. Ich könnte anbieten, das öffentliche Gesicht zu sein. Mit klopfendem Herzen unterbrach ich meine Recherchen, um eine Antwort an Mark zu schreiben:

> Sagen Sie ihr, dass ich das Risiko auf mich nehmen
> und den Kopf hinhalten werde.

Ich würde den Druck und das öffentliche Risiko auf mich nehmen, wenn dieses zweite Opfer einfach nur Anzeige erstattete. Noch einmal nahm ich das Strafgesetzbuch zur Hand, um nach weiteren Informationen zu suchen, was es beinhaltete, rechtliche Schritte gegen einen Missbrauchstäter einzuleiten.

Dann erstarrte ich. Erst jetzt wurde mir klar, dass ich damals von falschen Tatsachen ausgegangen war. Larrys Missbrauch war so viel mehr als »nur« Grapschen gewesen, auch die Penetration war ein sexueller Übergriff und machte den Fall zu einem Missbrauch ersten Grades. Das hatte ich im Laufe der Jahre begriffen, aber seitdem die Verjährungsfristen nicht mehr überprüft. In einem solchen Fall gab es keine zeitliche Begrenzung mehr! Diese Änderung war zwar nach meinem letzten Termin bei Larry vorgenommen worden, aber lange bevor die zehn Jahre abgelaufen waren, die ich gehabt hätte, um Anzeige zu erstatten. Schnell überflog ich den Text. Ich musste wissen, ob mein Fall unter das neue oder das alte Gesetz fiel.

Womöglich kann ich immer noch Anzeige erstatten? Hoffnung keimte in mir auf. Ich wollte es nicht tun – ich hasste die Vorstellung –, aber wenn ich es *könnte*, wäre niemand anderes gezwungen, diese Entscheidung zu treffen. Ich würde es selbst tun.

Um sicher herauszufinden, wie das Gericht dieses Gesetz interpretierte, brauchte ich einen Zugang zu den Recherchesystemen, die für die Überprüfung von Gerichtsverfahren nötig waren. Da ich diesen nicht mehr hatte, würde ich jemanden um Hilfe bitten müssen, der die Daten dafür besaß.

In jener Nacht schrieb ich bis fast zwei Uhr morgens an meiner E-Mail an Mark. Ich hatte bereits alle Möglichkeiten, die mir einfielen, ausprobiert, um Antworten zu finden. Nachdem ich die Uhrzeit für unser Telefonat am nächsten Nachmittag bestätigt hatte, schrieb ich:

Ja, auch zu einem persönlichen Treffen bin ich bereit.
Ich werde alles tun, was nötig ist.

Am nächsten Tag saß ich pünktlich zur abgemachten Uhrzeit in einem Schaukelstuhl im Kinderzimmer – dem abgeschiedensten Raum in unserem kleinen Haus –, während Jacob mir gegenüber auf dem Kinderbett saß. Meine Eltern waren gerade da und hatten angeboten, nach den Kleinen zu sehen.

Als das Telefon endlich klingelte, sprang mir das Herz förmlich aus der Brust.

»Hallo Rachael. Vielen Dank, dass Sie mit mir sprechen.« Marks Stimme war freundlich. »Was können Sie mir erzählen?«

Ich beugte mich vor, ballte meine Hände zu Fäusten und legte los. *Klar und deutlich. Jedes Detail. Sachlich. Präzise.* Ich musste so genau wie möglich sein. Während ich erzählte, was geschehen war, sah ich zu Jacob auf und mir wurde klar, dass es das erste

Mal überhaupt war, dass ich jemandem den Missbrauch beschrieb. Jacob hatte diese Details nie gehört, sogar meine Mutter wusste manches davon nicht, ich hatte es nie in Worte gefasst.

Danach ging ich mit Mark all das durch, von dem wir ausgehen konnten und mit was wir rechnen mussten: meine vorherigen Offenlegungen; was meine Krankenakten zeigten und was nicht; die Aussagen beider Therapeutinnen, mit denen meine Mutter und ich vor Jahren gesprochen hatten; die Möglichkeit, dass ich eine Strafanzeige erstatten konnte; wie der rechtliche Status war; die Fragen, auf die ich noch Antworten brauchte, zum Beispiel, wie Larry Nassar vermutlich reagieren würde. Ich erzählte Mark von dem Status, den Larry innehatte, und dass *USAG* und die Universität von Michigan viele Gründe hatten, sicherzustellen, dass diese Geschichte nie ans Licht kommen würde. Zum Schluss schätzte ich, wie viele Opfer es vermutlich gab – Hunderte, wenn nicht mehr. *Jedes Detail. Endlich.* Ich hörte, wie Mark tief Luft holte.

»Es tut mir so leid.« Er hielt inne. »Ihre Geschichte ist dem sehr ähnlich, was die andere Frau gemeldet hat. Vielleicht können wir etwas damit anfangen. Ihre Stimme zählt, und diese Sache ist sehr wichtig, Rachael.«

Ich glaubte ihm. Und was noch wichtiger war: Er glaubte mir.

»Schauen Sie sich unseren Artikel über Becca Seaborn[8] an«, ermutigte er mich. »Sie wurde von ihrem Trainer missbraucht und war eines der ersten Opfer, mit denen ich gesprochen habe. Becca half dabei, diese ganze Untersuchung gegen *USAG* möglich zu machen. Schauen Sie sich an, wie ihre Geschichte gehandhabt wurde, und überlegen Sie, was für Sie in Ordnung sein könnte. Wir werden Ihre Entscheidungen in jedem Fall respektieren.«

Ich nickte erneut, wusste aber bereits ganz genau, wie ich vorgehen wollte.

»Ich werde alles tun, was nötig ist, Mark. Wann können Sie herkommen?«

Wir vereinbarten einen vorläufigen Termin in der darauffolgenden Woche, bei dem Mark meine Unterlagen überprüfen, ein Interview aufnehmen und Fotos machen wollte. Als wir aufgelegt hatten, kam Jacob zu mir herüber und quetschte sich neben mich auf den Schaukelstuhl. Ich hielt meinen Blick gesenkt, als er mich nah an sich heranzog – jeder Muskel meines Körpers noch immer steif vor Anspannung.

»Es tut mir so leid, Schatz«, flüsterte er. Er griff in Annalieses Wiege neben dem Stuhl, holte eine Decke heraus und wickelte mich darin ein. So saßen wir da, bis das Zittern aufhörte. Aber das brennende Gefühl in meinem Magen blieb.

Immerhin hatte ich eine Familie, um die ich mich kümmern musste. Ich musste Abendessen machen, Bücher vorlesen und Gute-Nacht-Umarmungen verteilen. Also verließen wir den Raum und tauchten in den Lärm, das Chaos und das Lachen von drei energiegeladenen Kindern ein. In den nächsten beiden Stunden konzentrierten wir uns auf das Hier und Jetzt.

Als die Kleinen im Bett lagen, ging ich nach draußen, setzte mich auf unsere Veranda und rief Keith an, meinen Sonntagsschullehrer in der dritten Klasse. Er war ein Freund der Familie und jemand, dem ich vertraute. Zufällig arbeitete er als stellvertretender Staatsanwalt in einem Bezirk nahe meiner Heimatstadt. Wenn es eine Person gab, die ich im Vertrauen um juristischen Beistand bitten konnte, dann er. Ich wählte seine Nummer und wartete, im Stillen flehend, dass er zu Hause war. Ich war mir nicht sicher, ob ich noch mehr Spannung ertragen konnte. Endlich ging er ans Telefon, doch als ich zu sprechen begann, spürte ich, dass ich heute Abend keine weitere Enthüllung mehr verkraften würde. Ich bat ihn für »jemanden, den ich kenne« um Hilfe, und erklärte ihm die Situation.

Nach einer kurzen Pause sagte Keith: »Ich will ganz sicher sein, dass meine Antwort richtig ist. Lass mich morgen die Rechtsprechung in vergleichbaren Fällen für dich überprüfen, dann melde ich mich so schnell wie möglich wieder bei dir.«

Ich dankte ihm und wir legten auf. Einige Augenblicke später kam Jacob heraus und setzte sich neben mich.

»Lass uns darüber beten«, sagte er leise und nahm meine Hand in seine. Aber alles, was ich herausbekam, war ein geflüstertes: »Bitte, hilf mir.«

Wir standen auf, um ins Haus zu gehen. »Was sollen wir wegen der Gemeinde tun?«, fragte ich.

Jacob senkte den Kopf und seufzte. »Eins nach dem anderen, Schatz. Lass uns einfach eins nach dem anderen bewältigen.«

Ich versuchte es, aber es geschah eben nicht immer nur eine Sache nach der anderen. Ich wusste nicht, wie viel mehr ich noch ertragen konnte.

Den nächsten Tag verbrachte ich abwechselnd damit, Beweise zu sammeln und meine täglichen Aufgaben zu erledigen. Ich nahm die Krankenakte zur Hand, die meine Mutter über ein Jahrzehnt zuvor in weiser Voraussicht angefordert und bei ihrem letzten Besuch mitgebracht hatte. Ich überflog die Aufzeichnungen, verglich sie mit aktuellen und älteren medizinischen Artikeln über Beckenbodentherapie, hielt Mark per E-Mail auf dem Laufenden und wagte dann einen weiteren Schuss ins Blaue. Ich rief die Physiotherapeutin an, zu der ich während meiner letzten Schwangerschaft vor einem Jahr gegangen war. Sie war auf Schmerzen im unteren Rücken- und Beckenbereich spezialisiert und einer der Schwerpunkte ihrer Praxis bezog sich auf Beckenbodentherapie.

Wie erkläre ich das der Arzthelferin am Telefon und stelle sicher, dass ich zurückgerufen werde?, fragte ich mich, als ich das Freizeichen hörte. Ich schloss erschöpft die Augen. *Sag es einfach. Du musst Antworten bekommen. Sag es einfach.*

»Ähm … ich habe eine spezielle, sehr persönliche Frage«, antwortete ich auf das fröhliche »Was kann ich für Sie tun?« der Arzthelferin.

Es funktionierte. Kurz darauf rief mich meine Physiotherapeutin zurück, und ich erklärte ihr meine Lage. »Ich muss sehr genau sein, wenn ich Anzeige erstatte«, sagte ich. »Darf ich Ihnen kurz beschreiben, was geschehen ist, und einfach Ihre Meinung dazu hören?«

Sie stimmte bereitwillig zu, und ich legte los. Jedes Detail, jede Bewegung.

»Es tut mir so leid«, sagte sie, als ich fertig war. »Nichts von dem, was Sie beschrieben haben, ähnelt irgendwelchen legitimen medizinischen Techniken.« Sie nannte jede Diskrepanz, die auch ich bereits gefunden hatte. Die falschen Finger. Die falschen Bewegungen. Keine Handschuhe. Was Larry tat, war … war *nichts*. Jedenfalls nichts Medizinisches. »Nein, da haben Sie völlig recht mit Ihrer Annahme. Das war in keiner Weise eine medizinische Behandlung.«

Es war die Antwort, die ich zwar nicht hören wollte, aber dringend brauchte. Ich dankte ihr und verließ das Schlafzimmer gerade, als Jacob zu einem Kurs aufbrechen musste. Als er gegangen war, versuchte ich, die Erinnerungen beiseitezuschieben und mich auf unsere Kleinen zu konzentrieren, die so viel Aufmerksamkeit brauchten. Doch ich fühlte mich, als hinge ein Gewicht um mein Herz, das immer schwerer wurde.

Am nächsten Morgen erhielt ich eine E-Mail von Keith. Sie enthielt zahlreiche frühere Gerichtsurteile und Orientierungssätze sowie die Schlussfolgerung, auf die ich gewartet hatte.

Die Tat ist nicht verjährt. Sie kann strafrechtlich verfolgt werden.

Mit anderen Worten: Obwohl das neue Gesetz zu der Zeit noch nicht erlassen war, als ich zu Larry ging, konnte der Missbrauch, den er begangen hatte, strafrechtlich verfolgt werden, weil die Frist bei Eintritt des neuen Gesetzes noch nicht abgelaufen war. Das bedeutete: Ich konnte immer noch Anklage gegen ihn erheben! Schnell beschäftigte ich die Kinder mit leisen Spielsachen und einem Hörbuch. Noch auf dem Weg ins Schlafzimmer wählte ich Keiths Nummer.

»Ich bin's«, sagte ich, als er ans Telefon ging. »Der Fall, um den es geht, … es ist mein eigener. Ich muss wissen, ob eine Chance besteht, dass ein Staatsanwalt ihn übernimmt. Kann ich mit dir die Gesetze und Beweise durchgehen und deine Meinung dazu hören?«

Dann ging ich zum zweiten Mal an diesem Tag alles durch – jedes Detail, das auf sexuellen Missbrauch ersten Grades hinwies.

»Wir werden nur eine Chance bekommen«, warnte ich ihn. »Wenn die Sache begraben wird, weiß er, dass er nicht erwischt werden kann. Ich will das Ganze nicht ins Rollen bringen, wenn ich nicht sicher weiß, dass der Fall eine Erfolgschance hat. Was würdest du tun, Keith?«

Er schwieg einen Moment. Dann sagte er, was wir beide wussten: »Die Erfolgschancen stehen nicht sehr gut. Diese Fälle sind an sich schon schwer genug zu verfolgen, und der Prozess wird sehr schwierig für dich sein. Aber wenn ich du wäre, … ich würde es darauf ankommen lassen. Ich würde es versuchen.« Ohne zu zögern, fügte er hinzu: »Und ich werde alles in meiner Macht Stehende tun, um dir zu helfen.«

Am liebsten hätte ich geweint. Damals hatte ich zu viel Angst gehabt, irgendwen zu bitten, sich mit mir in dieses Chaos zu stürzen. Ich wusste ja, was wahrscheinlich auf mich zukommen würde. Vor allem wollte ich niemanden bitten, seinen Ruf oder seine Referenzen für einen so riskanten Fall wie diesen aufs Spiel zu setzen. Und dennoch hatte ich mir verzweifelt gewünscht, dass jemand genau das tun würde.

»Wenn der Fall vor Gericht kommt«, fuhr Keith fort, »bin ich auf jeden Fall bereit, als Charakterzeuge für dich auszusagen. Ich werde einen Brief schreiben, um für deinen Charakter zu bürgen und die Ermittler zu bitten, diese Angelegenheit ernst zu nehmen. Du kannst ihn direkt mit zur Polizei nehmen, wenn du Anzeige erstattest.« Er hielt erneut inne. »Gerechtigkeit ist Gottes Werk, Rachael. Ich werde mit dir beten, dass du Gerechtigkeit findest – so vollständig, wie es hier auf der Erde möglich ist.«

FÜNFZEHN

Die nächsten Tage verbrachte ich damit, die Beweise für meinen Fall zusammenzustellen. Wenn ich nicht gerade Windeln wechselte, Geschirr spülte oder meinen Kindern Gute-Nacht-Geschichten erzählte, vertiefte ich mich in Rechtsfälle, Krankenakten, Listen von Kontaktpersonen und medizinische Nachforschungen, die ich katalogisieren musste. Ich war entschlossen, eine möglichst vollständige Fallakte zusammenzustellen.

Immer, wenn das Baby endlich schlief und Annaliese und Jonathan mit einem Hörbuch beschäftigt waren, wechselte ich aus dem Mama-Modus in den einer Anwältin und begann, Anrufe zu tätigen. Es bestand vielleicht die Möglichkeit, die erste Anzeige in Kentucky zu erstatten. Die örtliche Polizei würde dann mit den Beamten in Michigan zusammenarbeiten, um den Ball ins Rollen zu bringen. Es wäre die schnellste Vorgehensweise, wenn die Polizeibehörden bereit waren, sich aufeinander abzustimmen.

Als es so weit war, wurde ich zuerst in Kentucky und dann in Michigan von einer Behörde an die nächste verwiesen. Es war zum Verzweifeln, wir konnten einfach nicht in Erfahrung bringen, wer für die Untersuchung des Falls zuständig war.

»Ich rufe an, um nachträglich einen sexuellen Übergriff anzuzeigen«, wiederholte ich immer wieder, wenn ein weiterer Beamter meinen Anruf entgegennahm. Jedes Mal gefolgt von einer Welle aus Übelkeit und Angst, da ich wusste, dass mir, sollte ich endlich die richtige Abteilung gefunden haben, unmittelbar ein schmerzhaftes Gespräch bevorstand. Jedes Mal hinterließ ich eine Nachricht und wartete dann vergeblich auf den Rückruf. Die letzte Nachricht, bevor Mark Alesia mit seinem Kameramann Robert Scheer vor unserer Haustür stand, hinterließ ich bei einer weiteren

Polizeidienststelle in Michigan, und so hatte ich noch immer keine Antwort auf die Frage, an wen ich die Fallakte adressieren konnte, die ich gerade zusammenstellte.

Wenn ich nicht gerade mit Anrufen und Nachforschungen beschäftigt war, Beweise sammelte oder mich bemühte, meinen normalen Alltag als Mutter zu bewältigen, zerbrach ich mir den Kopf und plante akribisch, welche Details der *IndyStar* veröffentlichen sollte. Oft genug hatte ich gesehen, wie Anschuldigungen vertuscht oder ignoriert worden waren. Ich wusste also, was es bedeutete, an die Öffentlichkeit zu gehen. Zum einen würde ich mein Trauma in Worte fassen und den letzten Rest meiner Privatsphäre preisgeben müssen – schließlich würden diese Details für immer da draußen sein. Und zum anderen musste ich mit dem Vorwurf rechnen, nur auf Ruhm oder Geld aus zu sein.

Sosehr ich mich auch bemühte, meine Gefühle in Schach zu halten, während ich mich auf den Fall konzentrierte und versuchte, jeden Schritt vorauszuahnen, den Larry unternehmen könnte, um meine Bemühungen scheitern zu lassen – der Stress, meinen Missbrauch jeden Tag neu zu durchleben und zu wissen, was meiner Familie bevorstand, forderte seinen Tribut. In der Woche zwischen meinem ersten Telefongespräch und dem gefilmten Interview mit Mark verringerte sich mein Gewicht auf schlappe fünfundvierzig Kilo. Durch die konstanten Bauchschmerzen und den Stress nahm ich innerhalb von sechs Tagen fast fünf Kilo ab.

Aber ich wusste, was ich zu tun hatte. Ich wusste, dass Larry nicht gezwungen wäre, sich öffentlich dazu zu äußern, wenn ich keine expliziten Details preisgeben würde; und er *musste* einfach reagieren. Ich war absolut sicher, dass das nur erreicht werden konnte, wenn man ihn da traf, wo er am selbstsichersten war – im Licht der Öffentlichkeit. Und man musste es tun, ohne mit der Wimper zu zucken. Ich musste genügend Details preisgeben, damit andere Opfer, die meine Geschichte hörten, begreifen würden, dass das, was sie erlebt hatten, keine medizinische Behandlung war. Sie mussten meine Worte hören und erkennen: Moment mal … das ist auch mir passiert. Ebenso wichtig war für mich, dass die Institutionen, die Larry umgaben und ihn zweifellos jahrelang beschützt hatten, schnell öffentlichem Druck ausgesetzt wurden. Sie mussten ins Visier der Öffentlichkeit geraten, damit die Vorwürfe nicht erneut zurückgewiesen und begraben werden konnten.

Jeden kleinsten Aspekt meines Aussehens hatte ich bereits kritisch beurteilt, sogar meine Kleidung. Ich nahm an, dass Larry Anwälte einstellen würde, die versuchen würden, alles, was ich tat, gegen mich zu verwenden. Ich erwartete den Vorwurf, dass ich als Anwältin meine juristische Ausbildung dazu genutzt hätte, eine Geschichte zu fabrizieren oder Fakten zu verfälschen, um die gesetzlichen Anforderungen zu erfüllen. Ebenso wichtig war es mir, für die anderen Opfer zugänglich zu wirken. Ich wollte ihnen zeigen, dass ich die Verwirrung und den Schmerz verstand, die sie vermutlich genauso empfanden wie ich.

Nicht zu streng oder professionell … zugänglich. Ich übersprang die Hosenanzüge. Andererseits musste ich zeigen, dass ich wusste, wovon ich sprach. Und ich wollte ein hohes Maß an Kompetenz und Beharrlichkeit ausstrahlen. Ich musste Nassar und den Institutionen, die ihn umgaben, klarmachen, dass meine Anschuldigungen glaubwürdig waren, professionell gehandhabt wurden und nicht so leicht abgewiesen werden konnten. Also keine Jeans oder Freizeitkleidung. Ich hängte den grauen Blazer, der zu meinem Bleistiftrock passte, zurück und kombinierte den Rock stattdessen mit einer weichen Spitzenbluse. Es war absurd, überlegen zu müssen, wie meine Kleiderwahl analysiert werden würde, wenn ich an die Öffentlichkeit ging. Doch leider war das die unfreiwillige Realität.

Als Mark und Robert eintrafen, hatte ich entschieden, welche Einzelheiten preisgegeben werden sollten und wie. Ich hatte jedes Detail zu einem bestimmten Zweck ausgewählt und entsprechend formuliert. Meine Eltern hatten die Kinder auf einen Tagesausflug mitgenommen, sodass wir genügend Zeit und Raum hatten. Sogar meine Schwester war gekommen, um mich zu schminken, jetzt waren nur noch Jacob und ich zu Hause.

»Hast du Angst, dass du weinen musst?«, hatte Jacob mich noch gefragt, als wir auf Mark und Robert warteten.

Ich schüttelte den Kopf. »Nein. Ich darf nicht weinen, also werde ich es auch nicht tun.« Ich wusste, wie ich beurteilt werden würde, wenn ich weinte. Man würde mich als übermäßig emotionale Person sehen, die versuchte, die Situation zu manipulieren. Oder als Person, die zu instabil war, um glaubwürdig zu sein. Beides musste ich nach allen Kräften vermeiden. Da ich schon als kleines Kind missbraucht worden war, wäre die Behauptung, dass ich meinen ersten Missbrauch auf eine unschuldige Person projiziert hatte, eine schnelle Angriffslinie. *Nein. Keine Tränen erlaubt. Punkt.* Zugleich wusste ich jedoch, dass ich ebenfalls angegriffen werden würde, wenn ich *keine* Emotionen zeigte. Dann würde man mir vorwerfen, dass ich nicht »aussah« wie ein Missbrauchsopfer – weil ich keinen »echten« Schmerz zeigte. Wenn ich nicht weinte, würden die Leute vielleicht denken, dass meine Geschichte frei erfunden war. Allein um gehört zu werden, haben Missbrauchsopfer oft Situationen zu bewältigen, in denen sie gar nicht gewinnen können. Das wusste ich nur zu gut. Wer weint, wird angegriffen, wer nicht weint, ebenfalls. Wer zu gebildet ist, ist schlau genug, um zu manipulieren (selbst in meiner eigenen Gemeinde war mir dieser Vorwurf nicht erspart geblieben) – wer hingegen aus schwierigen Verhältnissen kommt, wird oft als »diese Art von Mensch« abgestempelt, die nur auf

Aufmerksamkeit oder schnelles Geld aus ist. Jeder Blick, jedes Wort, jede Eigenheit, jede unterstellte Tatsache konnte und würde genauestens untersucht, infrage gestellt und gegen mich verwendet werden, um mich in irgendeiner Weise in Verruf zu bringen. Die Körperschaft, die hinter Larry stand, würde sofort angreifen. Und sicherlich hatte Larry alle Mittel, Anwälte einzustellen, die diese Art der Beeinflussung und Gedankenmanipulation absolut beherrschten. Also musste ich sowohl kurz- als auch langfristig denken. Ich wanderte auf schmalem Grat.

»Sie sind hier«, sagte Jacob mit ruhiger Stimme, als er einen Blick aus dem Fenster warf. Ich atmete tief durch, öffnete die Tür und lächelte Mark und Robert entgegen, die den Gehweg heraufkamen. *Mach deinen Job, mach ihn gut. Kein Bedauern. Sammle die Scherben später auf.* Ich gab ihnen die Hand und führte sie, ihre Kameraausrüstung im Schlepptau, ins Wohnzimmer.

Robert begutachtete die Lichtverhältnisse. »Bauen Sie auf, wo Sie wollen«, erinnerte ihn Jacob. »Wir wissen, dass es nicht der beste Hintergrund ist.«

Mark kam direkt zur Sache, aber er tat es sehr freundlich.

»Wir haben noch einmal von dem anderen Opfer gehört«, sagte er. »Sie wird eine Zivilklage einreichen.«

Oh!, dachte ich überrascht. »Das ist gut. Das ist wirklich gut. Es wird dem Ganzen mehr rechtliches Gewicht verleihen. Wann wird sie sie einreichen? Weiß Larry bereits davon?«, platzte ich heraus.

Mark schüttelte den Kopf und teilte mir mit, dass die Klage noch nicht eingereicht worden war. Aber sie sei in Arbeit. »Sie wird auf jeden Fall fürs Erste anonym bleiben«, bestätigte er, »aber diese Klage wird uns einen Schritt weiterbringen.«

Ich nickte. Mark erzählte mir, dass sie eine Spitzenturnerin war – eine Olympionikin. So viel würde auch in der Zivilklage stehen. Sie tat mir leid, da ich genau wusste, was auf sie zukommen würde.

»Ich bin wirklich froh, dass sie die Freiheit hat, anonym zu bleiben«, sagte ich. Ich wusste, dass die Gegenreaktion der Turnergemeinschaft heftig sein würde. Da sie in der Sportwelt bekannt sein musste, hatte sie mehr zu verlieren, wenn ihre Klage keinen Erfolg hatte. »Ich bin so dankbar, dass sie überhaupt bereit ist, etwas zu sagen.«

Mark nickte. »Es wird hart werden. Und es muss noch viel passieren, bevor wir es in den Druck schaffen. Ich kann also nichts versprechen, aber das hier wird helfen.« Er hielt inne. Der Grund für unsere Unterhaltung fühlte sich wie der sprichwörtliche Elefant im Porzellanladen an. Ich war mir nicht sicher, was schlimmer war, erst drum herumzureden oder direkt auf den Punkt zu kommen.

»Haben Sie darüber nachgedacht, womit Sie sich noch wohlfühlen?«, fragte er mit einer Kopfbewegung in die Richtung von Robert, der gerade die Filmausrüstung aufbaute.

Ich lachte. *Mich wohlfühle? Äh … mit nichts? Gar nichts davon will ich öffentlich machen.* Aber ich wusste, was er meinte.

»Alles«, antwortete ich laut. »Alles muss öffentlich sein. Die anderen Opfer werden sich nicht trauen, sich zu melden, wenn sie nicht einen Namen und ein Gesicht haben – wenn sie nicht wissen, dass jemand da draußen ihnen glaubt und versteht, was sie durchgemacht haben.«

Mark hielt erneut inne. »Okay. Sie wissen, dass das Ihre Entscheidung ist. Wenn Sie es sich anders überlegen, werden wir das natürlich respektieren.«

Ich lächelte ein wenig. Das wusste ich. Ich hatte nachgeforscht, wie sie die *USAG*-Story und andere Angelegenheiten gehandhabt hatten, und ich vertraute darauf, dass mein Fall bei ihnen in guten Händen war.

»Ich weiß das zu schätzen, aber ich habe nicht wirklich eine Wahl. Es *muss* auf diese Weise getan werden, das hatte ich immer gewusst. Jetzt bin ich einfach nur dankbar, dass jemand zuhört.«

Ich holte die Krankenakte hervor, die alle Aufzeichnungen aus meiner Zeit bei Larry enthielt. Wieder war ich dankbar, dass meine Mutter die Voraussicht gehabt hatte, sie für genau diese Chance zur Hand zu haben: um zu reden und gehört zu werden.

»Die Aufzeichnungen sind hier«, sagte ich und legte die Akte auf den Tisch. »Wie gesagt dürfen Sie sie gerne abfotografieren, oder wir lassen Kopien davon machen.« Robert kam herüber und begann, jede Seite abzufotografieren, während Mark und ich meine Situation besprachen.

»Ich habe inzwischen die Bestätigung, dass ich noch Anzeige erstatten kann«, erklärte ich, »deshalb muss ich die Originale selbst behalten. Aber wir werden auch alles Nötige tun, um Ihnen all das zukommen zu lassen, was Sie für den Artikel brauchen.«

Mark hob die Augenbrauen. »Werden Sie Anzeige erstatten?«

»Auf jeden Fall«, antwortete ich nachdrücklich. »Eine Anzeige ist die einzige Möglichkeit, ihn wirklich daran zu hindern, weiterhin Mädchen zu missbrauchen. Ich habe inzwischen bei verschiedenen Polizeidienststellen angerufen, zuletzt in Michigan. Wir warten nur auf die Bestätigung, *wo* wir die Anzeige erstatten müssen, dann werden wir sofort hinfahren.«

Mark nickte. »Das wäre gewaltig. Aber ein langwieriger Prozess.«

»Ich rechne mit etwa fünf Jahren mit den Berufungen – wenn es einigermaßen gut läuft«, bestätigte ich. »Und wahrscheinlich gibt es anschließend alle paar Jahre Bewährungsanhörungen. Es ist eine langfristige Verpflichtung, aber auch eine Chance, und dafür lohnt es sich.« Nachdem Robert die komplette Krankenakte abfotografiert hatte, beschrieb ich die Recherchen, die ich bisher durchgeführt hatte, und erklärte die Gesetzeslage in Michigan. Dann endlich setzten wir uns zum Interview vor die Kamera.

»Lasst uns mit einem einfachen Soundcheck beginnen«, schlug Robert vor, nachdem er ein wenig am Kamerafokus herumgespielt hatte. »Sagen Sie etwas, irgendwas.«

Ich zögerte ein wenig und lachte leise, plötzlich unsicher, was ich sagen sollte.

»Sagen Sie einfach das Alphabet für mich auf«, sagte er lächelnd, und ich begann in einem amüsierten Tonfall:

»A, B, C …«

Nach ein paar weiteren Buchstaben hob er die Hand. »Alles klar, ich bin so weit.«

Dann begann Mark, mir die Grundlagen zu erklären – wohin ich schauen sollte und wie ich ihnen Bescheid geben konnte, wenn ich eine Antwort ändern oder etwas anders formulieren wollte. »Nur die Ruhe«, erinnerte er mich. Dann nickte er Robert zu und begann mit der Aufnahme. Ich holte tief Luft. *Kein Bedauern. Gib alles, was du kannst. Sammle die Scherben später auf.* Dann begann ich, meine Geschichte zu erzählen.

Marks erste Fragen waren einfache Konversation – wo ich aufgewachsen war, wann ich mit dem Turnen angefangen hatte, wann und warum ich zum ersten Mal zu Larry gegangen war. Es waren offene Fragen, die mir Raum gaben, die Dynamiken und Hintergründe zu beschreiben, die nötig waren, um meine Geschichte zu verstehen.

»Erzählen Sie mir von Larry. Können Sie ihn mir beschreiben?«

Ich dachte an die eng geknüpfte Turnergemeinschaft. Die Geschichten, die wir uns alle über Larry erzählt hatten. Die Videos und Fotos davon, wie er Kerry Strug bei den Olympischen Spielen von 1996 von der Matte half. Seine Bereitschaft, uns zu helfen und sich um uns zu kümmern. Um den Missbrauch zu verstehen, mussten die Leute begreifen, wie berühmt Larry in unseren Kreisen war. Sie mussten sehen, wie Larry unsere Bewunderung und unser Vertrauen gewonnen hatte. Sie mussten erkennen, wie schwierig es für die Opfer war, gegen ihn auszusagen.

Die Turnergemeinschaft *USAG* und Larrys Verteidiger würden mich sicherlich zuerst fragen, warum ich nicht früher etwas gesagt hatte. Ich wusste, dass es in diesem Interview nicht nur um Fakten ging; es ging darum, der Gesellschaft verständlich zu machen, was mit »Manipulation« gemeint war. Es ging darum, der Annahme entgegenzuwirken, dass Opfer automatisch den Mund aufmachen, wenn sie missbraucht worden sind. Und es ging darum, den Betroffenen, die das Interview sehen würden, zu vermitteln, dass ich Verständnis hatte. Ich wusste, wie es sich anfühlte, Larry zu vertrauen. Ich wusste, wie es sich anfühlte, wenn die eigene Welt auf den Kopf gestellt wurde. Ich würde den anderen Opfern zuhören und sie verstehen. Jacob hatte recht. Ich konnte es. Ich hatte es gelernt und selbst unterrichtet.

Wie oft in den letzten zehn Jahren hatte ich meinen Schülern im Anwaltskurs gesagt: »Es ist ein Gespräch. Ihr führt ein professionelles Gespräch mit einem Richter.« Ich legte meine Hände entspannt und offen in den Schoß und erinnerte mich an meine eigenen Anweisungen. »Stellt euch aufrecht und professionell hin, aber bleibt entspannt und ruhig. Sprecht respektvoll und zugänglich. Sorgt dafür, dass sie euch zuhören wollen. Macht es ihnen leicht, ihre Meinung zu ändern.«

Ich hatte meinen Schülern beigebracht, was ich im Jurastudium gelernt hatte – wie man riesige Informationsmengen zusammenfasst und sie auf treffende, einprägsame Stichwörter herunterbricht, wie man Schlüsselwörter verwendet, um einen Leitfaden vorzugeben, wie man das Gesetz und die Schlussfolgerung reflektiert, zu der das Publikum gelangen sollte, und wie man seine Botschaft ins Gedächtnis eines Richters einprägt, sodass ihm das Thema selbst dann noch deutlich in Erinnerung bleibt, wenn die mündliche Argumentation abgeschlossen ist. Ich hatte erklärt, wie man Wörter als Aufhänger nutzte, damit die Geschworenen oder der Richter bestimmte Informationen besser in Erinnerung rufen konnten, wenn die entsprechenden Begriffe fielen. Im optimalen Fall sollten diese Wörter auch im Gesetz zu finden sein. Außerdem hatte ich meinen Schülern beigebracht, wie sie erkannten, wo die Schwächen ihres Falls lagen, welche Argumente sie möglicherweise von den Anwälten der Gegenpartei hören würden und wie sie diese Informationen nutzen konnten, um potenziellen Problemen bereits vorher entgegenzuwirken. Nicht zuletzt hatte ich ihnen erklärt, wie man Fragen beantwortet. »Ihr müsst das eigentliche Anliegen hinter der gestellten Frage erkennen – sehen, wo das gedankliche Problem ist. Dann müsst ihr klar und präzise antworten und dabei auf das Anliegen *hinter der Frage* eingehen.«

Eines betonte ich vor meinen Schülern wieder und wieder: »Ihr müsst eure Themen und Schlüsselwörter, Eselsbrücken und Leitfäden griffbereit abrufen können, wenn ihr antwortet. Führt eure Zuhörer durch die Informationen, sodass sie die Antwort auf ihre Frage nicht nur hören, sondern auch verstehen. Gebt euren Zuhörern die Mittel und Wörter, die sie brauchen, um ihre Einwände zu beantworten.«

Genauso oft erinnerte ich sie daran, ihre unmittelbaren und endgültigen Ziele ins Gleichgewicht zu bringen. »Ihr müsst die Frage beantworten, die euch gestellt wird. Ihr müsst das eigentliche Problem sehen, das der Richter zum Ausdruck bringt und das ihn davon abhält, zur richtigen Schlussfolgerung zu kommen. Es gibt immer ein unmittelbares Ziel. Aber ihr müsst auch berücksichtigen, wie diese Frage und eure Antwort mit der Schlussfolgerung zusammenhängen, zu der der Richter kommen soll.« Ich wollte ihnen verständlich machen, dass sie auf das vorliegende Problem eingehen und dann nahtlos zur übergeordneten Argumentation übergehen sollten, um ihre Zuhörer näher an das endgültige Ziel zu bringen.

Und nun war ich an der Reihe.

Während der anfänglichen Fragen des Interviews versuchte ich mich zu entspannen und verließ mich auf das, was ich gelernt hatte. Das Fundament hatte ich bereits gelegt – ich hatte die Fakten aus meinem eigenen Fall herausgearbeitet und auf Themen, Schlüsselwörter und Ideen reduziert. Das diente dazu, die rechtlichen Elemente der Straftat zu reflektieren, allgemeine Missverständnisse auszuräumen und jedem, der die Geschichte hörte, die Dynamiken von sexuellem Missbrauch verständlich zu machen. Nun musste ich das Ganze nur noch vortragen. Ein Großteil des Interviews würde gedruckt werden und nur ein kleiner Teil ins Video kommen. Dennoch war jedes Wort wichtig. Jede Bewegung, jeder Gesichtsausdruck, mein Tonfall, meine Körpersprache – alles vermittelte etwas. Und ich wollte, dass alles zusammen das Richtige vermittelte.

»Können Sie mir etwas über Larry erzählen?«

Ich antwortete mit einem Lächeln. »Jede Turnerin weiß, wer Dr. Nassar ist.« *Lass die Opfer wissen, dass du eine von ihnen bist. Du verstehst die Dynamiken. Wir sprechen die gleiche Sprache.* »Er ist kein gewöhnlicher Sportmediziner«, fuhr ich fort. *Die Gesellschaft außerhalb der Turnerwelt muss verstehen, warum ein Opfer es niemals wagen würde, etwas gegen ihn zu sagen. Er ist mächtig und von mächtigen Leuten umgeben.* »Er ist sehr sympathisch und gesprächig. Sehr herzlich. Sehr fürsorglich.«[9] *Gib Hinweise auf die Manipulation. Anwälte und Ermittler werden es erkennen. Die Opfer werden wissen, dass du sie verstehst. Greif ihn nicht direkt an. Angriff führt nur dazu, dass er sich verschließt. Sprich von den Dynamiken.* »Er ist der Typ Mensch, der weiß, wie er andere dazu bringt, ihm vertrauen zu wollen. Es gibt einen Grund dafür, dass er so bekannt geworden ist.«

Ich betonte bewusst diesen letzten Satz. *Er weiß, wie er andere dazu bringt, ihm vertrauen zu wollen. Er weiß es. Es ist absichtlich. Es ist berechnet und manipulativ.* Ein direkter und harter Angriff auf einen beliebten Missbrauchstäter funktioniert nie. Die Gemeinschaft und sogar die Opfer halten zusammen, um sich gegen harte Angriffe zu wehren. Aber bei allen weiteren Betroffenen und auch in der Turnergemeinschaft musste ein Same des Zweifels gestreut werden. Larry ist ein sehr netter Typ. Und er weiß es. Er bringt einen dazu, ihm vertrauen zu wollen. Er berechnet es und bringt einen dazu, sich zu *wünschen*, ihm zu vertrauen, indem er sorgfältig körperliche und emotionale Verbindungen aufbaut. Larry überließ nichts dem Zufall, also durfte auch ich es nicht tun. Was ich den Opfern vermitteln wollte war: *Ich habe Verständnis.* Missbrauchsopfer *wollen* ihrem Peiniger vertrauen. Sie werden von ihm so manipuliert, dass sie es wollen. *Es ist nicht deine Schuld,* schrieb ich in Gedanken zwischen die Zeilen. *Ich verstehe, warum du vertraut hast. Ich habe auch vertraut. Genau das war Larrys Absicht. Es ist nicht deine Schuld.*

Mark nickte und ließ mich fortfahren. Die üblichen Dynamiken und zwischenmenschlichen Beziehungen zwischen Opfer und Missbrauchstäter gingen mir durch den Kopf. *Lass sie deine aufrichtige Trauer sehen.* Trauer kommuniziert und lädt die Menschen ein – im Gegensatz zu Härte und Zorn, die instinktiv nur Schutzreflexe hervorrufen. Plötzlich spürte ich, dass es genau die Trauer war, die ich am wenigsten zeigen wollte, weil sie mich verletzlich machte. Aber ich musste sie mitteilen, egal wie sehr es schmerzte.

»Ehrlich gesagt macht es mich besonders traurig, dass er alle Voraussetzungen erfüllt, um eine hervorragende Führungsperson zu sein«, fuhr ich fort. »Er hat die Persönlichkeit, er hat das Können, er hat das Wissen. Doch er gebraucht das alles, um die, die ihm vertrauen, auszunutzen.« Ich hielt inne und ließ meine Trauer für einen kurzen Augenblick durchscheinen, obwohl ich mich dadurch so verletzlich fühlte. »Was für eine Verschwendung.«

Ich wusste, dass Larrys Opfer ihn größtenteils liebten. Wirklich liebten. Denn genau das hatte er beabsichtigt. Seine Freunde, seine Kollegen und die Turnergemeinschaft liebten ihn. Weil er auch das berechnet hatte. Ich musste mich mit diesem Gefühl identifizieren. Es war bedauernswert, wie Larry seine vielen Fähigkeiten genutzt hatte. Es war erschütternd. Ich musste den Opfern zeigen, dass es mich traurig stimmte. Ich wollte nicht, dass Larry so war. Bei jedem meiner Wörter sah ich die Betroffenen vor meinem inneren Auge – kleine Mädchen und Frauen, die niemand hatte beschützen können; die zum Schweigen gebracht worden waren; deren Leben bald auf den Kopf gestellt werden würde, während sie sich gegen die Vorstellung wehrten, dass jemand, den sie mochten und dem sie vertrauten, ihre Unschuld ausgenutzt hatte. Und viele würden es nicht wahrhaben wollen, ebenso wie ihre Eltern, weil es niederschmetternd war. »Warum sind Sie zu Larry gegangen?«, fragte Mark.

»Aufgrund starker Schmerzen in meinen Handgelenken und im Rücken. Ich habe ein paar unbewegliche Wirbel, wodurch viel zusätzlicher Druck auf meinen Handgelenken und meinem Rücken lastete … Irgendwann kam ich an den Punkt, ab dem es einfach nur noch chronisch schmerzhaft war und es mir immer schwerer fiel zu trainieren.« Sicherlich konnten alle Patienten von Larry den Wunsch nachvollziehen, keine Schmerzen mehr zu haben. Sie hatten das Gleiche erlebt.

»Einige Turnerinnen in meinem Verein waren vor mir bei Dr. Nassar gewesen, ihre Eltern hatten ihn uns empfohlen. Also gingen wir hin.« *Es war nachvollziehbar, seinem guten Ruf zu vertrauen. Er hatte so vielen geholfen. Jeder kannte Larry.*

Ich hatte gewusst, dass bestimmte Fragen kommen würden. Wieso hatte ich nichts geahnt? Warum hatte ich keinen Verdacht gehegt? Wie konnte ich so leicht getäuscht werden? Dieselben Fragen, die mich selbst jahrelang verfolgt hatten, würden auch für andere ein Grund sein, mir nicht zu glauben. Ich musste meine Geschichte so erzählen, dass meine Zuhörer die Hintergründe verstehen konnten. Ich musste ihnen helfen, die Gedanken eines Opfers und die Methoden eines Missbrauchstäters nachzuvollziehen. »Er schlug eine Myofasciale Therapie und Sportmassage vor, um die eingeschränkten Bewegungsabläufe zu unterstützen«, sagte ich.

Dann stellte Mark die Frage, die ich am meisten fürchtete: »Was geschah dann?«

»Myofasciale Behandlungen hatte ich schon zuvor von einem Physiotherapeuten bekommen, also willigte ich ein. Aber während er mich behandelte, begann er plötzlich, mich auch innerlich zu massieren.« Ich zwang mich dazu, jedes Detail klinisch zu beschreiben und fachlich zu bleiben. Korrekt und anschaulich. Kein Raum für Fehlinterpretationen. Keine Möglichkeit, anzuzweifeln, was ich beschrieb. Ich wollte, dass Larry sich mit jedem dieser Details auseinandersetzen musste. Ich wollte, dass die Opfer seine Antworten hörten. Ich wollte, dass Larry dieses Interview ansah und begriff, dass ich kein Blatt vor den Mund nahm, nicht mit der Wimper zuckte, nicht vor der Realität zurückschreckte. Ich wollte ihm zeigen, dass ich genau wusste, was er getan hatte, und dass ich es öffentlich erzählen würde, ohne zu zögern, bei jeder Gelegenheit. Er war selbstsicher, und das zu Recht. Seit Jahrzehnten war er mit seinem Missbrauch davongekommen. Ich wollte ihn wissen lassen, dass ich genauso selbstsicher war. Diesmal würde er sich nicht herausreden können.

Ich verwendete die gleichen Fachbegriffe, die Larry gebraucht hatte und die sehr wahrscheinlich auch die anderen Opfer kannten. Und ich benutzte Rechtsbegriffe, die wir zu beweisen hatten, wenn wir so weit kamen. Ich tat es für die Betroffenen, aber auch, um mich darauf vorzubereiten, in einem Strafprozess auszusagen, selbst wenn es bis dahin noch Jahre dauern konnte. Außerdem verwendete ich diese Begriffe, um Larry und seinen Anwälten eine Botschaft zu senden. *Ich kenne das Gesetz und die medizinischen Aspekte dieser Angelegenheit, und ich werde beides zu nutzen wissen.*

»Er ging immer weiter mit dem, was er tat, wo er mich berührte und wie er mich berührte. Nichts war für ihn tabu. Und er trug nie Handschuhe.« Ich wählte die Details aus, die jedem, der es hören wollte, zeigen würden, dass Larrys Behandlung nicht den normalen medizinischen Vorgaben entsprach. Es gab eine Steigerung. Er hielt sich nicht an gewöhnliche Praktiken wie das Tragen von Handschuhen. Irgendetwas stimmte nicht. Die Fakten ergaben keinen Sinn. Es gab einen Grund, Fragen zu stellen.

»Meine Mutter war zu den Behandlungen sogar mit im selben Raum«, begann ich, Mark zu erklären. Dadurch schwenkte ich den Fokus wieder auf die Fragen, die mir die Gesellschaft stellen würde: Wie war das möglich? Wie konnte ich nichts merken? »Er positionierte mich und sich selbst so, dass sie nicht sehen konnte, was er tat. Und ich wusste nicht, dass sie es nicht sehen konnte. Auch das war ein Grund dafür, dass ich schwieg. Ich dachte, wenn irgendetwas nicht stimmte, würde meine Mutter sicherlich etwas sagen. Aber sie konnte es nicht sehen.« Ich sprach behutsam. Ich wusste, wie viele andere Eltern sich bald in der Situation meiner Mutter wiederfinden würden. Sie würden erkennen, dass sie Zeugen des sexuellen Missbrauchs ihrer eigenen Töchter geworden waren und es nicht gemerkt hatten. Sie taten mir leid. Ich wollte, dass diese Eltern und ihre Töchter wussten: Es war nicht im Verborgenen geschehen. Sie sollten nicht annehmen, dass ihre Situation anders war, weil ein Elternteil sich im selben Raum befunden hatte. Die Eltern sollten die Bedenken ihrer Töchter nicht in der irrtümlichen Annahme zurückweisen, dass sie es gesehen hätten, wenn ein Missbrauch stattgefunden hätte. Ich musste der Öffentlichkeit zeigen, wie Larry die vertrauensvolle Bindung zwischen Eltern und Kindern ausgenutzt hatte, um sie zu manipulieren und das Schändliche zu verbergen, das er tat.

Mark nickte. Die Tatsache, dass die Eltern mit im Raum gewesen waren, war für jeden schwer zu begreifen. So dreist. So berechnend. So demütigend für jeden Beteiligten.

»Was ging Ihnen durch den Kopf?«, fragte er ruhig.

Ich atmete tief durch und konzentrierte mich darauf, bedacht und mit der dosierten Menge an Emotionen zu antworten. Das war die zweite Frage, die ich befürchtet hatte. Larry hatte versucht, Zugang zu meinen Gedanken zu bekommen, doch ich hatte mich vor ihm verschlossen. Er hatte mich während des Missbrauchs häufig gefragt, wie ich mich fühlte. Zu beschreiben, was mir damals durch den Kopf gegangen war, fühlte sich an, als würde ich das letzte bisschen Selbstschutz aufgeben, das mir noch geblieben war. Den letzten Rest an Privatsphäre und Sicherheit. Es gefiel mir nicht, aber ich musste diese Frage unbedingt beantworten. Sie betraf einige der wichtigsten Themen, mit denen wir uns als Gesellschaft auseinandersetzen mussten: die Denkweise von Opfern während und nach dem Missbrauch; der Schaden, der durch Missbrauch angerichtet wird; der Grund dafür, dass die Opfer nichts sagen können. Genau diese Dinge waren es, die wir als Gesellschaft immer falsch verstanden hatten. Es war die Frage, die am meisten dazu beitragen konnte, den weiteren Opfern ihre eigene Verwirrung und ihre Gefühle verständlich zu machen. Die Antwort auf diese Frage konnte ihnen zeigen, dass sie nicht allein waren – und auch nicht verrückt. Es gab Gründe dafür, wenn sich etwas nicht richtig anfühlte.

»Ich hatte große Angst«, antwortete ich ehrlich. »Ich schämte mich. Es war mir sehr peinlich. Und ich war sehr verwirrt und versuchte, das, was geschah, mit der Person in Einklang zu bringen, die Dr. Nassar für mich war. Er ist ein berühmter Arzt. Meine Freundinnen vertrauten ihm. Die anderen Turnerinnen vertrauten ihm. Wie hätte er diese Stellung in seinem Beruf erreichen können, diesen Bekanntheitsgrad und den Status, den er hatte, wenn er nicht wirklich glaubhaft und vertrauenswürdig war?«

Ich wollte den Lesern des *IndyStar* begreiflich machen, wie es möglich ist, dass Missbrauchsopfer nicht wissen, was mit ihnen geschieht, und unfähig sind, ihren eigenen Instinkten zu vertrauen. Die Dinge, die es einer Gemeinschaft so schwer machten, einen Missbrauchstäter zu erkennen, waren genau die Gründe, die Opfer zum Schweigen brachten. Genau die Dynamiken, die es einem Missbrauchstäter *scheinbar* unmöglich machten, tatsächlich einer zu sein, waren die gleichen, die es ihm ermöglichten, seinen Missbrauch fortzusetzen.

»In mancherlei Hinsicht war es viel einfacher, sich vor dem zu verstecken, was geschieht, und in Gedanken davor zu fliehen. Es war leichter, nicht aussprechen und wahrhaben zu müssen, was da geschah.«

Die Leser und Zuschauer mussten verstehen, warum es so lange dauerte, bis ich es begriffen hatte. Sie sollten wissen, dass ein Opfer – insbesondere *während* des Missbrauchs – nicht nur mit Kampf oder Flucht reagieren kann, sondern in den meisten Fällen erstarrte. Nur wenige Menschen verstehen diese letzte Reaktion wirklich. Ich wusste, wie es sich anfühlte, so von Schock, Verwirrung und Angst überwältigt zu sein, dass man sich buchstäblich verschloss, um irgendwie der Realität zu entkommen. Und ich wusste, dass viele Opfer sich selbst die Schuld für diese Reaktion gaben, so wie ich es getan hatte. Auch andere würden ihnen die Schuld dafür geben. Sie mussten wissen, dass diese Reaktion normal war. Sie war keine Einwilligung zu der sexuellen Handlung. Ich selbst hatte jahrelang nicht verstanden, dass meine Reaktion nicht nur normal gewesen war, sondern auch außerhalb meiner Kontrolle gestanden hatte. Ich verstand die Frauen und jungen Mädchen, warum sie es nicht in Worte fassen konnten, warum sie das Gefühl des Unbehagens einfach ertragen und Larry sogar in Gedanken verteidigt hatten. Ich wusste es, weil ich selbst so damit umgegangen war.

Am Ende des Interviews verwies Mark auf den bereits erschienenen Artikel des *IndyStar*. Er fragte mich, ob ich glaubte, dass *USAG* für meinen Missbrauch verantwortlich sei. Ich antwortete ehrlich und ohne zu zögern: »Wenn sie wirklich nichts davon gewusst hatten, wenn sie eine reine Weste haben, dann mache ich sie dafür nicht verantwortlich, nein.« Man würde mir sofort vorwerfen, dass ich auf Geld aus war, obwohl ich keine Zivilklage eingereicht hatte und es auch nicht beabsichtigte. Deshalb musste ich klarstellen, dass *USAG* nur dann verantwortlich war, wenn tatsächlich ein Fehlverhalten auf ihrer Seite vorlag. *Du bist nicht auf dem Kriegspfad. Sei vernünftig. Sei präzise. Sei korrekt.* Die Angriffe würden so oder so kommen, aber Genauigkeit und eine ruhige, vernünftige Position würden meine Anschuldigungen glaubwürdiger machen.

Gleichzeitig musste ich jedoch Raum für die sehr wahrscheinliche Tatsache lassen, dass *USAG* tief greifende, interne Veränderungen nötig hatte. »Wenn sich aber herausstellen sollte, dass *USAG* sich in Bezug auf Larry so verhalten hatte, wie es bei den Trainern der Fall gewesen ist, dann mache ich sie definitiv verantwortlich.« Ich hielt inne. »Ich denke, die Zeit wird es zeigen.«

Als Robert endlich die Kamera ausschaltete, hatte ich das Gefühl, dass das Interview genau so gelaufen war, wie es hatte sein sollen. Nun musste ich darauf vertrauen, dass Mark und sein Team die Geschichte authentisch erzählen würden – und hoffen und beten, dass wir es überhaupt bis in den Druck schafften. Anzeige erstatten würde ich auf jeden Fall, ob der Artikel folgen würde, war weniger sicher. Es mussten hohe Beweisanforderungen erfüllt werden, bevor eine Zeitung Anschuldigungen wie diese veröffentlichen konnte, ohne selbst eine Anklage fürchten zu müssen. Und Nachrichten sind immer von den Umständen abhängig. Alles, was als bedeutungsvoller erachtet wurde als meine Geschichte, konnte die Veröffentlichung leicht verhindern.

Als wir fertig waren, sagte Mark: »Sie können sehr gut reden, Rachael. Wenn das Interview veröffentlicht wird, werden noch viel mehr Leute von Ihnen hören wollen.« Ich lachte. Das bezweifelte ich.

»Sie wissen, dass ich nichts versprechen kann, aber ich werde mein Bestes geben«, fügte er hinzu. Ich nickte. Die Wahrscheinlichkeit eines harten Kampfes, der uns bevorstand, war mir durchaus bewusst. Immerhin waren es mehr als zehn Jahre, die ich darüber nachgedacht hatte.

»Ich weiß«, sagte ich und atmete tief durch. »Nichts ist sicher. Das verstehe ich. Aber Sie beide hören mir zu, das ist doch ein Anfang. Und Anzeige erstatten werde ich in jedem Fall. Ich hoffe, dass uns auch das einen Schritt näher ans Ziel bringt.«

Nachdem Mark und Robert gefahren waren, sah ich Jacob an und lächelte zögernd. Er umarmte mich. Erst jetzt bemerkte ich, wie taub und erschöpft ich mich fühlte, und wusste nicht, was ich als Nächstes tun sollte. Aber wir waren einen wichtigen Schritt weitergekommen.

SECHZEHN

Der Tag nach dem Interview war anstrengend und wurde auch davon nicht besser, als ich einen Anruf mit der Vorwahl aus Lansing, Michigan, entgegennahm. Es war die Polizeibehörde von Ingham County.

»Hallo … Ja, ich habe eine Nachricht hinterlassen, es ging um eine nachträgliche Meldung eines sexuellen Missbrauchs.« Selbst für die einfachsten Antworten musste ich mich zusammenreißen, während wir versuchten, einen Termin für eine Befragung zu vereinbaren. Doch was ich dann hörte, hatte ich nicht erwartet.

»Können Sie mir noch einmal die Adresse von dem medizinischen Gebäude vorlesen, in dem Sie behandelt wurden?«, bat der Polizist. Ich kramte den Beweisordner hervor, schlug die erste Seite meiner Patientenakte auf und las die Adresse ab.

»Ja, das ist in Ingham County«, bestätigte er. *Ich weiß; deshalb habe ich angerufen.* »Aber war es ein Gebäude der *MSU*?«, fragte er.

Erneut sah ich auf das Blatt. »Hm … Ich denke schon.« Kurz überflog ich die Seiten. »Ja, ganz sicher«, sagte ich und las ihm den Namen des Gebäudekomplexes vor, in dem ich behandelt worden war.

»Okay, dann ist es etwas anderes.« Der Polizist räusperte sich. »Da der Vorfall genau genommen auf dem Campus stattgefunden hat, ist die Polizeibehörde der *Michigan State University* dafür zuständig. Die Universität wird die Ermittlungen übernehmen müssen.«

Seine Worte ließen mich erstarren. »Wie bitte?«, fragte ich verständnislos. *Wie kann eine Uni gegen sich selbst ermitteln?*

»Universitäten haben oft ihre eigenen Polizeibehörden«, wiederholte er. »Sie sind für alles zuständig, was auf dem Campus passiert. Dort müssen Sie Anzeige erstatten. Wir nehmen für die Polizei der *MSU* Anrufe an, also leite ich alles dorthin weiter. Sie werden Sie dann zurückrufen.«

Es fühlte sich an, als würde sich das Zimmer um mich herum drehen. Wie hatte ich das übersehen können? Warum war es mir nicht in den Sinn gekommen? Ich wusste, dass Universitäten ihre eigenen Polizeistellen hatten, hatte aber nie auch nur in Erwägung gezogen, dass die *MSU* für sich selbst zuständig sein könnte. Ich schluckte die Wut herunter, die langsam in mir aufstieg.

»Okay, danke. Dann warte ich auf Ihren Rückruf.«, antwortete ich mühsam beherrscht. Sobald ich aufgelegt hatte, rief ich Jacob an.

»Es ist die Polizei der *MSU*«, sagte ich und konnte das Zittern in meiner Stimme nun nicht mehr unterdrücken.

»Wie meinst du das?« In Jacobs Antwort klang eine Mischung aus Verwirrung und Besorgnis mit.

»Gerade habe ich einen Rückruf der Polizei von Ingham County erhalten. Ich wurde auf dem Gelände der *MSU* missbraucht, was bedeutet, dass ich Larry bei der Polizeistelle der Uni anzeigen muss. Es werden seine eigenen Leute sein, die gegen ihn ermitteln.« Ich unterdrückte das Gefühl von Panik und Hoffnungslosigkeit, das mich zu überwältigen drohte. Larrys Ansehen, sein gesellschaftlicher Einfluss und vor allem seine Verbindungen zur Universität hatten mir schon genug Sorgen gemacht, als ich noch davon ausgegangen war, dass eine lokale Polizeistelle dafür zuständig sein würde. Nie hätte ich in Erwägung gezogen, dass die Universität selbst mit den Ermittlungen beauftragt werden könnte.

»Es ist nicht gesagt, dass sie es nicht ebenso gut machen werden«, sagte Jacob beruhigend, um mir die Angst zu nehmen.

»Du verstehst nicht. Ich hatte nie wegen Larry Angst, Anzeige zu erstatten, sondern wegen den Ermittlern und der Staatsanwaltschaft. Bei ihnen liegt das Problem. Und jetzt muss ich ausgerechnet bei der Universität Anzeige erstatten, die die Angelegenheit bisher ignoriert hat!« Zum ersten Mal seit langer Zeit hatte ich nicht nur Angst. Ich war auch wütend.

»Du weißt noch nicht, ob sie es wirklich ignoriert haben«, versuchte Jacob es erneut.

»Doch! Doch, das weiß ich. Weil er es seit mindestens sechzehn Jahren tut! Es *muss* einfach jemand schon etwas gesagt haben und an dieser Hochschule ignoriert worden sein – wahrscheinlich sogar von der Polizei selbst. Und jetzt muss ich Larry in seinem eigenen Hinterhof anzeigen.« Ich atmete tief durch, bevor ich zu erklären versuchte, was für ein großes Problem das darstellen könnte. »Es besteht eine sehr gute Chance, dass zumindest einige der Ermittler ihn kennen oder bereits selbst für eine ärztliche Behandlung in seiner Praxis gewesen sind.«

Jacob atmete tief durch. »Es tut mir wirklich leid, Schatz, und du hast das Recht, besorgt zu sein. Aber wenn es wirklich ein Problem werden wird, werden wir uns zusammen darum kümmern. Jetzt werden wir das Ganze erst mal aufmerksam beobachten. Momentan ist das nun einmal der nächste Schritt, lass ihn uns gehen und uns keine Sorgen machen, bis wir sehen, wie es weitergeht. Vorsichtig und wachsam, ja. Besorgt – noch nicht.«

Frustriert lehnte ich mich an die Küchentheke und presste meine Handfläche so fest ich konnte in die glatte Oberfläche der Arbeitsplatte. Jacob hatte recht. Ich konnte es nicht ändern, nur versuchen, damit zurechtzukommen. Eine weitere Sache, in der ich keine Wahl hatte.

»Ich liebe dich«, sagte er nachdrücklich. Wir legten auf und ich atmete tief durch, um die Wut und die Angst in mir in den Griff zu bekommen. Vorerst konnte ich nur abwarten.

Dann warf ich einen Blick auf die Uhr. Mir blieben noch etwa zwanzig Minuten, bevor die Ruhezeit der Kinder vorbei war, genug Zeit für einen weiteren »nächsten Schritt«. Ohne lange darüber nachzudenken, schrieb ich eine E-Mail an Jackie, die Cheftrainerin der Turnhalle, in der ich vor Jahren gearbeitet hatte. Sie war eine Schlüsselzeugin, da sie die erste Person war, der ich offiziell etwas von dem Missbrauch erzählt hatte. Ich musste wissen, ob sie sich an unser Gespräch erinnerte, und ihr sagen, was ich vorhatte. Schließlich wollte ich sichergehen, dass sie die Ermittler auch zurückrufen würde. Mein lange zurückliegendes Gespräch mit ihr war ein entscheidender Beweis dafür, dass ich mir die Geschichte nicht einfach ausgedacht hatte.

»Jackie, ich habe ich eine Frage an dich, die unsere Zeit in der Turnhalle betrifft«, tippte ich. »Hättest du irgendwann Zeit, kurz zu telefonieren?« Dann klappte ich den Laptop zu, es war Zeit umzuschalten. Ich hatte eine Fallakte zusammenzustellen, aber ich hatte auch drei kleine Seelen und Geister, die genährt und aufgezogen werden wollten. Auch sie brauchten meine ganze Kraft. Trotzdem beobachtete ich mein Telefon mit Argusaugen, während ich das Mittagessen zubereitete, und behielt auch später noch den Hörer in Reichweite, als ich meiner kleinen Truppe *Alice im Wunderland* vorlas.

Auf die Polizeibefragung zu warten war nicht das Einzige, das zermürbend war – das letzte Treffen unserer Kleingruppe am kommenden Sonntag stand bevor. Ein Ältester sollte kommen und der Gruppe erklären, dass die Gemeindeleitung entschieden hatte, uns aufzulösen.

Damit verloren wir nicht nur unseren Rückhalt, sondern auch die gegenseitige Unterstützung, und der Grund dafür war das

Thema »Sexuelle Gewalt«. *Hört das denn nie auf?*, seufzte ich innerlich.

Doch das Treffen an jenem Sonntag sollte nicht stattfinden.

Bereits am nächsten Tag erhielt ich einen weiteren Anruf aus Lansing. Die Frau am anderen Ende der Leitung stellte sich als Detective Munford vor, sie rief mich wegen meiner Meldung eines sexuellen Übergriffs an. Auf ihre Frage hin gab ich ihr einen kurzen Überblick und achtete darauf, weder Larrys Namen noch irgendwelche anderen Details weiterzugeben.

»Wir leben jetzt in Louisville, Kentucky«, erklärte ich, »aber ich würde gerne einen Termin vereinbaren, an dem ich vorbeikommen und offiziell Anzeige erstatten kann.«

Die Polizistin antwortete mit ruhiger Stimme: »Das können wir natürlich so machen. Aber ich kann die Anzeige auch am Telefon entgegennehmen. Was ist Ihnen lieber?«

Meine Gedanken überschlugen sich. Ich hatte keine Ahnung, wer diese Frau war. Ich wusste weder, wie gut sie ausgebildet war noch, ob sie die Dynamiken sexuellen Missbrauchs verstand, oder wie sie entsprechende Fälle anging. Der erste Eindruck zählte, und ich wollte alles in meiner Macht Stehende tun, um eine gute persönliche Beziehung zu ihr aufzubauen. Bei einem persönlichen Treffen konnte ich die Verlässlichkeit meiner Geschichte viel besser demonstrieren sowie meine psychische Stabilität, meine Bildung und meinen Hintergrund. Ich wusste nicht, welche Art von Fragen sie stellen würde. Wenn ich mich gegen zweifelnde oder skeptische Fragen wehren musste, wollte ich das lieber persönlich tun, um weniger kämpferisch werden zu müssen. Schließlich wollte ich ihr nicht den Eindruck vermitteln, ich wäre drohend, bissig oder abweisend. Ich wollte ihr die Möglichkeit geben, meine Krankenakte zu lesen. Und ich wollte die Rechtsprechung und die Beweise Schritt für Schritt mit ihr durchgehen, um sicherzustellen, dass sie die medizinischen und rechtlichen Feinheiten verstand. Außerdem wusste ich, dass öffentliche Aufmerksamkeit im Allgemeinen nicht gerne gesehen wurde, deshalb wollte ich auch meine Entscheidung, trotzdem an die Öffentlichkeit zu gehen, persönlich mit ihr besprechen.

Um ehrlich zu sein, wollte ich mir nicht zuletzt auch ein Bild von ihr machen. Mit Keith hatte ich bereits über Möglichkeiten gesprochen, den Fall an eine andere Behörde oder Dienststelle zu übertragen, falls die Polizei der *MSU* ihn nicht richtig handhaben sollte. Ich musste *sehen*, wie sie sich verhielt und auf mein Anliegen reagierte. Ihre Körpersprache, ihr Gesichtsausdruck, ihr Tonfall, ihr Interesse an den Beweisen – ich wollte alles beurteilen können. Also musste ich persönlich Anzeige erstatten. Zu oft hatte ich gesehen, wie Interaktionen mit Autoritätspersonen wie Ärzten, Gesetzgebern, Anwälten oder Polizisten gescheitert waren, weil diese das Gefühl ausgedrückt hatten, dass ihr Fachwissen nicht in angemessener Weise respektiert wurde.

Die Statistiken von Anzeigen sexueller Gewalt gingen mir wieder durch den Kopf: Von zweihundertdreißig angezeigten Vergewaltigungsfällen werden nur neun überhaupt an einen Staatsanwalt übergeben. Und in nur fünf Fällen kommt es zu einer Verurteilung. Noch ernüchternder sind die Zahlen, was sexuelle Übergriffe ohne Vergewaltigung betrifft. Es gibt Hunderttausende ungetestete Vergewaltigungs-Kits, die im ganzen Land auf Polizeistellen herumliegen[10] – jedes davon steht für eine Frau, die das Trauma erlitten hat, ihre vergewaltigten Genitalien untersuchen, abstreichen und fotografieren zu lassen. Ich wusste, dass die meisten Leute keine Ahnung haben, was Missbrauchsopfer durchmachen, wenn sie Anzeige erstatten. Es war frustrierend, zu versuchen, diese Dynamiken zu erklären. Missbrauchsopfer werden oft als überdramatisch beurteilt oder man hält sie für »zu geschädigt, um vertrauenswürdig zu sein«. Die große Mehrheit der Opfer wird abgewiesen, während ihre Peiniger weiterhin frei herumlaufen. Ich wollte *sehen*, wie Detective Munford mit den Beweisen umging, die ich ihr brachte.

»Hmm … ich habe ohnehin alle meine medizinischen Unterlagen und Dokumente hier in Kentucky. Die werden Sie irgendwann brauchen, oder?« Sie bejahte es. »Okay, da ich die Sachen sowieso irgendwann vorbeibringen muss, glaube ich, dass ich ein persönliches Treffen bevorzugen würde. Dann können Sie sich alles ansehen, während wir es besprechen. Wenn Sie einen freien Termin in Ihrem Kalender finden, werden wir so flexibel wie nötig sein.«

Die Kommissarin willigte ohne Umschweife ein und warf einen Blick in ihren Kalender. Der früheste Termin war am nächsten Montag, also in fünf Tagen.

»Perfekt. Wir werden da sein«, stimmte ich zu, worauf sie anbot, mir ihre Kontaktdaten per E-Mail zu schicken. Dann stellte sie mir noch eine letzte Frage.

»Wäre es in Ordnung für Sie, mir den Namen der Person zu nennen, die Sie anzeigen wollen? Dann kann ich anfangen, die Akten zu durchsuchen, um zu sehen, ob er bereits bekannt oder schon einmal angezeigt worden ist.«

Genau das hatte ich umgehen wollen, ich hätte gerne ihre Reaktion gesehen, falls es eine gab, wenn ich den Namen nannte. Aber ich wollte auch kooperativ und ruhig wirken, nicht übertrieben misstrauisch oder instabil, also antwortete ich so gelassen, wie ich konnte.

»Sicher. Sein Name ist Larry Nassar. Er ist Arzt und Osteopath in der Sportmedizinischen Klinik der *MSU*.«

»Okay, danke.« Dann fuhr sie ruhig fort: »Ich glaube, ich habe schon von ihm gehört. Ein paar meiner Kollegen gehen in diese Klinik.«

Ich atmete leise aus. Natürlich hatte sie das. Natürlich taten sie das. War es nicht genau das, was mir von Anfang an Sorgen bereitet hatte? *Geh den nächsten Schritt. Sei wachsam. Mach dir keine unnötigen Sorgen.*

»Das überrascht mich nicht«, sagte ich, bemüht, unbeschwert zu klingen. »Er ist ein ziemlich berühmter Arzt.« Ich dankte ihr für ihre Zeit und wir legten auf.

Nach einem kurzen Blick auf die Uhr beschloss ich, auch das weitere unangenehme Gespräch noch hinter mich zu bringen, solange die Kinder beschäftigt waren. Jackie hatte mir eine E-Mail mit ihrer Telefonnummer geschickt und geschrieben, dass sie den ganzen Nachmittag Zeit hatte. Dieses Gespräch fürchtete ich ganz besonders, weil ich wusste, dass es sehr schmerzhaft sein würde – und diesmal nicht nur für mich.

Angespannt hörte ich auf das Freizeichen, dann meldete sich Jackie mit fröhlicher Stimme. Wir unterhielten uns ein paar Minuten über allgemeine Themen, bevor ich zur Sache kam.

»Erinnerst du dich noch an das Gespräch, das wir vor Jahren über Larry Nassar hatten, als du eines der kleinen Mädchen, die ich trainierte, zu ihm schicken wolltest?«

»Ja.« Ihre Stimme klang verwirrt.

»Darf ich fragen, woran du dich erinnerst?«, sagte ich, während ich mich an die Waschmaschine lehnte. Ich ballte meine freie Hand zu einer Faust, um mein Zittern unter Kontrolle zu bringen. Als sie antwortete, atmete ich erleichtert auf. Sie erinnerte sich gut daran – gut genug, um meine Geschichte zu bestätigen.

»Danke.« Ich hielt kurz inne. »Ich rufe an, um dir mitzuteilen, dass ich damals die Wahrheit gesagt habe und dass nun etwas passiert ist, was es mir ermöglicht, Larry anzuzeigen.« Ich erzählte ihr kurz vom *IndyStar*-Artikel. »Ich zeige ihn am Montag an. Ich wollte dir Bescheid geben, weil du die erste Person warst, der ich davon erzählt habe. Das Gespräch mit dir ist ein wichtiger Beweis, um meine Geschichte zu bestätigen, und es könnte sein, dass die Polizei mit dir reden will. Ich möchte nicht, dass du überrumpelt wirst.« Ich machte eine Pause. »Deinen Namen werde ich so gut es geht aus der Sache heraushalten, aber es ist wirklich, *wirklich* wichtig, dass du die Ermittler zurückrufst.« Ich schwieg, da ich nicht wusste, was ich noch sagen sollte.

Jackies Stimme kam zögerlich durchs Telefon. »Ich ... ich meine, ich habe dir immer geglaubt, Rach ... Ich habe nur gedacht, wenn es eine große Sache wäre, würdest du ... etwas unternehmen.« Ich ließ meinen Kopf in meine freie Hand fallen und schloss die Augen. Sie verstand es nicht. *Das habe ich doch. Ich habe etwas unternommen. Ich habe es dir erzählt und durch dich einem Polizisten. Ich habe zwei Freunden davon erzählt. Und trotzdem hast du eine weitere Turnerin zu Larry geschickt und mich davor gewarnt, es weiterzuerzählen.* Genau diesen Verlauf des Gesprächs hatte ich befürchtet. Ich wusste, dass es Jackie nicht egal war. Ich wusste, dass sie das Richtige tun wollte. Die bevorstehenden Ereignisse würden schrecklich für mich sein. Aber es war auch schmerzhaft für alle Beteiligten, und das gefiel mir gar nicht.

»Es tut mir wirklich leid, Rach ... Ich hoffe, es war keine allzu große Sache für dich.« Ich konnte das Zögern in ihrer Stimme hören, als sie nach Worten suchte. Ich biss mir auf die Lippe und sagte dann, so ruhig es mir mit den Tränen, die mir in die Augen stiegen, möglich war: »Es war ein Übergriff ersten Grades, Jackie. Es *war* eine große Sache.« Sie schwieg eine Weile.

»Es tut mir wirklich leid ...«, begann sie.

Uns beiden zuliebe ließ ich das Gespräch an dieser Stelle zum Ende kommen.

»Danke. Ich weiß, dass es dir leidtut. Ich wollte dir nur Bescheid geben, weil du einen Anruf bekommen wirst, und es ist wichtig, dass du ihn erwiderst.« Ich hielt erneut inne. »Wenn es zu einer Verhandlung kommt, wird dein Name fallen, Jackie, … das werde ich nicht verhindern können.« Wenn es so weit kam, würde ich ihr irgendwie mitteilen müssen, dass sie in meinem Tagebuch stand, was mein Gespräch mit ihr ausgelöst hatte und was ich darüber würde aussagen müssen. Aber das brauchte sie jetzt noch nicht zu wissen. Vielleicht konnte ihr so manches erspart bleiben.

Wir legten auf, und bevor ich wieder in den Mama-Modus wechselte, tätigte ich noch einen letzten Anruf.

»Hallo Schatz«, sagte Jacob. Ich konnte eine Säge im Hintergrund hören, er war mitten in einer Kücheninstallation.

»Der Termin, um die Anzeige zu erstatten, ist bereits am Montag«, sagte ich schnell.

»In Michigan?«

»Ja … es war der frühste Termin, den sie hatten«, sagte ich entschuldigend. Fünf Tage waren nicht viel Vorlaufzeit in Anbetracht seiner Arbeit und seines Stundenplans. Sein Doktoranden-Programm hatte gerade erst begonnen.

»Nein, nein, das ist wirklich gut, ich bin froh. Wir können am Samstag los.«

An jenem Abend saßen wir draußen auf der Veranda, das Babyfon in Hörweite. Ich wusste, dass ein Sturm auf uns zukam, und alles wirkte so schrecklich dunkel.

»Alle werden es erfahren«, sagte ich leise. Jacob zog mich an sich.

»Ich weiß. Und es tut mir so leid. Es ist nicht gerecht.« Er hielt inne. »Aber es ist richtig. Du machst das Richtige, Schatz. Und ich bin stolz auf dich.« Er schwieg einen kurzen Moment. »Wenn es eine Person gibt, die das wirklich tun kann, die ihn wirklich aufhalten kann, dann bist du es. Du hast die Ausbildung, den Intellekt, die Fähigkeiten und die Überzeugung, um das durchzuziehen und es gut zu machen.« Er lehnte sich zurück und sah mich an. »Du kannst das«, sagte er bestimmt.

In den nächsten Tagen verfasste ich eine Stellungnahme, in der ich alle rechtlichen Elemente und verfügbaren Beweise des Falls darlegte. Ich verfasste das Ganze als Brief, da ich den Hintergrund der Personen, die es lesen würden, nicht kannte. Keith hatte mir die Rechtsprechung zugeschickt und ich war bereits mit allen Gesetzesbestimmungen und Auslegungsleitlinien vertraut. Mit diesen Informationen bewaffnet entwickelte ich einen Grundriss des Falls. Ich erklärte die Dynamiken, die mich zum Schweigen veranlasst hatten, sowie wie den Grund, aus dem ich jetzt entschieden hatte, den Mund aufzumachen:

> Diese Entscheidung darf ich nicht darauf gründen, was für mich am einfachsten ist oder mich selbst schützt. Ich glaube, dass Dr. Nassar immer noch ein Risiko für jedes Mädchen darstellt, das in Unwissenheit seine Praxis betritt. Und ich glaube auch, dass es sehr wahrscheinlich viele andere Frauen und Teenager gibt, die immer noch schweigen. Inzwischen habe ich selbst drei Kinder und verstehe noch besser, wie sehr der Schutz unserer Kinder von dem Handeln der Erwachsenen abhängig ist.

Alle Elemente der gesetzlichen Definitionen überschrieb ich zur Orientierung mit einem Schlagwort. Penetration. Autoritätsperson. Körperverletzung der Kategorie »Seelisches Leid«. Altersbestimmungen. Ich notierte, wie das Gericht die Gesetze ausgelegt hatte, und katalogisierte die Beweise, um jeden einzelnen Unterpunkt zu belegen. Ebenso erklärte ich, wie man die Argumente widerlegen konnte, die Larry mit hoher Wahrscheinlichkeit vorbringen würde. Dann legte ich die verfügbaren Beweise dar, die ich hatte, einschließlich der E-Mails des *IndyStar*, die zeigten, dass es zwei weitere Opfer gab.

Am nächsten Samstag machten wir uns mit der Fallakte und drei Kindern im Schlepptau auf den Weg nach Michigan. Die Kinder waren begeistert, dass wir »einen Familienausflug zu Oma und Opa« machten. Meine Eltern lebten noch immer in Kalamazoo, in dem Haus, in dem ich aufgewachsen war. Wir hatten den Kindern gesagt, dass wir zu einem Besuch dorthin fahren würden und dass Mami ein paar Dinge erledigen musste, während wir dort waren.

Wenn ich nicht gerade »Ich sehe was, was du nicht siehst« mit den Kindern spielte oder ihnen Snacktüten zuwarf, arbeitete ich während der Fahrt an meiner Liste mit den vielen Dingen, die ich noch zu erledigen hatte. Als wir endlich in Kalamazoo ankamen, stürmten die Kinder aus dem Auto und rannten geradewegs zu meinen Eltern und in den Garten, wo noch immer die Schaukel und die gelbe Plastikrutsche standen. Nachdem wir ein wenig gespielt hatten, zog ich mich in eine Ecke des kleinen Gartens zurück, um, wie zuvor vereinbart, Tim Evans anzurufen.

Wie alle Journalisten des *IndyStar* war Tim professionell und freundlich, und ich schätzte seinen offenkundigen Wunsch, die Geschichte so darzustellen, wie sie erzählt werden musste. Ich beobachtete meine Kinder dabei, wie sie rutschten und schaukelten, herumtobten und kreischten. Sie waren froh, endlich nicht mehr im Minivan eingepfercht zu sein. Währenddessen ging ich mit Tim die Beweise und einen schnellen Faktencheck durch. Wir wussten immer noch nicht, ob die Geschichte überhaupt veröffentlicht werden würde, geschweige denn, wann. Doch die Journalisten gaben sich alle Mühe, dieses Ziel möglichst bald zu erreichen, da sie wussten, dass ich am Montag Anzeige erstatten würde. Damit nämlich war ich auf mich allein gestellt. Mark hatte versprochen, dass er die anderen beiden Opfer nach der Veröffentlichung um Erlaubnis bitten würde, ihre Identitäten zumindest mir gegenüber preiszugeben. Dann konnte ich sie ermutigen, ebenfalls Anzeige zu erstatten. Wenn die Geschichte jedoch nicht veröffentlicht wurde, würde er sie nicht einmal darum bitten können. Dann wäre ich ganz allein da draußen. Diese Ungewissheit war zusätzlich aufreibend.

Am nächsten Morgen gingen wir zum Gottesdienst zu der kleinen Gemeinde ein paar Blocks weiter, die Jacob und ich nach unserer Hochzeit für kurze Zeit besucht hatten. Ich atmete tief durch, als wir eintraten. Hier fühlte ich mich sicher. Diese Leute hatten uns so viel Liebe geschenkt und uns so viel gegeben. Es gab zahlreiche Familien in der Versammlung, die traumatisierte Kinder adoptiert hatten. Ich wusste, dass sie dadurch über eine gewisse Einsicht verfügten und Mitgefühl und Verständnis hatten. Vor Erleichterung hätte ich am liebsten geweint, allein aus dem Grund, in einer Gemeinde zu sein, in der ich mich sicher fühlte.

Nach dem Gottesdienst nahm Jacob einen der Pastoren beiseite. »Können wir einen Moment persönlich mit dir reden? Wir würden euch gerne über ein paar Dinge informieren.«

Andrew nickte freundlich. »Ja, natürlich. Lasst mich nur schnell einen der anderen Männer dazuholen. Kommt herein«, sagte er und wies auf sein Büro. Sobald die beiden Pastoren uns gegenüber Platz genommen hatten, wandte sich Jacob zu mir um. Wir hatten vereinbart, dass ich selbst die Situation erklären würde. Einerseits wollte ich meine Geschichte nicht schon wieder erzählen, andererseits gab es mir das Gefühl, mehr Kontrolle zu haben, wenn ich es selbst in Worte fasste.

»Als ich fünfzehn war, wurde ich von einem sehr berühmten Arzt mehrfach sexuell missbraucht«, sagte ich unumwunden. Ich zwang mich, ihnen in die Augen zu sehen. Es gab einfach keine schöne Art, ein Thema wie dieses anzusprechen. »Ich habe ihn nie angezeigt, weil er sehr bekannt und von zwei sehr mächtigen Institutionen umgeben ist.« Ich berichtete kurz über Larrys Stellung innerhalb *USAG* und der *MSU* sowie über den Einfluss des Olympischen Komitees der Vereinigten Staaten.

»Vor ein paar Wochen eröffnete sich mir eine Möglichkeit, endlich an die Öffentlichkeit zu gehen.« Ich erzählte von dem Artikel im *IndyStar* und wie er dazu geführt hatte, dass die Presse aufmerksam geworden war und sich der öffentliche Druck erhöht hatte. Dann holte ich tief Luft. »Morgen werde ich Anzeige erstatten, und wahrscheinlich wird nicht viel später ein großer Nachrichtenartikel darüber erscheinen. Man weiß noch nicht, wie weit sich die Nachricht herumsprechen wird, aber ihr werdet es hier sicher mitbekommen. Deshalb wollten wir euch vorher darüber informieren. Ich kann es sowieso nicht länger geheim halten.«

Andrew senkte kurz den Kopf und sah dann wieder auf. »Es tut mir so leid, Rachael«, sagte er mit ehrlicher Trauer in der Stimme.

Zach, der zweite Pastor, ergriff das Wort. »Wie kommt ihr beide damit zurecht? Das muss unglaublich schwierig sein.«

Ich antwortete ehrlich. Es war sehr schwierig.

»Habt ihr in Kentucky eine Gemeinde, die euch bei diesem ganzen Vorgang unterstützen wird?«, fragte Andrew.

Ich sah Jacob an. *Nein. Haben wir nicht.*

Jacob war optimistischer. »Ich denke schon«, sagte er vorsichtig. »Wir hatten ein paar Unstimmigkeiten, aber wir tun alles, was wir können, um sie auszubügeln …« Er hielt erneut inne. »Ja, ich denke schon.« Ich hoffte, dass er recht behalten würde.

Andrew sah Jacob direkt an. »Wie geht es *dir* damit? Wie steht es um eure Ehe?« Ich war so dankbar für diese direkten, fürsorglichen Fragen, die zeigten, dass sie unsere Situation verstanden.

Sie fragten, wie wir in Kontakt bleiben könnten. Wie sollten sie für uns beten? Wie konnten sie uns unterstützen? Am Ende unseres Gesprächs hielt Andrew inne und sah mich erneut an.

»Hast du das Gefühl, diesem Prozess noch etwas anderes abgewinnen zu müssen, außer einen Missbrauchstäter zu stoppen?« Ich schwieg. Das war eine schlagkräftige und verständnisvolle Frage. Traurig dachte ich an meinen langen Weg zurück, der sich über viele Jahre hingezogen hatte. Die Tränen. Der Zorn. Das leidenschaftliche Flehen um Antworten. Die frustrierten Gebete. Die Träume davon, Larry endlich mit seinen Taten zu konfrontieren. Trotz des Schmerzes spürte ich, wie sich Frieden in mir ausbreitete, als ich antwortete.

»Ich weiß diese Frage wirklich zu schätzen«, sagte ich langsam. »Vor Jahren hätte ich geantwortet: Ja, es gibt vieles, was ich mir davon erhoffe.« Ich hielt erneut inne und suchte nach den richtigen Worten. »Aber jetzt … nein. Jahrelang hatte ich mit all diesen Fragen und Wünschen zu kämpfen. Jetzt muss ich an einen Punkt kommen, an dem meine Identität und meine Heilung nicht mehr davon abhängen, was ich aus diesem Prozess gewinnen werde. Ich darf nicht davon abhängig sein, wie diese Sache ausgeht. Ich kann nur im Vertrauen den nächsten Schritt gehen.« Erneut machte ich eine Pause. Ich war dankbar dafür, dass ich so weit gekommen war und diese Frage ehrlich beantworten konnte.

»Nein, es gibt nichts, was ich dem Ganzen abgewinnen möchte«, fuhr ich fort. »Es geht nicht um mich, meine Heilung oder darum, was ich will. Ich muss nur alles tun, was mir möglich ist, um ihn zu stoppen.«

Andrew nickte. »Okay«, sagte er. »Wir werden euch unterstützen.«

SIEBZEHN

Am nächsten Tag fuhren Jacob und ich zur Polizeistelle der *MSU* in Lansing, um uns mit Detective Munford zu treffen. Die anderthalbstündige Fahrt kam mir endlos vor, zudem war mir am Morgen zu schlecht gewesen, um etwas zu essen. Wir schwiegen auf der Fahrt. Es gab einfach nichts mehr zu sagen.

In meiner Hand hielt ich den Ordner mit den Kopien meiner Krankenakte. (Ich war nicht bereit, mein einziges Original herzugeben, bis ich sicher war, dass die Polizei der *MSU* die Ermittlungen ordnungsgemäß handhaben würde.) Auch meine Korrespondenz mit dem *IndyStar* hatte ich in dem Ordner abgeheftet und das Begleitschreiben, in dem ich erklärte, welche Schritte ich unternommen hatte und warum. Außerdem hatte ich die Beweise für einen sexuellen Übergriff ersten Grades dargelegt und eine kurze Abhandlung der Verjährungsfristen sowie der dazugehörigen Rechtsprechung angehängt, um zu beweisen, dass meine Klage nicht verjährt war. Zusätzlich enthielt der Ordner eine Liste mit den Beweisen und Zeugen, und ganz oben auf all den Unterlagen lag das Empfehlungsschreiben von Keith, der bisher die einzige außenstehende Person war, die angeboten hatte, sich mit mir in das Chaos zu stürzen und für mich einzutreten.

Was ich noch immer nicht hatte auftreiben können, war eine Kopie des medizinischen Berichts der Krankenschwester, der ich einige Jahre später alles erzählt hatte. Ich betete im Stillen, dass sie unser Gespräch in der Patientenakte festgehalten hatte. Auch bei der Physiotherapeutin und ihrer Assistentin hatte ich angerufen, mit denen meine Mutter vor Jahren gesprochen hatte, aber sie hatten beide noch nicht reagiert. Zumindest hatte ich alles dabei, was ich an Unterlagen bisher besaß, und auf meinem Computer befand sich eine Liste mit Artikeln und Links über legitime Beckenbodentherapie, die ich der Ermittlerin nach dem Interview schicken wollte.

Heute war ein Tag für einen Hosenanzug. Im Gegensatz zum Interview mit dem *IndyStar* war mein Ziel heute, so professionell und wortgewandt wie möglich auf Detective Munford zu wirken. Wenn diese Ermittlerin nicht motiviert war, den Fall gründlich zu untersuchen, wollte ich ihr auf diese Weise verständlich machen, dass ich fähig war, die Angelegenheit voranzutreiben, und dass ich nicht lockerlassen würde. Der Druck von außen und die Angst vor negativer öffentlicher Aufmerksamkeit konnten zusätzlich motivieren, wenn die Moral allein es nicht tat.

Wir erreichten die Polizeistation der *MSU* und stellten unser Auto auf dem Parkplatz ab, auf den Detective Munford uns verwiesen hatte.

»Wow, … was ist denn hier los?«, sagte Jacob leise. Die Bürgersteige und das Büro waren mit einem Auflauf von Studenten belagert, die in Scharen durch die Türen ein- und ausgingen und sich rund um den Gehweg versammelten. Ich zuckte mit den Achseln. In dem Moment hatte ich keine emotionale, körperliche oder mentale Kraft mehr für irgendetwas anderes außer meinem eigenen Fall. Wir bahnten uns einen Weg an der Schlange von Studenten vorbei, die, wie wir erfuhren, nur Parkausweise für das Semester beantragen wollten. Als wir der Beamtin am Anmeldeschalter mitteilten, dass wir einen Termin bei Detective Munford hatten, griff sie zum Hörer, um sie zu benachrichtigen. Dann wies sie uns an, auf einer Reihe von Stühlen Platz zu nehmen.

Schweigend saßen Jacob und ich in der kleinen Lobby, in Gedanken ging ich noch einmal die Checkliste mit Beweisen und den

Aufbau des Falls durch. Plötzlich hatte ich das Gefühl, als stünden mir die Worte, die ich sagen wollte, direkt ins Gesicht geschrieben, sodass jeder Student, der vorbeikam und uns neugierig ansah, sie lesen konnte. Endlich öffnete sich die Tür und eine zierliche Frau mit dunkelbraunem Haar kam auf uns zu.

»Rachael?«, sagte sie lächelnd. »Ich bin Detective Munford. Kommen Sie mit.« Sie führte uns durch einen Flur und um ein paar Ecken.

»Wie geht es Ihnen? Wie war die Fahrt?«

Ich antwortete, so freundlich ich konnte, dankbar für ihren Versuch, unser Treffen möglichst normal zu gestalten. Sie öffnete eine Tür zu einem kleinen, gemütlich eingerichteten Raum mit einem Plüschsofa und ein paar Stühlen. Detective Munford setzte sich auf einen Stuhl gegenüber der Couch, auf der Jacob und ich Platz nahmen, und begann ein zwangloses Gespräch. Wie hatte die Fahrt mit den Kindern geklappt? Hatten wir Schwierigkeiten gehabt, das Gebäude zu finden? Ich ging auf das Geplauder ein und sah mir währenddessen den Raum an. Ein paar Dekokissen ließen das Zimmer weicher wirken und eine Box mit Taschentüchern stand auf dem Tisch. Die Dienststelle schien zumindest bemüht zu sein, Befragungen solcher Art so angenehm wie möglich zu gestalten. Ich hoffte, dass es darauf schließen ließ, dass sie ebenso aufmerksame Ermittlungen durchführte.

»Stört es Sie, wenn ich dieses Gespräch aufnehme?«, fragte die Kriminalbeamtin, als wir uns eingerichtet hatten.

»Nein, überhaupt nicht«, antwortete ich mit einem Lächeln. *Es ist mir sogar lieber. Wenn die richtigen Dinge dann nicht im Bericht stehen, kann ich beweisen, was ich gesagt habe, und auf Probleme in Bezug auf die Ermittlungen hinweisen.*

»Gut. Können Sie mir erklären, was geschehen ist und vor welchem Hintergrund?«, fragte Detective Munford.

»Ja, natürlich.« *Ruhig. Gleichmäßiges Tempo. Entspanntes Auftreten.* Dann begann ich, alles zu erzählen. Ich war Turnerin gewesen. Die Ärzte in meinem Heimatort hatten nichts gegen meine chronischen Rückenschmerzen tun können, also hatte uns eine Mutter aus dem Turnverein empfohlen, zu Larry zu gehen.

Ich erklärte, wer Larry war und welche Stellung er in der Turnergemeinschaft innehatte. Ich erzählte von seinem Erfolg, von seinem Buch über Konditionstraining, von den Geschichten, die man sich in den örtlichen Turnhallen über ihn erzählte – zum Beispiel, dass er einer Turnerin mit Genickbruch gesagt hatte, dass ihre Verletzung durch sein Konditionstraining hätte verhindert werden können.

»Als wir darüber nachdachten, zu Larry zu gehen, sprachen meine Mutter und ich auch über eine Physiotherapeutin, die uns empfohlen worden war, die interne Beckenbodenbehandlungen praktizierte. Wir entschieden, erst einmal mit Larry anzufangen, weil er auf Sportler spezialisiert war. Doch wir sprachen auch darüber, dass wir diese andere Therapieform vielleicht zukünftig in Betracht ziehen müssten.« Ich atmete tief durch. »Also vereinbarten wir einen Termin. Ich wurde gebeten, zur Behandlung locker sitzende Sportshorts und ein bequemes Oberteil zu tragen.«

Detective Munford saß ruhig da, nickte ab und zu und ließ mich einfach meine Geschichte erzählen.

»Als Larry den Raum betrat, war er herzlich und offen. Er stellte viele allgemeine Fragen und plauderte mit uns.« *Beschreibe die persönlichen Interaktionen, den Beginn der Manipulation.* »Und dann begann die Untersuchung. Er nahm eine sehr gründliche Einschätzung vor und fand sofort ein paar Probleme, von denen ich wusste, dass ich sie hatte. Die anderen Sportärzte hatten sie nicht gefunden.«

Ich erklärte, wie Larry meine Wirbelsäulenprobleme und mein schiefes Becken diagnostizierte, Probleme, die später auch von

Physiotherapeuten bestätigt wurden. »Außerdem waren meine Schultern ungewöhnlich verspannt. Larry erklärte, dass ich meinen unteren Rücken aus diesem Grund an den falschen Stellen beugte, was zusätzlichen Druck auf meine Handgelenke und meinen unteren Rücken ausübte, die durch die Überschläge überstreckt wurden.« *Es war vernünftig, ihm zu glauben …* »Als er mit der Untersuchung fertig war, empfahl er mir einige Behandlungsformen, die er direkt anwenden wollte.« Ich machte eine Pause und überlegte, wie ich am besten die »Weichteilmassage« erklären konnte, die Larry empfohlen hatte, um die Schmerzen in meinem unteren Rücken zu lindern.

Dann beschrieb ich mit klinischer Sterilität und Genauigkeit, was Larry daraufhin getan hatte. Ich musste die Unterschiede zwischen seinem Vorgehen und einer normalen Beckenbodenbehandlung herausstellen. Also wählte ich meine Schlüsselwörter, Fachbegriffe und Beschreibungen mit Bedacht.

Detective Munford begann, detailliertere Fragen zu stellen. »Konnten Sie spüren, welche Finger er gebrauchte?«

»Wie weit hinein?«

»Können Sie die Bewegungen beschreiben?«

Ich sah ihr in die Augen und zwang jedes Wort heraus. Jedes Gefühl. Jede Bewegung.

»Wie oft drang er pro Minute ein?«

»Können Sie die exakten Fingerpositionen beschreiben?«

Ich zeigte es ihr mit meinen Händen.

»Wie lange dauerte es?«

»Sagte er etwas dabei?«

Es fühlte sich an, als würden die Fragen nie aufhören, aber sie wurden fachmännisch gestellt und strebten nach präziser Klarheit. Ich war dankbar zu sehen, dass meinen Beschreibungen so viel Aufmerksamkeit geschenkt wurde. Als ich eine Pause machte, fiel mir auf, dass wir bisher nur über den ersten Termin gesprochen hatten. Und es gab so viele weitere.

»Während das geschah«, erklärte ich, »waren meine Gedanken: ›Es ist offensichtlich, dass Larry dies regelmäßig tut. Und da es vermutlich so ist, hätte man ihn längst gestoppt, wenn irgendetwas daran zweifelhaft wäre.‹ In jedem Fall hielt ich es für unmöglich, dass noch nie jemand davon erzählt hatte, was Larry tat. Und *wenn* jemand davon erzählt hatte, waren bestimmt die richtigen Schritte unternommen worden, um sich zu vergewissern, dass dieses Verfahren legitim ist.« *Ich hatte gedacht, ich wäre das Problem.* Auch das sprach ich nun laut aus.

»Gab es weitere Termine?«, fragte Detective Munford.

Ja … so viele … Ich begann, die Steigerung des Missbrauchs mit genauen medizinischen Begriffen und präzisen Schilderungen zu beschreiben. Ich gestikulierte und beschreib und beantwortete Frage um Frage um Frage.

»Und dann, bei meinem vorletzten Termin …«, begann ich. Wieder zwang ich mich, ihr in die Augen zu sehen, und beschrieb den anfänglichen Missbrauch, wie er bei jedem Mal stattfand. Und dann erklärte ich, wie Larry mich auf die Seite gedreht hatte. »Er atmete schwer, sein Gesicht war gerötet. Er war eindeutig sexuell erregt.« Ich beschrieb die deutliche Ausbuchtung an seiner Hose. »Es war offensichtlich, dass er eine Erektion hatte.« Dann beschrieb ich den weiteren Missbrauch, klar, sachlich und präzise. Ich ließ keinen Raum für Fehlinterpretationen oder Verwirrung. »Und ich erstarrte …«

Detective Munford nickte. »Wo genau waren seine Hände?«

»Können Sie die Bewegungen beschreiben?«

»Wie lange dauerte es?«

»Was geschah, als er fertig war?«

»Wer hat Ihren BH wieder zugemacht?«

Ihre Fragen kamen ruhig, aber gleichmäßig – definierend, klärend und offen. Um sie zu beantworten, musste ich auf alle meine Sinne und Erinnerungen zurückgreifen. Ich erkannte forensische Befragungstechniken wieder und sprach ein stummes Dankgebet. Diese Techniken waren bewährte Vorgehensweisen, die darauf abzielten, das Erlebte möglichst umfassend in Erinnerung zu rufen, ohne den Befragten zu beeinflussen oder Informationen zu suggerieren. Ich sah kurz zu Jacob, während ich sprach. Seine Anwesenheit half mir, ruhig und vernünftig zu bleiben.

Detective Munford machte eine Pause. Dann sagte sie: »Gab es etwas, was er regelmäßig sagte oder tat?«

Ich nickte. »Ja, es gab klare Anzeichen für die Manipulation. Ich erkannte sie damals nur nicht.«

Ich beschrieb Larrys Faszination für meine Knopfstiefeletten, die Art, wie er unschuldige Berührungen ausnutzte, seine Komplimente und seinen Smalltalk.

Dann kam die Kommissarin auf meine Beschreibung zurück, *wie* Larry mich missbraucht hatte, und fragte: »Gab es jemals Zeugen dafür?« Sie hielt ihren Stift über ihrem Notizblock bereit.

Ich beschrieb, wie Larry Studenten oder Praktikanten vor den »Behandlungen« aus dem Raum geschickt hatte. Wie er meiner Mutter die Sicht versperrt und seine Hand unter dem Handtuch verborgen hatte. Wie er sich mit ihr über dieses und jenes unterhalten hatte, oft in einem stetigen Redefluss, während er seine Finger in mir hatte. Wie er ihre Aufmerksamkeit abgelenkt und sich ihr Vertrauen gesichert hatte. Wie er das, was er tat, so auf mich hatte wirken lassen, als ob meine Mutter wüsste, was vor sich ging, und damit einverstanden war.

»Er setzte meine Mutter als Waffe gegen mich ein«, sagte ich schmerzerfüllt. Ich wusste genau, wie vielen Eltern sehr bald der Boden unter den Füßen weggezogen werden würde. Es brach mir das Herz, wenn ich an all die Mütter und Väter dachte, die bald erfahren würden, was vor ihren eigenen Augen mit ihren Töchtern geschehen war.

»Mir wurde erst viel später immer mehr klar, was Larry getan hatte, aber inzwischen bin ich überzeugt, dass nichts, was er innerlich an mir tat, medizinisch war.«

Detective Munford lehnte sich ein wenig in ihrem Stuhl zurück. »Okay, lassen Sie uns darüber sprechen, wie Ihnen das bewusst wurde.«

Ich nickte und verschränkte meine Hände über meinem Knie. »Nun, beim letzten Mal wusste ich sofort, dass ich missbraucht worden war, aber es dauerte eine Weile, bis ich mir selbst eingestand, dass da noch mehr sein könnte.« Ich begann, sie durch den Prozess zu führen, den meine Mutter und ich durchlaufen hatten. Die Dinge, die wichtige Indizien sein würden und Beweiswert hatten, hob ich besonders hervor. »Die ersten Personen, denen wir davon erzählten, waren eine Physiotherapeutin und ihre Therapieassistentin. Etwa zu der Zeit, als wir begannen, Fragen über Larrys Verfahren zu stellen, war ich in einer Praxis in Behandlung, die auf Beckenbodentherapie spezialisiert war.« Ich versuchte, möglichst genau zu beschreiben, was wir diesen Therapeutinnen über die Behandlungen bei Larry erzählt hatten.

»Meine Mutter nannte nicht viele Einzelheiten, da auch ich ihr nicht viele erzählt hatte. Ich weiß nicht, ob diese Therapeutinnen sich überhaupt an das Gespräch erinnern werden, aber wir sagten ihnen, dass ich eine Beckenbodenbehandlung bekommen hatte und dass wir uns nun über die Standardpraktiken und Vorgehensweisen der Beckenbodentherapie informieren wollten.«

Detective Munford nickte. »Konnten sie irgendwelche Hinweise geben?«

»Ja. Sie sagten nicht ausdrücklich, dass es Missbrauch war, aber sie waren sehr besorgt über das, was wir berichtet hatten – vor allem die fehlenden Handschuhe und die fehlende Einverständniserklärung.« Ich beschrieb ihr, was wir inzwischen über die üblichen Praktiken der internen Beckenbodentherapie herausgefunden hatten, da ich wusste, dass diese Punkte der Schlüssel waren.

»Es ist normal, dass Therapeuten bei bestimmten Verfahren keine Handschuhe tragen – die Myofasciale Therapie ist sehr berührungssensibel. Das bedeutet, dass die Therapeuten sich bei der Massage auf die Reaktion der Muskeln konzentrieren müssen. Auch ist es nicht ungewöhnlich, dass sie dabei manchmal die Augen schließen, um sich besser konzentrieren zu können.«

Für einen kurzen Moment spürte ich Ungeduld in mir aufsteigen. Ich wollte, dass die Kommissarin eine Vorstellung davon bekam, was bei diesen Therapieformen im Bereich des Normalen lag, damit sie deutlich sehen konnte, wo diese Grenze überschritten worden war. Ich war nicht überempfindlich. Ich überreagierte nicht. Ich interpretierte nichts hinein.

»Das Fehlen von Handschuhen bei der Massage, sogar bei Massagen weiter unten, wie etwa an den Außenflächen der Gesäßmuskulatur, ist nicht ungewöhnlich. Aber das Versäumnis, Handschuhe bei inneren Anwendungen und Genitalkontakt zu tragen, schon. Das Tragen von Handschuhen ist ein Standardverfahren für jede Art von Genitalkontakt oder -penetration. Larry trug *nie* Handschuhe.«

Schließlich begann ich die Einwilligungsverfahren zu erläutern, die, wie ich inzwischen wusste, bei einer legitimen internen Beckenbodentherapie Standard waren. Dann betonte ich, dass Larry weder eine Einwilligung eingeholt noch erklärt hatte, was er tat.

»Beide Therapeutinnen, mit denen wir gesprochen haben, rieten uns, nicht mehr dorthin zu gehen.« Wieder machte ich eine Pause. »Ich wusste nicht, dass Larrys Berührungen derart von einer normalen Therapie abwichen, deshalb erzählte ich nie jemandem die unangenehmen Einzelheiten. Ich wünschte, ich hätte es damals getan, aber ich wusste einfach zu wenig darüber.«

Nun nannte ich ihr den Namen der Krankenschwester, der ich ebenfalls davon erzählt hatte, und holte die Unterlagen hervor, die sie mir gegeben hatte. Sie hatte mir damals vorgeschlagen, eine Beschwerde bei der Ärztekammer einzureichen, damit untersucht werden konnte, ob Larrys Praktiken normal oder missbräuchlich waren.

»Haben Sie das getan?«, fragte Detective Munford ruhig.

Ich schüttelte den Kopf. »Nein. Ich habe nachgeforscht und herausgefunden, dass die Untersuchung von einer Gruppe von Ärzten der *MSU* durchgeführt werden würde – im Wesentlichen also von Larrys Kollegen. Es gab kein wirkliches Berufungsverfahren, keine Schutzmechanismen, keine Sicherheiten für mich. Ich war – und bin – mir sicher, dass sie ihn entlastet hätten. Das hätte es später schwieriger gemacht, an die Öffentlichkeit zu gehen – zu einem Zeitpunkt, an dem ich eine *echte* Chance habe, angehört zu werden. Von allen Möglichkeiten, ihn anzuzeigen, war es die mit den geringsten Erfolgsaussichten. Es war die schlechteste Option.« Ich hielt inne. »Die anfänglichen Unterlagen hatte ich trotzdem aufbewahrt und konnte so der Krankenschwester mehr Details erzählen.«

Ich beschrieb, was ich der Krankenschwester, dank der wir meine Krankenakte von der *MSU* bekommen hatten, damals erzählt hatte und warum. Sie war die Erste gewesen, die uns Hilfe angeboten und sich später sogar bereit erklärt hatte, meine Patientenakte mit mir durchzugehen, um zu überprüfen, ob irgendetwas entsprechend meiner Beschreibungen aufgezeichnet worden war. Sie tat es und fand – nichts. Larry hatte nicht ein Wort von einer internen Beckenbodenbehandlung notiert. »Was die Krankenschwester von diesem Termin bei ihr aufgeschrieben hat, weiß ich nicht. Seit einer Weile versuche ich, diese Akte aufzuspüren, um zu sehen, ob aufgezeichnet wurde, was ich ihr erzählt habe.«

So ging ich weiter die Beweise und den restlichen Ordner durch. Die Unterhaltung mit Jackie und die E-Mails vom *IndyStar*, die zeigten, dass noch zwei weitere Frauen sich wegen Larry gemeldet hatten.

»Was ist mit Ihrer Freundin vom Turnen – die mit Ihnen zu ein paar Terminen gegangen ist? Würde sie als Zeugin aussagen?«

Ich schüttelte den Kopf. »Nein. Sie ist gerade in der Verleugnungsphase. Ich verstehe, warum, und erwarte auch nichts anderes. Ich will nicht einmal ihren Namen nennen. Ihre Entscheidung muss respektiert werden, sie muss die Möglichkeit haben, es zu ihrer Zeit zu bewältigen.«

Detective Munford nickte, und ich war froh, dass sie nicht weiter nachhakte.

»Wie hat Sie diese Sache beeinflusst?«, fragte sie.

Ich hasste diese Frage. Es war vielleicht die schlimmste von allen.

»Es … es hat alles verändert.« Ich begann, die Auswirkungen des Missbrauchs zu beschreiben. Dabei konzentrierte ich mich vor allem auf die Details, die von anderen bestätigt werden konnten, oder auf Elemente, von denen ich wusste, dass sie vor Gericht thematisiert werden würden. Ich erklärte, wie es mich am Arbeitsplatz beeinflusst hatte, aber auch in allen anderen zwischenmenschlichen Beziehungen. Bei der Partnersuche, in der Ehe, in der Schwangerschaft. In allem.

»In der Zeit habe ich ziemlich viel Tagebuch geschrieben«, erzählte ich ihr.

»Haben Sie diese Tagebücher noch?«, fragte die Kommissarin mit leicht hochgezogenen Augenbrauen.

»Ja«, sagte ich mit einem unwohlen Gefühl. Ich hatte gewusst, dass sie das fragen würde, da ich die Tagebucheinträge in meiner Stellungnahme unter den entsprechenden Elementen aufgeführt hatte, die herangezogen werden konnten, um meine Anschuldigungen zu belegen. Trotzdem fühlte es sich unglaublich verletzend an, sie aushändigen zu müssen.

»Ich dachte, sie wären noch im Haus meiner Eltern, aber ich konnte sie nicht finden. Vielleicht habe ich mich auch geirrt und sie liegen bereits in Louisville in irgendeiner Kiste.« *Mach einfach weiter.* »Was Sie noch wissen müssen ist, dass ich als Kind schon einmal missbraucht worden war, von einem Pädophilen in unserer Gemeinde. Ich weiß, dass das gegen mich verwendet werden kann, wenn mein Fall vor Gericht kommt. Deshalb möchte ich Sie vorwarnen. Sie werden in meinen Tagebüchern auch Hinweise auf diesen ersten Missbrauch finden. Larry hat … hat die Sache wieder hochkommen lassen.«

Ich holte tief Luft und kehrte zu meinen Nachforschungen zurück. »Als ich zu begreifen begann, dass etwas nicht stimmte, und meine Mutter und ich anfingen, Fragen zu stellen, informierte ich mich über die tatsächliche Beckenbodentherapie.« Erinnerungen fluteten meine Gedanken. Erinnerungen, in denen ich in unserem Keller saß, mich in medizinische Zeitschriften, Blogs, Websites und andere seriöse Quellen vertiefte und verzweifelt nach etwas suchte, *irgendetwas*, das dem ähnelte, was Larry getan hatte. Erinnerungen an die Übelkeit, die mich jedes Mal überkam, wenn ich wieder einmal nichts gefunden hatte.

»Stattdessen fand ich heraus, was echte Beckenbodentherapie ist.« Ich begann, die Unterschiede für die Kommissarin herauszuarbeiten. Die Unterschiede in den Bewegungen, der Dauer, der Art der Berührung. Welche Finger verwendet wurden, und wo die Finger platziert wurden. »Inzwischen habe ich mit einer Therapeutin gesprochen, die diese Unterschiede bestätigt hat.« Ich erzählte ihr von dem Gespräch, das ich ebenso mit meiner Physiotherapeutin in Louisville geführt hatte. Sie hatte die gleichen ungläubigen und bedauernden Aussagen gemacht wie ihre Kolleginnen Jahre zuvor.

»Ich weiß, dass es ein harter Kampf werden wird«, sagte ich, nachdem ich fast jede Kleinigkeit meines Ordners durchgegangen war. »Aber ich denke durchaus, dass dieser Fall gewonnen werden kann, und habe bereits einen sehr angesehenen Staatsanwalt hinzugezogen, um die Beweise zu prüfen. Er hat mir gesagt, dass er es nach seiner beruflichen Einschätzung versuchen würde. Er war es auch, der mir eine Referenz ausgestellt hat.« Nun holte ich zuletzt Keiths Brief hervor, erneut dankbar dafür, dass ein Außenstehender, der sich in all das nicht hätte einmischen müssen, es so bereitwillig getan hatte. Keith hatte einen guten Ruf und nutzte seine Erfahrung, Professionalität und Integrität, um für mich einzutreten. Detective Munford nahm das Blatt und überflog es.

»Danke«, sagte sie. »Also gut, lassen Sie uns darüber sprechen, wie es jetzt weitergehen soll.«

Ich nickte und setzte mich auf, während ich mit aller Kraft versuchte, entspannt zu bleiben.

»Zunächst werde ich eine Untersuchung einleiten und in diesem Rahmen schon ziemlich bald auch Larry befragen. Es gibt einen parallelen Ermittlungsweg, der Ihnen offensteht. Da es auf dem Campus passiert ist, können Sie zusätzlich eine *Title IX*-Klage einreichen, wenn Sie wollen.«

Das war die erste Überraschung in diesem Gespräch. Ich wusste so gut wie nichts darüber.

»Können Sie mir das näher erklären? Wie wird sie durchgeführt und was ist der Unterschied zu Ihrer Untersuchung?«

Detective Munford nickte. »Ja. Das Gesetz ›*Title IX*‹ soll eine Diskriminierung aufgrund des Geschlechts an Schulen verhindern.

Unter anderem soll es sicherstellen, dass es im Umfeld des Campus keinen sexuellen Missbrauch oder sexuelle Belästigung gibt. Es ist im Grunde genommen eine weitere Schutzschicht. Die Polizei arbeitet ziemlich eng mit dem *Title-IX*-Büro zusammen, weil es oft Überschneidungen gibt. In Ihrem Fall liegt sowohl eine Straftat als auch ein Verstoß gegen *Title IX* vor. Darum haben wir eine Schnittstelle, um eine gute Koordination zu gewährleisten und dafür zu sorgen, dass die Ermittlungen angemessen durchgeführt werden. Aber beide Stellen gehen unabhängig voneinander vor.«

Sie begann, den *Title-IX*-Prozess zu beschreiben. Als sie erklärte, dass Larry für die Dauer der Untersuchung sofort in den Schreibtischdienst versetzt werden würde, wurde ich besonders hellhörig. Diese Konsequenz war bei einer einfachen Anzeige bei der Polizei nicht unbedingt der Fall. Zusätzlich gab es eine geringere Beweislast, und die Untersuchung könnte im besten Fall schneller abgeschlossen werden als die polizeilichen Ermittlungen.

Ich atmete tief durch. Durch die geringere Beweislast und den schnelleren Beschluss war es wahrscheinlicher, dass ein Verstoß gefunden wurde, unabhängig davon, ob wir es vor Gericht schafften oder nicht. Wenn die Ermittler einen Verstoß feststellten, würde mir das in den Augen der Öffentlichkeit mehr Glaubwürdigkeit verleihen, außerdem würde es meine Behauptungen unterstützen. Das wiederum könnte den Druck für die polizeiliche Untersuchung und die mögliche Strafverfolgung erhöhen. Und es wäre sichergestellt, dass Larry sofort von seinen Patienten getrennt wurde – mindestens für ein paar Monate. Das war schon viel wert. Andererseits – sollte die Untersuchung nicht fachgemäß gehandhabt werden und sollten wir die geringere Beweislast nicht erfüllten können, würde es meine Glaubwürdigkeit zunichtemachen und die Hoffnungen aller Opfer, die sich eventuell hatten melden wollen, zerstören. Und im schlimmsten Fall würde dann auch kein

Staatsanwalt mehr das Risiko eingehen, Anklage gegen Dr. Larry Nassar zu erheben.

Noch während ich über meine Antwort nachdachte, wog ich meine Möglichkeiten ab. Ich musste über *Title IX* mehr wissen, um eine Entscheidung treffen zu können, also begann ich, weitere Fragen zu stellen. Wer sind die Ermittler? Was für Beweise werden in Betracht gezogen? Gibt es ein Berufungsverfahren? Ist der Prozess öffentlich? Am Ende beschloss ich, das kalkulierte Risiko einzugehen und eine parallele Untersuchung einzuleiten. Detective Munford schien, soweit ich es zu diesem Zeitpunkt beurteilen konnte, über die besten Untersuchungs- und Befragungsmethoden auf dem Laufenden zu sein und sich mit den Dynamiken von Missbrauch und Traumata auszukennen. Wenn sie eng mit dem *Title-IX*-Büro zusammenarbeitete, würden die beiden Stellen sich hoffentlich gegenseitig kontrollieren.

Und es gab noch einen weiteren entscheidenden Vorteil. Im Laufe der Untersuchung würden Larry und ich befragt werden, und wir würden die Antworten des anderen zu sehen bekommen. Ich würde schon früh Einblicke in seine Verteidigung erhalten und könnte dementsprechend planen. Allein das war meines Erachtens das Risiko wert.

»Ja«, sagte ich, »lassen Sie uns anfangen. Was muss ich tun?«

Sie nickte. »Wir werden eine weitere vollständige Befragung durchführen müssen. Ich denke, dass der Ermittler diesmal auch nach Kalamazoo kommen kann. Wenn es mir möglich ist, werde ich für ein Folgegespräch mitkommen.«

Sie fügte hinzu, dass ein Treffen mit dem *Title-IX*-Team, das zum normalen Tagesablauf gehörte, für den späteren Nachmittag geplant sei. Sie würde den Fall mit ihnen durchgehen und den Vorgang innerhalb weniger Stunden ins Rollen bringen.

»Wir werden Sie anrufen und alles arrangieren.«

Als Detective Munford mich und Jacob durch die verwinkelten Gänge zurück begleitete, versprach sie, dass sie sofort auf meine Beschwerde reagieren würde. Schweigend liefen wir zum Auto zurück. Ich war erschöpft und aufgekratzt zugleich und konnte mich trotz der Müdigkeit nicht entspannen oder irgendwie zur Ruhe kommen.

»Was denkst du?«, fragte Jacob schließlich, als wir, fast drei Stunden nachdem wir gekommen waren, den Parkplatz verließen.

»Ich denke, es ist den Umständen entsprechend ganz gut gelaufen«, antwortete ich vorsichtig. »Sie scheint es ernst zu nehmen oder ist einfach sehr gut darin, so zu tun als ob. Oder sie ist zwar sehr leidenschaftlich, hat aber am Ende die praktischen Fähigkeiten doch nicht, die für eine solche Untersuchung notwendig sind. Aus rechtlicher Sicht wird es ein komplexer Fall sein, weil die medizinischen Einzelheiten sehr technisch sind.«

Jacob nickte. »Sie schien die Sache ernst zu nehmen«, meinte er. »Ja, so schien es mir auch«, lenkte ich ein. »Ihre Fragen und Befragungstechniken waren sehr professionell, und sie scheint ein wirklich gutes Verständnis von Traumata zu haben, was ermutigend ist.« Um die ganze Situation erträglicher zu machen, mussten wir uns auf das Positive konzentrieren. Gleichzeitig lag in diesem Fall jedoch noch ein langer Weg vor uns, wir mussten ihn im Auge behalten und vor Problemen auf der Hut sein.

»Möchtest du etwas essen gehen?«, fragte Jacob. Als er sah, dass ich den Kopf zu schütteln begann, fügte er sofort hinzu: »Du musst *wirklich* etwas essen, Schatz«. Ich seufzte und gab mich geschlagen. Er hatte recht.

Wenig später saßen wir in einer Pizzeria auf dem Campus. Ich fühlte mich total fehl am Platz in meinem Hosenanzug und den hochhackigen Schuhen, deshalb blieben wir nicht lange, aber zumindest hatte ich eine sehr gute Pizza im Magen.

»Also … was hältst du davon, wenn wir nach Hause fahren?«, fragte Jacob auf der Rückfahrt. Ich seufzte frustriert. Aus den gleichen Gründen, aus denen ich ein persönliches Treffen mit der Polizei für notwendig gehalten hatte, wollte ich auch ein persönliches Treffen mit den Ermittlern der *Title-IX*-Behörde.

»Ich glaube, ich sollte bleiben, bis alles richtig in Gang gekommen ist«, sagte ich zögernd. Ich wusste, dass er nicht bleiben konnte. Es war einfach nicht möglich.

»Ja, ich weiß«, stimmte er zu. »Ich denke … wenn es für dich in Ordnung ist, würde ich einfach allein zurück nach Louisville fahren, sobald wir wieder bei deinen Eltern sind.« Er hielt inne und warf mir einen Blick zu. »Ist das okay für dich?«

Okay? Nein. Nichts ist okay. Ich wollte unbedingt, dass er bei mir blieb. Ich wollte an jenem Abend nicht allein ins Bett gehen. Ich wollte nicht aus den Albträumen aufwachen, die sicherlich kommen würden, und ihn dann nicht neben mir haben. Ich wusste, dass er bleiben würde, wenn ich ihn darum bat, aber mir war auch klar, dass er sich einen weiteren Tag würde freinehmen müssen. Und es war nicht absehbar, was uns in Zukunft erwartete, also mussten wir diese Notfalltage für Zeiten aufbewahren, in denen wir sie wirklich brauchten. Meine Eltern waren eine große Unterstützung, sodass ich nicht allein war. Also stimmte ich zu, sosehr ich Jacob auch bei mir haben wollte.

Zwei Stunden später war mein Mann unterwegs nach Hause und ich spielte mit den Kindern im Garten. Während ich sie auf der Schaukel anschubste, versuchte ich mich selbst aus der Erschöpfung und dem gedanklichen Nebel herauszureißen, ich fühlte mich wie benommen von der Müdigkeit und dem Stress. Aber meine

Zwerge brauchten mich, sie wollten, dass ich ihre kleinen Körper in den Arm nahm, ihre zarten Wangen küsste, ihnen Geschichten vorlas und mit ihnen spazieren ging.

Meine Eltern taten alles, was sie konnten, um mich zu entlasten. Bereits am Nachmittag konnte ich damit beginnen, Anrufe zu tätigen und Nachrichten zu hinterlassen. Ich brauchte Antworten, und ich brauchte sie schnell. Den Luxus, vage Nachrichten bei irgendwelchen Telefonistinnen zu hinterlassen und darauf zu hoffen, dass die entsprechenden Ärzte, Krankenaktenbüros und Physiotherapeuten schnell reagieren würden, besaß ich nicht. Also hinterließ ich bei jedem Anruf viele Einzelheiten.

Der Tag, an dem ich die Anzeige erstattet hatte, fühlte sich endlos an. Bis zum Abend hatte ich bei allen möglichen Leuten Nachrichten hinterlassen und mit Detective Munford bereits ein Treffen für Donnerstagmorgen um zehn Uhr vereinbart. Ich hatte unseren Pastoren geschrieben, um zu fragen, ob wir eines der Unterrichtszimmer der Gemeinde nutzen dürften, weil mir kein anderer Ort eingefallen war. Ein Café oder ein anderer öffentlicher Ort erschien mir für diese Art von Gespräch ungeeignet. Das Haus meiner Eltern kam für mich auch nicht infrage – nicht, wenn die Kinder da waren. Doch Detective Munford hatte angekündigt, dass auch meine Mutter an jenem Tag befragt werden sollte, wahrscheinlich im Anschluss an das Gespräch mit mir.

Die beiden nachfolgenden Tage vergingen wie im Nebel. Es war anstrengend, das alltägliche Leben zu meistern und gleichzeitig die vielen Nachforschungen am Laufen zu halten. Meine Patientenakte von dem Termin bei der Krankenschwester existierte noch, wie ich in diesen Tagen zu meiner großen Erleichterung erfuhr. Aber da sie über zehn Jahre alt war, lag sie im Archiv und war vor Freitag nicht verfügbar. Auch der *IndyStar* arbeitete noch an dem Artikel, und ich hielt die Journalisten über die Fortschritte auf dem Laufenden.

Am darauffolgenden Dienstagnachmittag erhielt ich eine E-Mail mit der Information, dass Larry um sechzehn Uhr dreißig von der Polizei befragt werden würde. Ich sah auf die Uhr. In weniger als zwei Stunden würde er von meiner Anzeige wissen. Ich verschärfte so gut es ging alle Sicherheitseinstellungen meiner Konten bei den Sozialen Medien und entschied mich dann dafür, zumindest mein *Facebook*-Profil nicht zu deaktivieren, um andere Opfer, die mich möglicherweise kontaktieren wollten, an die Polizeistelle der *MSU* weiterleiten zu können. Ich wusste jedoch, dass Larry und seine Anwälte sofort im Internet nach mir suchen würden, und war gewappnet.

Später an jenem Tag erwiderte Sue, die Physiotherapeutin, mit der meine Mutter vor Jahren gesprochen hatte, meinen Anruf. Sie bestätigte, dass sie sich an unser Gespräch von damals sogar »sehr gut erinnerte«.

»Darf ich Ihnen noch etwas genauer davon erzählen und Sie nach Ihrer professionellen Meinung fragen, ob etwas oder alles davon eine legitime Behandlung war?«, fragte ich. Ich formulierte meine Frage bewusst so, dass mir niemand vorwerfen konnte, irgendetwas suggeriert zu haben.

»Natürlich«, sagte sie, ohne zu zögern. Also begann ich erneut mit meinen Beschreibungen. Nachdem ich mir sechzehn Jahre lang nicht erlaubt hatte, die Einzelheiten in Worte zu fassen, musste ich sie jetzt wieder und wieder erzählen.

»Er gebrauchte seinen Daumen? Oh nein, nein, …«

Ich fuhr fort, sein Vorgehen zu beschreiben. »*Was?* Nein. Nein«, wiederholte sie immer wieder. Wir hatten Sue als eine Physiotherapeutin kennengelernt, die direkt zur Sache kam und die Dinge beim Namen nannte. Fast musste ich lächeln, ihre Persönlichkeit hatte sich nicht verändert, seit sie mich vor fast fünfzehn Jahren wieder in Form gebracht hatte.

»Oh nein«, sagte sie, als ich fertig war. »Absolut nicht. Inzwischen praktiziere ich diese Therapie nicht nur, ich habe mich regelmäßig darin weitergebildet und unterrichte und zertifiziere jetzt sogar andere Therapeuten darin. Und nein, *das* ist keine Beckenbodenbehandlung. Nichts von dem, was Sie beschreiben, ist Beckenbodentherapie.«

Erleichtert atmete ich aus. Obwohl ich es bereits wusste, wurde ich jedes Mal, wenn ich eine definitive Antwort bekam, sowohl von Traurigkeit als auch von Dankbarkeit erfüllt. *Ich war nicht verrückt. Ich war es nie gewesen.*

»Können Sie mir die Unterschiede erklären?«, fragte ich. Ich suchte nach Mustern, nach zentralen Ähnlichkeiten zwischen Sues Erläuterungen, den Ausführungen meiner Therapeutin in Kentucky und den Ergebnissen meiner eigenen medizinischen Recherchen.

Sie begann, die Unterschiede zu nennen, wie ich es zuvor wiederholt gehört hatte. Die falschen Bewegungen, die falschen Finger, keine Handschuhe, keine Einwilligung. Es gebe absolut keine Verbindung zu einer tatsächlichen Beckenbodenbehandlung, sagte sie immer wieder. Noch einmal seufzte ich vor Erleichterung. Allmählich war ein klares Muster erkennbar, und je deutlicher ich es den Ermittlern erklären und aufzeigen konnte, desto besser.

Später hörte ich erneut von Detective Munford. Larry war standhaft in der Verteidigung seiner medizinischen Techniken. Das war alles, was sie augenblicklich sagen konnte.

Da wir offensichtlich mindestens bis Samstag bei meinen Eltern bleiben mussten, stellten meine Mutter und ich eine Einkaufsliste zusammen und fuhren am nächsten Tag zum Supermarkt. Aber auch dort war Larry dabei. Kurz nachdem ich meine Zweijährige in den Einkaufswagen gesetzt hatte – das Baby war in ein Tragetuch gewickelt und ritt fröhlich auf meiner Hüfte –, klingelte mein

Handy. Ich nahm ab und blieb mitten auf dem Gang stehen, als ich hörte: »Hallo, hier ist Kathy. Ich habe Ihre Nachricht bekommen, dass Sie ein paar Fragen an mich haben. Wie geht es Ihnen?«

Es war die physiotherapeutische Assistentin, mit der ich einmal gesprochen hatte. Sue hatte mich vor Jahren auf sie verwiesen, als wir sie zum ersten Mal um Informationen baten.

»Hat Ihnen jemand erklärt, warum ich angerufen habe?«, fragte ich, während ich den Einkaufswagen weiterschob, um nach einem einigermaßen leeren Gang zu suchen, bevor ich wieder einmal mit den plastischen Beschreibungen meines sexuellen Missbrauchs beginnen musste.

»Ich habe nur Ihre Nachricht gehört«, sagte sie. Ich nickte, ohne die Tatsache zu berücksichtigen, dass Gesten am Handy nutzlos waren. Und dann erzählte ich alles – gefühlt zum millionsten Mal.

»Nun, zuerst muss ich Ihnen sagen, dass es mir sehr leidtut, Rachael«, begann Sue, nachdem ich kein Detail ausgelassen hatte. »Ich bin so stolz auf Sie, dass Sie diesen Schritt gehen, und ich bin mir sicher, dass es andere Mädchen und Frauen davor bewahren wird. Nein, nichts davon ist medizinisch. Absolut nichts, was Sie beschreiben, hat irgendeine Ähnlichkeit mit einer echten Beckenbodenbehandlung.«

Ich nickte dankbar. So wie Sue war auch Kathy bereit, sich mit mir in diese Tretmühle zu begeben. Beide boten an, mit den Ermittlern zu sprechen und sich mit ihnen zu treffen. Beide boten an, als Zeuginnen vor Gericht auszusagen. Beide erzählten mir mehr über die Ausbildung und Zertifizierung und nannten mir Experten auf dem Gebiet. Außerdem bestätigten sie die Ergebnisse meiner eigenen medizinischen Nachforschungen. Sie gaben mir ihre persönlichen Kontaktdaten und sagten, dass sie alles ihnen Mögliche tun würden, um zu helfen.

Unsere Einkaufstour dauerte an jenem Tag länger als gewöhnlich. Bis zum Abend hatte ich das Gefühl, als hätte ich eine Art Schleudertrauma von dem Versuch, einen fließenden Übergang von den Ermittlungen und anschaulichen Beschreibungen meines Missbrauchs zurück zur Kindererziehung und zum Einkaufen zu schaffen. Aber die Puzzleteile des Falls fügten sich langsam zusammen, und ich war sehr dankbar dafür.

Außerdem erhielt ich kurz darauf die Information, dass Lin-Chi Wang, die *Title-IX*-Ermittlerin, und Detective Munford sich am nächsten Morgen um zehn Uhr mit mir treffen würden. Dann würde ich das Ganze … *noch einmal* … durchgehen müssen.

ACHTZEHN

Vorsichtig öffnete ich verschiedene Türen und lugte in die stillen, dunklen Räume unserer Gemeinde in Kalamazoo, um ein geeignetes Zimmer für die Befragung zu finden.

»Du kannst jeden Raum benutzen«, hatte Andrew gesagt. Also öffnete ich eine weitere Tür und lächelte über die Kinderstühle, die in diesem Klassenzimmer verteilt standen. Detective Munford war zwar zierlich, aber so klein nun auch wieder nicht. Die metallenen Klappstühle oder stapelbaren Plastikstühle in den anderen Räumen waren zwar in normaler Größe, sahen aber nicht wirklich bequem aus. Sicher würden wir mindestens ein paar Stunden darauf sitzen müssen. Außerdem lagen diese Räume sehr nah an den Büros der Pastoren. Ich wollte lieber nicht riskieren, gehört zu werden.

Die Kinderkrippe? Hier gibt es Schaukelstühle, dachte ich. Vielleicht eher ungewöhnlich für eine Befragung, aber wenigstens gemütlicher? *Nein.* Ich ging weiter in die untere Etage und öffnete eine Tür in der Nähe des Spielbereichs für die älteren Kleinkinder. In diesem Raum stand ein Tisch mit etwa einem Dutzend gepolsterten Bürostühlen. Er schien relativ schalldicht zu sein und befand sich in der Nähe des Eingangs. Diesen Besprechungsraum hatte ich völlig vergessen, aber er schien mit Abstand die beste Option zu sein.

Nur wenige Minuten später fuhr ein Auto auf den Parkplatz. Detective Munford und Lin-Chi Wang waren pünktlich.

»Ist dieser Raum in Ordnung?«, fragte ich, nachdem ich sie begrüßt und ins Besprechungszimmer geführt hatte.

»Oh ja, er ist perfekt«, sagte Detective Munford und setzte sich mir gegenüber, während Lin-Chi am Kopfende des Tisches Platz nahm.

Lin-Chi holte einen Stapel Unterlagen hervor und schob ihn mir zu. »Das sind einige Informationen über *Title IX*. Bevor wir anfangen, würde ich mit Ihnen gerne den Ablauf besprechen, dann können Sie die Formulare unterschreiben.«

Ich nickte, worauf wir Seite für Seite die Unterlagen durchgingen. Die Universität war nicht mein Rechtsbeistand; ich konnte nicht anonym bleiben; ein Gremium würde die Zeugenaussagen prüfen; Larry würde meine Aussage sehen und ich seine. Wir würden beide die Gelegenheit bekommen, darauf zu reagieren oder Korrekturen vorzunehmen.

Ich unterschrieb den Papierkram, während mir die Worte »Wir sind nicht Ihr Rechtsbeistand« immer noch in den Ohren hallten. Diese Tatsache war mir zwar nicht neu, aber sie war eine deutliche Erinnerung, die laut zu rufen schien: »Du bist ganz allein!«

»In Ordnung«, begann Lin-Chi. »Erzählen Sie mir, was passiert ist.« Und ich legte los – wieder einmal. Ein Detail nach dem anderen. Die klärenden Fragen waren beim letzten Mal schon schwierig gewesen, aber diesmal musste ich noch detaillierter und gründlicher sein, weil auch Larry inzwischen befragt worden war.

»Warten Sie«, unterbrach mich Detective Munford, als ich versuchte, die genauen Fingerbewegungen zu beschreiben. »Können Sie mir noch einmal erklären, wie tief seine Finger eindrangen und woher Sie das wussten?«

Ich tat es. Erneut.

»Okay.« Sie sah zu Lin-Chi hinüber. »Als ich Larry befragt habe, hat er die Penetration geleugnet. Er hat gesagt, er würde zwar äußerlich in die Muskeln hineindrücken, aber immer nur von außen.«

Lin-Chi nickte. »Ja, bei mir hat er die Penetration auch ganz ausdrücklich bestritten.«

Ich runzelte verwirrt die Stirn. »Er bestreitet es? Er sagt einfach, … dass er es so *nicht* macht?«

Detective Munford nickte. »Ja, das hat er gesagt. Er macht alles äußerlich.«

Lin-Chi stimmte ihr erneut zu. »Ja. Er hat konkret gesagt, dass er *nicht* eindringt.«

Ich schüttelte den Kopf. »Komisch ...« *Er scheint nicht wirklich zu verstehen, was ich sage ... Das ergibt doch keinen Sinn.* Ohne den geringsten Zweifel hatte ich erwartet, dass Larry sofort seine Ausbildungsnachweise und Zertifikate für die interne Beckenbodentherapie vorlegen würde. Dann hätte er eine hitzige Debatte über die extrem technischen Aspekte beginnen können, wie diese Therapie aussehen konnte und wie nicht. Ich konnte mir nicht erklären, warum er es nicht getan hatte. *Er wird bald herausfinden, was du hier tust. Dann wird es wirklich hart werden ...*

Daraufhin erzählte ich Lin-Chi alles, was ich bereits mit Detective Munford besprochen hatte: die medizinischen Beweise, meine Fallakte, was andere Zeugen bestätigen konnten, und die Unterlagen, auf die ich noch wartete.

Als wir über zweieinhalb Stunden später fertig waren, fühlte ich mich so erschöpft wie beim letzten Mal – nur war Jacob diesmal nicht da.

»Wie spät ist es?« Detektiv Munford sah auf ihre Uhr. »Okay, lassen Sie uns mittagessen gehen, danach können wir mit Ihrer Mutter sprechen.« Darauf hielt sie kurz inne. »Wäre es möglich, dass wir uns einfach in ihrem Haus treffen, wenn es sowieso in der Nähe ist?«

Während ich meine Unterlagen zusammenpackte, dachte ich kurz darüber nach. Wenn sie zu uns nach Hause kämen, hätten wir die Gelegenheit, ihnen die Stabilität in unserer Familie und unserem Privatleben zu zeigen und vielleicht mehr Glaubwürdigkeit zu erlangen. Außerdem könnte eine persönlichere Beziehung dazu beitragen, ein Gefühl der Loyalität zu erzeugen. Auf der Kehrseite … Das Haus war sehr klein, und meine drei Kinder hatten meine Mutter zweifellos auf Trab gehalten, und das, wo sie derzeit ohnehin schon emotional erschöpft von allem war. Es war gut möglich, dass ihr Haus gerade aussah, als wäre ein Tornado durch das kleine Gebäude gefegt. Oder um genauer zu sein … drei Tornados.

»Lassen Sie mich kurz anrufen und fragen, wie es aussieht«, antwortete ich. Die Vorteile überwogen wahrscheinlich die Risiken. »Aber ich denke, das geht in Ordnung.«

»Großartig«, sagte Detective Munford. »Möchten Sie trotzdem vorher mit uns Mittagessen gehen?«

»Warum nicht.« Ich rief meine Mutter an und sprach mit leiser Stimme, als sie ans Telefon ging. Ich erklärte ihr unseren Plan, worauf ich sie am anderen Ende lachen hörte.

»Hier? Wir sind gerade mit dem Frühstück fertig und die Spielsachen liegen wie bei einem Hindernislauf überall verteilt.« *Und die Zweijährige hat wahrscheinlich ihr halbes Frühstück in ihren Locken hängen*, fügte ich in Gedanken hinzu.

»Aber, … ja, das könnte gehen«, sagte meine Mutter. »Gib mir vielleicht eine Stunde oder ruf mich an, bevor ihr euch auf den Weg macht!« Sie hielt kurz inne. »Und sei auf der Hut beim Mittagessen.«

Als wir an jenem Nachmittag zum Haus meiner Eltern kamen, war ich erleichtert, meine Zweijährige ohne Frühstück in den Haaren und meine Mutter gefasster anzutreffen, als ich mich selbst gerade fühlte.

Nachdem ich den unerwarteten Besuch kurz vorgestellt hatte, wandte ich meine Aufmerksamkeit wieder meinen Kindern zu. Ich war erschöpft und noch immer in den unguten Erinnerungen versunken. Nicht nur das – nachdem ich so intensiv über meinen Missbrauch befragt worden war, sträubte ich mich gegen den Gedanken, von irgendjemandem berührt zu werden. Nun musste ich diese Abneigung überwinden, um die drei Kleinen hochheben und umarmen zu können, die sich so freuten, mich nach drei vollen Stunden wieder zurückzuhaben. Dann scheuchte ich sie vor mir her.

»Lasst uns etwas lesen gehen!«, schlug ich eifrig vor und ließ Detective Munford und Lin-Chi mit meiner Mutter allein, um mit ihr reden zu können. Lesen war eine Lieblingsbeschäftigung von uns allen, und ich hoffte, die Kinder damit so weit »ruhigzustellen«, dass sie sich zumindest nicht streiten würden. Annaliese Grace war das kleine Mädchen, dem ich den Spitznamen »Feuer-und-Eis-Prinzessin« gegeben hatte. Für sie war alles entweder absolut wundervoll oder absolut das Gegenteil davon. Der sehr sanftmütige Jonathan lernte allmählich, sich Annalieses Lautstärke anzupassen, und so bestand immer die Möglichkeit, dass eine noch so harmonische Situation schnell eskalieren konnte.

Und ich sollte wie immer recht behalten. Mitten während des zweiten Buchs über *Geschichten aus dem Bärenland* schaffte es Jonathan, irgendetwas zu tun, was seine Schwester verärgerte. Ich sah es nicht einmal kommen, umso mehr hörte ich es, sobald das unbemerkte Problem aufgekommen war. Sanft versuchte ich, Annaliese auf meinen Schoß zurückzuziehen, um sie zu beruhigen. Doch das ging sofort nach hinten los – sie begann zu brüllen, dass ich sie nicht anfassen solle. *Ach du meine Güte! Bitte schrei nicht, als würde ich dir etwas Schlimmes antun, wenn eine Kommissarin in meiner Küche sitzt! Am Ende wird noch gegen mich ermittelt.*

Nach weniger als einer Stunde rief meine Mutter uns zu, dass sie fertig waren, und ich stieg die Treppe hinauf, um mich von Detective Munford und Lin-Chi zu verabschieden. Ich hatte das Baby auf dem Arm und führte die beiden älteren Kinder vor mir her. *Sehen Sie? Unversehrt. Einfach nur sehr, sehr stur und laut.* Mit einem herzlichen Lächeln stellte sich Detective Munford all meinen Kindern vor.

»Klingt, als hättet ihr Spaß gehabt da unten«, sagte sie mit einem leicht neckenden Unterton in der Stimme.

»Oh ja … immer ein Abenteuer!«, antwortete ich.

Sie lachte. »Ich habe selbst Kinder, an *die* Abenteuer erinnere ich mich!«

Ich hoffte aufrichtig, dass sie es tat, und dankte ihnen, dass sie die Fahrt auf sich genommen hatten. Meine Mutter lächelte. Die Erschöpfung und der Stress standen ihr ins Gesicht geschrieben.

»Ist alles gut gelaufen?«, fragte ich sie, nachdem wir die beiden Frauen verabschiedet hatten.

»Ja. Sie waren wirklich nett.« Meine Mutter bekam leicht feuchte Augen. »Detective Munford hat mir vorgeschlagen, eine Therapie in Erwägung zu ziehen. ›Sie werden die Mutter sein müssen‹, hat sie gesagt. Sie weiß, dass dieser Prozess für dich besonders schwer werden wird.« Sie schwieg einen Augenblick. »Ihr Verständnis und ihre Fürsorge weiß ich sehr zu schätzen.«

Ich erwiderte ihr Lächeln. »Sie scheint es wirklich zu verstehen.« Ich erinnerte mich daran, dass die Kommissarin mir am Ende meiner Befragung einen ähnlichen Rat gegeben hatte. »Denken Sie darüber nach, okay?«, hatte mir Detective Munford mit Mitgefühl in der Stimme geraten. »Ich weiß, dass Sie schon große Fortschritte in Ihrer Heilung gemacht haben. Sie sind offensichtlich sehr stark und gut vorbereitet. Aber wenn man diesen Prozess durchläuft, kann es sein, dass alles wieder hochkommt. Es fühlt sich irgendwie an, als würde man erneut die Kontrolle verlieren, wissen Sie? Weil die Geschichte dann da draußen in der Öffentlichkeit ist. Sie müssen gut auf sich aufpassen.«

Ich nickte, und meine Mutter und ich sahen einander an. *Was nun?* Wir waren beide total erschöpft und zittrig vor Stress. Außerdem waren da noch unsere drei kleinen Kinder, die unsere ganze Aufmerksamkeit verlangten.

»Lass uns mit den Kindern spazieren gehen«, schlug meine Mutter vor. Und das taten wir. Auch die restliche Woche füllten wir mit Besuchen im Stadtpark aus, während mein Vater uns allen den Rückhalt gab, den wir so dringend brauchten.

Einige Tage später fuhren wir mit meiner Mutter wieder zurück nach Louisville, und sie blieb ein paar Tage bei uns, um Zeit mit uns und meinen anderen Geschwistern zu verbringen. Keith meldete sich weiterhin regelmäßig, um Vorschläge zu machen und mich zu ermutigen, und meine Familie umgab uns mit praktischer und emotionaler Unterstützung. So kamen meine Schwägerin Christa und mein Bruder zum Beispiel mit einem Vorrat an vorgekochtem Essen und zahlreichen handgeschriebenen Kärtchen mit tröstenden Bibelversen vorbei. Und endlich erhielt ich meine Patientenakte von der Krankenschwester und hätte am liebsten vor Erleichterung geweint, als ich sah, dass sie tatsächlich jede Einzelheit, die ich ihr erzählt hatte, notiert hatte. Plötzlich war ich unglaublich dankbar für die gesetzlichen Vorschriften in Bezug auf Krankenakten. Obwohl ich ihr nie Larrys Namen genannt hatte und sie ein paar persönliche Details falsch verstanden hatte, hatte sie genügend Einzelheiten über ihn festgehalten, dass er leicht zu identifizieren war.

Da ich mit den Journalisten vom *IndyStar* in Kontakt geblieben war, erfuhr ich Anfang September, dass der Artikel voraussichtlich in der kommenden Woche erscheinen würde. Und endlich tat ich das, was ich seit Wochen – und genau genommen seit Jahren – aufgeschoben hatte. Ich setzte mich hin und schrieb eine E-Mail an meine engsten Freunde und Verwandte, um ihnen mitzuteilen, was damals passiert war. Ich wollte sie vorbereiten, bevor die Schlagzeilen über meine Geschichte in den Nachrichten kam.

Wie fange ich so eine E-Mail nur an?, fragte ich mich. Dann tippte ich so schnell ich konnte, weil ich ahnte, dass ich die E-Mail vielleicht nicht fertigstellen würde, sobald ich einmal aufhörte. Am Ende las ich sie durch und las sie noch einmal und noch einmal, bevor ich mit einem unguten Gefühl auf *Senden* drückte. Im Laufe der nächsten zwei Tage erhielt ich viele unterstützende Antworten. Außerdem meldete sich Mark, der Journalist vom *IndyStar*, regelmäßig bei mir, oft nur, um mich auf dem Laufenden zu halten oder zu fragen, wie es mir ging.

»Sie sind nicht allein, Rachael«, schrieb er an jenem Tag. »Der *IndyStar* wird jeden Aspekt genau verfolgen, das gilt für die *Title-IX*-Untersuchung genauso wie für das Strafverfahren. Sie werden wissen, dass wir zusehen.«

Jedes Mal, wenn ich eine E-Mail bekam, war ich bei aller Schwere auch von Dankbarkeit überwältigt. Endlich interessierte es jemanden. Jemand erkannte, dass dieser Weg einen Sinn machte. Jemand anderes kämpfte mit mir für die Wahrheit.

Von unserer Gemeinde in Louisville waren Jacob und ich weiterhin isoliert. In jener Woche fanden wir heraus, dass den Mitgliedern unserer Kleingruppe nun letztendlich gesagt worden war, dass ich »zu viel Schaden angerichtet« hätte, als dass die Gruppe würde weiter bestehen können. Der Schmerz aus dieser Erfahrung saß tief. Er verstärkte das Gefühl der Ausgrenzung und Trauer, das Jacob und ich ohnehin schon empfanden. Aber wir waren nicht allein. Nach sechzehn Jahren des Wartens fühlte es sich unwirklich an, in dieser Lage zu sein.

Ein paar Tage nach unserer Heimkehr stand ich in der Küche und telefonierte mit Detective Munford, sie wollte mich über die aktuellen Neuigkeiten informieren.

»Ich konnte es Ihnen nicht früher sagen, aber ich wollte Sie endlich wissen lassen, dass dies nicht das erste Mal ist, dass wir eine Anzeige gegen Dr. Nassar erhalten haben. Im Jahr 2014 hat ihn bereits vor Ihnen jemand angezeigt.«

Ich erstarrte. Also hatte ich recht gehabt. Jemand hatte bereits versucht, Larry anzuzeigen, und es wurde ihm nicht geglaubt. Also hatte die Polizei Larry schon einmal entlastet, und es war erst zwei Jahre her. Was ich in diesem Moment noch nicht wissen konnte: Larry war erst vor wenigen Monaten entlastet worden, obwohl die Anzeige bereits 2014 eingegangen war. Der verantwortliche Ermittler hatte die Untersuchung rund anderthalb Jahre hinausgezögert.

»Ihr Fall könnte anders sein«, beeilte sich Detective Munford zu sagen. »Ihre Vorwürfe sind weitreichender als die Anschuldigungen der anderen Frau, sie ist nur einmal bei ihm gewesen. Ich wollte es Sie nur wissen lassen.«

Das war es, wovor ich Angst gehabt hatte. Genau die Polizeistelle, die meinen Fall untersuchte, hatte schon einmal nicht zugehört. Ich versuchte, meine Stimme ruhig zu halten.

»Waren Sie beim ersten Mal beteiligt?« Ich musste es wissen.

»Nein, war ich nicht«, antwortete sie. »Aber ich habe gestern mit der Frau gesprochen, die damals Anzeige erstattet hat. Sie sagt, dass sie bereit ist, erneut mit uns zu sprechen, und dass sie uns helfen will, wo immer sie kann.«

Ich atmete langsam und erleichtert aus und verspürte eine unbeschreibliche Dankbarkeit für diese namenlose Frau, die schon einmal das Trauma einer Ermittlung durchgemacht hatte, nur um sich anhören zu müssen, dass sie sich irrte. Dennoch war sie bereit, zurückzukommen und erneut mit der Polizei zu reden. Sie musste unglaublich stark sein und entschlossen, sich zu wehren. *Danke*, flüsterte ich ihr zu und fragte mich, ob ich ihr je begegnen würde, um es ihr persönlich sagen zu können. Ich dankte auch der Kommissarin für die Information und rief direkt danach Jacob an.

»Ich hatte recht«, sagte ich. Meine Worte waren voll Wut darüber, in dieser Lage zu sein. »Ich hatte recht! Er ist schon einmal angezeigt und entlastet worden. Er hätte schon viel früher aufgehalten werden können!«

Die folgenden Tage schienen unerträglich lang zu sein, und dennoch zu kurz, um alles zu schaffen, was ich zu erledigen hatte. Täglich stand ich im Kontakt zu Ermittlern oder Journalisten – oder beides zusammen. Es fühlte sich wie ein Albtraum an, aus dem ich nicht aufwachen konnte. Der ständige Spagat zwischen der Klärung der Details meines Missbrauchs und der Erziehung drei kleiner Kinder war erschöpfend, und selbst die hellsten, sonnigsten Tage fühlten sich grau und dunkel an. Detective Munford benötigte mein Tagebuch, und es fiel mir sehr schwer, es auszuhändigen. Es war so extrem persönlich – und Larry würde jedes einzelne Wort darin genau studieren können. Dabei hatte ich mich so bemüht, meine Gedanken und Gefühle gerade vor *ihm* zu verbergen. Sie waren so persönlich, dass ich sie nie einer anderen Person gezeigt hatte, und jetzt musste ich sie sogar an meinen Peiniger übergeben. Doch um ihn zu stoppen und andere vor ihm zu schützen, war ich gezwungen, meine Aufzeichnungen preiszugeben.

Der 9. September – der Tag, an dem der Artikel erscheinen sollte – brach klar und hell an, aber ich konnte die Sonne nicht sehen. Ich weigerte mich, mein Handy nach Neuigkeiten zu überprüfen, weil ich wusste, dass ich nicht in der Lage sein würde, das emotionale Chaos zu verarbeiten und mich gleichzeitig gut um meine Kinder zu kümmern. Als Jacob von der Arbeit nach Hause kam, gab es jedoch immer noch keine Neuigkeiten, und ich spürte den Stress in jeder Faser meines Körpers.

Jener Abend sollte eigentlich einer unserer Lieblingsabende des Jahres werden – das ultimative Herbstfest. Einmal im Jahr veranstaltete Jacobs Theologisches Seminar ein großes Fest, das ein Höhepunkt für alle teilnehmenden Familien war. Jonathan freute sich schon seit Monaten darauf. Also machten wir uns fertig und gingen hin – auch wenn ich so benommen und gestresst war, dass ich das Gefühl hatte, kaum in mir selbst anwesend zu sein.

Kurz nachdem wir angekommen waren rief Mark an. Sie warteten immer noch darauf, dass das Gericht den Eingang der Zivilklage des anderen Opfers bestätigte, sagte er. Und solange das nicht der Fall wäre, könnten sie den Artikel nicht drucken.

Ein Gefühl der Übelkeit breitete sich in meinem Magen aus. Ich wusste, wie so etwas ablief. In dieser Klage wurde *USAG* erwähnt, also hatte der Dachverband gute Gründe dafür, die Anschuldigungen unter den Teppich zu kehren.

Eine quälende Angst ließ mich nicht mehr los: *Was, wenn die bereits eingereichte erste Klage mit einer Vereinbarung zur Geheimhaltung beigelegt wurde und das andere Opfer jetzt zu Stillschweigen verpflichtet war?* Es war eine weitverbreitete Methode, die mir von Anfang an Sorgen bereitet hatte. Viele Opfer sind zu erschöpft und traumatisiert, um auf einen öffentlichen Prozess zu bestehen. Missbrauchstäter sowie Personen und Institutionen, die die Rahmenbedingungen für den Missbrauch geschaffen haben, wissen das. Manche Anwälte schlagen eine »Stille Einigung« mit einer Geheimhaltungserklärung vor, die dem Opfer eine schnellere Erleichterung und einen reibungsloseren Prozess verspricht. Es ist meist kein Problem, den Missbrauchstäter und die Parteien, die den Missbrauch ermöglicht haben, zur Zustimmung zu bewegen, da die Geheimhaltungserklärung das Opfer zum Schweigen verpflichtet. So können alle ohne öffentlichen Druck oder wesentliche Auswirkungen einfach weitermachen. Anwälte, die nicht viel Zeit und Mühe in den Prozess investieren wollen, können Opfer zu einer Zeit zum Stillschweigen verpflichten, in der sie zu verletzlich sind, um sich zu wehren oder es besser zu wissen. Anschließend verschwinden diese Anwälte mit einer saftigen Bezahlung. Wenn es in diesem Fall so gelaufen war, würde der Artikel gar nicht gedruckt werden. Die Identität des zweiten Opfers würde nicht bekannt gegeben werden, nicht einmal mir. Sie wäre verpflichtet zu schweigen, und dann stünde mein Wort gegen Larrys.

»Mark«, begann ich, da ich es einfach loswerden musste, »ist es möglich, dass sie versuchen, eine außergerichtliche Einigung zu erzielen?« Ich hörte ihn am anderen Ende seufzen.

»Ich weiß es nicht, Rachael. Bisher habe ich keinen Kontakt zu dem Zivilanwalt. Er behauptet, dass sie die Klage eingereicht haben, aber es ist noch nichts aufgetaucht. Ich denke, dass wir uns diese Frage stellen müssen, vor allem deinetwillen.« Er machte eine Pause. »Aber ich weiß es nicht. Ich habe nur die gleiche Befürchtung.«

Die Stunden vergingen, und es fiel mir schwer, den Abend zu genießen, auf den wir uns seit Wochen gefreut hatten. *Lebe im Hier und Jetzt. Lebe im Hier und Jetzt*, flüsterte ich mir wieder und wieder zu und zwang mich, mich auf die begeisterten Gesichter meiner Kinder zu konzentrieren und ihr Lachen in mir aufzunehmen. Dennoch fühlte ich mich der besonderen Momente beraubt, die wir eigentlich zusammen hatten genießen wollen. Einmal mehr war es die schonungslose Erinnerung daran, dass ein Missbrauch dir überall hin folgt und dass alle darunter leiden müssen.

Noch am gleichen Abend, lange nach 21 Uhr, rief Mark erneut an. »Es tut mir so leid, Rachael. Es wird heute Abend nicht mehr klappen. Wir warten immer noch auf die Bestätigung.« Er sagte, dass der Sprecher des Gerichts bestätigt habe, dass sie im Rückstand seien. Auf jeden Fall würde die Zeitung den Artikel nicht am

Wochenende herausbringen können. Wenn, würde er frühestens am Montag erscheinen.

Ich nickte. »Danke, Mark. Ich weiß, dass Sie Ihr Bestes geben, allein das schätze ich sehr.«

An jenem Wochenende verfolgte mich eine eisige Furcht. *Was, wenn der Artikel nicht gedruckt wird? Was, wenn es eine Einigung gibt und sich das andere Opfer zur Geheimhaltung verpflichtet?*

Dann meldete sich Lin-Chi. Larry hatte Dutzende Dateien geschickt, Videos, Fotos und Artikel, die seine Techniken zeigten. Sie bat mich, sie durchzusehen und ihr mitzuteilen, ob diese Dateien meiner Ansicht nach das darstellten, was Larry bei mir angewandt hatte.

Sofort ergriff ich die Gelegenheit. Diese Dateien würden mir klare Einblicke in seine Verteidigungslinie geben. Also nahm sich Jacob am nächsten Tag Urlaub von Arbeit und Studium, um bei den Kindern zu bleiben, während ich mich mit meinem Computer in unser kleines Schlafzimmer zurückzog. Zuerst lud ich jede Datei und jedes Video auf meinen Computer herunter, um darauf zurückgreifen zu können, falls der Link, den Lin-Chi mir geschickt hatte, irgendwann deaktiviert werden würde. Dann klickte ich auf das erste Video und übergab mich fast. Es zeigte Larry bei der Arbeit.

Als Lin-Chi mich gebeten hatte, die Videos anzuschauen, war mir nicht klar gewesen, dass *er* darin zu sehen war. Ich dachte, er hätte ihr Filmmaterial von Schulen oder aus irgendeiner externen Quelle geschickt. Aber dem war nicht so, sie zeigten ihn. Seine Hände, die junge Turnerinnen berührten. Ich zuckte zusammen, als er seine Hände über die Rippen eines jungen Mädchens gleiten ließ, fast bis zu ihren Brüsten, während sie ihre Arme über den Kopf hielt. Schnell schaltete ich das Video aus, seit über einem Jahrzehnt hatte ich seine Stimme nicht gehört. Aber es half nichts, ich musste seine Erklärungen anhören. Ich musste seine Bewegungen genau beobachten, jeder Aspekt musste analysiert, mit meinen Erfahrungen und aktuellen medizinischen Praktiken verglichen und den Ermittlern erläutert werden. Ich schüttelte mich innerlich. Es musste getan werden, und je früher, desto besser. Wenn ich fertig wurde, bevor der *IndyStar* den Artikel druckte, konnte ich meine Erkenntnisse noch mit ihnen teilen. Also zog ich die Überdecke von unserem Bett, wickelte mich fest darin ein und drückte auf *Play*.

Zuhören, ansehen, Pause, zurückspulen. Auf seine Hände konzentrieren, seine Erklärungen notieren, noch einmal ansehen. Über ein halbes Dutzend Videos sah ich mir an, wieder und wieder, und meine Verwirrung wurde immer größer. *Das sind alles externe Behandlungen. Ausnahmslos.* Alles, was er präsentierte, erkannte ich in den medizinischen Nachforschungen wieder, die ich bereits selbst durchgeführt hatte, und es war keine interne Behandlung dabei. Nicht einmal annähernd. *Warum sagt er nicht einfach, dass er interne Beckenbodentherapie praktiziert?*

Aus meinen Gesprächen mit Detective Munford und Lin-Chi wusste ich, dass sie Fragen hatten. Aber für mich war es eine klare Sache. Bereits seit Jahren hatte ich mich mit interner sowie externer Beckenbodentherapie auseinandergesetzt. Ich konnte ihnen problemlos Artikel zeigen, die genau die Methoden und Handgriffe aus den Videos beschrieben. Sie waren alle extern. Auch konnte ich diese Verfahren ganz eindeutig von dem unterscheiden, was er bei mir getan hatte, genauso wie ich sein Vorgehen von der *eigentlichen* internen Beckenbodentherapie unterscheiden konnte.

Neben den Videos hatte Larry der Polizei einige Dateien und zwei PowerPoint-Präsentationen geschickt. Ich öffnete die Datei über Rippenbehandlungen und analysierte jedes einzelne Wort. Dabei prüfte ich das Dokument anhand meiner eigenen Recherchen, so wie ich es mit den Videos getan hatte. Wieder war es eine klar definierte, normale Behandlung. Und es war offensichtlich etwas völlig anderes als das, was ich beschrieben hatte. Ich war erleichtert, aber auch sehr verwirrt. *Wann wird er endlich sagen, dass er auch interne Beckenbodentherapie praktiziert?*, fragte ich mich.

Dann öffnete ich die letzte Datei und überflog die Seiten. Auf der allerletzten Seite fand ich etwas, das wie ein Video aussah, klickte auf den grauen Pfeil und sah es voller Bangen an. Die Titelmusik von *Star Trek* schallte aus den Boxen meines Laptops, und die Erzählerstimme las das Intro der Serie vor. Doch über den Bildschirm lief der Text von Larrys eigener Version: *»Beckenbodentherapie – unendliche Weiten.«* Es folgte noch mehr Text: »Dies sind die Abenteuer des sportmedizinischen Beckenbodentherapeuten, dessen lebenslange Mission es ist, fremde Faszienverbindungen zu entdecken und unbekannte Behandlungsformen zu ergründen.«

Widerwillig erkannte ich den Humor dieser Idee an, schließlich war ich vor Jahren selbst *Star-Trek*-Fan gewesen. Doch dann lief die letzte Zeile über den Bildschirm: *»Er dringt dabei an Orte vor, die nie ein Mensch zuvor gesehen hat (bei den* meisten *unserer jungen Turnerinnen – hoffentlich).«*

Ich erstarrte. *Hat er gerade wirklich einen pädophilen Vergewaltigungswitz gemacht?* Mir wurde schon wieder schlecht. *Orte, die nie ein Mensch zuvor gesehen hat …* Er hatte diese Worte auf seine *Folie* geschrieben! Über sich selbst. In dem Wissen, dass er genau das tat. Er drang an Orte vor, an denen noch kein Mensch gewesen war. Ohne Erlaubnis. Ohne Einwilligung. Er tat es bei *Kindern*. Es war unverschämt. Es war dreist. Er hatte genau das getan, worüber er gescherzt hatte – vor den Augen meiner Mutter.

Und dann hatte er noch ein »hoffentlich« angehängt. *Warum »hoffentlich«, Larry?*, fragte ich mich bitter. *Damit du der Erste sein kannst? Damit du nehmen kannst, was wir noch niemandem gegeben haben? Es nehmen, bevor wir eine Chance haben, diese Entscheidung mit jemand anderem zu treffen?*

Ich brannte innerlich vor Wut. Larry machte in seinen Darstellungen sozusagen Werbung für seine Schandtaten. Und nicht nur das: Diese Präsentation, die regelmäßig Medizinstudenten und Ärzten gezeigt wurde, enthielt auch zahlreiche Bilder, auf denen Larrys Hände auf den Becken kleiner Mädchen ruhten – äußerlich, ja, aber trotzdem sehr nah an ihren privatesten Bereichen. Auf allen Fotos waren die Shorts dieser Mädchen stramm zur Seite gezogen und bedeckten kaum ihre Genitalien. Zum Teil waren sie so sehr auf einer Seite zusammengerafft, dass ihr ganzes Gesäß zu sehen war. Und während diese Bilder von kleinen Mädchen – kaum bekleidet und mit seinen Händen in der Nähe ihrer Leisten – über den Bildschirm liefen, scherzte er darüber, an Orte vorzudringen, an denen zuvor noch niemand gewesen war. Die Respektlosigkeit diesen Mädchen und jungen Frauen gegenüber, der Grad an Perversion, der nötig war, um das lustig zu finden, erfüllten mich mit Abscheu und Wut. Hatten die Kinder diesen Fotos zugestimmt? Hatten es ihre Eltern getan? Wussten sie, dass die Bilder ihrer kaum bekleideten Töchter mit Larrys Händen auf ihren Körpern immer wieder anderen Männern gezeigt wurden? Wussten sie, dass er währenddessen Witze darüber machte, dass ihre Töchter an Orten berührt wurden, »die nie ein Mensch zuvor gesehen hat«?

Und wie hatte die *MSU* das übersehen können? Was für ethische Standards erlaubten es einem Dozenten, überhaupt sexuelle Witze bei der Unterweisung und Ausbildung von Studenten zu machen, geschweige denn sexuelle Witze über *Kinder*? Ich fragte mich, ob irgendjemand von der *MSU* Larry nach den Einverständniserklärungen all dieser Minderjährigen gefragt hatte. Hatte ihm irgendjemand einmal gesagt, *wie* unangebracht das war?

In all den Jahren meiner Nachforschungen war ich nie auf einen Arzt mit Fachkenntnissen in diesen Techniken gestoßen, der seine Patienten so bloßstellte wie Larry diese kleinen Mädchen. Andere Ärzte demonstrierten solche Methoden nur an voll bekleideten Patienten. Und auch wenn die Behandlungen, die er in diesen Dateien zeigte, extern waren, arbeitete Larry gefährlich nah am Vaginalbereich und trug keine Handschuhe. Die Techniken an sich waren legitim, ja – aber allein mit dieser Präsentation hätten bei allen anderen, die sie gesehen haben, bereits die Alarmglocken läuten müssen. Sie hätte nicht als Lehrmaterial bei Konferenzen und Vorlesungen dienen dürfen. Trotzdem gab Larry diese Materialien weiter, als würden sie ihn entlasten. Ich war so zornig. Tränen für uns alle brannten mir in den Augen. Weil Larry genau das getan hatte, wofür er in diesem Video wirbt. Und niemand von uns hatte eine Wahl gehabt.

Zwei Tage später, am folgenden Montag, erschien der Artikel im *IndyStar*. Ich schirmte mich selbst davon ab, bis Jacob nach Hause kommen und nach den Kindern sehen würde. Es war eine zu große emotionale Belastung, ständig hin- und herzuwechseln, also wartete ich einfach, bis er da war. Dank des Ausfalls einer Lesung kam er etwas früher nach Hause, worüber ich froh war. Doch die Frustration, fast immer die Letzte zu sein, die etwas erfuhr – sogar in Bezug auf meinen eigenen Fall –, wurde mir von da an immer bewusster. Ständig rang ich darum, die Kindererziehung mit meinen Bemühungen, den Fall voranzutreiben, unter einen Hut zu bringen.

Kaum hatte Jacob das Ruder übernommen, verkroch ich mich in unser Schlafzimmer, um das Video unseres Interviews anzusehen und den Artikel zu lesen. Der *IndyStar* hatte seine Sache gut gemacht, sie hatten voll ins Schwarze getroffen: die gesellschaftlichen Dynamiken, die missbräuchliche Denkweise bei *USAG*, die wichtigsten Fakten, das Muster, es war alles dabei, was ich zu hoffen gewagt hatte. Zwar war ich auch erschüttert, meine Worte gedruckt zu sehen und meine Stimme aus den Lautsprechern zu hören, aber es war haargenau das, was wir brauchten.

Dann erfuhr ich jedoch zwei Neuigkeiten, die mich überraschten: Erstens hatte *USAG* angeblich bereits vor über einem Jahr von Beschwerden gegen Larry erfahren und ihn bei der Polizei gemeldet. *Es wird seit einem Jahr gegen ihn ermittelt? Aber er behandelt die ganze Zeit Patienten … Niemand hat ihn aufgehalten … Nichts ist unternommen worden … Wie ist das möglich?*

Die zweite Neuigkeit war diese eine Zeile: »Nassars Anwalt sagte, sein Klient wende nie Verfahren an, die eine Penetration beinhalteten.«[11]

Ich hatte bereits gehört, dass er es bestritt, aber ich konnte es erst jetzt glauben, als ich es nun schwarz auf weiß vor mir sah. Sofort wählte ich Marks Nummer.

»Er streitet öffentlich ab, interne vaginale Verfahren anzuwenden?«, fragte ich ungläubig.

»Ja«, sagte Mark. Auch in seiner Stimme schwangen Zweifel mit. »Das tut er, Rachael. Er bestreitet es einfach rundheraus. Sagt, dass er es nie getan hat. Er beharrt darauf.«

Ich fühlte mich außer Atem. »Ich … ich verstehe das nicht. Warum sollte er das tun?«

»Ich weiß es nicht. Aber er besteht darauf, dass er keine interne Beckenbodentherapie praktiziert. Er hätte nie Penetration angewandt.«

Es war mir nie – nicht ein einziges Mal – in den Sinn gekommen, dass Larry vielleicht gar nicht für interne Behandlungen ausgebildet war. Dass er vielleicht nicht einmal behaupten würde, interne Therapien zu praktizieren. Ich hatte über interne Beckenbodenverfahren nachgeforscht, weil ich dachte, dass er zumindest unter dem Vorwand arbeiten musste, ausgebildet und zertifiziert zu sein. Doch er war es nicht, sonst hätte er sofort Beweise für diese Ausbildung vorgelegt. Es konnte nur einen Grund dafür geben, dass er es leugnete: Er hatte nie eine Qualifikation dafür gehabt.

Ich fühlte mich, als hätte ich den Boden unter den Füßen verloren. Sechzehn Jahre lang hatte ich mich gefragt, an welchem Punkt ich von einer Patientin zu einem Opfer geworden war, ohne je eine eindeutige Antwort zu erwarten. Jetzt hatte ich die Antwort. Ich war sofort Opfer gewesen. Vom ersten Termin an. Gleich von Anfang an. Ich war nie eine Patientin in seinen Augen. Ich war einfach nur sein Opfer gewesen.

Einerseits war ich erleichtert darüber, dass Larry behauptete, keine interne Beckenbodentherapie praktiziert zu haben. Das würde es viel einfacher machen, meine Anschuldigungen zu beweisen. Mein Fall verwandelte sich dadurch von einem technisch-medizinischen Fall in einen einfachen Aussage-gegen-Aussage-Fall – wenn die Ermittler und Staatsanwälte es genauso sahen. Und trotzdem war ich auch entsetzt. Ich dankte Mark und legte auf. Dann versuchte ich, wieder in meinen Alltag zurückzukehren. Doch kurz darauf rief Mark erneut an. Seine nächsten Worte erfüllten mich mit Trauer – und Hoffnung.

»Wir bekommen Anrufe, Rachael. Mehr kann ich nicht sagen, aber ich wollte, dass Sie es wissen. Wir bekommen Anrufe.« Er machte eine Pause. »Es funktioniert.«

NEUNZEHN

Die Geschichte begann sich wie ein Lauffeuer zu verbreiten. Noch am selben Abend war sie eine Titelstory auf der Internetseite der *Canadian Broadcasting Corporation* (*CBC*). Selbst internationale Medien begannen, sie aufzugreifen.

Als seine ehemaligen Patientinnen lasen, dass Larry bestritten hatte, interne Behandlungen zu praktizieren, wurde einigen von ihnen klar, dass sie ebenfalls missbraucht worden waren. Innerhalb von sechsunddreißig Stunden meldeten sich über zwanzig Frauen beim *IndyStar*, bei der Polizei oder bei dem in der Klage genannten Zivilanwalt und fragten, wo sie Anzeige erstatten konnten. Zwei von ihnen kamen auf mich zu.

Am 15. September erhielt ich am späten Vormittag einen Anruf von einer Nummer aus Michigan. Das *IndyStar*-Team hatte mir gesagt, dass eine der Betroffenen mich persönlich anrufen wollte. Während ich auf dem Bett meines kleinen Sohnes saß und das Baby auf dem Arm hielt, sprach ich zum ersten Mal mit einem anderen Missbrauchsopfer von Nassar.

»Ich kann das nicht glauben«, sagte sie. Sie erzählte, dass sie jahrelang zu Larry gegangen war – nicht nur in seine Praxis, sondern auch zu ihm nach Hause. »Er hat eine Massageliege im Keller«, erzählte sie mir.

Ich ließ den Kopf in meine freie Hand sinken, wodurch ich meinem kleinen Mädchen, das auf meinem Schoß lag, direkt ins Gesicht sah. Sie war so unschuldig und voller Vertrauen. So wie wir alle es einmal gewesen waren.

»Als ich Ihren Artikel gelesen hatte, habe ich mir gesagt: ›Ach, das ist normal, das macht er ständig.‹ Aber dann hat er gesagt, dass er keine interne Therapie praktiziert, und in dem Moment wurde es mir klar. Ich dachte nur: ›Das kann nicht sein … nein. Du lügst. Du hast es doch bei mir gemacht!‹«

Erst jetzt bemerkte ich, dass ich die Luft angehalten hatte, und atmete endlich aus. *Es war richtig gewesen, diese Details zu veröffentlichen. Es funktionierte. Ich hatte gewollt, dass er öffentlich auf dieses spezifische Detail reagierte. Es war notwendig, damit andere Opfer die Unstimmigkeiten sehen konnten. Und er hatte es getan.*

Sie lachte hilflos, als wüsste sie nicht, was sie sonst tun sollte. Ich wusste, wie sie sich fühlte.

»Der einzige Grund, warum er lügen sollte, ist, dass Sie die Wahrheit sagen«, fügte sie überzeugt hinzu. »Ich weiß gar nicht mehr, was ich denken soll.« Sie hielt inne. »Aber ich möchte helfen. Sagen Sie mir, was ich tun kann.« Ich schlug ihr vor, mit Detective Munford zu sprechen, und sie war bereit, sie sofort anzurufen.

Als wir aufgelegt hatten, saß ich auf dem Bett und dachte über das Gespräch nach. Diese Frau war zu Larry gegangen, seit sie dreizehn war. Trotzdem hatte sie sehr schnell die Wahrheit über sein Tun begriffen und war sogar bereit, darüber zu sprechen. Ich war beeindruckt von ihrer Stärke.

Später an jenem Abend erhielt ich einen weiteren Anruf, diesmal aus Seattle. Wieder war es eine Betroffene.

»Ich wusste es«, erzählte sie mir. »Ich *wusste* es. Ich habe ihn angezeigt, aber er hat behauptet, es sei medizinisch – und dass ich mich einfach nicht wohlfühlte in meinem Körper, weil ich keine Turnerin sei. Die Polizei hat mit ihm gesprochen, aber nie wirklich eine Untersuchung eingeleitet.«

Ich spürte, wie eine Welle der Trauer über mich hinwegrollte. Das musste die Frau sein, von der Detective Munford mir bereits erzählt hatte.

»Ich bin ins Krankenhaus gegangen und dort haben sie mich einen Vergewaltigungstest machen lassen und so weiter«, sagte sie. In ihrer Stimme klangen große Trauer und Fassungslosigkeit mit. »Und nach allem, was ich durchgemacht habe, hat die Polizei ihn einfach nur angerufen und *ihm* geglaubt.«

Ich nickte mitfühlend. »Es tut mir so leid. Ich kann mir nicht vorstellen, wie unglaublich traumatisch das gewesen sein muss.« Mir wurde schlecht, wenn ich nur daran dachte. »Vielen Dank, dass Sie sich gemeldet haben. Ich bin sehr froh darüber.«. Dass sie bereit war, das alles noch einmal durchzumachen, nachdem ihr nicht geglaubt worden war … ich war ihr unglaublich dankbar.

»Auf jeden Fall!«, rief sie energisch aus. »Ich kann einfach nicht glauben, dass das passiert. Ich hatte so zu kämpfen, nachdem ich ihn 2004 angezeigt hatte, dabei hatte ich die ganze Zeit recht …« Ihre Stimme verlor sich.

Ich erstarrte. »Moment … 2004?«, fragte ich ungläubig.

»Ja«, antwortete sie überzeugt. »Ich war auf der Highschool und ging 2004 wegen einer Sportverletzung zu ihm.«

Meine Gedanken überschlugen sich. Ich war fassungslos. »Sie … Sie sind nicht diejenige, die Larry 2014 angezeigt hat? Bei der Polizei der *MSU*?« *Es gab bereits* zwei *Anzeigen?*

»Nein!«, sagte sie mit fester Stimme. »Ich habe Larry nicht bei der *MSU* gemeldet, sondern bei meiner örtlichen Polizeistelle. Meinen Sie, es gab noch jemanden, der ihn angezeigt hat?« Sie klang so schockiert, wie ich mich fühlte.

»Ja …«, antwortete ich angewidert. »Er wurde 2014 bei der Polizei der *MSU* angezeigt. Damals wurde er ebenfalls entlastet.« Ich stand vollkommen still mitten in unserer Küche, und einen Moment lang schwiegen wir beide. *Er hätte gestoppt werden können. Er hätte gestoppt werden können.* Im Jahr 2004 hatte ich Jackie davon erzählt, und Mike hatte nach anderen Anzeigen gesucht. Es war sogar kurz vor Jahresende gewesen. *Wenn diese Polizeistelle damals wenigstens ordnungsgemäß eine Untersuchung eingeleitet hätte, hätte*

Mike es gesehen, nachdem ich Jackie davon berichtet hatte. Aber die Polizei hatte es nicht getan, und so wurde mir gesagt, dass ich die Einzige sei. Aber jetzt nicht mehr. Ihre Stimme drang erneut aus dem Hörer.

»Was kann ich tun? Ich würde alles tun.« Auch ihr gab ich Detective Munfords Nummer, sie wollte sie sofort anrufen.

Im Laufe der nächsten Tage hatte ich das Gefühl, als würde die Zeit nur langsam vergehen, ohne mir jedoch eine Atempause zu gönnen. Irgendwann schrieb mir Detective Munford, um zu fragen, wie es mir ging. Als Antwort erhielt sie einen Gefühlsausbruch, in dem ich meiner emotionalen Erschöpfung freien Lauf ließ. Zunehmend war ich allein darüber frustriert, dass viele meiner Bekannten – selbst einige, die mir nahestanden – glaubten, ich hätte das alles zu meinem eigenen Vorteil getan. Sie glaubten, dass es für mich ein Schritt in Richtung Heilung sein würde. Nichts hätte weiter von der Wahrheit entfernt sein können.

»Es gibt nichts auf der Welt, was ich mir von diesem Prozess für mich erhoffen könnte, nichts, wofür sich das Ganze irgendwie lohnen würde«, schrieb ich zurück. »Alles, was ich davon habe, ist, dass ich den Missbrauch immer wieder durchleben muss, nur diesmal mit Publikum, was noch viel schlimmer ist. Ich für meinen Teil brauche kein gerichtliches Urteil. Ich empfinde diesen Prozess als völlig kontraproduktiv für meine Heilung.«

Manche Leute glaubten, ich hätte einfach nur eine fixe Idee über sexuelle Gewalt im Kopf gehabt, und nun hätte ich endlich die Plattform bekommen, die ich wollte. Allein die Vorstellung war abstoßend. *Die Leute haben keine Ahnung, was es ein Opfer kostet, einen Missbrauchstäter zu stoppen.* Aber ich wusste, dass ich nicht allein war. Tatsächlich hatte ich weit mehr Unterstützung als viele andere Betroffene, weil ich eine liebevolle, stabile Familie hatte. Und trotzdem war alles so düster. Ich konnte mir gar nicht vorstellen, was Opfer durchmachten, die niemanden hatten. Sosehr mein Leid mich belastete, es war noch viel schwerer, zu wissen, womit so viele andere leben mussten.

Im Laufe der nächsten Tage begann der *IndyStar*, an einem Folgeartikel zu arbeiten, und ich fing an, Presseanrufe zu beantworten, als wäre es mein zweiter Job. Ich lehnte die Angebote einiger Medienunternehmen ab, die zu einer eher sensationsgierigen Berichterstattung neigten, half anderen hinter den Kulissen und ließ *NBC* ein Interview bei uns zu Hause aufnehmen.

Währenddessen ging unser Alltag weiter. Jacob und ich versuchten parallel, die Situation mit unserer Gemeinde zu klären, machten aber keine Fortschritte. Gleichzeitig versuchte Jacob, mit dem vollen Studienumfang des Doktorandenprogramms Schritt zu halten. Abends, wenn die Kinder im Bett lagen, sollte ich eigentlich an der Vermarktung und Öffentlichkeitsarbeit meiner Jurafakultät arbeiten, aber meistens beantwortete ich die vielen E-Mails, die sich im Laufe des Tages, wenn die Kinder meine volle Aufmerksamkeit einforderten, angesammelt hatten. E-Mails von der Polizei, dem *Title-IX*-Büro oder Journalisten. In den Nächten verfolgten mich Albträume. Doch es war unmöglich, mich einfach hinter einem Schutzwall zu verkriechen, wenn jeder Morgen mit drei kleinen Kindern begann, die mich brauchten.

Jedes Mal, wenn ich mit den Behörden kommunizierte, versuchte ich behutsam, Fragen über den Stand der Ermittlungen zu stellen. Bestimmte Dinge mussten getan werden, und ich konnte mich nicht darauf verlassen, dass die Polizei der *MSU* sie zuverlässig erledigen würde. Zum Beispiel musste Larrys Computer durchsucht werden – sehr wahrscheinlich würde man Kinderpornografie darauf finden –, wenn sie sich jedoch nicht beeilten, könnte er das Material vorher zerstören. Durchsuchungsbefehle mussten eingeholt und ausgeführt werden. Wenn das nicht ordnungsgemäß gehandhabt wurde, konnten rechtliche Formalitäten dazu führen, dass die Beweise vor Gericht unzulässig wurden. Ich überprüfte alles, worauf ich Zugriff hatte.

Laut einem Bundesgesetz, dem *Clery Act*, sind alle Universitäten dazu verpflichtet, Straftaten, die auf dem Campus angezeigt werden, zu verfolgen und öffentlich zu melden. Eines Tages nahm ich das *MSU*-Protokoll zur Hand und überprüfte es, um meinen Fall darin zu finden. Er war als Übergriff dritten Grades registriert. Ich atmete tief durch und versuchte, ruhig zu bleiben. Wie ich inzwischen wusste, war es ein Übergriff ersten Grades, in jedem anderen Fall wäre er verjährt und ich könnte nicht mehr vor Gericht gehen.

Also setzte ich mich hin und verfasste eine Stellungnahme, um zu erklären, warum Larrys Missbrauch als Übergriff ersten Grades eingestuft werden musste. Dann schickte ich Detective Munford eine kurze E-Mail, in der ich versuchte, möglichst gelassen zu klingen: »Ich frage mich nur – warum dritten Grades? Die Tat erfüllt alle Voraussetzungen, um ersten Grades eingestuft zu werden. Zudem wäre sie andernfalls verjährt und ich wäre nicht zu Ihnen gekommen, da ich über die Verjährungsfristen Bescheid weiß. Ich nehme an, dass ein Staatsanwalt das richtigstellen kann?« Ich hoffte, dass ich sie nicht wahnsinnig machte.

Doch Detective Munford antwortete nicht viel später, dass der Eintrag bereits korrigiert worden sei. Ich war dankbar darüber. Aber die ständige Möglichkeit, dass wir uns in ein paar Jahren vor Gericht wiederfinden und einen Prozess aufgrund von Fehlern verlieren könnten, die in den allerersten Tagen übersehen worden waren, belastete mich sehr.

»Ist es unter den bestehenden Umständen möglich, seine Computer zu beschlagnahmen?«, fragte ich die Kommissarin vorsichtig, als sie mich eines Tages anrief, um mich auf den neuesten Stand zu bringen.

»Oh ja, wir werden uns das alles ansehen«, antwortete sie versichernd.

Ich musste mich zurückhalten und die Behörden ihre Arbeit machen lassen. Das Gefühl, allen anderen ausgeliefert zu sein, war einer der schlimmsten Aspekte des ganzen Vorgangs. Dennoch hatte ich keine andere Wahl, als meine schmerzhaftesten Erinnerungen preiszugeben und zu hoffen, dass man richtig damit umgehen würde. Ich wusste, dass ich nicht für jede kleine Entscheidung oder jedes tägliche Vorkommnis eine Erklärung verlangen konnte, aber es war trotzdem erschöpfend und frustrierend, dass so viele Entscheidungen ohne Dialog oder Mitteilung getroffen wurden. Da hatte ich jahrelang nachgeforscht und die Fallakte zusammengestellt, und nun keinen Anteil mehr an den Entscheidungen, die getroffen wurden, oder den Gesprächen, die damit verbunden waren. Ich konnte nur abwarten. Meistens erfuhr ich aus den Zeitungen, was den Stand der Dinge anging, und das war mehr als frustrierend.

Langsam, aber sicher wurden jedoch Fortschritte erzielt. Acht Tage nach der Veröffentlichung des Artikels im *IndyStar* wurde Larry von der *MSU* gefeuert. Es waren Beweise aufgetaucht, die zeigten, dass er gegen das grundlegende Praxisprotokoll verstoßen hatte, zu dessen Umsetzung er nach der Anzeige von 2014 zugestimmt hatte. Noch immer war er auf freiem Fuß. Noch immer hatte er Zugang zu Kindern – seinen eigenen und den Turnerinnen, die für die Behandlungen zu ihm nach Hause kamen. Aber er hatte kein offizielles Behandlungszimmer mehr, und das war bereits ein erster Sieg.

Und dann tat Larry das, worauf ich gewartet hatte. Er erkannte den großen Fehler, den er durch das Abstreiten jeglicher Penetration begangen hatte. Er entließ seinen Anwalt und stellte zwei neue ein – Shannon Smith und Matt Newburg. Diese gaben sofort eine Erklärung ab, die Verwirrung stiftete und die eigentlichen Probleme verschleierte. Sie sagten, der vorherige Anwalt habe sich geirrt – Nassar wende *durchaus* Techniken an, die zu einer technischen Penetration führen konnten. Der erste Anwalt, so argumentierten sie, habe nur den juristischen Begriff nicht richtig verstanden.

In der Öffentlichkeit wuchs bereits die Verwirrung. Hatte Larry nun das Zertifikat für interne Beckenbodentherapie oder nicht? Journalisten veröffentlichten Artikel über die Erklärung der Anwälte und befragten medizinische Fachleute, die interne Techniken praktizierten und darauf hinwiesen, dass es sich dabei um korrekte medizinische Verfahren handelte. Dabei übersahen sie nur eine Kleinigkeit. Nämlich, dass Larry behauptet hatte, diese gar nicht zu praktizieren.

Später erfuhr ich, dass Larry damit begonnen hatte, im Internet nach »interner Beckenbodentherapie« zu suchen, nachdem ich meine medizinischen Beweise vorgebracht hatte. Offenbar wollte er die angemessenen Grenzen und Techniken in Erfahrung bringen. Während ich die Ermittler und Journalisten informierte, versuchte Larry verzweifelt, sich selbst zu informieren. Mit allem Möglichen hatte ich gerechnet, aber nie war mir in den Sinn gekommen, dass ich einmal mehr über die interne Beckenbodentherapie wissen würde als er.

Kurz darauf rief ich Mark an. »Sind Sie der Ansicht, dass Larry seine Geschichte zurückziehen und ändern könnte?« Ich ging nicht davon aus. »Eine ›technische Penetration‹ ist jedes Eindringen in die äußeren Genitalien«, sagte ich. »Das ist absolut nicht das Gleiche wie eine interne Beckenbodenbehandlung, denn dabei findet eine tatsächliche Penetration im üblichen Sinne des Wortes statt. Wenn er nur die *technische* Penetration anwendet, bestreitet er in Wirklichkeit immer noch die interne Behandlung.«

Mark stimmte mir entschieden zu. »Nein, er ändert seine Position nicht, Rachael. Er versucht, auf technische Einzelheiten zu setzen. Wir haben ihn über seine medizinischen Verfahren ausgequetscht, und er hat erneut bestritten, interne Beckenbodentherapie zu praktizieren.«

Ich schüttelte den Kopf. Es war ein kluger Schachzug seiner Anwälte. Sie hofften, diese beiden Dinge durcheinanderbringen zu können, und waren zuversichtlich, dass niemand das Gesetz oder die medizinischen Verfahren gut genug verstand, um zwischen beiden unterscheiden zu können. *Aber ich weiß es. Ich kenne den Unterschied, und ich kann ihn auch erklären.*

Wenig später gab ich den Kindern ihr Mittagessen, las ihnen eine Geschichte vor und richtete alles für ihre Ruhe-Zeit ein. Dann schrieb ich Detective Munford und Lin-Chi.

> Nassar behauptet NICHT, dass er eine intravaginale/intrapelvine Behandlung praktiziert. Das hat er anfangs ausdrücklich bestritten … Er behauptet nur, dass bei der Behandlung, die er Ihnen in den Videos gezeigt hat, eine leichte Penetration stattfinden kann. Und er bleibt dabei, dass die Videos mit den Behandlungen übereinstimmen, die er bei uns allen durchgeführt hätte. Aber das unterscheidet sich immer noch grundlegend von einer *internen* Behandlung.

Später an jenem Nachmittag telefonierten wir, um das Gesetz und die medizinischen Verfahren zu besprechen. Ich zog jeden Nachrichtenartikel heran, den ich finden konnte, und kontaktierte alle Journalisten direkt.

»Larry behauptet noch immer nicht, interne Verfahren anzuwenden. Es ist wirklich wichtig, dass Sie das korrekt berichten.« Ich ging mit ihnen Schritt für Schritt Larrys Antworten an Polizei und *Title-IX*-Ermittlerin sowie die Fakten des ersten *IndyStar*-Berichts durch. Ich erklärte das Gesetz und gab die relevanten Gesetzesartikel an alle Journalisten weiter, die sie haben wollten. Ich beschrieb den Unterschied zwischen interner und externer Beckenbodenbehandlungen und wie diese Verfahren mit den rechtlichen Definitionen von »Penetration« zusammenhingen.

»Wenn Sie wollen, kann ich Ihnen medizinische Informationen zu beiden Therapieformen zusenden, damit Sie sich selbst ein Bild machen können«, bot ich wiederholt an. Dann schickte ich ihnen die besten Artikel und Übersichten, die ich finden konnte, per E-Mail zu, um ihnen die medizinischen Feinheiten verständlich zu machen. Ich hörte auf, bei Interviews selektiv zu sein, und sprach ebenso mit jeder einzelnen Person, die mich anrief. Außerdem kontaktierte ich jeden Journalisten, der einen Bericht veröffentlicht hatte, der nicht hundertprozentig korrekt war, vor allem, wenn sie zu großen Medienunternehmen gehörten.

»Er mag sich ›energisch verteidigen‹, wie sein Anwalt sagt«, schrieb ich eines Abends an Detective Munford, »aber sein Wunsch, sich selbst zu schützen, ist nicht so stark wie meiner, es enden zu sehen.«

Oft dachte ich daran zurück, was ich meinen Schülern gesagt hatte: *Je mehr man liebt, desto härter kämpft man.*

Fast zwei Wochen nach dem Erscheinen des ersten Berichts veröffentlichte der *IndyStar* den ersten von vielen Folgeartikeln: *»Sechzehn weitere Frauen werfen ehemaligem USAG-Arzt sexuellen Missbrauch vor«.*[12] Der Artikel erinnerte mich einmal mehr daran, warum ich diesen Journalisten vertraute. Die Berichterstattung war präzise und korrekt. Sie hob die wichtigsten Missbrauchsdynamiken hervor, zeigte Muster auf und beinhaltete Aussagen von Larry, die deutlich machten, dass er die Penetration und das Anwenden interner Techniken noch immer leugnete. Sie hatten ihre Sache auch diesmal wieder gut gemacht und voll ins Schwarze getroffen. Ich war so dankbar. Für das Journalistenteam und für jede einzelne Frau, die sich bereit erklärt hatte, in diesem Artikel zitiert zu werden. Bisher waren alle anonym geblieben – mit Ausnahme einer Betroffenen, die ihren Vornamen genannt hatte –, aber das änderte nichts an der Wirkung, die sie erzielten. Ich hoffte, dass sie das wussten.

Am 6. Oktober erhielt ich die willkommene Nachricht, dass der Generalstaatsanwalt von Michigan beschlossen hatte, den Fall zu übernehmen. Was ich damals noch nicht wusste, war, wie nahe wir daran gewesen waren, alles zu verlieren, wofür wir in jener Woche gekämpft hatten. Aber zwei Tage zuvor war auf Larrys Festplatte Kinderpornografie gefunden worden.

Kurz nach dem Erscheinen des zweiten *IndyStar*-Artikels hatte die Polizei der *MSU* einen Durchsuchungsbeschluss für Larrys Haus vollstreckt. Dieser war durch zwei Frauen ermöglicht worden, die sich auf den Artikel hin gemeldet hatten. Sie sprachen beide innerhalb weniger Stunden mit Detective Munford und brachten Larrys Missbrauch erstmals mit seinem Haus in Verbindung. Die erste Frau war die Tochter eines Freundes der Familie und das einzige bekannte Opfer, das nicht innerhalb eines medizinischen Kontextes missbraucht worden war. Die zweite war eine langjährige Patientin – die Frau, die mich angerufen hatte. Sie war die Erste, die den Ermittlern erzählte, dass Larry Mädchen bei sich zu Hause »behandelte«. Die Polizei der *MSU* wollte die Beweise an die Bundesregierung weiterleiten, um strengere Anklagen und Urteile zu erreichen – das Gesetz von Michigan war zu jener Zeit extrem nachlässig, was die Gerechtigkeit für Opfer von Kinderpornografie betraf –, doch die Bezirksstaatsanwälte hatten andere Vorstellungen.

Am 4. Oktober also, während ich abwechselnd damit beschäftigt war, einer anderen Mutter zu helfen, Bücher für ihren Hausunterricht auszusuchen, mich um die Bedürfnisse meiner eigenen Kinder zu kümmern und mit Journalisten zu sprechen, fand ein entscheidendes Treffen zwischen Detective Munford, Jim Dunlap (dem Polizeichef der *MSU*) und Mitgliedern der Staatsanwaltschaft des Bezirks statt. Es war kein sehr erfreuliches Treffen. Die Bezirksstaatsanwälte wollten nicht, dass der Polizeichef und Detective Munford die Beweise für Kinderpornografie an die Strafverfolgungsbehörde des Bundesstaates weiterleiteten. Stattdessen wollten sie die Anklage wegen Kinderpornografie unter den Gesetzesbestimmungen von Michigan erheben und Larry einen Kompromiss anbieten: Wenn er sich des Besitzes von Kinderpornografie schuldig bekannte, würden sie keine Anklage wegen der Vorwürfe sexueller Gewalt erheben. *Wegen keinem der Vorwürfe.* Das wäre eine einfache Lösung. Sauber, schnell erledigt. Sie argumentierten, dass die Opfer vielleicht ohnehin nicht stark genug seien, einen Prozess durchzustehen. Dabei war die Geschichte inzwischen in den nationalen und internationalen Nachrichten.

Irgendwann während der Diskussion schob der Bezirksstaatsanwalt eine Akte über den Tisch. »Ich kann das nicht verfolgen. Es ist lückenhaft.« Die Akte trug den Namen der jungen Frau, deren Fall letzten Endes zu den ersten Anklagen gegen Larry geführt hatte, der Freundin der Familie, deren Missbrauch nicht unter den Deckmantel einer Behandlung fiel. Wenn Polizeichef Dunlap und Detective Munford eingewilligt hätten, wäre alles, wofür ich gekämpft hatte, an Ort und Stelle vorbei gewesen. Larry hätte eine minimale Gefängnisstrafe verbüßt; höchstwahrscheinlich hätte er sogar seine Approbation behalten, um später weiterhin praktizieren zu können. Er wäre unaufhaltsam gewesen – und er hätte es gewusst.

Glücklicherweise hatte ich ein Team, das fest entschlossen war, für uns zu kämpfen. Der Polizeichef hatte einfach den Hörer in die Hand genommen und den Generalstaatsanwalt angerufen, um ihn zu bitten, den Fall zu übernehmen. Dieser willigte ein und sandte seine beste Mitarbeiterin – eine stellvertretende Generalstaatsanwältin namens Angela Povilaitis. Sie sah unsere Fallakten an und sagte: »Ich werde sie alle übernehmen. Und ich werde für sie alle kämpfen.« – Und das tat sie auch.

Was ich zu dem Zeitpunkt ebenfalls noch nicht wusste, war, dass Lou Anna Simon, die Präsidentin der *MSU*, an jenem Tag den Polizeichef kontaktiert hatte, um ihn aufzufordern, die Fälle der örtlichen Staatsanwaltschaft zu überlassen. Am Ende des Gesprächs sagte sie ihm, dass er alles Nötige tun solle und dass sie die Untersuchung und Strafverfolgung voll unterstütze. Über ein Jahr später bestätigten die Präsidentin der *MSU* sowie einige andere Personen diesen Anruf bei einem privaten Treffen, das ich am Abend ihres Rücktritts mit ihr hatte.

Offiziell wurde der Fall an den Generalstaatsanwalt übertragen, weil er zu umfassend war und die Zuständigkeitsgrenzen überschritt. Inoffiziell war genau das der Schachzug gewesen, der sichergestellt hatte, dass Larry die ganze Härte des Gesetzes zu spüren bekommen sollte. Dieser Schachzug war die Rettung für unsere Fälle gewesen.

Doch damals, Anfang Oktober, wusste ich nichts von all diesen Vorgängen. Noch immer wusste ich nicht, wie nahe wir daran gewesen waren, wieder zum Schweigen gebracht zu werden, aber ich wusste, dass eine Wahl bevorstand, als der Generalstaatsanwalt den Fall am 6. Oktober übernahm. Ich hoffte, dass die Generalstaatsanwaltschaft die richtigen Dinge aus den richtigen Gründen tun würde, aber ich ahnte, dass nicht unbedingt damit zu rechnen war.

Also nahm ich weiterhin jeden Anruf entgegen. Ich verfolgte jeden Artikel und zeichnete die Geschichten aller Opfer sowie ihre zeitliche Einordnung auf. Ich machte mir Querverweise zu anderen Artikeln, um bei der Anhörung ein stabiles und vollständiges Bild davon präsentieren zu können, wie alle Puzzleteile zusammenhingen.

Bald darauf feierten wir Jonathans Geburtstag. Nicht nur einige Wochen zu spät, die Party, die ich unter dem Motto »Charlie und die Schokoladenfabrik« für ihn organisiert hatte, war aufgrund des Mangels an Planung und Dekoration auch nicht ganz so ausgefallen, wie wir sie uns vorgestellt hatten. Ich war erschöpft und versuchte angestrengt, die Freude um mich herum zu spüren, ständig vor Augen, was mir die Frauen berichteten und damit meine eigenen Erinnerungen wieder lebendig gemacht hatten. Einmal mehr fühlte ich mich der schönsten Zeit mit meinen süßen Kleinen beraubt – so wie es mir am lang ersehnten Herbstfest ergangen war, welches ich damit verbracht hatte, auf einen Artikel zu warten, der bis zum Abend dann doch nicht erschienen war. Larry hatte mich bereits so vielem beraubt, dass der Gedanke wehtat, noch etwas zu verlieren: niemals wiederkehrende Momente mit meinen Kindern.

Als ich wenige Wochen später zur Hochzeit einer Freundin erneut nach Michigan fuhr, bereute ich sofort, die zweite Polizeibefragung in unserem Gemeindegebäude durchgeführt zu haben. Ich hatte nicht mit den Erinnerungen gerechnet, die auf mich einströmten, als ich das Gebäude betrat. Im Übrigen hatte mein sexueller Missbrauch den Status »beiläufiges Gesprächsthema beim Abendessen« erreicht, und ich hatte keine Ahnung, wie ich langjährigen Freunden begegnen sollte, die nun jedes einzelne anschauliche Detail davon kannten. Ich schätzte es, wenn Leute den sprichwörtlichen Elefanten im Raum nicht ignorierten und fundierte Fragen stellten, trotzdem war ich unsicher, wie ich damit umgehen sollte.

Am nächsten Nachmittag rief mich Jacob an, sein Lieferwagen war in der Nacht aufgebrochen worden. Man hatte ihm Werkzeuge im Wert von über dreitausend Dollar gestohlen – alles, was er für seine Arbeit benötigte. Auf einen Schlag waren wir in zwei polizeiliche Untersuchungen gleichzeitig verwickelt.

»Ich habe es auf *Facebook* gepostet«, sagte er. Und dann, leicht amüsiert: »Vier Gemeindeleiter haben angerufen, um zu fragen, ob wir etwas brauchen.«

Ich atmete langsam aus. »Vier der Ältesten haben angerufen, um wegen des *Lieferwagens* nach uns zu fragen?«

»Ja«, sagte er mit Ironie in der Stimme. »Innerhalb von zwei Stunden.«

Ich ließ den Kopf in meine Hand sinken. »Sind wir wegen den nationalen Ermittlungen überhaupt in der Gebetskette?«

Er lachte leise. »Nö. Wir haben deswegen noch kein Wort von ihnen gehört.«

Ich schüttelte den Kopf. »Verstehen sie nicht, dass der Schaden, der mir und uns durch diese Ermittlungen zugefügt wird, viel schlimmer ist als der Schaden an deinem Van?«

Ich hörte ihn seufzen. »Ich glaube nicht, dass sie das verstehen. Und vermutlich wissen sie einfach nicht, was sie tun sollen.«

Er hatte recht. Wir wussten, dass ihr Schweigen nicht böswillig war. Es war in Ordnung, nicht zu wissen, was man tun konnte. Schade war nur, dass sie nicht danach gefragt hatten.

Zusammengefasst waren die Ereignisse dieser letzten Monate eine unsanfte Erinnerung an den harten Kampf gewesen, den alle Missbrauchsopfer auszutragen haben. Um Gerechtigkeit zu finden, um gehört und verstanden zu werden, um überhaupt Aufmerksamkeit zu bekommen. Und wenn ich darüber nachdachte, wie schwer dieser ganze Prozess für mich war, *obwohl* ich den Rückhalt unserer beider Familien hatte, fragte ich mich ständig: *Wer wird die Missbrauchsopfer finden, die niemanden haben? Wer sieht die Opfer, die nicht in den Nachrichten sind? Wer wird diese verletzten Menschen finden und ihnen sagen, wie viel sie wert sind?*

ZWANZIG

Nachdem ich nach dem Aufenthalt in Michigan wieder zu Hause bei Jacob und den Kindern war, rang ich noch immer darum, zur »Normalität« zurückzufinden, so verloren fühlte ich mich.

In der gleichen Woche meldete sich jemand aus dem Team des *IndyStar* per Kurznachricht, ob er meine Handynummer an den Zivilrechtsanwalt weitergeben könne, der in Kalifornien für ein anderes Opfer eine Klage eingereicht hatte. Zudem hätte er einige Informationen, die seines Erachtens meinem Fall helfen könnten. *Endlich*, dachte ich. Ich wusste, dass der Zivilprozess seine Berechtigung hatte, aber war irgendjemandem bewusst, dass wir zuerst eine strafrechtliche Verurteilung erreichen mussten?

Wie ich es mit allem tat, unterzog ich auch diese Anfrage einer Kosten-Nutzen-Analyse. Bis zu dem Zeitpunkt hatte ich nur wenig zum Zivilprozess beigetragen. Ich hatte nur die verfügbaren Fakten in die Erzählung eingefügt, um den Journalisten zu helfen, Muster und zeitliche Zusammenhänge zu erkennen. Es gab nicht genügend Informationen in der Presse über diesen Zivilanwalt, John Manly, um sich ein klares Bild von ihm oder seiner Arbeitsweise zu machen. Er hatte natürlich recht damit, dass Larry ein Sexualstraftäter war. Aber ob John Manly die Fähigkeiten besaß, diesen Fall auf korrekte Art und Weise zu handhaben und sowohl die medizinischen als auch die rechtlichen Komplexitäten zu erfassen, wusste ich nicht. Seine Fernsehinterviews waren in Ordnung, und auch die Gerichtsakten, die ich von ihm einsehen konnte, aber das genügte nicht, um sicher zu sein. Aus meiner Sicht spielte auch seine Berufsethik eine entscheidende Rolle. Wie er etwas tat, war für mich genauso wichtig, wie was er tat. Ich vermutete misstrauisch, dass er nur eine Mandantin dazugewinnen wollte oder hoffte, Informationen von mir zu erhalten, die seinen eigenen Fall unterstützen würden. Das würde er nicht bekommen – es sei denn, es würde zu meinem endgültigen Ziel beitragen: einen Sexualstraftäter zu stoppen.

Als ich diesen Prozess begonnen hatte, war es nie meine Absicht gewesen, eine Zivilklage einzureichen. Die zusätzliche Belastung und Anstrengung für mich und meine Familie waren es nicht wert. Das Gesetz in Michigan hatte ich bereits überprüft, selbst wenn ich diesen Weg einschlagen wollte, waren meine Ansprüche verjährt. Aber vielleicht könnte ich zumindest etwas Hilfe von John bekommen, ob nun absichtlich oder nicht. Und im Gegenzug wäre eine strafrechtliche Verurteilung auch für seinen Fall hilfreich. Wenn er wusste, was er tat, hatte er also guten Grund, mir zu helfen.

»Klar, das ist in Ordnung. Ich würde gerne mit ihm reden«, schrieb ich zurück. Wenige Tage später vereinbarten John und ich einen Termin am Telefon, um uns zu unterhalten.

»Ich möchte, dass Sie wissen, wie vielen jungen Frauen und kleinen Mädchen Sie bereits geholfen haben«, begann er. »Und ich weiß, dass es eine unglaubliche Belastung für Sie sein muss.«

Ich dankte ihm ein wenig ausweichend.

»Nein.« Er hielt inne. »Ich bin selbst ein Missbrauchsopfer, Rachael. Und ich weiß, was das bedeutet. Ich bin sehr stolz auf Sie.«

Noch wusste ich nicht, wie sehr mich Johns Arbeitsweise in den nächsten zwei Jahren immer wieder begeistern würde. Geduldig nahm er sich verängstigter Opfer an und zeigte ihnen ihre eigene Stärke. Er brachte ihnen bei, sich zu wehren und sich auszudrücken, er gab ihnen die Werkzeuge, die sie brauchten, um von Opfern zu Überwindern zu werden.[13] »Der Weg zur Heilung«, sagte er mir damals, »liegt darin, das zu nehmen, was Sie durchgemacht haben, und etwas Bedeutungsvolles daraus zu machen. Und das haben Sie getan.« Und wieder dachte ich: *Je mehr man liebt, desto härter kämpft man.*

In diesem ersten Gespräch gab mir John Informationen über die zeitlichen Zusammenhänge von Larrys Missbrauch weiter. Außerdem erzählte er mir von einigen weiteren Zeugen, die mit der Polizei sprechen würden. Dabei wahrte er sorgfältig die Schweigepflicht und ich bemerkte dankbar, dass er viel Wert auf ethische Anwalt-Mandant-Beziehungen zu legen schien. Erst nachdem wir aufgelegt hatten, fiel mir auf, dass er mich um nichts gebeten hatte. Allein diese Tatsache war eine willkommene Abwechslung für mich.

John Manly hielt sein Wort, wann immer er nützliche Hinweise erhielt, gab er sie mir weiter. Er bot seine Hilfe einfach so an, ohne je die Zivilklage zu erwähnen. »Ich habe in Bezug auf dieses Thema schon viel mit der Presse zu tun gehabt. Wenn Sie je Fragen oder Bedenken über einen Journalisten oder ein Medienunternehmen haben, können Sie mir gerne eine Nachricht schicken.«

Der Kontakt mit John erwies sich in vielerlei Hinsicht als hilfreich. Nicht zuletzt, da Detective Munford mir keinerlei Informationen mehr geben konnte, und mit der Staatsanwältin hatte ich noch nicht einmal gesprochen. Auch kein anderer meiner Bekannten hatte viele Erfahrungen mit der Presse – insbesondere nicht bei diesem Thema. Zwar stellte ich viele Nachforschungen über die entsprechenden Journalisten, Sendungen und Unternehmen an, bevor ich einem Interview zustimmte, aber es war noch besser, jemanden zu haben, der mir eine Rückmeldung zu den Anfragen geben konnte.

Als am 8. November die Wahlen für das *MSU*-Konzil stattfanden, erhielt Larry trotz der vielen Vorwürfe wegen sexuellen Missbrauchs, die gegen ihn erhoben wurden, einundzwanzig Prozent der Stimmen.[14] Die Ergebnisse hatte ich mir absichtlich nicht ansehen wollen, weil ich geahnt hatte, was sie zeigen würden – bis sie mir später ein Freund zuschickte und ich es schwarz auf weiß hatte. Die örtliche Presse leistete zwar großartige Arbeit darin, über die Vorwürfe zu berichten, aber dennoch veränderte sich die öffentliche Meinung kaum. Gemeinschaftlicher Protektionismus ist eine starke Kraft. Es überraschte mich nicht, zu sehen, dass Larry in den Sozialen Medien und in Nachrichtenberichten von seinen Freunden nicht selten als das eigentliche Opfer dargestellt wurde, während meine Eltern und ich vor dem Gericht der öffentlichen Meinung keine Gnade fanden.

Ich hatte ein ruhiges, einfaches, erfülltes und schönes Leben genossen, bevor ich an die Öffentlichkeit gegangen war. Ich hatte große Fortschritte in der Heilung gemacht. Aber Fakten hatten selten Einfluss auf die traditionelle Ansicht: »Sie ist verbittert und wütend, sie will nur Geld und Aufmerksamkeit haben.« Als profitierte ich irgendwie davon, dass unser Leben auf den Kopf gestellt wurde und der sexuelle Übergriff auf meinen Körper sich in ein zwangloses Gesprächsthema verwandelt hatte.

Weniger als zwei Wochen später, als ich gerade die sehr volle Windel meines siebzehn Monate alten Babys wechselte, klingelte mein Telefon, es war einer der vielen Journalisten, mit denen ich in den letzten Monaten zusammengearbeitet hatte. Ich nahm sofort ab – die Zeit bis zum Redaktionsschluss war knapp und die Artikel mussten korrekt sein.

»Hallo Rachael«, begrüßte er mich. »Haben Sie schon gehört? Der Generalstaatsanwalt hat gerade eine Pressekonferenz angekündigt, es gibt Gerüchte, dass sie mit Larry zu tun hat.«

Ich seufzte. »Nein, das habe ich nicht. Ich denke, ich hätte etwas gehört, wenn es um die Anklagen aus meiner Fallakte ginge, also kann ich fast garantieren, dass es nicht direkt mit meiner zusammenhängt. Aber es ist durchaus möglich, dass er für seine Handlungen gegen eine andere Person angeklagt wird.« Ich fühlte mich erschöpft. Die Kommissare und Ermittler hielten sich immer bedeckt, und ich wusste, dass das auch ihre Pflicht war. Obwohl ich es war, die die Beweise geliefert und sich selbst der Öffentlichkeit ausgesetzt hatte, um andere zu einer Anzeige zu ermutigen, hatte ich absolut keinen Einfluss darauf, was mit meinen Informationen geschah. Ständig fanden Gespräche *über* mich und in Bezug *auf* mich statt – aber selten *mit* mir. Unglaublicherweise war es schrecklich anstrengend, nicht an dem Vorgang oder den Gesprächen rund um den Fall beteiligt zu sein. Manchmal fiel es mir schwer, mich nicht einfach nur benutzt zu fühlen.

Als ich mein Kleinkind vom Wickeltisch hob, schluckte ich meine Erschöpfung und Frustration herunter. Der Journalist hatte versprochen, wieder anzurufen, sobald er etwas Neues erfuhr. Ich konnte also nur warten. Wie jeden Tag. – Wenige Augenblicke später klingelte erneut mein Telefon. Diesmal war es Detective Munford, die ich inzwischen Andrea nannte.

»Ich wollte Ihnen Bescheid geben, dass es eine Entwicklung in dem Fall gibt«, sagte sie. »Ich werde nicht alle anrufen können, aber ich hatte das Gefühl, wenigstens Sie anrufen zu müssen. Ich wollte Sie erreichen, bevor Sie es von jemand anderem hören.« Ich bedeckte meinen Mund mit einer Hand und unterdrückte ein Grinsen. *Da musst du aber wesentlich schneller sein, wenn du mir etwas mitteilen willst, bevor es ein anderer tut*, dachte ich amüsiert.

»Der Generalstaatsanwalt hat eine Pressekonferenz einberufen«, sagte Andrea. »Larry wird heute wegen sexueller Nötigung angeklagt. Wir haben ihn vorhin abgeholt, er ist jetzt in Untersuchungshaft.« Sie machte eine Pause. »Wir konnten bei diesem Opfer schneller vorgehen, da das Mädchen keine Patientin von ihm war. Sie war eine Bekannte der Familie.«

Mein Herz wurde schwer und Tränen stiegen mir in die Augen. Immer wieder in all den Jahren war eine meiner größten Fragen gewesen, ob Larry seinen Missbrauch auch mit nach Hause genommen hatte. Durch seine medizinische Arbeit hatte er ein endloses

Angebot an Opfern gehabt, aus diesem Grund hatte ich gehofft, dass seine Vergehen irgendwie in seiner Praxis geblieben waren – dass er zumindest *diese* Grenze gehabt hatte.

Beinahe entschuldigend erklärte Andrea weiter: »Wir konnten in diesem Fall schneller handeln, weil wir keinen medizinischen Experten brauchten. Den versuchen wir übrigens immer noch zu finden. Wir wollen keine Anklage erheben, bevor wir nicht jemanden gefunden haben, der die medizinischen Fälle prüft. Doch für diese junge Frau war das nicht nötig.«

Ich schüttelte den Kopf. »Es gibt keinen Grund, sich dafür zu entschuldigen, dass Sie diesen Fall schneller voranbringen. Ich bin froh, dass Sie es tun. Sie verdient es, und je eher er keinen Zugang mehr zu Kindern hat, desto besser. Erheben Sie Anklage in den Fällen, die die höchsten Erfolgschancen haben, und das schnell.« Ich hielt inne. »Kann ich fragen … Ich weiß, dass Sie es wahrscheinlich nicht sagen dürfen, aber … Andrea … seine Kinder? Was ist mit seinen Töchtern?«

Larry hatte mir bei meinem letzten Termin seine Erstgeborene gebracht, als sie erst ein paar Wochen alt war. Er hatte gewusst, dass ich Kinder liebte, und sogar das gegen mich benutzt. Die Erinnerung an das dunkelhaarige kleine Mädchen mit der Knopfnase, das seine winzige, mollige Faust an seine weiche Wange hielt, hatte mich seitdem verfolgt. *Ist sie in Sicherheit?*

Die Kommissarin seufzte. »Wir haben alles getan, was wir können. Wir … wir wissen es nicht.« Sie zögerte einen Augenblick, bevor sie fortfuhr. »Was ich Ihnen jetzt sage, werden Sie ohnehin bei der Pressekonferenz erfahren: Diese junge Frau war die Babysitterin seiner Kinder. Sie hat sogar schon ein paarmal wegen ihm beim Jugendamt angerufen, weil sie versucht hat, die Kinder zu schützen. Larry fing an, dieses Mädchen zu missbrauchen, als sie erst sechs Jahre alt war.«

Ich schlug mir die Hand vor den Mund und hielt mich am Waschbecken fest. *Sechs Jahre!* Das jüngste bekannte Opfer, von dem ich bisher gehört hatte, war dreizehn gewesen, als Larry sie zu missbrauchen begann. Ich hatte gehofft, dass dreizehn die Untergrenze seiner »begehrten« Altersgruppe war. Das kleine Mädchen, das ich davor hatte bewahren wollen, zu Larry geschickt zu werden, war noch sehr jung gewesen – zwischen sieben und acht Jahren. Damals war meine Hoffnung gewesen, dass sie zu klein war, um in sein Beuteschema zu fallen. Aber Andrea sagte damit alles, was ich wissen musste. Larry *hatte* im Grunde genommen keine Grenzen. Er missbrauchte jeden, überall. Studentinnen und kleine Kinder. So viel Verdorbenheit konnte ich nicht fassen.

»Es geht ihr gut, Rachael«, drang Andreas Stimme aus dem Telefon. »Wirklich. Es geht ihr gut. Sie ist eine unglaublich starke junge Frau.«

Daran zweifelte ich nicht. Sie *musste* es sein, um nach allem, was sie durchgemacht hatte, Anzeige zu erstatten. Ihren Namen durfte ich nicht wissen. Aber ich weinte für sie, ohne ihn zu kennen. Das war einer der dunkelsten Tage.

Der nächste kam nur wenige Wochen später, als die Bundesanwaltschaft bekannt gab, dass Larry wegen des Besitzes von Kinderpornografie angeklagt werden würde. Tausende und Abertausende von kinderpornografischen Bildern waren bei ihm gefunden worden. Ich wusste, dass die Polizei der *MSU* Larrys Haus und seine Arbeitscomputer nur wenige Tage nach Erscheinen des *IndyStar*-Artikels durchsucht hatte. Aber bis zu jenem Tag hatte ich nicht gewusst, was sie gefunden hatten. Außerdem wusste ich noch nichts von dem perfekten Timing, das für einen großen Durchbruch in dem Fall gesorgt hatte.

An dem Tag, als Larrys Haus durchsucht worden war, hatte eine Polizistin namens Erin Held bemerkt, dass die Müllabfuhr sich verspätet hatte. Also wies Detective Munford ihr Team an, die Tonnen und Säcke mit Abfällen in ihr Fahrzeug zu laden. Sie würden sie später sortieren. Als sie es taten, fanden sie Festplatten in den Müllsäcken. Festplatten mit Larrys Namen darauf sowie Tausenden von kinderpornografischen Videos und Fotos. Er hatte versucht, das meiste zu löschen, aber den Polizisten gelang die Wiederherstellung von siebenunddreißigtausend Dateien von kleinen Mädchen, die missbraucht wurden – oft auf sadistische Weise.

Ein Journalist, mit dem ich in Kontakt stand, leitete mir die Gerichtsunterlagen weiter: eidesstattliche Erklärungen und Beschlüsse auf hinreichenden Verdacht. Bis heute kann ich nicht beschreiben, was ich empfunden hatte, als ich sie las. Einige der Akten enthielten das Alter und die Namen der Kinder – oder zumindest die Namen, die ihre Peiniger ihnen gegeben hatten.

Als Jacob an jenem Abend in die Küche kam, fand er mich auf die Küchentheke gestützt. Verzweifelt bemühte ich mich, die wütenden, tiefen Schluchzer zu unterdrücken, die mir in der Kehle steckten. Ich konnte keine Worte finden, um die Wut und die Trauer auszudrücken, die ich empfand. Es gab keine Worte, um all das Böse zu beschreiben, das diese Dateien verkörperten.

»Weißt du, wie viele kleine Mädchen nötig sind, um siebenunddreißigtausend pornografische Bilder zu machen?«, flüsterte ich. »Wie viele kleine Mädchen?« Ich wusste, wie solche Bilder entstanden – viele der Mädchen waren wahrscheinlich Opfer von Menschenhandel. Fast alle von ihnen wurden von jemandem missbraucht, der ihnen nahestand– jemandem, der ständigen Zugang zu ihnen hatte. »Wer wird diese kleinen Mädchen finden?«

Die tief gehenden Schäden, die durch sexuellen Missbrauch angerichtet werden, vor allem durch anhaltenden Missbrauch wie in diesen Fällen … Sie verfolgen dich. Sie verändern dich für immer. Ich hatte gute Freunde, die verschiedene Arten von Missbrauch erlebt hatten. Nur zu gut wusste ich, wie lange der Schmerz anhielt, wie sehr er alles veränderte und wie hart man um jeden kleinen Fortschritt kämpfen musste.

Auch ich hatte noch immer zu kämpfen. Jeden Tag sah ich meine eigenen Kleinen und hatte ständig vor Augen, wie es für all diese kostbaren Kinder hätte sein sollen. Die Unschuld. Das Vertrauen. Die echte Liebe, die sie zu Menschen hatten. Ihr Entzücken und ihre Freude, selbst an den kleinsten Dingen. Die Art, wie ihre Augen aufleuchteten oder wie sie sich an Jacob oder mich lehnten, wenn wir ihnen eine Geschichte vorlasen.

Abends, wenn ich an meinem Fall arbeitete oder Anrufe von Bekannten entgegennahm, die ebenfalls Missbrauch erlebt hatten, war mir ständig bewusst, dass ich weitaus weniger durchzustehen hatte als die große Mehrheit der Missbrauchsopfer. Doch in meinem eigenen Kampf um Heilung fühlte auch ich mich gefangen zwischen dem, was hätte sein sollen, und dem, was war. Obwohl ich das stabilste, sicherste und liebevollste Zuhause hatte, das man sich vorstellen kann, eine unterstützende Familie und Eltern, die mir sofort geglaubt und sich um mich gekümmert hatten, lebte auch ich mit den Narben des Missbrauchs. Auch ich hatte mit der Realität zu kämpfen, dass es offenbar keine vollständige Heilung gab. Noch immer fühlte ich mich »beschädigt« und wünschte mir, es gäbe ein Heilmittel, das mich von all den Albträumen und Erinnerungen befreite.

Hin und wieder erwischte ich mich dabei, reflexartig die geliebte Hand wegzustoßen, die mir immer nur Liebe und Sicherheit entgegengebracht hatte. Ich wollte so nicht sein! Ich wollte nicht, dass die Menschen, die ich liebte, darunter leiden mussten! Und genauso wenig wollte ich, dass *das* die Realität für all die kleinen Mädchen war, deren Namen und Gesichter ich nicht kannte, um die ich wieder und wieder weinen musste.

EINUNDZWANZIG

Als der Dezember kam, bemühte ich mich, etwas weihnachtliche Stimmung in unseren überschatteten Familienalltag zu bringen. Meinen Kindern las ich in der Mittagspause die Originalversion von *Eine Weihnachtsgeschichte* von Charles Dickens vor und war entzückt, als meine Zweijährige, die nur wenige Wörter sagen konnte, ein nachdrückliches »Bah, Humbug!« in ihr Repertoire aufnahm.

Noch immer verbrachte ich fast täglich Zeit damit, Anrufe und E-Mails von Reportern zu beantworten. Die Nassar-Affäre nahm nun auch international an Fahrt auf, die örtlichen Journalisten waren hartnäckig, allein die nationalen Medien zeigten kein großes Interesse mehr. Da unser Fall Mädchen betraf und nicht *Football*, löste er keine so große Empörung aus wie andere Skandale.

Wir erfuhren, dass irgendwann im Dezember – möglicherweise – Anklage erhoben werden würde. Während die Journalisten mich häufig mit aktuellen Nachrichten versorgten, gaben die Ermittler nur selten Neuigkeiten über den Fall preis. Als Anwältin konnte ich das verstehen. Aber als Opfer wünschte ich mir, es gäbe einen anderen Weg. Eines Abends schrieb ich Keith und ließ meiner Frustration freien Lauf:

> Was mich am meisten enttäuscht, ist der Mangel an Kommunikation. Ich verstehe ja, dass es praktische und rechtliche Gründe dafür gibt, uns nicht immer über alles zu informieren, aber es ist ziemlich frustrierend … Die Tatsache, dass das Büro der Staatsanwaltschaft sich die Zeit nehmen kann, den lokalen Medien eine Pressemitteilung zu senden, aber es nicht möglich ist, die betroffenen Opfer auf dem Laufenden zu halten … gibt mir das Gefühl, als zählten unsere Stimmen

letztendlich nicht. Wenn ich mich in Zeitungen über den Stand der Ermittlungen informieren muss, fühlt sich das ehrlich gesagt ziemlich entwürdigend an.

Diese Ermittlungen, das sind *wir*, die anderen Frauen und ich. Es sind unsere Leben, unsere Patientenakten, unsere Zeugen und all die damit zusammenhängenden Auswirkungen auf *unsere* Zukunft. Dass es wichtiger ist, mit der Presse zu reden als mit den Opfern, gibt einem das Gefühl, als ginge es nur um eine Kerbe im Gürtel des Staatsanwaltes statt um Gerechtigkeit. So völlig aus dem Prozess und der Kommunikation ausgeschlossen zu sein gibt mir das Gefühl, als wäre ich nicht viel mehr als ein weiteres Mittel zum Zweck.

Ich wusste inzwischen, dass Andrea diese Einstellung nicht teilte. Genauso wie ich wusste, dass sie eine sehr hohe Meinung von der Staatsanwältin hatte, die dem Fall zugewiesen worden war. Also rief ich mir jeden Tag die Gründe dieser Ermittlungen in Erinnerung. Das Wissen, wie nachlässig derartige Fälle häufig gehandhabt wurden, half mir, in den schwierigen Momenten dankbar zu sein. Immerhin wusste ich, dass ein großartiges Team an diesem Fall arbeitete.

Ich wünschte nur, die Menschen in unserem Umfeld würden verstehen können, wie das Leben für ein Missbrauchsopfer war. Wie es war, nach Gerechtigkeit zu hungern. Wie es sich anfühlte, wenn jemand fragte: »Warum hast du ihn nicht gleich angezeigt?« Wir hatten die Einzelheiten einiger unserer intimsten und schrecklichsten Erfahrungen anderen anvertraut und waren dennoch nicht an den Diskussionen und Entscheidungen beteiligt, wo unser jeweiliger Fall doch die Grundlage dafür bedeutete. Uns Opfern wurde einfach nur gesagt, was mit uns geschah. Wir wurden weder vorher gefragt, noch hatten wir dabei etwas mitzureden. Nachdem ich meine Stimme schon einmal verloren hatte, war es schmerzhaft, sie erneut zu verlieren.

Trotzdem beschwerte ich mich nie. Ich wusste nicht, was für eine Staatsanwältin uns zugeteilt worden war, und wollte auf keinen Fall meine Beziehung zu ihr beeinträchtigen, da ich ahnte, dass ich in den nächsten Jahren noch viel mit ihr zu tun haben würde.

Der Verlust der Kontrolle und der eigenen Stimme ist einer der schlimmsten Aspekte eines Missbrauchs. Deshalb wollen Opfer meist unter allen Umständen vermeiden, so etwas noch einmal zu erleben. Dieser ganze Prozess versetzt mich in vielerlei Hinsicht wieder in diese Lage. Nicht nur weil ich das Ganze immer wieder durchleben muss, sondern auch weil alles, was ich im Moment tue und sage, letztendlich immer noch von dem kontrolliert wird, was Nassar tut.

Jeden Tag aufs Neue musste ich damit zurechtkommen, dass mein Leben sich fast nur noch um »den Fall« drehte. Bei jeder Entscheidung, die ich in Bezug darauf treffen musste, war Larry mit anwesend.

Wie ich mich anderen zeige, was ich sagen kann und was nicht, mit wem ich reden kann und mit wem nicht, sogar was ich in den Sozialen Medien poste – ständig wäge ich alles ab, was ich tue, und frage mich, ob es vor Gericht nicht gegen mich verwendet werden könnte. *Seine* Reaktion bestimmt, wie ich reagieren muss, was ich preisgeben muss, wozu ich bereit sein muss.

Nachdem ich mich so viele Jahre lang mühevoll mit Fragen auseinandergesetzt hatte, wer ich war und was mich ausmachte, hatte ich nun das Gefühl, wieder bei null anzufangen. Doch bestimmte Dinge gab es, von denen ich wusste, dass sie wahr waren. An sie versuchte ich mich zu klammern.

Immer wieder musste ich mir in Erinnerung rufen, wer ich in Wirklichkeit war und dass Erfolg nicht von Ergebnissen, sondern von Treue bestimmt wurde. Ich musste mich daran erinnern, dass weder meine Identität noch meine Heilung von den Stimmen um mich herum abhingen. Ebenso wenig war die Wahrheit von der öffentlichen Meinung oder von gesellschaftlichen Reaktionen abhängig. Ich musste mich auf das konzentrieren, was wahr und echt war. Auf die gerade Linie, nicht auf die krumme. Auch Jacob musste mich ständig darauf hinweisen, dass es okay war, zu trauern, dass es okay war, mir von anderen helfen zu lassen – mir von *ihm* helfen zu lassen.

Jeden Tag standen wir vor der Herausforderung, einfach nur den nächsten Schritt zu gehen und uns auf die Aufgaben des Tages zu konzentrieren. Gleichzeitig mussten wir jedes Aufkommen von Routine mit Vorsicht genießen, da wir wussten, dass jeden Moment ein Anruf kommen und selbst die besten Pläne zunichtemachen konnte.

Einen solchen Anruf erhielt ich in der Weihnachtswoche – diesmal von John Manly, dem Zivilrechtsanwalt, der mir gelegentlich Neuigkeiten weitergab. Dieses Gespräch brachte uns auf einen Weg, den wir eigentlich nicht hatten einschlagen wollen: Es gab eine weitere Person, die an die Öffentlichkeit gehen und ihren Namen und ihr Gesicht preisgeben wollte.

»Sie hat bereits im Jahr 2000 die *MSU* gewarnt, Rach«, sagte er. »Und es gibt ein weiteres Opfer, eine Läuferin, die die Uni 1999 benachrichtigt hat. Ich bin schon lange genug in meinem Beruf, um zu wissen, dass es hier noch viel mehr gibt. Wir wissen es nur noch nicht.«

Nachdem wir die Kinder an jenem Abend ins Bett gebracht hatten, nahm ich mir die Presseartikel des Tages vor. Es war das erste Mal, dass ich den Namen und die Geschichte von Tiffany Thomas Lopez hörte. Sie war wegen chronischer Rückenschmerzen zu Larry gegangen, als sie eine Studentin und Sportlerin an der *MSU* war. Nachdem er mit seinen Fingern in sie eingedrungen war, meldete sie ihn bei mehreren Trainern der *MSU*. Sie wiesen sie ab und sagten ihr, er nehme gewöhnliche »intravaginale Anpassungen« vor.[15] Zum ersten Mal war mein Name nicht mehr ganz allein da draußen, und ich war von tiefer Dankbarkeit und Mitgefühl ihr gegenüber erfüllt. Alles war noch so unsicher, die öffentlichen Reaktionen so unterschiedlich. Noch immer wussten wir nicht, ob wir eine Verurteilung oder nur eine Anklage erreichen würden. Trotzdem ging Tiffany diesen gewaltigen Schritt. Was ich durch sie über die gesellschaftlichen Dynamiken an der *MSU* erfuhr, erschütterte mich. *Sie wussten es. Sie wussten es schon, bevor ich überhaupt zur Tür hereinkam.* Als Larry mich zu missbrauchen begann, hatten bereits mindestens zwei andere Frauen verschiedene Trainer und einen Laufcoach gewarnt, dass Larry seine Patientinnen routinemäßig mit den Fingern penetrierte. Beiden Opfern war versichert worden, dass es sich um eine normale medizinische Behandlung handelte. Trotz ihrer Proteste und Tränen wurden sie gezwungen, zu ihm zurückzugehen, um weiterhin missbraucht zu werden.

Eine erneute Welle der Entmutigung und Erschöpfung erfasste mich. Die Institutionen, die Larry in seiner machtvollen Position gehalten hatten, hatten nicht die geringste Motivation verspürt, zu untersuchen, auf welch schändliche Art und Weise ein Serien-Pädophiler jahrzehntelang auf ihrem Campus florierte. Und das lag in hohem Maße daran, dass nicht an den richtigen Stellen Druck ausgeübt wurde.

Larry hätte gestoppt werden können und *müssen*. Aber niemand hatte das Richtige getan. Niemand hatte auch nur die richtigen Fragen gestellt. Alle hatten diese Frauen für verwirrt gehalten, für zu ungebildet, um zu wissen, was eine spezifische, medizinische Behandlung war. Man hatte ihrem Urteil so wenig vertraut, dass man nicht einmal Fragen gestellt hatte.

Tiffany würde sehr wahrscheinlich keine Interviews mehr geben, jedenfalls vorerst nicht, sagte mir John. Aber sie war an die Öffentlichkeit gegangen, und das bedeutete mir sehr viel. An jenem Abend begannen Jacob und ich zum ersten Mal ernsthaft darüber nachzudenken, uns der Zivilklage anzuschließen. Ein Zivilprozess ist meist die einzige Möglichkeit, auch Institutionen und Einzelpersonen für die Ermöglichung von Missbrauch zur Rechenschaft zu ziehen. Durch diesen Prozess würden wir eine finanzielle Entschädigung für die entstandenen psychischen Schäden beantragen können. Außerdem würden wir das Gericht bitten können, weitere Schritte zu veranlassen – zum Beispiel die Art und Weise zu ändern, wie sexueller Missbrauch angezeigt wird, oder eine externe Stelle einzurichten, die die Organisation überwacht und sie zur Rechenschaft zieht. Leider sind die Leiter sehr großer Einrichtungen oft von Geld und Ansehen motiviert. Solche Systeme können nur verändert werden, wenn sie gezwungen sind, Konsequenzen in Kauf zu nehmen, die so tief greifend sind, dass ihre Leiter daraus gelernt haben. Fünf Monate lang hatte ich die Hoffnung aufrechterhalten, dass *USAG* und die *MSU* die richtigen Schritte einleiten würden, weil sie das Richtige tun *wollten*. Ich hatte gehofft, dass sie eine Untersuchung einleiten würden, um festzustellen, was falsch gelaufen war, und dass sie ihre Fehler eingestehen und spezifische Maßnahmen ergreifen würden, um daraus zu lernen und es in Zukunft besser zu machen. Aber stattdessen leugneten sie jedes Fehlverhalten von ihrer Seite, jedes Mal. Auch jetzt noch weigerten sie sich ausdrücklich, die Angelegenheit zu untersuchen. Dies ließ nur eine Option offen, um möglicherweise eine Veränderung zu erzwingen: den Zivilprozess.

Ich hatte nie vorgehabt, mich der Klage anzuschließen – mein Missbrauch war so lange her, dass das Gericht meinen Fall vermutlich abweisen würde. Das Gesetz von Michigan gab Opfern von sexuellem Missbrauch nur ein paar Jahre Zeit, um ein Zivilverfahren einzuleiten – diese Frist war lange abgelaufen. Also wusste ich, dass das Gesetz nicht zu meinen Gunsten war. Aber ich wusste auch, dass irgendjemand etwas gegen die Führungspolitik in beiden Organisationen, die diesen Skandal zugelassen hatten, unternehmen musste. Wenn ich mich der Zivilklage anschloss, konnte ich all diese Dinge öffentlich ansprechen, auch wenn ich damit rechnen musste, dass mein Fall nirgendwo hinführen würde.

»Jemand muss diese Dynamiken ansprechen«, sagte ich an jenem Abend zu Jacob. »Ich habe schon so viele Details preisgegeben, meine Identität, meine Privatsphäre … Es gibt nichts mehr zu schützen.«

Er nickte. »Ja, man muss etwas dagegen tun. Wird sonst noch jemand an die Öffentlichkeit gehen?«

Ich zuckte mit den Achseln. »Irgendwann vielleicht. Hoffentlich werden sich andere eher trauen, sich zu melden, wenn ich noch mehr öffentlich mache. Und ich will, dass alle anderen ebenfalls diese Wahl haben.«

Wir unterhielten uns bis spät in die Nacht und kamen auch im Laufe der Weihnachtstage immer wieder auf dieses Thema zurück.

Ich wusste, welche Vorwürfe sofort gegen mich erhoben werden würden, wenn ich mich der Zivilklage anschloss. Ich sei auf Geld aus. Auf Ruhm. Aber ich wusste auch, dass ein Strafprozess in unserem Land seine Grenzen hat. Er kann einen Missbrauchstäter stoppen, aber er kann nicht die Gesellschaft um ihn herum verändern. Ein Strafprozess setzt sich selten mit den Personen und Institutionen auseinander, die den Missbrauch ermöglicht haben. Um diese Probleme anzugehen, *muss* man sich auf ein Zivilverfahren einlassen.

»Ich werde sehr schnell zu einer Zeilscheibe werden«, räumte ich eines Abends ein, als ich mit Jacob noch einmal darüber sprach. »Sie werden mit hoher Wahrscheinlichkeit versuchen, meine Klage von den anderen zu trennen und sie abzuweisen, aber das wird eine Weile dauern. Bis es so weit ist, habe ich die Möglichkeit, über die Vorgehensweisen der Institutionen zu sprechen. Und wenn wir großes Glück haben«, fügte ich hinzu, »kann ich die Sache vielleicht weit genug voranbringen, dass zumindest einigen der Opfer ein gewisses Maß an Gerechtigkeit entgegengebracht wird. Wenn wir allein das für sie tun könnten, wäre es mir die Sache wert.«

Jacob nickte. »Was hier passiert, ist falsch, und hat schreckliche Schäden angerichtet. Es muss angegangen werden. Und ich denke, dass du recht hast – es gibt keine andere Möglichkeit, etwas an der Situation zu ändern, als sich der Zivilklage anzuschließen.«

Ich biss mir auf die Lippe. »Aber, um das vorher noch mal klar auszusprechen … Dir ist schon bewusst, dass wir vielleicht die ganze Last tragen müssen, ohne am Ende Recht zu bekommen?«, fragte ich ihn.

»Ja. Aber wenn die Leute dadurch etwas lernen und du die Möglichkeit hast, die zugrundeliegenden Probleme zumindest anzutreten, denke ich, dass es das wert ist.« Er hielt inne. »Ich denke, dass du es tun solltest.«

Ich atmete tief ein. Nun musste mein Vorhaben noch mit einer weiteren Person geklärt werden.

Am nächsten Tag rief ich Andrea an und brachte das Thema zur Sprache. »Sie sollten wissen, dass ich mir immer mehr Sorgen über die institutionellen Vorgehensweisen an der *MSU* mache«, sagte ich.

Andrea verstand sofort, was ich nicht explizit gesagt hatte. »Rachael, meine Loyalität gilt nicht der Uni. Meine Pflicht ist, das *Richtige* zu tun. Das ist mein Job, und es steht in keinem Zusammenhang zu den Zivilklagen, die erhoben werden oder auch nicht. Wenn Sie das Gefühl haben, dass es institutionelle Schwachstellen gibt, über die Sie sprechen müssen, wenn es Sie dazu veranlasst, ein Zivilverfahren zu verfolgen, dann tun Sie es.«

Okay. Das war eine deutlichere Antwort, als ich erwartet hatte, dachte ich erleichtert.

»Sie wissen doch sicherlich, dass Larrys Verteidiger Sie wegen der Zivilklage angreifen werden, wenn wir es vor Gericht schaffen«, sagte sie. »Aber ich glaube, dass Sie in der Lage sind, mit dieser Kritik umzugehen und Ihre Gründe sowie die Notwendigkeit für diesen Schritt zu erläutern. Also tun Sie, was Sie für nötig halten.«

Ich war sehr dankbar für diese Zusicherung, und froh, eine Ermittlerin zu haben, die sich wirklich für die Wahrheit einsetzte. Nur wenige Missbrauchsopfer hatten jemanden wie Andrea, wenn sie vor Gericht gingen. Gleich nachdem ich das Gespräch mit Andrea beendet hatte, rief ich John Manly an. Ich hatte damals seine bisherige Arbeit gründlich untersucht, bevor ich zu ihm Kontakt aufgenommen hatte. Inzwischen wusste ich: wenn ich mit irgendjemandem arbeiten wollte, dann mit ihm.

»Ja, aber klar. Ich kann Ihren Fall übernehmen«, sagte er. »Halten Sie sich am besten erst einmal bedeckt und warten Sie ab, wie weit wir kommen, in Ordnung?«

Ich wusste seinen Rat zu schätzen, John kannte die Gegebenheiten. Aber hier ging es nicht darum, sich bedeckt zu halten, sondern darum, so hart wie möglich zu kämpfen, solange wir die Plattform hatten. Also fragte ich in Johns Partnerkanzlei in Michigan an, ob ich irgendwie von Nutzen sein konnte – und erhielt schnell die erwartete Antwort. Im Gegenzug versicherte ich John und seinen Kollegen, dass sie auch meinen Namen verwenden durften, wenn sie die Klagen der inzwischen achtzehn Frauen einreichen würden. Ich wurde gefragt, ob ich es nach Grand Rapids zur Pressekonferenz schaffen könne, bei der die Zivilklage bekannt gegeben werden sollte. Ich hatte mich mit dem Ziel angeschlossen, eine Botschaft zu vermitteln und Veränderungen zu fordern. Also sprach ich mit Jacob und wir versuchten, es irgendwie möglich zu machen.

Drei Tage später, am 10. Januar 2017, betrat ich die Kanzlei von *Drew Cooper & Anding*, der in Michigan ansässigen Firma, die mit John Manly zusammenarbeitete. Das Büro war angenehm ruhig, und ich war erleichtert über das Niveau an sichtbarer Professionalität. Das Letzte, was ich jetzt gebraucht hätte, war ein sensationsgieriger oder rauer Umgang mit einem Fall wie diesem.

Nach einigen Augenblicken kam ein großer, älterer Mann aus einem Büro und stellte sich als Stephen Drew vor. Er war einer der Gründungspartner der Kanzlei und erinnerte mich mit seinem Auftreten sehr an Keith, den Staatsanwalt, der mir schon so viel geholfen hatte. Beide Männer sind sanftmütig und voller Mitgefühl, aber auch absolut fest in ihren Überzeugungen und unnachgiebig in ihrer Interessenvertretung. Für gewöhnlich sind Menschen mit diesen Eigenschaften hoch qualifiziert, und wenn mein erster Eindruck stimmte, würde die Zusammenarbeit mit Stephen großartig werden.

Wir wurden in einen Tagungsraum geführt und anderen Mitgliedern des Teams vorgestellt, unter anderem Adam, einem der

Partner, und Robika, einer Anwältin aus Ohio, die als Rechtsanalystin für Adam und Mr. Drew tätig war. Außerdem traf ich zum ersten Mal jemanden aus John Manlys Team, wenn auch John selbst es nicht geschafft hatte.

Wir setzten uns an den Tisch und diskutierten die bevorstehende Pressekonferenz. Die Beteiligung war gut, der Raum füllte sich bereits. Es war definitiv das größte Publikum, vor dem ich bisher über meinen Fall gesprochen hatte.

»Wie ist Ihrer professionellen Meinung nach der aktuelle Stand der Dinge?«, fragte ich.

»Nun«, sagte Mr. Drew mit einem leichten Lächeln, »es könnte sein, dass man Sie sofort ins Visier nimmt, weil Sie so viel an vorderster Front stehen.«

Ich nickte. *Nun, was das potenzielle Risiko betrifft, sind wir schon einmal gleicher Meinung.* Als Nächstes besprachen wir den Aufbau der Pressekonferenz und den Umgang mit Fragen und Antworten. Danach gingen wir in den benachbarten Raum, der bereits voller Journalisten und Kameras war.

In mir tobte ein Konflikt, der mir inzwischen vertraut war. Einerseits war ich dankbar für die große Menschenmenge, andererseits aber auch frustriert darüber, in einer Position zu sein, in der ich nie hatte sein wollen. Ich war gezwungen, weiterhin öffentlich aufzutreten, weil keiner der Verantwortlichen bereit war, diese Verantwortung tatsächlich zu übernehmen. *Ich habe keine Wahl. Wenn es der einzige Weg ist, um das Ganze zu beenden, ist es nicht wirklich eine Wahl.*

»Wir haben heute Morgen eine Klage eingereicht…«, begann Mr. Drew. Ich atmete tief durch. Wenig später durfte ich eine Erklärung abgeben, in der ich meine Geschichte erzählte und meine Gründe dafür erklärte, an die Öffentlichkeit zu gehen und ein Zivilverfahren zu verfolgen.

»Ich denke oft daran, was ich meinen kleinen Kindern sage, wenn ich ihnen dabei helfe, Entscheidungen zu treffen. Ich sage ihnen täglich, dass es nur zwei Motivationen dafür gibt, das Richtige zu tun. Entweder können sie durch *Liebe* motiviert sein und sich für das Richtige entscheiden, weil sie nicht wollen, dass die Menschen um sie herum die Konsequenzen ihrer falschen Entscheidungen tragen müssen. Oder sie können durch *Eigennutz* motiviert sein und ebenfalls das Richtige tun, weil sie selbst nicht mit den Konsequenzen ihrer schlechten Entscheidungen leben wollen. Doch die Liebe, sage ich ihnen, ist die einzige Motivation, die ihnen Freude und Frieden geben kann, selbst wenn es schwer und schmerzhaft ist, das Richtige zu tun.«

Ich machte eine Pause. *Liebe war das, was wir brauchten. Und es war auch das, was uns fehlte.*

»Meine größte Hoffnung ist, dass wir in unserer Gesellschaft an einen Punkt kommen, an dem Institutionen und Autoritäten aus *Liebe* das Richtige tun. Weil ihnen die Menschen, die ihnen anvertraut sind, am Herzen liegen. Weil die Körper und Seelen von Kindern für sie höhere Priorität haben als ihre eigenen Interessen. Aber offensichtlich sind wir noch nicht so weit. Bis wir diesen Zustand erreichen, ist es unerlässlich, dass dem heute vorliegenden Zivilprozess, der notwendige Reformen verlangt, Priorität eingeräumt wird. Aus diesen Gründen haben ich und viele andere Frauen, die nicht allein durch Larry Nassars sexuellen Missbrauch, sondern auch durch deren Nachlässigkeit und Mittäterschaft schwere seelische Verletzungen erlitten haben, eine Zivilklage gegen *MSU* und *USAG* eingereicht.«

Aus diesen Gründen. Vor meinem inneren Auge sah ich jedes Wort der Klageschrift, die ich zuvor durchgelesen hatte. Achtzehn Geschichten. Achtzehn Opfer. Achtzehn verletzte Menschen, die nie hätten verletzt werden müssen. Es war legitim und richtig, um Gerechtigkeit für sie zu kämpfen. Ihre Verletzungen waren von Bedeutung, wie auch alles, was sie durchgemacht hatten. Und ebenso von Bedeutung waren alle Personen und Institutionen, die ihre Augen vor den Vergehen an diesen Frauen und kleinen Mädchen verschlossen hatten. Ich wusste, worauf ich mich eingelassen hatte und wie schnell die Pfeile fliegen würden. Ich wusste, dass selbst einige meiner Freunde meinen Charakter und meine Motivation anzweifeln würden. Und ich wusste, dass ich kaum etwas tun konnte, um mich dagegen zu wehren. Aber ich hatte die Wahrheit gesagt. Ich hatte keine Wahl.

Die Liebe ist die einzige Motivation, die dir Freude und Frieden geben kann, wenn es schwer und schmerzhaft ist, das Richtige zu tun.

ZWEIUNDZWANZIG

Je mehr ich erfuhr, desto mehr bestätigte sich meine Vermutung: Man musste öffentlich vorgehen, um Larry zu stoppen. Als anonyme Stimme kam man weder gegen seine Person noch gegen die Institutionen an, die so viele Gründe hatten wegzusehen. Man musste Nassar, ohne mit der Wimper zu zucken, da begegnen, wo er sich am sichersten fühlte – in der Öffentlichkeit.

Es ging mit nicht darum, recht zu behalten. Viel lieber hätte ich herausgefunden, dass es die ganze Zeit eine Sicherheit gegeben hatte und ich mich als Fünfzehnjährige nur danach hätte ausstrecken müssen. Ich wünschte, ich würde sagen können: »Ich habe mich geirrt. Es hatte jemand zugehört.«

Es war nicht nur Larry, dem ich vertraut hatte, sondern genauso auch jedem aus den sportlichen und medizinischen Verbänden, der Larry kannte und von seinen Techniken gehört hatte. Die Gewissheit, dass mich damals auch dann niemand beschützt hätte, selbst *wenn* ich etwas gesagt hätte, machte den Schmerz noch viel schlimmer. Trainer aus mindestens drei unterschiedlichen Sportabteilungen der *MSU* hatten explizite Warnungen erhalten und Beschreibungen von Larrys Missbrauch gehört, bevor oder während ich bei ihm in Behandlung war. Jedes Mal hatten diese Trainer die Opfer zu Larry zurückgeschickt, sodass er sie weiterhin missbrauchen konnte, und den Mädchen versichert, dass es sich um eine legitime medizinische Behandlung handelte. Sie *musste* legitim sein. Schließlich war es Larry.

Ich empfand eine gewisse Genugtuung, als Larrys Zulassung gegen Ende Januar endlich aufgehoben wurde – wenn auch nur vorübergehend.

Nur wenige Tage später erhöhte sich der Druck auf Larry, als eine Flut von Gerichtsanträgen zeigte, dass neue Kläger versucht hatten, sich der bestehenden Klage anzuschließen. Mehrere ehemalige Turnerinnen gaben anonym an, dass sie Kathie Klages, einer Trainerin der *MSU*, genau erzählt hatten, was Larry tat, und das bereits im Jahr 1997.[16] Als ich die Klageschrift las, spürte ich einmal mehr eine brennende Wut in mir aufsteigen. Kathie Klages hatte einer der Betroffenen ein Berichtsformular unter die Nase gehalten und gesagt: »Ich könnte das einreichen, aber wenn ich es tue… wird es schwerwiegende Konsequenzen für dich und Dr. Nassar haben.«[17]

Offenbar war es ihr nicht wert gewesen, einen Freund infrage zu stellen, um für die Sicherheit eines kleinen Mädchens zu sorgen. Viele Angestellte der *MSU* behaupteten damals, dass Larrys Patientinnen einfach nur etwas falsch verstanden hätten. Sie hielten uns für verwirrt. Einer von Larrys Kollegen sagte sogar zu einem Polizisten: »Ich arbeite mit vielen Kindern. Sie denken, alles zwischen ihren Beinen ist eine Vagina.«[18] Eines verstand ich: Larrys Kollegen wussten, dass es viel leichter für alle gewesen war, davon auszugehen, dass wir uns einfach nur geirrt hatten.

Am 7. Februar 2017 wurde Larry wegen des Versuches angeklagt, die Festplatte und die externen Laufwerke zu zerstören, auf denen er die kinderpornografischen Dateien gespeichert hatte. Wenige Tage später erhielt ich eine E-Mail von Andrea. »Können wir für nächste Woche einen Termin vereinbaren? Ich würde gerne mit Ihnen und der stellvertretenden Generalstaatsanwältin eine Telefonkonferenz über die bevorstehenden Schritte abhalten«, schrieb sie. Ich schluckte meine Enttäuschung herunter. Was ich brauchte, war ein *persönliches* Treffen.

Als Jacob an jenem Abend nach Hause kam, erzählte ich ihm zögerlich von den aktuellen Neuigkeiten. »Wir werden sehr kurzfristig nach Michigan fahren müssen.« Erst vor wenigen Wochen waren wir dort gewesen, um die Zivilklage einzuleiten, und ich wusste, dass es schwierig für uns beide sein würde, noch mehr Urlaub zu nehmen oder, wie in Jacobs Fall, noch mehr Kurse zu verpassen.

Er seufzte. »Glaubst du, das ist wirklich nötig? Reicht denn nicht ein Telefongespräch?«

Ich schüttelte nachdrücklich den Kopf. »Nein. Ich weiß nichts über diese Staatsanwältin. Wenn sie die Beweise nicht versteht oder nicht die richtige Theorie für den Fall hat, muss ich vielleicht ein wenig nachhelfen. Ich kann nicht warten, bis ich vor Gericht stehe, um solche Sachen herauszufinden!« Ich atmete tief durch und versuchte, langsamer zu sprechen. »Ich muss meine Beziehung mit ihr auf dem rechten Fuß beginnen. Das kann ich nicht am Telefon tun.«

Jacob wusste, wie sehr mich das belastete, und die Unnachgiebigkeit in meiner Stimme verbarg meinen Stress nicht besonders gut. Er kam zu mir und umarmte mich.

»Okay«, sagte er. »Wir werden das hinkriegen. Was immer es ist, das wir tun müssen, wir werden es hinkriegen.«

Noch am selben Abend kontaktierte ich Andrea und fragte sie, ob wir uns nicht persönlich in Michigan treffen könnten, und zu meiner großen Erleichterung stimmte sie zu. Am nächsten Tag schrieb mir Angela Povilaitis, die stellvertretende Generalstaatsanwältin, die dem Fall zugewiesen worden war, dass sie sich entweder Mittwoch oder Donnerstag mit mir treffen könnte. Ich blinzelte. Es war bereits Montagnachmittag. Alles entsprechend zu organisieren, um mit unseren drei Kindern so kurzfristig nach Michigan aufbrechen zu können, war keine leichte Aufgabe. Nachdem ich Jacob informiert hatte, rief ich meine Mutter an. »Ich denke, wir kommen schon morgen. Ist das in Ordnung?« *Und ich schätze, als Erstes sollte ich noch den Wäscheberg in Angriff nehmen.*

Es war Mitternacht, bis ich mich endlich hinsetzen konnte, um die E-Mail der Staatsanwältin zu beantworten. Wir konnten uns nur am Mittwoch mit ihr treffen, da sich Jacob für Donnerstag keinen Urlaub mehr nehmen konnte. Also traten wir, sofort nachdem Jacob am nächsten Tag von der Arbeit gekommen war, die sechsstündige Fahrt nach Michigan an. Nach etwa fünf Stunden hatte Jonathan einen größeren Anfall, als wir zum Tanken anhielten. Ein paar Jahre zuvor war er wegen schweren neurologischen Symptomen im Krankenhaus gewesen, deren Ursache nie ermittelt werden konnte. Trotzdem musste er weiterhin alle sechs Monate zu neurologischen Nachuntersuchungen. Als ich ihn nun beruhigte, fiel mir ein, dass wir seinen letzten Termin verschieben mussten, damit ich meine Anzeige erstatten konnte. Wenn wir zurück nach Hause kamen, würde ich zuallererst einen neuen Termin vereinbaren müssen.

Als wir nach Mitternacht endlich bei meinen Eltern ankamen, empfingen sie uns mit offenen Armen, einem Snack für die Kinder und einem Aktionsplan für den nächsten Tag. Sie hatten ihre eigenen Zeitpläne umgestellt, um sich um die Kleinen kümmern zu können, während Jacob und ich nach Detroit fuhren. Völlig erschöpft fielen wir ins Bett – um kurze Zeit später wieder aufzustehen, um uns mit Angela Povilaitis zu treffen.

Während Jacob die fast dreistündige Fahrt übernahm, plante ich Presseanrufe und ging noch einmal die geltende Rechtsprechung für meine voraussichtliche Anklage durch. Kathie Klages war vor wenigen Stunden zurückgetreten, nachdem bekannt geworden war, dass sie das Turnerteam der *MSU* nach Larrys Verhaftung aufgefordert hatte, eine Karte für ihn zu unterschreiben. Angeblich hatte sie den besorgten Eltern erzählt, dass das pornografische Material vermutlich von jemand anderem auf Larrys Festplatten platziert worden sei. *Platziert?* Ich hatte nur frustriert geseufzt, als ein Journalist angerufen und mich nach meiner Meinung dazu gefragt hatte. Zu dem Zeitpunkt, als Larrys Festplatte sichergestellt worden war, waren bisher nur Jamie Dantzscher und ich an die Öffentlichkeit gegangen, und Jamie war bisher anonym geblieben. Ich hatte drei Kinder und absolut keine Zeit, um auf geheimnisvolle Weise siebenunddreißigtausend kinderpornografische Bilder von Louisville aus auf Larrys Computer zu laden. *Ich bin mir auch ziemlich sicher, dass Jamie nicht extra aus Kalifornien eingeflogen ist, um ein paar Festplatten in Larrys Abfall zu verstecken,* dachte ich. Mir war inzwischen einiges klar geworden, unter anderem, dass es an der *MSU* noch viel mehr Probleme gab als nur einen außer Kontrolle geratenen Arzt.

Als Jacob und ich im Gebäude der Generalstaatsanwaltschaft eintrafen, gingen wir auf den großen Empfang in der Eingangshalle zu, um uns beim Sicherheitspersonal anzumelden.

»Mit wem wollen Sie sich treffen?«, fragte der Wachmann.

Ich zögerte. Mir wurde klar, dass ich keine Ahnung hatte, wie man »Povilaitis« aussprach.

»Ich habe einen Termin bei einer stellvertretenden Generalstaatsanwältin«, bot ich an.

»Können Sie mir den Namen geben?«, fragte er erneut mit dem Stift in der Hand. *Äh … nein. Ich kann ihn auch definitiv nicht buchstabieren.* Schnell suchte ich auf meinem Handy nach der E-Mail mit Angelas Nachnamen.

Kaum saßen wir in dem schlichten, spartanisch eingerichteten Büro, ging auch schon die Tür auf und eine Frau in einem eleganten blauen Anzug kam mit ausgestreckter Hand auf uns zu.

»Hi, Rachael«, sagte sie mit einem warmherzigen Lächeln. »Ich bin Angela Povilaitis.« *So spricht man das also aus.* »Sie können mich einfach Angie nennen. Es freut mich, Sie kennenzulernen.«

Sie schüttelte auch Jacob die Hand und bedeutete uns, ihr zu folgen. Auf dem Weg zu unserem Tagungsraum erklärte sie uns, dass Andrea sich nicht gut fühlte und nicht würde kommen können; im gleichen Atemzug stellte sie uns Robyn vor, eine weitere Anwältin, die für diesen Fall zuständig war. Die Anwältin wirkte kompetent und fürsorglich, am heutigen Treffen jedoch würde sie nicht teilnehmen können. Als wir im Konferenzraum Platz genommen hatten, legte Angie die dicke Fallakte auf den Tisch, stützte ihre Unterarme auf die glatte Oberfläche und beugte sich ein wenig vor.

»Rachael, es ist so schön, Sie endlich kennenzulernen.«

Ich lächelte zurück. Sie war auf jeden Fall warmherziger, als ich es mir vorgestellt hatte.

»Zunächst möchte ich Ihnen den Ansatz erklären, den wir in solchen Fällen verfolgen«, begann sie. »Wir bezeichnen ihn als ›opfer*zentriert*, täter*fokussiert*‹«.

Mein Lächeln wurde ein wenig breiter. Der Ansatz war gut. Sehr gut. Er konzentrierte sich darauf, den traumatisierten *Opfern* beizustehen und auf ihre Stimmen zu hören, während sichergestellt wurde, dass der Druck des Gesetzes und des Gerichtsverfahrens so weit wie möglich auf dem *Täter* lastete.

»Zuerst ein paar Informationen über meine Person ...«, fuhr sie fort. Ich hörte zu, während sie ihren Werdegang beschrieb, ihre Qualifikationen waren solide, und sie hatte bereits einige bedeutende Fälle verfolgt. »Ich will ehrlich zu Ihnen sein«, gestand sie, »dies ist definitiv der größte Fall, den ich bisher betreut habe, und auch der prominenteste. Es gibt einige beachtenswerte Herausforderungen im Zusammenhang mit diesem Fall, die nicht so leicht zu bewältigen sein werden.«

Ich schätzte ihre Ehrlichkeit. Aufrichtigkeit war mir auf jeden Fall lieber als falsche Prahlerei.

»Dadurch, dass wir uns auch bei unseren letzten Fällen vor allem auf die Opfer konzentriert haben, konnten wir einige sehr wichtige Dinge erreichen – Entscheidungen, die ich hoffentlich auch für die Opfer im Nassar-Fall erreichen kann«, sagte Angie entschlossen. Dann begann sie, von einem ihrer früheren Fälle zu erzählen. Sie hatte für Opfer, die alle denselben Missbrauchstäter angezeigt hatten, sich aber untereinander nicht kannten, ein erstmaliges Treffen arrangiert. Ich sah sie verstohlen an, als ich Tränen in ihren Augen bemerkte. »Ich werde sogar jetzt noch emotional, wenn ich an diese Fälle denke«, sagte sie in einem sanfteren Ton.

Ich spürte, wie die Last auf meinen Schultern leichter wurde. *Je mehr man liebt, desto härter kämpft man.* Angies Arbeitserfahrung, kombiniert mit ihrer Leidenschaft und ihrem entschiedenen, lehrbuchmäßigen Ansatz, würde sie zu einer hervorragenden Gegnerin für Larry machen. Sie war mit dem Herzen dabei, und das war die beste Garantie dafür, dass sie vor Gericht für Gerechtigkeit kämpfen und nicht aufgeben würde, nur weil der Fall unangenehm oder kompliziert wurde.

Angie lachte, während sie sich ein Auge abtupfte. »Mein Spitzname im Büro ist ›der Hammer‹«, sagte sie. »Trotzdem werde ich immer ziemlich emotional bei solchen Dingen. – Lassen Sie uns also über Ihren Fall sprechen«, sagte sie und wechselte wieder die Gangart. Sie begann, die Elemente eines Missbrauchs ersten Grades, die Bestandteile unserer Argumentation sowie die Rechtsprechung (oder das Fehlen davon) für jeden Bestandteil durchzugehen. Ihre Analyse spiegelte perfekt wider, was Keith und ich bereits besprochen hatten.

»Wir müssen hier einige Entscheidungen treffen«, begann sie, »und wir werden uns dabei nach Ihnen richten, okay?«

Ich nickte. Das wusste ich zu schätzen.

»Es gibt zwei Argumentationslinien, die wir in Ihrem Fall verfolgen können.« Sie erklärte, was ich bereits wusste. Ein sexueller Übergriff ersten Grades konnte entweder bewiesen werden, indem wir zeigten, dass Larry eine Autoritätsperson war, die ihre Stellung für die Ausübung sexueller Gewalt missbraucht hatte, oder, indem wir nachwiesen, dass er schweres seelisches Leid verursacht hatte. »Das Gute an der Verfolgung beider Argumentationsstränge ist, dass wir so *zwei* Beweisversuche haben. Das Schwierige ist …« Sie hielt inne.

»Es werden viele spezifische Zeugenaussagen nötig sein«, ergänzte ich. »Es muss mit großer Genauigkeit plädiert werden, also werde ich ausführlich über die Auswirkungen des Missbrauchs aussagen müssen.«

Angie nickte. »Genau«, sagte sie mitfühlend.

»Und Jacob wird wahrscheinlich auch als Zeuge aussagen müssen«, fuhr ich fort. »Wir werden also getrennt, sodass er vor Gericht nicht bei mir sein kann.«

Angie nickte erneut.

»Ich werde über mein Tagebuch aussagen müssen.« Ich seufzte. Womöglich würde ich es vor einem öffentlichen Gericht vorlesen müssen. Larry würde es lesen.

Es würde gründlich untersucht, auseinandergenommen und verbreitet werden, sodass alle Welt es sehen konnte. Ich schwieg eine Weile und fügte dann ruhig hinzu: »Ich denke, dass Sie beide Argumentationsstränge verfolgen sollten. Ich weiß es zu schätzen, dass Sie meine Entscheidungen respektieren, aber ich will später nicht zurückblicken und bereuen, nicht alles versucht zu haben. Ich will, dass nichts ungeklärt bleibt. Wir haben nur diesen einen Versuch.« Ich hielt erneut inne. »Haben Sie vielleicht das Memo gesehen, das ich beim Erstatten der Anzeige meiner Akte beigelegt habe?«

Sie schüttelte den Kopf. »Nein.«

»Es ist eher wie ein Brief geschrieben, weil ich mir nicht sicher war, wer es lesen würde. Es liefert einen grundlegenden Überblick über die Beweise, die ich habe, sowie über all das, worüber ich als Zeugin aussagen kann. Auf jeden Fall denke ich, dass es genügend Beweismaterial gibt, um schwerwiegendes seelisches Leid zu belegen.«

Angie nickte bestätigend. »Okay, bitte schicken Sie mir das Memo noch einmal zu. Und wenn es für Sie in Ordnung ist, werden wir in Ihrem Fall also beide Argumentationslinien verfolgen.«

Ich nickte und presste meine Hände unter dem Tisch zusammen. »Ich glaube, dass wir es so machen müssen. Ich hatte es auch von Anfang an so im Sinn, und ich weiß, was das bedeutet.«

»Okay«, sagte sie, »dann lassen Sie uns über die Gesamtstrategie sprechen.«

Ja!, flüsterte die Anwältin in mir. Auch wenn das Thema schrecklich war, liebte ich die deduktive Logik des Rechts. Es war wie das Zusammensetzen eines Puzzles, wenn man die Beweise in die richtige Reihenfolge brachte und ein nahtloses rechtliches Argument entwickelte. Nach so vielen Monaten, in denen Jacob sich geduldig meine Überlegungen hatte anhören müssen, war es eine Erleichterung, endlich ausgiebig über das Gesetz und die Strategien diskutieren zu können.

Angie erklärte, dass Larrys Missbrauch die Bezirksgrenzen überschritten hatte, da er sowohl in Ingham County an der *Michigan State University* als auch in Eaton County beim Turnverein *Twistars* praktiziert hatte. Einige der Opfer konnten sogar in beiden Bezirken Anklage erheben.

»Was ich so unglaublich finde, ist, dass er immer noch leugnet, irgendwelche penetrative Techniken anzuwenden!«, sagte Angie in einem Ton echter Überraschung.

Ich reagierte sofort. »Sie erkennen also, dass er *nicht* behauptet, interne Beckenbodentherapie zu praktizieren?«, fragte ich aufgeregt. Dieser Punkt war für viele Leute extrem verwirrend gewesen, und er hatte drastischen Einfluss auf die Argumentation des Falls.

»Aber ja, eindeutig!«, sagte Angie lebhaft. »Er hat es mehrfach geleugnet.« Sie las die Stellen vor, in denen er spezifisch das Praktizieren interner Behandlungen bestritten hatte. »Diese Aussage von seinem Anwalt war nur ein Versuch gewesen, die Dinge durcheinanderzubringen. Man macht keine ›technische‹ Penetration bei einer internen Beckenbodenbehandlung!«

Am liebsten hätte ich die Hände in die Luft geworfen und »Danke!« gerufen, entschied mich dann aber doch dafür, ruhig und vernünftig zu bleiben.

»Das verändert unsere Argumentationsweise natürlich von Grund auf«, sagte Angie. Dann begann sie, über Expertenaussagen zu sprechen und zu erklären, wie ihre Vorgehensweise gewesen wäre, wenn Larry behauptet hätte, *dass* er interne Behandlungen durchführe.

Eine Welle der Erleichterung durchströmte mich, fast hätte ich vor Dankbarkeit geweint. Angie verstand es, damit umzugehen. Sie kannte den Fall, sie kannte das Gesetz, sie kannte die medizinischen Dynamiken. Und sie verstand die Theorien, die es zu erörtern galt. Zum ersten Mal musste ich nicht alles erklären – sie wusste es schon.

In den letzten sechzehn Jahren hatte ich am meisten Angst davor gehabt, mich womöglich auf schwache Ermittler und Staatsanwälte verlassen zu müssen – oder noch schlimmer, auf gleichgültige. Von dem Tag an, an dem ich an die Öffentlichkeit gegangen war, hatte ich damit gerechnet, selbst für bestimmte Dinge kämpfen zu müssen. Vor allem für die, von denen ich wusste, dass sie unabdingbar waren. Aber stattdessen hatte ich nun Andrea und

Angie an meiner Seite. Sie waren außerordentlich kompetent auf ihrem Gebiet, ich konnte ihnen vertrauen.

Zum ersten Mal mussten Larrys Opfer nicht mehr darum kämpfen, gehört zu werden. Endlich hatten wir jemanden, der diesen Part für uns übernahm.

DREIUNDZWANZIG

Jacob und ich kehrten noch am selben Tag nach Louisville zurück und warteten ungeduldig auf Neuigkeiten über die bevorstehenden Verhandlungen. »Wenn alles gut läuft – nächste Woche«, war alles, was uns gesagt worden war. Aber die erste große Hürde, um Larry aufzuhalten, kam bereits an jenem Freitag, als das Opfer, wegen deren Missbrauch er bereits angeklagt worden war, in einer Voruntersuchung als Zeugin auftrat. Es war die junge Frau, die als Einzige aus einem nichtmedizinischen Kontext heraus missbraucht worden war.

In Michigan erfordern Kriminalfälle normalerweise eine Voruntersuchung, die im Wesentlichen eine von einem Richter beaufsichtigte verkürzte Gerichtsverhandlung darstellt. Das Ziel ist, festzulegen, ob die Staatsanwaltschaft genügend Beweise hat, um in absehbarer Zeit einen vollständigen Prozess zu rechtfertigen.

Zum ersten Mal würde Larrys Missbrauch in einem gerichtlichen Rahmen untersucht werden. Angie und Andrea erzählten mir, dass die junge Frau sehr stark sei. Ich zweifelte nicht daran, schließlich hatte sie schon so viel durchgemacht. Aber ich litt auch mit ihr. Wenn sie vor Gericht aussagte, musste sie ihre schlimmsten Erinnerungen ausgraben, sich an schmerzhafte Details erinnern und diese in Worte fassen. Sie hatte sich dafür entschieden, vorerst anonym zu bleiben. Allerdings war sie in Michigan aufgewachsen, wo ihre Familie noch lebte, es war also gut möglich, dass man sie trotzdem erkennen würde.

Die Medien zeigten großes Interesse an dieser Anhörung, und Larry und sein Team schienen entschlossen, dies zu seinem Vorteil zu nutzen. Die Staatsanwaltschaft hatte um eine Verhandlung unter Ausschluss der Öffentlichkeit gebeten, und Larrys Verteidiger hatten ursprünglich angedeutet, dass sie auch darauf eingehen würden. Doch an jenem Morgen kamen Larry und seine Anwälte in den Gerichtssaal gelaufen und forderten einen möglichst öffentlichen Prozess. Kameras, Journalisten, Aufnahmen. Nur das Gesicht und der Name des Opfers sollten geschützt werden, argumentierten sie. Alles andere war offen und zugängig. Angie präsentierte eine Reihe von Optionen, die das Opfer schützen und gleichzeitig die Informationsfreiheit gewährleisten würden, doch der Richter entschied, die Medien zuzulassen. Die Bitte des Opfers und die Schutzmaßnahmen, die ihr von Rechts wegen hätten angeboten werden müssen, wurden nicht berücksichtigt. Larry bekam, was er wollte. Weil das Gericht es ihm gab.

An jenem Morgen mochte Larry den Gerichtssaal zwar mit einem Sieg betreten haben, aber er verließ ihn nicht als Sieger. Das Opfer war stark, und ihre Aussage sehr überzeugend. Als ich sah, was sich abspielte, stand auch für mich eine Entscheidung endgültig fest.

Noch am selben Abend, nachdem die Kinder im Bett lagen, schrieb ich Angie:

> Was heute im Gerichtssaal passiert ist, festigt endgültig meinen Entschluss, den Antrag zu stellen, dass der Gerichtssaal bei meiner Zeugenaussage zu hundert Prozent für die Öffentlichkeit zugänglich bleibt, einschließlich der Genehmigung für Videos, Namen usw.
> Ich möchte NICHT, dass Nassar in diesem Gerichtssaal einen Sieg davonträgt, so klein dieser auch sein mag, der ihn schon zu Beginn der Anhörung in eine Machtposition versetzt.
> Ich möchte NICHT so wirken, als wäre ich eingeschüchtert, verunsichert oder aufgebracht oder als wäre mir meine

Aussage peinlich. Ich will ihm zeigen, dass das nicht funktionieren wird. Er soll wissen, dass er nicht die Kontrolle hat und dass ich sicher bin, dass es nichts zu befürchten gibt.

Je deutlicher Larrys Anwälte spürten, dass sie nicht gewinnen konnten, desto größer war die Chance, dass sie einer Verhandlung aus dem Weg gehen würden. Und ich wusste, dass ein Verteidiger, der nicht öffentlich in Verlegenheit geraten will, daran *interessiert* war, einem schuldigen Mandanten deutlich zu machen, wann eine Verständigung im Strafverfahren die bessere Option ist.

Ich glaube, dass dies eine hervorragende Gelegenheit für die Opfer ist, einen Blick in den Gerichtssaal zu werfen und zu erkennen, dass sie sich Larry ohne Weiteres stellen können und dass sie sich für ihre Aussage nicht schämen müssen, weil es nur *einen* gibt, der sich schämen muss – ihr Peiniger.

Selbst für mich, die ich gelernte Rechtsanwältin war, war dieser Prozess einschüchternd und anstrengend. Wie viel mehr galt das für die Opfer ohne juristischen Hintergrund, die vielleicht noch nie einen Gerichtssaal von innen gesehen hatten?

Mir wurde schlecht, wenn ich daran dachte, dass ich bildliche Beschreibungen und Darstellungen meines Missbrauchs in einer öffentlichen Verhandlung preisgeben musste. Ich würde schreckliche innere Bilder beschreiben müssen, von denen ich nicht wollte, dass irgendjemand darüber nachdachte. Gleichzeitig wusste ich, dass es nichts mehr zu schützen gab. Meine Identität als Opfer C würde durch die Anklagepunkte ohnehin sofort aufgedeckt werden. Außerdem konnte es von großem Nutzen sein, wenn die Verhandlung öffentlich war. Vielleicht würde ein anderes Opfer den Prozess sehen und sich ermutigt fühlen, ebenfalls auszusagen.

Mittlerweile war geplant, dass die Anklage am Mittwoch, den 22. Februar erhoben werden sollte. Ich hatte gehofft, dass der Termin noch vor dem geplanten Nachrichtenbericht über *USAG* und Larrys Missbrauch stattfinden würde, der angekündigt worden war, aber der Beitrag war bereits in der Woche davor gelaufen. Drei ehemalige Turnerinnen aus dem Nationalteam der USA, Jamie Dantzscher, Jeanette Antolin und Jessica Howard, berichteten in diesem Beitrag öffentlich von ihrem Missbrauch. Ich war froh, dass die Angelegenheit dadurch noch bekannter wurde, auch wenn es eine unsanfte Erinnerung daran war, wie leicht Larry Menschen verwirren konnte. Es wurde hervorgehoben, dass die interne Beckenbodentherapie legitim sei, ohne zu erwähnen, dass er keine Ausbildung in diesen Verfahren hatte und es sogar mehrfach und nachdrücklich bestritten hatte, diese zu praktizieren. Das war ein bedeutender Punkt. Er war das entscheidendste Puzzlestück der ganzen Geschichte, weil es zeigte, dass es keine medizinische Begründung für das gab, was Larry getan hatte.

Angie und Andrea wissen es, erinnerte ich mich selbst mit einem Seufzen. Aber es war entmutigend. Der Bericht war eine Gelegenheit gewesen, dieses entscheidende Detail einem riesigen Publikum bekannt zu machen. Aber sie war verpasst worden. Stattdessen ließen sie die Möglichkeit offen, dass Larry am Ende vielleicht doch eine legitime Behandlung durchgeführt hatte. Der Beitrag erinnerte mich daran, dass selbst professionelle Journalisten, die fair und exakt berichten wollten, im Sumpf der medizinischen und rechtlichen Komplexitäten eines Falls versinken konnten. Und er war mir noch immer frisch in Erinnerung, als die Generalstaatsanwaltschaft an diesem Mittwoch zweiundzwanzig neue Anklagen wegen sexueller Gewalt im Fall Nassar ankündigte. Dazu gehörten auch drei Anklagepunkte für seine Verbrechen gegen mich.

Weil ich bei der bevorstehenden Vorverhandlung als Zeugin aufgerufen werden würde, wurden Jacob und ich aufgefordert, keine Urlaube für die nächste Zeit zu planen. Schweren Herzens gab ich meine Pläne auf, in meinem geliebten Sommerlager zu unterrichten. Dort hatte ich im letzten Jahrzehnt mit nur einer Ausnahme jedes Jahr als Lehrerin gearbeitet. »Ich wünschte, ich hätte eine Woche lang etwas anderes als Opfer C sein können«, sagte ich flehend zu Jacob. »Wie gern würde ich eine Woche lang mal wieder einfach *nur ich* sein.«

Ich hatte das Gefühl, als wäre meine Identität von der öffentlichen Bezeichnung »Opfer« verschluckt worden. Es war mir eine Freude, meine juristische Ausbildung zum Unterrichten zu nutzen, nicht dafür, um als Opfer vor Gericht aufzutreten. Aber wie so oft hatte ich keine Wahl.

Inzwischen hatten Jacob und ich endlich die Gemeinde gewechselt.

Monatelang hatten wir oft bis spät in die Nacht darüber gesprochen, wie traurig wir über die Situation in unserer alten Gemeinde waren. Wie oft sollten wir uns noch um ein Gespräch mit den Ältesten bemühen? Wie oft hatten wir um Treffen gebeten, die einfach nicht zustande gekommen waren? Wir hatten beide keine Energie mehr, um länger darum zu kämpfen, verstanden zu werden.

Eines Abends standen Jacob und ich in der Küche, nachdem wir eine weitere E-Mail versandt hatten, um den Gemeindeleitern unseren Standpunkt zu erläutern. Er schlang seine Arme um mich, und ich ließ meinen Kopf erschöpft an seine Brust sinken.

»Es wäre so viel einfacher, wenn der Ort, der eigentlich am sichersten sein sollte, die Schmerzen nicht noch verschlimmern würde«, flüsterte ich.

Er drückte mich noch fester an sich. »Es tut immer am meisten weh, wenn es dem eigenen Zuhause am nächsten ist.«

Nach diesem Gespräch begannen wir endlich, uns zaghaft in einer anderen kleinen Gemeinde umzusehen, die zwanzig Minuten von uns entfernt war.

»Willst du, dass ich die Pastoren vorwarne, bevor wir hingehen?«, hatte Jacob gefragt.

Nein, das wollte ich nicht. Vielmehr hätte ich es vorgezogen, unsichtbar zu sein. Ich wusste nur zu gut, dass manche Leute dachten, ich wolle Aufmerksamkeit oder »Anerkennung« haben, wenn ich von meinem Missbrauch erzählte. Ich hatte keine Kraft mehr, gegen solche Vorurteile anzukämpfen. Nach unserem ersten Besuch fragte mich Jacob, was ich von der Gemeinde halten würde, aber ich wusste es nicht. Ich war einfach zu erschöpft.

Ein paar Wochen später erhielt Jacob jedoch eine E-Mail vom hauptamtlichen Pastor. Er hatte nach unseren Profilen in den Sozialen Medien gesucht, um eine Freundschaftsanfrage zu senden – die Google-Ergebnisse waren anders ausgefallen, als er erwartet hatte. Er sagte, dass es ihm sehr leidtue, er bete für uns und wäre bereit zu helfen. Ich war froh, dass er unsere Situation nun kannte und ich sie nicht erklären musste. Ganz vorsichtig begannen wir von da an, uns einzugewöhnen.

Einen Monat nachdem die Generalstaatsanwaltschaft in meinem Fall Anklage erhoben hatte, veröffentlichte das *Title-IX*-Büro endlich seine Ergebnisse. Larry hatte gegen ihre Richtlinien über sexuelle Belästigung verstoßen. Er hatte mich ohne meine Einwilligung sexuell berührt. Zum ersten Mal sprach jemand Klartext. Und Larry hatte es nicht geschafft, sich herauszuwinden. Es war immer noch ein langer Weg zu einem Schuldspruch und einem gerechten Urteil, aber der Bericht sorgte für einen enormen Wandel der öffentlichen Meinung. Vor allem beinhaltete er Larrys explizite Leugnungen, penetrative Techniken angewandt zu haben. Ich überprüfte den *Title-IX*-Bericht und meine Polizeiakte und stellte fest, dass Nassars Kollegen – einschließlich derer, die 2014 für ihn gebürgt hatten – ebenfalls abgestritten hatten, dass Larry interne Beckenbodenbehandlungen praktizierte.

Die *MSU* beschloss, nicht den ganzen *Title-IX*-Bericht zu veröffentlichen. Ich dagegen schon. Da der Bericht viele persönliche Details enthielt, tat ich es nur sehr ungern, aber die Öffentlichkeit musste Larrys Behauptungen einfach schwarz auf weiß sehen.

»Das sind entscheidende Informationen«, erklärte ich den Journalisten immer wieder. »Schauen Sie sich die Aussage hier an …« Ich sandte ihnen Seitenzahlen, Markierungen und Zitate. »Können Sie, wenn möglich, den vollständigen Bericht verlinken?« Ich leitete ihn auch an meine Zivilrechtsanwälte weiter, wobei ich spezifische Informationen zensierte, um die Identitäten anderer Opfer oder Zeugen zu schützen. Zuletzt bat ich die Anwälte, den Bericht an all ihre Pressekontakte weiterzuleiten. Das würde möglicherweise meiner Zivilklage schaden, aber es trug zum übergeordneten Ziel bei, Larry zur Rechenschaft zu ziehen, was wichtiger war als alles andere.

Wenn Journalisten mich kontaktierten, um mich nach klärenden Details oder meiner Reaktion auf die Veröffentlichungen zu fragen, versuchte ich immer, sofort zu antworten, da ich wusste, dass sie knappe Fristen hatten.

Für mich bedeutete das jedoch oft einen Balanceakt: Während ich telefonierte, wählte ich gleichzeitig ein paar Süßkartoffeln im Supermarkt aus und versuchte, das Baby davon abzuhalten, sich mein Handy zu schnappen. Einmal musste ich die zwei Großen, die im Einkaufswagen saßen, daran hindern, sich gegenseitig zu kitzeln, während ich einem Journalisten erklärte: »Nein, das ist kein Wandel, er ändert seine Geschichte nicht.« Nun, da ich Larrys

Leugnungen schriftlich hatte, würde ich alles in meiner Macht Stehende tun, um mir genau das zunutze zu machen.

In den ersten Tagen nach meiner Verteilung des *Title-IX*-Berichts sah ich jeden Tag, gleich nachdem ich den Kindern ihr Frühstück gemacht hatte, in meinen E-Mails nach, ob es Neuigkeiten gab, und bedankte mich bei jedem Journalisten, der meine Erklärung veröffentlicht hatte. *In den kommenden Monaten wirst du gute Arbeitsbeziehungen zu diesen Journalisten brauchen*, sagte ich mir. Dann versuchte ich mich zu sammeln und atmete tief durch, während ich mich in meiner unordentlichen Küche umsah. *Okay, jetzt liegen wir Stunden hinter dem üblichen Zeitplan.* Es galt, der täglichen Routine zu folgen – oder was davon noch übrig war.

Am 29. März traf uns ein betäubender Schlag.

Wie erwartet war der erste Fall – bei dem die Vorverhandlung bereits abgeschlossen war – an die Richterin in Ingham County weitergeleitet worden, die über all unsere Fälle den Vorsitz führen würde. Doch nun hatte sie auf Ersuchen der Verteidigung eine Nachrichtensperre erlassen. Eine *absolute* Nachrichtensperre, die Larry im Grunde alles gab, worum er und seine Anwälte gebeten hatten. Dadurch wurde ich, mit allen anderen, die vielleicht ebenfalls an die Öffentlichkeit hatten gehen wollten, zum Schweigen verpflichtet. *Man wird doch die Stimmen von Opfern, die so lange zum Schweigen gezwungen waren, als Priorität ansehen!*, dachte ich. *Ganz sicher wird das Gericht erkennen, wie wichtig es ist, dass wir unsere Stimme zurückbekommen – angesichts der Tatsache, dass Larry jahrzehntelang mit dem sexuellen Missbrauch von Kindern davongekommen ist, gerade weil er bisher* immer *die Kontrolle über die öffentliche Darstellung der Ereignisse gehabt hatte.*

Die Generalstaatsanwaltschaft war es, die entscheiden konnte, ob die Nachrichtensperre angefochten werden sollte. Also wartete ich ungeduldig darauf, von Angie zu hören, die noch vor Gericht war. Stunden später rief sie endlich an und gab mir die Antwort, die ich befürchtet hatte.

»Ich habe von unserem Büro klare Anweisungen bezüglich unserer Position zu diesem Thema bekommen«, sagte sie, ohne die Frustration in ihrer Stimme zu verbergen.

Nach unserem Gespräch öffnete ich die Datei des Beschlusses, den sie mir geschickt hatte, und las ihn voller Bestürzung. Die Sperre war umfassend und radikal. Keine Verbreitung mehr von Informationen, keine Veröffentlichung von Dokumenten. Keine Diskussionen mehr darüber, ob Larry Nassar schuldig war, keine Kommentare über die Stärken oder Schwächen des Falls. Keine Anmerkungen mehr über die Zuverlässigkeit der Zeugen, über Larry oder eines der Opfer. Die Nachrichtensperre war für alle Beteiligten bindend. Für alle gegenwärtigen und potenziellen Zeugen sowie deren Anwälte. In unserem Fall betraf es nicht nur mich, sondern auch Jacob und meine Mutter. Es betraf jeden, der irgendwie in Verbindung zu Larry oder einem der Opfer stand. Schockiert starrte ich auf die handschriftlichen Notizen, welche die Richterin zu Larrys Anfrage hinzugefügt hatte.

Dreißig Jahre lang hatte Nassar die vollständige Kontrolle darüber gehabt, was über seine medizinischen Behandlungen gesagt worden war und was nicht. Das Einzige, was *ich* endlich hatte, um seine Version der Geschichte infrage zu stellen – meine Stimme –, war mir nun wieder genommen worden. Schlimmer noch, die Anordnung würde bis zum Abschluss des Verfahrens in Kraft bleiben, unter Umständen sogar bei Berufungen. Das bedeutete, dass ich jahrelang zum Schweigen gebracht werden konnte – und alle anderen auch! Sofort rief ich John Manly an.

»Das *muss* angefochten werden«, beharrte ich. »Es ist viel zu umfassend und vage!«

John reagierte schnell und entschlossen. Wir waren uns einig, dass diese Anordnung auf keinen Fall einer Verfassungsklage standhalten würde. »Wir reichen eine Klage ein. Ist es in Ordnung für Sie, die genannte Klägerin zu sein, die die Anordnung anficht?«

Ich lachte. In Ordnung? Ja. Es war in Ordnung. Ich *bat* darum. Auf keinen Fall würde ich zulassen, dass die Stimmen der Opfer kampflos zum Schweigen gebracht werden würden. Bisher hatte ich noch keine Gelegenheit gehabt, mich direkt für eines der bereits über hundert Opfer einzusetzen, die zu diesem Zeitpunkt Klage erhoben oder Anzeige erstattet hatten. Jetzt konnte ich es.

Fünf Tage später wurde die Klage eingereicht. Jamie Dantzscher, Lindsey Lemke und ich waren die genannten Klägerinnen, die die Nachrichtensperre von Richterin Rosemarie Aquilina anfochten. Es war die gleiche Richterin, die auch meiner Verhandlung vorsitzen würde – wenn wir überhaupt so weit kommen würden.

Ein paar Tage später kam endlich der erwartete Anruf von John Manly. »Herzlichen Glückwunsch! Sie haben soeben Ihren ersten Antrag bei einem Bundesgericht gewonnen.« Das Gericht hatte eine einstweilige Verfügung erlassen, die die Nachrichtensperre aufhob, bis eine vollständige Anhörung stattfinden konnte.

Letzten Endes rächte sich das Gesetz der unbeabsichtigten Folgen an Larry und seinen Anwälten. Statt die Opfer noch mehr einzuschüchtern, veranlasste die verlangte Nachrichtensperre viele dazu, erst recht den Mund aufzumachen. Einige nutzten die momentane Freiheit der einstweiligen Verfügung und gingen in den Sozialen Medien oder der lokalen Presse an die Öffentlichkeit, entschlossen, nie wieder zum Schweigen gebracht zu werden.

Einen Tag nach Inkrafttreten der einstweiligen Verfügung, ich hatte gerade die Kinder ins Bett gebracht und überflog meine Pinnwand bei *Facebook*, stach mir plötzlich etwas ins Auge.

»Ich bin so stolz auf meine Teamkollegin«, hatte eine Freundin von mir gepostet. Ihre Kollegin hatte sich als Opfer von Nassar zu erkennen gegeben. Aber dieses Mädchen ... war auch die Teamkollegin meiner kleinen Schwester gewesen.

»Nein, nein, nein ...«, wimmerte ich, als ich auf den Link klickte. Sterling war Mitglied in meinem Turnverein gewesen, in der Zeit, als ich mit Jackie gesprochen hatte. Ich wusste nicht, dass auch sie bei Larry in Behandlung gewesen war. Sie ging bei uns ins Kinderturnen und gelegentlich, wenn es einen Ausfall gab, hatte auch ich sie trainiert. Es war Jahre her, dass ich sie das letzte Mal gesehen hatte, inzwischen war sie erwachsen geworden und hatte geheiratet. Aber alles, was ich sehen konnte, als ich ihr Interview ansah, war das kleine Mädchen, das ich vor so langer Zeit kennengelernt hatte. Sie hatte ihren Pferdeschwanz immer oben auf dem Kopf getragen, und ich erinnerte mich daran, wie sie ihren ersten Bogengang rückwärts auf dem Schwebebalken gemeistert hatte. Hin und wieder hatte ich ihre Verletzung getapt, aber nie war ein Wort darüber gefallen, dass sie deswegen bei Larry in Behandlung gewesen war. Sie muss damals irgendwie davongekommen sein, ohne missbraucht zu werden, aber Jahre später war sie wegen einer Sportverletzung, die sie sich auf dem College zugezogen hatte, erneut zu ihm gegangen. Sie hatte keinen Grund gehabt, es nicht zu tun, schließlich war Larry der Beste.

Jacob streckte den Kopf aus dem Büro. »Alles in Ordnung?«

»Ich wusste es nicht ...«, war alles, was ich sagen konnte. »Ich wusste nicht, dass sie zu Larry ging, sonst hätte ich sofort mit ihrer Mutter gesprochen.«

Schlimme Albträume verfolgten mich in dieser Nacht.

In der darauffolgenden Woche warteten wir darauf, den Termin für die Anhörung zu erfahren, bei der die Nachrichtensperre angefochten werden sollte. Wir würden erneut nach Michigan fahren müssen, kurz vor meiner Zeugenaussage bei der Vorverhandlung. Aber Jacob und ich waren uns einig, dass wir bei beiden Anlässen vor Ort sein mussten.

Sobald das Datum bekannt gegeben wurde, passten wir schnell unseren Zeitplan an und trafen die nötigen Reisevorkehrungen – um am Tag vor der geplanten Anhörung zu erfahren, dass sie abgesagt worden war. Richterin Aquilina hatte beschlossen, die erste Nachrichtensperre für nichtig zu erklären und sie neu zu formulieren. Um den neuen Erlass anzufechten, würde ein weiterer Antrag nötig sein.

Doch auch die neue Anordnung war immer noch lachhaft übertrieben. Larrys Anwälte gaben ihre Absicht kund, jedes Opfer und jeden Zivilrechtsanwalt als potenzielle Zeugen zu nennen, damit niemand von uns etwas sagen konnte, bis alle Berufungsverfahren abgeschlossen sein würden. So etwas konnte Jahrzehnte dauern! Es war so frustrierend, zumal mir die neue Anordnung ziemlich sinnlos erschien. Im Bestreben, sich an die Verfassung zu halten, hatte die Richterin spezifisch alle Diskussionen oder Informationen, die mit einem Zivilverfahren zusammenhingen, von der Nachrichtensperre ausgeschlossen. Das bedeutete im Grunde, dass ich sagen konnte, was ich wollte, nur musste ich es als Diskussion über meine *Zivilklage* wegen sexuellen Missbrauchs darstellen, nicht über die der Privatklage unter kriminellem Gesichtspunkt. Die überarbeitete Anordnung würde erst in Kraft treten, wenn die aktuelle Zeugenliste offiziell beim Gericht eingegangen war, was wahrscheinlich ein paar Monate in Anspruch nehmen würde.

Vorerst durfte ich also sagen, was ich wollte, und konnte mich darauf vorbereiten, die neue Anordnung anzufechten, sobald sie in Kraft trat.

Der 12. Mai – der Tag der Vorverhandlung, bei der ich zum ersten Mal in den Zeugenstand treten würde – rückte drohend näher. Die Richterin hatte es erneut abgelehnt, die Öffentlichkeit von der Verhandlung auszuschließen, wieder sollten nur die Namen und Gesichter der Opfer geschützt werden. Nun war ich doppelt froh, dass ich gar nicht erst um ein geschlossenes Verfahren gebeten hatte.

Wie wichtig es war, dass die Presse Zugang hatte und Informationen an die Öffentlichkeit weitergeben konnte, wurde besonders deutlich, als wenige Tage später ein paar Journalisten eine Reihe von E-Mails veröffentlichten, die von Larrys Chef William Strampel, Leiter des Kollegiums für Osteopathie an der *MSU*, versendet worden waren. Mir wurde schlecht, als ich sie las; er hatte sie verschickt, kurz nachdem ich Anzeige erstattet hatte und an die Öffentlichkeit gegangen war. Strampel hatte seinen Mitarbeitern versichert, dass Larry nur für kurze Zeit abwesend sein würde, und eine persönliche Nachricht an Larry angehängt: »Viel Glück. Ich bin auf deiner Seite.«

Als der *IndyStar* das Video von meiner Aussage veröffentlicht hatte – in dem ich detailliert die Dinge beschrieb, die niemand jemals hätte erfahren sollen –, hatte der *MSU*-Vorstand Strampel es noch am selben Tag an andere Mitarbeiter weitergeleitet, mit der Notiz: »Das Sahnehäubchen auf meinem Tag!« [19]

An jenem Abend verfasste ich einen offenen Brief an William Strampel:

Ich frage mich, ob Sie, als Sie mein Videointerview weitergeleitet und sich darüber lustig gemacht haben, wie es Ihren

Tag versüßt hatte, auch nur einmal darüber nachgedacht haben, wie *mein* Tag war, als mein Bild und die Details über meinen Körper zu nationalen Schlagzeilen wurden.

Am Ende waren die E-Mails des Vorstandes nur eine Bestätigung für mich, denn nur wenige Tage später hatte sich sein Tonfall verändert, als er Larry schrieb, dass die Dinge sich außerhalb seiner Kontrolle bewegten. Aufgrund der Presseberichte hatten sich bereits weitere Opfer gemeldet, außerdem wurde ab dem Zeitpunkt bekannt, dass Larry sich nicht an das vereinbarte Protokoll gehalten hatte, nachdem 2014 gegen ihn ermittelt worden war. Strampel konnte Larry nicht mehr retten.

Einen ebenfalls offenen Brief schrieb ich an die Präsidentin der *MSU*, Lou Anna Simon, die kürzlich den Leitern der Universität gegenüber gesagt hatte, dass Sexualstraftäter wie Larry »nahezu unmöglich aufzuhalten« seien.

»Nahezu unmöglich aufzuhalten«?… Präsidentin Simon, wenn Ihre Berater Ihnen das gesagt haben, brauchen Sie neue Berater.
Sind Sexualstraftäter hoch qualifiziert? Oftmals ja.
Kommen sie manchmal jahrelang mit ihrem missbräuchlichen Verhalten davon? Leider ja.
Liegt das daran, dass sie »nahezu unmöglich« zu erwischen sind? Eindeutig nein.
Stattdessen wird zugelassen, dass Sexualstraftäter jahrelang Kinder missbrauchen, weil die verantwortlichen Erwachsenen die vielen deutlichen Warnsignale entweder übersehen oder nicht sehen wollen…
»Nahezu unmöglich aufzuhalten«?…
Das ist nicht wahr.

> Es ist noch nie wahr gewesen, aber es schiebt die Schuld auf andere. Es gibt einem ein besseres Gefühl, nicht wahr? Zumindest denen, die es versäumt haben, die Kinder zu schützen. Für diejenigen von uns, die diesem Mann zum Opfer gefallen sind, ist es eine bittere Erinnerung daran, dass unsere Stimmen *nichts* galten …
> Kinder brauchen keine Autoritätspersonen, die sich herausreden, indem sie behaupten, es sei »nahezu unmöglich«, Kindesmissbrauch zu verhindern. Sie brauchen Anführer, die die Integrität und Leidenschaft haben, sie zu verteidigen – *egal* wer der Täter ist oder wer den Missbrauch ermöglicht hat.

Nur wenige Opfer hatten die Unterstützung von Autoritätspersonen, die bereit waren, für sie zu kämpfen. Aber für uns war es nun anders. Nicht mehr länger war die Situation unter Larrys Kontrolle – oder unter der Kontrolle der Institution, die sie lieber hatte vertuschen wollen.

VIERUNDZWANZIG

Am Morgen des 12. Mai 2017 zog ich meinen neuen blauen Hosenanzug an, den ich vor ein paar Wochen gekauft hatte. Jacob und ich hatten es tatsächlich mal wieder geschafft, gemeinsam einkaufen zu gehen, schon seit Jahren hatte ich mir nichts mehr geleistet. Aber Jacob hatte darauf bestanden und vermutet, dass ich das neue Outfit noch häufiger brauchen würde. Bei der heutigen Vorverhandlung in Ingham County trug ich es zum ersten Mal.

»Möchtest du Kaffee?«, fragte Jacob, als wir im Dämmerlicht des Morgens unterwegs waren. Ich schüttelte den Kopf. Mir war viel zu schlecht.

Ein paar Minuten später fragte ich in einem schärferen Ton als beabsichtigt: »Können wir vielleicht … einfach *keine* Musik hören, bitte?« Schnell schaltete Jacob das Radio aus.

Als wir nach einer gefühlten Ewigkeit im Gerichtsgebäude ankamen, wurden wir in einen kleinen Raum geführt, der für uns reserviert worden war. Im Vorbeigehen sah ich andere Konferenzräume mit fest verschlossenen Türen und wusste, dass sich weitere Opfer dahinter befanden. Sie mussten abwarten, ob sie an diesem Tag aussagen würden. Wie gerne hätte ich sie umarmt oder ihre Hände gehalten, aber ich durfte sie weder sehen noch ihre Namen wissen. *Rechtlich* gesehen taten wir es zusammen, aber *praktisch* musste jede von uns alleine durch. Obwohl wir buchstäblich nur wenige Meter voneinander entfernt waren, war alles sorgfältig so geregelt, dass wir einander nicht begegnen konnten. Sogar als ich auf die Toilette wollte, musste jemand vorher sicherstellen, dass die Gänge leer waren.

Kurz nach unserer Ankunft kamen mein Vater, mein Bruder, meine Schwägerin und ein Freund der Familie dazu, um uns zu unterstützen. Meine Mutter war zu Hause geblieben, zusammen mit unseren Kindern, die wir vorher bei ihr abgeliefert hatten. Mein Vater und mein Bruder würden bei Jacob bleiben, der mich als potenzieller Zeuge nicht in den Gerichtssaal begleiten durfte. Stattdessen hatten meine Schwägerin und ein gemeinsamer Freund es angeboten, mit in den Gerichtssaal zu gehen. Ich wusste, dass ich ohnehin viel zu konzentriert sein würde, um darüber nachzudenken, wer alles im Saal war. Aber die Tatsache, dass sie uns unterstützen wollten, bedeutete mir viel.

Der Morgen schien sich ewig hinzuziehen. Ich sollte als Erste aussagen, aber davor gab es zahlreiche Verfahrensfragen zu klären. Endlich kam Andrea zurück, um mich zu holen. »Bereit?«

Nie. Und immer. Ich strich meinen Blazer glatt und steckte eine lose Haarsträhne hinters Ohr. »Bereit.«

Als Andrea die Tür zum Gerichtssaal öffnete und wir eintraten, fühlte ich mich benommen. Ich achtete darauf, nicht in Larrys Richtung zu blicken, seit ich sechzehn Jahre alt war hatte ich ihn nicht mehr gesehen. Mehr als alles andere wollte ich ihm zeigen, dass er keine Kontrolle mehr hatte. *Was er denkt, sagt und tut, ist für die Wahrheit irrelevant.*

Angie wies mich kurz auf Richter Donald Allen hin, dann trat ich in den Zeugenstand. Ich weigerte mich, über die Tatsache nachzudenken, dass jedes meiner Worte aufgenommen, übertragen und unwiderruflich veröffentlicht werden würde. Entschlossen hob ich die rechte Hand, schwor, die Wahrheit zu sagen, und setzte mich. *Bleib ruhig. Entspanne dich.* »So süß und unschuldig … aber wenn du etwas zu fassen bekommst … lässt du einfach nicht mehr los!« Ich hatte es oft gehört. *Sei einfach noch einmal dieser Pitbull,* sagte ich mir.

Während ich begann, Angies grundlegende Fragen zu beantworten, betrachtete ich den Saal. Der Zuschauerbereich und die Pressetribüne waren voll. Ich wusste, dass Larry Verwandte dort hatte, während viele der Opfer allein waren, weil ihre Familienmitglieder möglicherweise als Zeugen genannt worden waren. Die Pressetribüne befand sich direkt gegenüber von mir. Der Raum war kleiner, als ich ihn mir vorgestellt hatte, und Larry saß mir näher, als ich erwartet hatte. Dennoch vermied ich es weiterhin, auch nur einen flüchtigen Blick in seine Richtung zu werfen.

Angies allgemeine Fragen dienten dazu, meinen Hintergrund aufzuzeigen und mich im Gerichtssaal ankommen zu lassen. Wie lange war ich schon verheiratet? Wie viele Kinder hatte ich? Wo war ich aufgewachsen?

Allmählich ging Angie zu anderen Fragen über. Hatte ich je eine Verletzung gehabt, wegen der ich zum Arzt musste? Zu welchem Arzt? Was wusste ich über ihn?

Durch ihre Fragen skizzierte sie ein Bild, das Larrys guten Ruf verdeutlichte sowie das Vertrauen, das er zu der Zeit genoss, als ich bei ihm Rat gesucht hatte.

»Ich möchte sicherstellen, dass wir über dieselbe Person sprechen«, fuhr sie fort. »Können Sie bitte auf die Person zeigen, die Sie als Dr. Nassar kennen? Beschreiben Sie mir, was er trägt.«

Zum ersten Mal sah ich in Larrys Richtung. Er hob den Kopf, um mir in die Augen zu schauen. Ich zeigte auf ihn und verharrte absichtlich etwas länger als nötig in dieser Geste.

»Er trägt einen gestreiften Anzug«, antwortete ich knapp, während ich weiterhin seinem Blick standhielt. *Lass ihn zuerst wegsehen.* Larry hatte die Kunst stiller Kontrolle und Dominanz über Jahrzehnte hinweg perfektioniert. Ich wollte ihm zeigen, dass ich seine subtile Manipulation und verborgenen Machtspielchen durchschaute – ich durchschaute sie, und es war vorbei. Seinem Blick hielt ich stand, bis er ihn senkte und wieder auf seine Papiere sah, erst dann wandte ich meine Aufmerksamkeit wieder Angie zu.

Wir sprachen gerade darüber, was bei meinem ersten Termin geschehen war. »Und seine andere Hand … bitte beschreiben Sie mir, was er damit tat.« Ich dachte an alles, was Larry gesagt hatte, und an all die Videos und Dateien, die er vorgelegt hatte, um jegliche Bedenken jahrelang auszuräumen. Es fühlte sich widerlich an, gezwungen zu sein, dazusitzen und direkt vor Larrys Augen zu beschreiben, was er getan hatte. Ich wusste, dass er diese Erinnerungen teilte. Und ich wusste, dass er es genossen hatte.

Die Fragen gingen weiter. Wie gut kannte ich meine eigene Anatomie? Hatte ich zu jenem Zeitpunkt bereits sexuell experimentiert? Benutzte ich Tampons? Hatte ich irgendwelche Zweifel an meinen Erinnerungen? Ein klärendes Detail nach dem anderen. »Können Sie mir bitte beschreiben …?« wurde zur schlimmsten, wenn auch nützlichsten Fragestellung. Was *genau* tat er? Wie fühlte es sich an? Was war meine emotionale Reaktion? Was ging mir durch den Kopf?

»Für mich war klar gewesen, dass es eine normale Behandlungsmethode sein musste. Es gab keine Pause, kein Zögern. Seine Bewegungen waren sehr geübt, sehr routiniert.« *Er ist berechnend, manipulativ und sachkundig, und er handelt vorsätzlich,* wollte ich dem Richter damit sagen.

»Können Sie mir beschreiben …«, bat Angie erneut, als wir zu meinem zweiten Termin bei Larry kamen, »was für eine Bewegung es war?« Ich biss mir kurz auf die Zunge und demonstrierte es dann mit meiner eigenen Hand, während ich die Kameraauslöser klicken hörte. Mir wurde schlecht und ich atmete tief ein, um die Übelkeit zu unterdrücken.

Bei meinen Nachforschungen über die Vorgehensweise von Missbrauchstätern war ich zu dem Schluss gekommen, dass Larry ein sehr opferzentrierter Täter war. Unsere emotionale Reaktion und unser körperlicher Schmerz bereiteten ihm Vergnügen. Er wollte wissen, was seine Opfer dachten und fühlten. Ich hatte meine Reaktionen immer sorgfältig verborgen, sodass er es nie erfahren hatte. Nun musste ich stundenlang in einer öffentlichen Verhandlung sitzen und ihm genau das geben, was er immer gewollt hatte. Persönlichste Informationen, Dinge, die ich nicht einmal meinen engsten Freunden erzählen würde, gab ich nun preis – und sie wurden live übertragen und aufgezeichnet.

Zu wissen, dass ich nicht für die rechtliche Analyse zuständig war, gab mir ein ruhigeres Gefühl. Angie hatte die Fähigkeit, alle Puzzleteile des Falls so zusammenzusetzen, dass der Jury eine klare Botschaft vermittelt wurde, sie wusste, wie man die richtigen Fragen stellte und jedes Element auf den Punkt brachte. Sie legte die relevanten Fakten, Gesetzesbestimmungen und Definitionen dar, um den Geschworenen zu helfen, die rechtlichen Elemente zu verstehen, und zu zeigen, wie die einzelnen Fakten in ihr rechtliches Argument passten.

Da ich die Hauptklägerin war, war es wichtig, dass ich die richtigen technischen, juristischen und medizinischen Begriffe verwendete. Auf diese Weise konnte der Richter das, was beschrieben wurde, in den richtigen Kontext bringen. In jede meiner Antworten arbeitete ich spezifische Details ein, da ich wusste, dass die Zeugen nach mir vielleicht nicht das gleiche Maß an Klarheit oder auch nur das gleiche Vokabular hatten wie ich. Ich wollte, dass meine Beschreibungen kristallklar waren. Wenn die Aussagen der Zeuginnen nach mir weniger genau waren, würden ihre Worte trotzdem genügen, um dem Gedächtnis des Richters auf die Sprünge zu helfen. Ich wollte das Fundament für sie so sauber und präzise wie möglich legen.

Auch in Bezug auf die gesellschaftlichen Dynamiken schufen wir eine Basis. Warum hatte ich nicht gemerkt, dass es Missbrauch war? Wo war meine Mutter? Warum hinterfragte ich nichts? Warum sagte ich auch dann nichts, als ich erkannte, dass mindestens eine Tat ein sexueller Übergriff gewesen war? Ich erklärte die Reaktion des Erstarrens. *Das ist normal.* Ich wollte, dass jeder, der mich hörte, es verstand. *Gebt nicht den Opfern die Schuld, weil sie sich nicht gewehrt haben. Sie wünschen sich so viel mehr als ihr, dass sie es hätten tun können.*

Und noch immer gingen die Fragen weiter. Warum erzählte ich es nicht meiner Mutter? »Ich wusste nicht, wie ich das, was er sein sollte, mit dem in Einklang bringen sollte, was er getan hatte. Und ich wollte es nicht in Worte fassen. Worte hätten es real gemacht.« Wir schafften die Voraussetzungen, um die Manipulation und andere typische Merkmale und Verhaltensweisen von Missbrauchstätern aufzuzeigen.

Wie hatten seine Taten mein Leben beeinflusst? Meine Ehe? Die Geburt meiner Kinder? Die Arbeit? Alles? Warum hatte ich letztendlich doch beschlossen, mich dazu zu äußern? Und warum öffentlich? Wir wussten beide, dass dieser Angriff beim Kreuzverhör kommen würde. Angie gab mir die Chance, ein stabiles Fundament zu legen.

»Dr. Nassar befand sich in einer solchen Machtposition und war von so mächtigen Institutionen umgeben, dass ich sicher war, dass *eine* anonyme Stimme nicht genug wäre.« Ich sah zu Larry hinüber, während ich sprach, und begegnete seinem Blick. »Jemand musste ihm da entgegentreten, wo er sich am sichersten fühlte – in der Öffentlichkeit. Außerdem musste man es so tun, dass keine Zweifel offenblieben.« Ich dachte an die Opfer, die draußen in getrennten Räumen saßen, hinter Türen, die ich nicht öffnen konnte. »Außerdem war es mir sehr wichtig, allen weiteren Opfern Hoffnung und eine Stimme zu geben. Aus eigener Erfahrung weiß ich, dass man als Opfer nichts sagt, wenn man sich nicht sicher fühlt. Ich hatte das Gefühl, dass sie einen Namen und ein Gesicht brauchten, um zu wissen, dass sie gefahrlos vortreten konnten.«

»An die Öffentlichkeit zu gehen … hat die Auswirkungen des sexuellen Missbrauchs erheblich verschlimmert. Es ist kein Schritt, den jemand geht, weil er Heilung will … Dies ist nicht mein Versuch, meine Stimme zu finden. Es ist mein Versuch, die Frauen zu beschützen, die ich sechzehn Jahre lang nicht beschützen konnte … Es gibt Dinge, die wichtiger sind als das, was ich will, und wichtiger als das, was es mich kostet …

»Ich kann ihn stoppen, aber ich kann nicht die Person stoppen, die seinen Platz einnimmt, wenn ich nicht darüber spreche, warum er in der Lage war, seinen Missbrauch fortzusetzen.«

Über anderthalb Stunden nachdem wir angefangen hatten, sagte Angie endlich: »Ich habe derzeit keine weiteren Fragen.«

Der Richter warf einen Blick auf die Uhr. Es war nach elf. »Wie geht es Ihnen?«, fragte er mit einem Blick in meine Richtung.

»Mir geht es gut«, antwortete ich ehrlich. Der Richter beriet sich kurz mit einer von Larrys Verteidigern, Shannon Smith. Er fragte sie, ob sie lieber eine kurze Pause machen würde oder früh Mittagessen wollte, bevor wir fortfuhren. Sie entschied sich für ein frühes Mittagessen. Niemand fragte mich. Wie bei so vielen anderen Dingen gab man mir keine Wahl oder auch nur die Chance, meine Meinung zu äußern. Wenn es nach mir gegangen wäre, wollte ich die Aussage lieber hinter mich bringen! Es schien mir nicht zu viel verlangt, vorzuschlagen, dass Larry und sein Team keine Priorität bekamen, wenn ich diejenige war, die aussagen musste.

Der Gerichtsvollzieher kündigte eine Pause an. Ich verließ den Zeugenstand und ging zur Tür, wo Andrea auf mich wartete, um sie zu öffnen. Ohne Umstände führte sie mich zügig, aber nicht unfreundlich auf die andere Seite des Ganges. Ich konnte die erhöhte Anspannung in ihr spüren und fragte mich kurz warum –

war jedoch zu erschöpft, um weiter darüber nachzudenken. Ich hatte es nicht bemerkt, wie dicht Larry hinter mir gegangen war, als ich den Raum verließ. Offiziell hätte er warten müssen, bis ich den Gerichtssaal verlassen hatte, bevor er sich überhaupt erhob. Ich selbst war zu ausgelaugt und gestresst, um mir meiner Umgebung bewusst zu sein, aber Andrea hatte es bemerkt und versucht, mich abzuschirmen. Als ich später davon erfuhr, war es eine weitere Erinnerung daran, wie sehr Opfer darauf angewiesen sind, dass das Gericht sie beschützt.

Wenig später saßen wir in unserem Raum und machten eine – meiner Meinung nach völlig unnötige – Pause, die etwas länger als eine Stunde dauerte. Ich stocherte in meinem Salat herum und wartete, bis ich endlich zum Kreuzverhör zurückgerufen wurde. Ich hatte gehört, dass Matt Newburg, Larrys zweiter Anwalt, die Kreuzverhöre mit den restlichen Zeuginnen zusammen durchführen wollte, mich aber würde Shannon befragen.

Schon als Larry sie engagiert hatte, hatte ich mich über ihre Arbeit und ihre Methoden erkundigt. Ihre Firma, bei der sie Gründungspartnerin war, widmete sich der Verteidigung von Personen, die wegen Sexualstraftaten angeklagt waren. Als Anwältin war ich natürlich ebenfalls der Überzeugung, dass jeder Mensch ein Recht auf eine gute Verteidigung hatte. Dennoch sagte es viel über einen Anwalt aus, *wie* er diese Verteidigung umsetzte. Über Shannons Fälle, ihren Umgangston und ihre Interaktionen hatte ich mich ausreichend erkundigt und gesehen, wie Anwälte wie sie vorgingen. Daher ahnte ich bereits, wie das Kreuzverhör verlaufen würde.

Sie begann damit, mich in einem freundlichen Ton zu befragen, als versuche sie, ein gutes Verhältnis aufzubauen. »Ihre Krankenakten zeigen, dass Sie auch … einige besorgniserregende Symptome hatten, denen dringend nachgegangen werden musste«, bemerkte sie ernst.

Dann kam sie zu den Terminen selbst. »Sie haben Dr. Nassar nicht gefragt: ›Hey, können Sie mir erklären, was Sie da machen?‹ … Korrekt? … Sie haben nie Ihrer Mutter davon erzählt oder sie gebeten, es klarzustellen, oder sonst irgendwelche Bedenken geäußert, ist das ebenfalls korrekt?«

Ich ahnte, worauf sie hinauswollte. Sie versuchte, eine Basis zu schaffen, um zu zeigen, dass ich mir im Nachhinein einfach nur selbst eingeredet hätte, missbraucht worden zu sein – oder noch schlimmer, dass ich die Geschichte erfunden hätte, um Zivilklage erheben zu können.

Ich reagierte sofort. Es war mir damals nicht notwendig erschienen, Larry zu fragen, was er da tat, da ich zu jenem Zeitpunkt bereits wusste, dass es intrapelvine Verfahren gab. Ich nahm an, dass Larry diese Verfahren praktizierte.

Dann begann sie, die Fragen so zu stellen, als wollte sie grundlegende Fakten sammeln. Hatte der Körperkontakt, den ich für Missbrauch hielt, bei jedem einzelnen Termin stattgefunden? Nein? Hmm … nun, könnte man dann sagen, dass Larry bei den Terminen, bei denen es diesen Körperkontakt gab, einfach einen anderen Bereich meines Körpers behandelte?

»Er behandelte Sie wegen Problemen mit Ihrer Hüfte, Ihrem Rücken, eigentlich mit allem, was ich vermutlich als Ihre ›Körpermitte‹ bezeichnen würde. Würden Sie mir da zustimmen? Und er behandelte auch Bereiche, die eng damit zusammenhängen … alles hier im Bereich der Körpermitte.« Sie gestikulierte herum, zeigte auf verschiedene Bereiche ihres Körpers und lachte. »Ich gebe mir hier wirklich Mühe!«, zwitscherte sie dem Richter zu. Ich wusste genau, worauf sie hinauswollte – sie versuchte zu argumentieren, dass der »sexuelle« Kontakt gar nicht sexuell gewesen war, sondern notwendig, aufgrund der Bereiche, die Larry behandelte.

Ich hatte nicht vor, in diesem Punkt nachzugeben, und wählte daher die auffälligste und offensichtlichste Abweichung aus, die Larry von der Behandlung der Körpermitte gemacht hatte, als ich ruhig und freundlich antwortete:

»Ich glaube nicht, dass die Klitoris damit zusammenhängt, also würde ich sie davon ausnehmen.«

Sie reagierte schnell. »Das war allerdings nicht meine Frage.«

Ich lächelte innerlich. *Eigentlich schon, doch.*

»Gesäß und Rücken«, antwortete ich, um ihre Behauptungen erneut richtigzustellen. »Ich war nicht wegen irgendwelcher Schmerzen im Bauch- oder vorderen Beckenbereich in Behandlung.« Dieser Austausch war alles, was nötig war, um ihren Tonfall schlagartig zu ändern.

Sie versuchte es erneut. »Könnte man sagen, dass eines der Dinge, die Sie am meisten beunruhigten, war, dass Sie diese Techniken nicht explizit in Ihren Krankenakten wiederfanden?«

»Nein«, antwortete ich ruhig. »Was mich wirklich beunruhigte, war die Gewissheit, sexuell missbraucht worden zu sein, als er meine Brüste massiert hatte. Dies führte dazu, dass ich auch den Genitalkontakt hinterfragte … Als ich herausfand, dass nichts davon in den Unterlagen stand, beunruhigte mich das noch mehr, aber es war nicht meine anfängliche Sorge.«

Shannon setzte neu an, indem sie mich fragte, ob ich irgendeinen genauen Zeitpunkt festlegen könne, an dem ich sicher erkannt hätte, dass ich missbraucht worden war.

Ich versuchte, meine Überraschung zu verbergen. Hatte sie mir wirklich gerade eine so offene Frage gestellt? Sie gab mir dadurch die Gelegenheit, die Verteidigungsstruktur, die sie offensichtlich aufzubauen versuchte, zurückzudrängen und zu widerlegen. Also beschrieb ich in allen Einzelheiten Larrys Erektion, seine sichtliche

Erregung und den Missbrauch. »Das war der Zeitpunkt, an dem ich wusste, dass ich sexuell missbraucht worden war.«

Shannon warf einen Blick auf ihre Notizen. Hatte Larry nicht meine Rippen behandeln müssen? »Nein«, antwortete ich klar und deutlich.

»Okay.« Sie machte eine Pause. »Gleichzeitig ist Dr. Nassar jedoch – wie wir bereits bewiesen haben – der führende Experte auf seinem Gebiet. Er hat seine eigene Art, Behandlungen auszuführen.«

Plötzlich empfand ich ein seltsames Gefühl der Erleichterung. Das war tatsächlich alles, was sie hatten. Als hätte Larry irgendeine bizarre, unbekannte medizinische Technik entwickelt, die aus irgendeinem Grund verlangte, dass er seine Finger jedes Mal in kleine Mädchen steckte, wenn sie Schmerzen oder eine Verletzung hatten. Das war tatsächlich die beste Verteidigung, die sie hatten. Und sie war absurd.

Shannon drängte weiter. »Sie haben also bei anderen Physiotherapeuten oder Ärzten nie das Gleiche erlebt wie bei Dr. Nassar?«

»Gott sei Dank nicht!«, antwortete ich nachdrücklich. Der Blick, den sie mir zuwarf, zeigte mir, dass dies nicht die Antwort war, die sie sich erhofft hatte.

Sie umkreiste noch ein paarmal dieselben Fragestellungen, bevor sie zu meiner Freundschaft mit Ashley überging, der Teamkollegin, mit der ich bei einem gemeinsamen Arzttermin gewesen war, bei dem wir *beide* missbraucht worden waren. Um ihre Privatsphäre zu schützen, hatte ich niemandem ihren Namen verraten, nicht einmal den Ermittlern.

Nachdem ich die grundlegenden Details jenes Termins sowie mein Gespräch mit Ashley auf der Heimfahrt bestätigt hatte, sah Shannon mich mit gezücktem Stift an. »Kann ich bitte ihren Namen haben?«

Ich spürte zum ersten Mal Wut in mir aufsteigen. *Haben Sie mich wirklich gerade darum gebeten, Ihnen in einer öffentlichen Verhandlung vor laufenden Kameras den Namen eines Opfers sexuellen Missbrauchs zu nennen?*

»Nein, können Sie nicht«, antwortete ich bestimmt. Ich hatte mich selbst zu einem Ziel gemacht, und ich hatte es absichtlich getan, weil jemand es tun musste. Aber ich konnte nicht glauben, dass sie die Privatsphäre eines Missbrauchsopfers angriff, das genau darauf ein Recht hatte.

»Sie hatten einen Streit mit dieser Freundin wegen der Meldung dieses Falls. Ist das korrekt?«

»Nein, ich würde es so nicht nennen. Sie hat mich gebeten, sie da herauszuhalten, und das beabsichtige ich nach besten Kräften zu tun«, sagte ich entschieden.

»Wenn das Gericht zu irgendeinem Zeitpunkt anordnet, ihren Namen bekanntzugeben, würden Sie ihn dann der Generalstaatsanwaltschaft nennen?«, fragte sie.

Ich sprach weiterhin gleichmäßig und ruhig. »Wenn das Gericht es anordnet, werde ich es tun.«

Sie begann wieder, um die Frage zu kreisen, woher ich überhaupt wissen könne, dass Larrys Behandlungen nicht medizinisch waren. Schließlich wäre ich keine Osteopathin.

»*Sie* sahen keinen Grund für irgendeine Art von Therapie, die einer Beckenbodenbehandlung gleichkommen könnte. Ist das eine angemessene Aussage?«, drängte sie.

»Ich sah keinen Grund dafür«, antwortete ich.

»Wäre es möglich, dass Dr. Nassar mit seiner Ausbildung und seinem Fachwissen auf diesem Gebiet etwas weiß, was Sie nicht wissen können?«

»Nein, Ma'am.« Inzwischen war ich mir vollkommen sicher, dass Larry absolut *nichts* über Beckenbodentherapie wusste, von dem ich nicht ebenfalls bestens informiert war. Ich vermutete sogar, dass er tatsächlich weniger Wissen darüber besaß als ich, in Anbetracht der Art und Weise, wie er so lange damit davongekommen war.

»Behaupten Sie, dass die Dehn- und Kraftübungen, die er Ihnen gab, halfen, nicht aber die körperlichen manuellen Behandlungen, die er an Ihnen durchführte?«, fragte sie.

Wieder erklärte ich alles, was Larry getan hatte, und wiederholte die Details, von denen ich wusste, dass alle von Larrys Opfern sie bestätigen würden. Details, die Larry explizit leugnete und die eindeutig und offenkundig sexuell waren. Sie »linderten meine Symptome nicht«.

Shannon drängte weiter. Es liege nicht in meinem »Kenntnisreichtum«, zu wissen, was helfe und was nicht, oder?

Ab diesem Moment hatte ich genug.

»Ich denke, man kann mit Recht sagen, dass sexueller Kontakt keine Rückenbeschwerden heilt. Ich habe Sex mit meinem Mann, und mein eingeklemmter Nerv ist immer noch eingeklemmt, wenn wir fertig sind.« *Mist. Habe ich das gerade wirklich gesagt?* Ich seufzte innerlich. *Nun ja, wir haben drei Kinder, also ist das kein Geheimnis. Aber ich hatte nie vor, es im wahrsten Sinne des Wortes und vor laufender Kamera aller Welt zu erzählen.* Im Warteraum verfolgte Jacob die Verhandlung im Livestream. Er erzählte mir später, dass er gelacht und gesagt hatte: »Sie muss stinksauer sein, dass sie das laut gesagt hat.« Er kannte mich sehr gut.

Aber wenigstens schien es zu genügen, um Shannon die Befragungsart wechseln zu lassen.

Ich hatte mich gut vorbereitet, bevor ich Anzeige erstattet hatte, richtig? – fragte sie. Ich hatte einen Brief geschrieben? Einen Charakterzeugen gesucht? Die Gesetze und die Rechtsprechung studiert?

»Und Sie haben quasi ein Paket mit Tatsachen zusammengestellt, die aufgezeigt werden müssten und die Ihrer Meinung nach darauf hinwiesen, dass dies eine Straftat war. Ist das korrekt?«

Ja, das war es.

»Briefe, in denen Sie Ihren Fakten und Beweisen Überschriften gaben? … Sie nahmen sich auch die Zeit, sich hinzusetzen und den Ermittlern zu erklären, warum Sie diese Dinge für relevant und hilfreich für Ihren Fall hielten, korrekt?«

Ich hatte gewusst, dass die Vorarbeit, die ich geleistet hatte, eine Angriffslinie sein würde. Sie behauptete, dass ich meine juristische Ausbildung genutzt hätte, um einen Fall zusammenzubasteln, und nicht, um ihn zu beweisen.

Ich antwortete unverblümt. »Ich bin Anwältin. Ich wusste, was Sie fragen würden.«

»Sie haben durchaus eine Menge Zeit damit verbracht, die Dinge zusammenzustellen und zu dokumentieren, die Ihrer Ansicht nach den Fall unterstützen würden, korrekt?«

»Ich denke, wenn es darum geht, einen Kinderschänder zu stoppen, sollte man alles tun, was man kann. Ja, ich habe viel Zeit investiert.«

Shannon überraschte mich erneut, als sie mich über zwei osteopathische Begriffe auszufragen begann: die »Stoßtechnik« und die »Thiele Massage«. Ich war mir ziemlich sicher, dass Shannon nur davon wusste, weil ich in meinen vergangenen Recherchen erklärt hatte, warum diese Methoden nicht mit Larrys »Behandlung« übereinstimmten. Zu der Zeit hatte ich damit gerechnet, dass er behaupten würde, diese Techniken angewandt zu haben. Ihre Frage gab mir nun die Gelegenheit, meine Nachforschungen direkt dem Richter zu erläutern, der die Begriffe nicht kannte und mich darum bat, sie zu erklären.

Shannon behauptete, dass es sich dabei nur um meine eigene Interpretation handele. Aber da musste ich sie enttäuschen, es waren die Definitionen, die Osteopathen selbst diesen Begriffen gegeben hatten.

Und so drehten wir uns weiter im Kreis, bis der Richter es beenden wollte. Aber Shannon gab noch immer nicht auf. »Sie sagten, das Einzige, was schlimmer wäre, als sexuell missbraucht zu werden, wäre, ein Publikum zu haben… Man kann jedoch mit Recht sagen, dass Sie diejenige waren, die um ein Publikum gebeten hat, als Sie in diesem Fall vor die Wahl gestellt wurden. Ist das korrekt?«

»Nein, das ist nicht korrekt.«

Sie hob die Augenbrauen. »Sie sind diejenige, die all die Kameras und Zeitungen im Gerichtssaal haben wollte… korrekt?«

»Dazu würde ich gerne etwas mehr sagen… Ich wollte nicht, dass Dr. Nassar in dem Glauben hier hereinkommt, einen Sieg errungen zu haben.« Ich hielt inne und sah Larry direkt an. »Ich will ihm und der Öffentlichkeit zeigen, dass ich weiß, bei wem die Schande und Schuld für all das liegt. Sie liegt bei ihm. Sie liegt nicht bei mir, und ich habe keine Angst vor der Wahrheit.«

»Und das haben Sie auch in Ihren Interviews mit *Dateline*, *60 Minutes*, dem *People-Magazin* und verschiedenen anderen Nachrichtenagenturen gesagt. Ist das richtig?«

»Ich habe nie Interviews mit *Dateline* oder *60 Minutes* gehabt«, antwortete ich ruhig.

»Okay… ich entschuldige mich.« Dann deutete sie an, dass ich Erklärungen veröffentlicht hatte, weil ich zum einen wollte, dass sie an die Öffentlichkeit weitergegeben wurden, und zum anderen, dass alle erfuhren, was ich zu sagen hatte. Sie fragte mich, ob man das so sagen könne.

»Ich denke, dass es Dinge gibt, die wichtiger sind als das, was ich will. Einen Kinderschänder zu stoppen ist eines dieser Dinge.«

Nun schaltete Shannon einen Gang hoch und fragte mich, ob ich Geld haben wolle. Ich wählte meine Worte vorsichtig und erwähnte jede einzelne Begebenheit, bei der ich jemandem von meinem Missbrauch erzählt hatte. *Würde sie wirklich argumentieren, dass ich seit sechzehn Jahren eine Strategie verfolgte, um Zivilklage einreichen zu können?*

Als Shannon fertig war, hatte sie jede einzelne Angriffslinie genutzt, die ich vorausgeahnt hatte. Sie hatte jedes Kästchen abgehakt, jeden gesellschaftlichen Mythos, jeden reflexartigen Angriff, jede Annahme über meinen Charakter.

Jetzt stand Angie wieder auf und führte ein brillantes weiterleitendes Verhör durch, wobei sie gekonnt jeden Argumentationsfaden auflöste, den Shannon zu spinnen versucht hatte. Als alles gesagt und getan war, war ich fast drei Stunden im Zeugenstand gewesen und vollkommen erschöpft.

Meine Eltern hatten uns ein Hotelzimmer für die Nacht besorgt. Jacob bestand darauf, also nahmen wir das Baby mit und ließen die beiden Älteren in der Obhut meiner Eltern. Ich fühlte mich wie betäubt, war aber zu verletzt und abgekämpft, um einzuschlafen. Ich fürchtete die Albträume und weigerte mich, die Nachrichtenberichte zu lesen, die noch am gleichen Abend erschienen waren.

Doch später am Abend, als wir uns in unserem Zimmer eingerichtet hatten, sagte ich zu Jacob: »Ich glaube, ich würde mir gerne *Spotlight* ansehen.«

»Sicher?«

Jacob wusste, dass ich es bisher abgelehnt hatte, diese Dokumentation einzuschalten, in der es um die Ermittlungen des *Boston Globe* bezüglich des sexuellen Missbrauchs in der katholischen Kirche ging. Doch jetzt, nach dem Tag meiner Zeugenaussage, wollte ich ihn sehen. Ich wollte andere Leute sehen, die auch gegen Missbrauch ankämpften, um mich selbst weniger allein und isoliert in diesem Kampf zu fühlen.

Der Bericht rührte mich zu Tränen. Die Geschichte wurde perfekt erzählt, die Verwüstung detailgetreu dargestellt. Die Angst, die die Teammitglieder des *Boston Globe* empfanden, als sie erkannten, dass es auch sie oder ihre Kinder hätte treffen können. Die Wut, als sie begannen, das Böse aufzudecken. Und die Trauer, als die Journalisten mit der Tatsache zurechtkommen mussten, dass sie gewarnt worden waren. Jeder war gewarnt worden. Die Zeichen waren für die Öffentlichkeit sichtbar gewesen, aber niemanden hatte es interessiert. Und so war der Missbrauch immer weitergegangen.

Es belastete mich sehr, zu sehen, wie wir unsere Kinder im Stich lassen. Es wurde mir an der Stelle umso klarer, als ein Anwalt für Menschen, die von Priestern sexuell missbraucht worden waren, einem Enthüllungsjournalisten des *Globe* sagte: »Merken Sie sich meine Worte, Mr. Rezendes. Wenn es ein ganzes Dorf braucht, um ein Kind zu erziehen, braucht es auch ein ganzes Dorf, um eines zu missbrauchen.« [20]

Wahre Worte. Doch der Film zeigte auch, dass es ebenso ein ganzes Dorf brauchte, um einen Missbrauchstäter zu stoppen. Es brauchte einen aggressiven, unabhängigen Anwalt, der nicht bereit war aufzugeben. Ein Opfer, das zuerst aufstand und sagte: »Sie können meinen Namen verwenden.« Einen Zeitungsredakteur, der sagte: »Das ist wichtig.« Und ein Team, das mit Herz und Seele bei der Sache war. Ein Dorf hatte ein Licht angezündet, wo es vorher dunkel gewesen war.

Nun hatten wir auch ein solches Dorf. Eine Kommissarin, die beharrlich nach der Wahrheit suchte, eine Staatsanwältin, die nicht aufgeben würde, Journalisten, die sahen, dass dieser Fall eine Rolle spielte und die Geschichte von korrupten Institutionen und Missbrauchern in ihrer eigenen Heimatstadt erzählten. Und nun auch Opfer, die langsam begannen, ihre Stimmen zu finden. Langsam, aber sicher nahm das Dorf Gestalt an, das nötig war, um einen Missbrauchstäter zu stoppen und Veränderung von den Institutionen zu verlangen, die ihn geschützt hatten.

»Es ist Zeit, Robby! Es ist Zeit!«, hatte der Journalist Mike Rezendes gerufen, als sein Redakteur daran zweifelte, ob es der richtige Zeitpunkt war, um einen Artikel zu drucken, der eine Vertuschung durch den Kardinal von Boston aufdeckten würde. »Sie haben es gewusst und geschehen lassen! An *Kindern*! Okay? Es hätte Sie treffen können, es hätte mich treffen können, es hätte jeden von uns treffen können. Wir müssen diese Mistkerle drankriegen! Wir müssen den Leuten zeigen, dass niemand mit so etwas davonkommen kann! Kein Priester, kein Kardinal und kein verflixter Papst!«[21]

Und auch kein Olympischer Mannschaftsarzt, kein Olympisches Leitungsgremium und keine der zehn besten Universitäten des Landes, dachte ich, als wir das Licht ausmachten und versuchten, zur Ruhe zu kommen. *Es ist Zeit, den Leuten zu zeigen, dass* niemand *damit davonkommen kann.*

FÜNFUNDZWANZIG

Bevor wir am nächsten Morgen das Hotel verließen, um zu unseren Kindern zurückzufahren, überflog ich die Nachrichtenartikel, um so viel wie möglich über den Rest der gestrigen Anhörung zu erfahren. Jemand hatte bereits meine vollständige Aussage auf *YouTube* veröffentlicht, und sie war schon Hunderte Male angesehen worden. Die intimsten, anschaulichsten Details meines Missbrauchs – Dinge, die ich nie jemandem hatte erzählen wollen – waren jetzt für jeden verfügbar. Aber es waren die Zeugenaussagen der beiden Opfer nach mir, die mich am meisten bewegten. Ich empfand tiefe Dankbarkeit, als ich in einem Nachrichtenbericht darüber las.

> Erst im vergangenen Jahr begannen Opfer G und eine Freundin, darüber nachzudenken, ob an diesen Behandlungen »etwas nicht stimmte« … Als Denhollanders Geschichte in den Medien kam, gab es ihnen den nötigen Mut, auch von ihren Erfahrungen zu erzählen.
> »Es machte es weniger peinlich und beängstigend, zur Polizei zu gehen«, sagt Opfer G über Denhollanders öffentliche Geschichte. »Wir wollten das nicht ganz alleine machen.« [22]

Von Anfang an hatte ich alles mir Mögliche tun wollen, um Opfern zu helfen, weniger Scham und Angst zu empfinden und zu erkennen, dass sie in ihrem Schmerz nicht alleine waren. Zum ersten Mal hatte ich direkt von einer betroffenen jungen Frau gehört, wie sie sich dadurch bestärkt gefühlt hatte, dass ich an die Öffentlichkeit gegangen war. Das bedeutete mir sehr viel. Man braucht unheimlich viel Kraft, um das zu tun, was sie getan hatte, und ich wusste, dass sie sich nach ihrer Aussage verletzt, bloßgestellt und von Neuem missbraucht gefühlt hatte. Ich hoffte, dass ihr bewusst war, wie wesentlich das war, was sie getan hatte.

Das Gleiche hoffte ich für die andere junge Frau, die direkt nach mir als Zeugin aufgetreten war.

> Eine der Zeuginnen, die am Freitag ausgesagt hatte, war minderjährig. Sie war so jung und unerfahren, dass ihr die Fachausdrücke dafür, wo sie angeblich berührt worden war, sanft erklärt werden mussten. »Da, wo du dich abtupfst, wenn du gepieselt hast? Hat er dich in diesem Bereich berührt?«, wurde sie von der Staatsanwältin gefragt.[23]

Ich wünschte, ich hätte ihr sagen können, wie viel Mut sie bewiesen hat und wie wichtig sie war, aber ich durfte ihren Namen nicht wissen. Als ich weiterlas, dass dieses Mädchen ihre Aussage nicht vor Ende des Arbeitstages hatte beenden können, spürte ich Frustration in mir aufsteigen. Sie würde in ein paar Wochen erneut ihren Zeitplan anpassen und die lange Fahrt zum Gericht auf sich nehmen müssen, um eine weitere Stunde im Kreuzverhör auszusagen. Viele von uns hatten Jahre darauf gewartet, Larry stoppen zu können, und die Gerichtsverhandlung konnte nicht einmal um eine einzige Stunde verlängert werden, damit ein junges Opfer seine Aussage beenden konnte. Stattdessen würde sie in den nächsten Wochen damit leben müssen, dass ihr eine weitere Anhörung bevorstand.

Gleichermaßen kochte ich vor Wut, zu lesen, dass ein Nachrichtenteam versehentlich einen Teil der Aussage eines anonymen Opfers live gesendet und somit ihre Identität enthüllt hatte. Der Richter warf das Presseteam daraufhin aus dem Gericht, aber es war zu spät. Noch im Zeugenstand, noch während sie über die privatesten Einzelheiten ihres Missbrauchs aussagte, musste die junge Frau erfahren, dass ihre Identität aufgedeckt worden war. Vor noch immer laufenden Kameras hatte sie die Kraft finden müssen weiterzumachen.

»Richter Allen hätte das verhindern können!«, rief ich Jacob zu. »In Eaton County hat der Richter die Verhandlung nach einem solchen Vorfall geschlossen; das hätte er auch machen können! Aber es war ihm nicht wichtig genug.« Er hatte sich sogar geweigert, die Öffentlichkeit für die restliche Anhörung auszuschließen, bevor offensichtlich werden würde, dass die Zeuginnen traumatisiert waren.

Wieder und wieder wurden Larry die Waffen gegeben, um zu manipulieren, zu beschämen und zu kontrollieren. Wieder und wieder waren die Opfer gezwungen, die Kosten zu tragen, nicht nur für ihren Missbrauch, sondern auch für jede qualvolle Bemühung, Larry zu stoppen. Es wurde ihnen kein Schutz, keine Rücksichtnahme, keine Stimme geboten. Sie waren nur Schachfiguren in einem Prozess, der *vielleicht* einen Pädophilen stoppen konnte, vielleicht aber auch nicht. Angie hatte alles getan, was sie konnte, aber ihre artikulierten und verschickten Petitionen waren nutzlos, solange es dem Gerichtswesen egal zu sein schien.

Auf dem Weg zu meinen Eltern musste ich an die Frage denken, die ich immer wieder hörte: »Warum zeigen Missbrauchsopfer ihren Peiniger nicht an?« Ich wünschte, dass jede Person, die diese Frage stellt, sich in die Position einer betroffenen Person versetzen würde. Im Zeugenstand, wo sie ihren Horror noch einmal durchleben musste, und das vor den Augen ihres Missbrauchstäters, der sich an den Details erfreut hatte. Auf der Polizeistation, wo sie jedem, der fragte, genau erzählen musste, was passiert war. Auf den Gynäkologenstuhl für einen Vergewaltigungstest, bei dem die Verletzungen, die sie erlitten hatte, und die Körperteile, die sie verbergen wollte, komplett zur Schau gestellt, berührt und fotografiert wurden. Und dann landete dieses Kit in den meisten Fällen auch noch irgendwo im Hinterzimmer einer Behörde, wo es in Vergessenheit geriet. Die Opfer mussten mit Polizisten zurechtkommen, die sie fragten, wie sie *gekleidet* gewesen waren. Oder mit einem Staatsanwalt, der einfach nicht dazu bewegt werden konnte, etwas zu unternehmen. Oder mit einem Richter, der nicht einmal die einfachsten Maßnahmen ergriff, um sie zu schützen.

Warum viele Missbrauchsopfer keine Anzeige erstatten? Weil man damit meist nur erreicht, dass das Trauma auf ein fast unerträgliches Maß gesteigert wird. Man lädt ein Publikum ein, bei dem sexuellen Missbrauch zuzusehen. Und man entscheidet sich dafür, für einen Prozess keine Stimme mehr zu haben, nachdem sie ihnen schon einmal gestohlen worden war. *Deshalb* erstatten viele Opfer keine Anzeige.

Ein paar Tage später kehrten wir nach Louisville zurück, da die Vorverhandlung erst Ende Mai wieder aufgenommen werden würde.

Kurz nachdem wir nach einem Boxenstopp in der Nähe von Anderson, Indiana, wieder auf die Autobahn fuhren, gab unser Auto einfach … den Geist auf. Mitten auf der Fahrbahn. Jacob schaffte es gerade noch, das Auto sicher an den Straßenrand zu lenken.

Dann ließ er seinen Kopf aufs Lenkrad sinken. »Es konnte nicht einfach alles gut gehen, was?« Er seufzte. »Okay«, sagte er dann. »Eins nach dem anderen.

Ich werde einen Abschleppwagen rufen und dann sehen wir weiter.« Es wurde schnell heiß im Auto und wir ahnten, dass wir lange würden warten müssen. Ich sah nach draußen und bemerkte, dass wir in der Nähe einer riesigen Baustelle liegen geblieben waren.

»Okay, Kinder!«, rief ich fröhlich. »Das wird ein Abenteuer. Gehen wir uns die Baustelle ansehen!« Ich führte die Kleinen vorsichtig vom Verkehr weg und einen Hügel hinab. Während wir gingen, zeigte ich auf die Baustelle. »Schaut mal! Der Betonmischer macht sich zum Gießen bereit!« Als wir uns auf das trockene Gras setzten, winkten uns die Bauarbeiter zu. Ein paar von ihnen kamen herüber, um uns Wasser anzubieten, was mich daran erinnerte, wie viel ein kleiner Akt der Freundlichkeit bedeuten konnte.

Jacob versuchte, einen Abschleppwagen zu organisieren, während ich Familienmitglieder anschrieb und sie um Hilfe bat, um ein Hotel zu finden. Dann tauschten wir die Plätze. Jacob setzte sich zu den Kindern und ging die Hotelliste durch, die meine Mutter geschickt hatte, während ich das Gepäck aus dem Kofferraum holte und die wichtigsten Dinge in eine Reisetasche packte. Als der Abschleppwagen kam, hatten wir ein Zimmer in einem nahe gelegenen Hotel gebucht und machten uns zu Fuß auf den Weg. Eines der Mädchen schnallte ich auf meinen Rücken, das andere vor meinen Bauch. Sie kicherten und spielten »Guck-guck« über meine Schultern. Jonathan lief an meiner Hand und Jacob trug unser Gepäck.

Vorher hatte Jacob das »große Abenteuer« festgehalten, indem er ein Foto von unserem kaputten Auto in den Sozialen Medien postete. Wir hatten kaum das Hotel erreicht, als sich bereits mehrere Leute aus der Gegend bei uns gemeldet und ihre Hilfe angeboten hatten, unter anderem der *IndyStar*-Reporter Mark Alesia und seine Frau. Ihre Anfrage allein bedeutete uns sehr viel.

Entschlossen, den Tag zu nutzen, unternahmen wir einen weiteren »Abenteuerspaziergang«, um Schwimmsachen für die Kinder zu kaufen und in einem *Subway* in der Nähe unseres Hotels zu Mittag zu essen. Für unsere drei Kinder war der seltene Besuch in einem Restaurant, das Schwimmen und die Gelegenheit, *Toy Story 3* anzuschauen, während sie sich zusammen in ein Bett kuschelten, wie ein richtiger Urlaub.

Als Jacob und ich uns an jenem Abend quer durchs Zimmer ansahen, schüttelte er den Kopf. »Wie sind wir nur hier gelandet? Was machen wir hier?«, fragte er.

»Ich habe keine Ahnung«, antwortete ich – und meinte es auch fast so. Es fühlte sich an, als müssten wir jeden Tag neu ergründen – so wie ein kleines Kind versucht, die neue Welt zu verstehen, in der es gelandet ist.

Als wir einen Tag später endlich zu Hause ankamen, entdeckten wir, dass meine Schwägerin das Haus geputzt und meine Schwester Abendessen vorbeigebracht hatte. Erschöpft und voller Emotionen packten wir unsere Taschen aus. Einerseits empfanden wir tiefe Traurigkeit, andererseits eine überwältigende Dankbarkeit dafür, dass wir nicht allein waren.

Die Vorverhandlung wurde fortgesetzt, und ein Tag verschwamm mit dem nächsten. Nach meiner Zeugenaussage dauerte die Anhörung in Ingham County noch bis Ende Juni. Aber schlussendlich wurde entschieden, dass unsere Fälle zu einer richtigen Verhandlung vor Richterin Aquilinas Gericht kommen sollten. Eine Woche später entschied auch das Gericht von Eaton County, dass es genügend Beweise gab, um auch dort einen Prozess zu rechtfertigen, in jenen Verhandlungen würde Richterin Janice Cunningham den Vorsitz führen.

Inmitten dieser langen Gerichtsverfahren gab es auch Lichtblicke. Zum Beispiel unsere neue Gemeindefamilie, die uns sehr unterstützte. Anfangs wusste ich nicht, was ich davon halten sollte, als zum ersten Mal ein Mitglied, das wir nicht einmal kannten, auf uns zukam und sagte: »Ich habe die ganze Zeit für euch gebetet. Wie war die Anhörung?« Die Mitglieder unserer Gemeinde wussten wirklich, was los war, und interessierten sich genug dafür, um nachzufragen.

Unsere Pastoren hatten uns gefragt, wie wir die Gemeinde am liebsten auf dem Laufenden halten würden, und unterstützten uns im Gebet. Wenn ich ehrlich zu mir war, hatte ich nicht wirklich erwartet, dass irgendjemand uns Aufmerksamkeit schenken würde – oder gar mit praktischen Hilfsangeboten auf uns zukommen würde.

»Können wir euch Essen bringen?«

»Soll ich vorbeikommen und ein paar Stunden auf die Kinder aufpassen, damit Jacob und du etwas Zeit für euch habt?«

Unsere alte Gemeinde in Michigan war nicht weniger engagiert. Auch sie boten uns für die Zeit, die wir dort waren, Unterkünfte, Kinderbetreuung und Gebetsunterstützung an.

Die scheinbar kleinsten Dinge bedeuteten uns am meisten. Wie zum Beispiel die Journalistin, die mir schrieb, dass sie die Quellen las, die ich in meinem offenen Brief an die *MSU*-Präsidentin Simon erwähnt hatte. Sie arbeitete nun an einem Artikel, der verständlich machen sollte, wie Missbrauchstäter mit ihren Verbrechen davonkommen können.

»Ich habe dieses Zitat über meinem Schreibtisch hängen«, hatte sie hinzugefügt. »*›Unser Job ist es, einen Fall in Richtung Gerechtigkeit zu bewegen … Wir sind nicht das Gericht, aber wir können etwas zum Streben nach Gerechtigkeit beitragen.‹*[24] … Wie können wir die aktuelle Berichterstattung nutzen, um darüber zu sprechen, wie Missbrauchstäter agieren? Denn wenn wir das nicht tun, haben wir versagt. Jeder kann bei einer Verhandlung Notizen machen, Nachrichten versenden oder eine Kamera draufhalten.«

Während wir darauf warteten, wie es weiterging, versuchten wir die nächsten Monate zu planen. Die Verhandlungen waren für den Herbst angesetzt, würden aber wahrscheinlich verschoben werden. Und dann war da noch der Zivilprozess. Jacob würde sich ein Semester freinehmen müssen – in welches Semester auch immer der Prozess fallen würde. Allerdings waren im Theologischen Seminar, das er besuchte, nicht viele Fehlstunden erlaubt, ohne dass man aus dem Programm flog. Sollten wir die Verwaltung des Seminars jetzt schon um zusätzlichen Urlaub bitten oder abwarten, ob wir Glück hatten und die Verhandlungen in die Semesterferien fielen?

Mein Arbeitsvertrag sollte im Herbst erneuert werden, und ich hatte immer noch Minusstunden für meinen aktuellen Vertrag. Das zuschussbasierte Projekt, für das ich arbeitete, würde es aber in sechs Monaten vermutlich nicht mehr geben. Wenn ich mir jetzt die Gelegenheit entgehen ließ, musste ich wahrscheinlich ganz auf den Job verzichten. Und nach der vielen verpassten Arbeit, den Reisen und den Autoreparaturen brauchten wir das Geld. Zum ersten Mal in unserem Leben hatten wir Kreditkartenschulden. Aber wäre es fair, einen Vertrag zu unterschreiben, obwohl ich wusste, dass ich vielleicht vor Gericht sein würde? Dann würde ich viel länger brauchen, bis ich die Stunden voll hatte. Außerdem würde sich meine Schwester wahrscheinlich bald verloben, noch dazu mit einem Medizinstudenten. (Ich empfand es als Ironie, dass ausgerechnet während dieser Verhandlungen ein Arzt zu unserer Familie hinzukommen sollte.) Aber wie genau plant man eine Hochzeit, wenn man einerseits den Zeitplan eines Medizinstudenten berücksichtigen muss und andererseits verhindern will, dass die Hochzeit während einer Gerichtsverhandlung stattfindet, die man nicht planen kann?

Eines Tages Anfang Juli rief Jacob von der Arbeit aus an. »Hast du es schon gehört? Einige Journalisten sagen, dass Larry in Bezug auf die Kinderpornografie eine Vereinbarung angeboten wird.«

Ich war schockiert und frustriert. *Was war die Motivation für diesen Deal?*

Wenig später erhielt ich einen Anruf von einem Anwalt, der es wusste. Die Bundesermittler hatten einige Spitzenturnerinnen über die Bedingungen der Vereinbarung aufgeklärt: Wenn Larry sich wegen des Besitzes von Kinderpornografie für schuldig bekannte, würde in den Fällen dieser Turnerinnen keine Anklage wegen des Missbrauchs erhoben werden, der im Ausland stattgefunden hatte.

Ich war wütend. »Wollten diese Turnerinnen den Deal oder wurde ihnen nur davon erzählt?«

Wie ich befürchtet hatte, war es ihnen nur mitgeteilt worden. Sie wurden nicht gefragt, sie bekamen keine Stimme. Vielmehr drängte man sie dazu, zu akzeptieren, als sie in ihrem Wunsch nach Gerechtigkeit zu unterstützen.

Am 11. Juli bekannte sich Larry für schuldig.

Die Verurteilung würde erst in fünf Monaten erfolgen – am 7. Dezember, einen Tag vor meinem Geburtstag. Und wir erfuhren, dass unser Strafverfahren ebenfalls verschoben worden war – unsere Fälle waren mit dem Fall von Kyle, dem Opfer der ersten Klage, zusammengeschlossen worden. Das bedeutete jedoch, dass unsere Verhandlung frühestens im Januar beginnen würde. In unserem Zivilprozess kam es wenige Tage später zu einem Schlichtungsverfahren, doch die *MSU* weigerte sich noch immer, Verantwortung für die Geschehnisse auf ihrem Campus zu übernehmen.

Die Universität behauptete weiter, dass auch die Trainer keine Schuld treffe. Schließlich hätten sie nicht geglaubt, dass es sich wirklich um Missbrauch handelte, als Larrys Patientinnen ihnen davon berichteten. Selbst jetzt, wo sich der Kriminalfall seinen Weg durch die Gerichte bahnte, mussten die Opfer noch die Versuche der *MSU* ertragen, jegliche Verantwortung von sich zu weisen.

Im August flog ich zu einem Kurzbesuch nach Kalifornien, um mit Jamie Dantzscher während eines der größten Turn-Events des Jahres eine Pressekonferenz zu geben. Wie immer vor solchen Ereignissen sandte ich Angie eine kurze Nachricht, um sie über meine Pläne zu informieren. Knappe zwanzig Minuten vor Beginn der Pressekonferenz schrieb Angie zurück, um mich zu benachrichtigen, dass ich unter einer Nachrichtensperre stand. Nassars Anwälte hatten mich als Zeugin genannt und so das Inkrafttreten der Anordnung bewirkt. In dem ganzen Durcheinander war mir jedoch nicht mitgeteilt worden, dass die Zeugenliste bereits eingereicht worden war.

Zu jenem Zeitpunkt verfolgte Angie gerade einen weiteren prominenten Fall in meiner Heimatstadt in Michigan, der zu einer Erinnerung daran wurde, wie schnell ein Verfahren aus dem Ruder laufen kann. Ein Lkw-Fahrer, der mit mehreren Vergewaltigungsvorwürfen im ganzen Land in Verbindung gebracht wurde, war wegen eines gewalttätigen Übergriffs in Kalamazoo angeklagt worden. Es war nicht das erste Mal, dass er angeklagt war, an verschiedenen Orten im ganzen Land hatten ihn Opfer angezeigt, kurz nachdem sie von ihm vergewaltigt worden waren. Doch der Richter in Michigan ließ einen Großteil der Beweise nicht für den Prozess zu. Die Legislative hätte vor Jahren ein Gesetz verabschieden können, das diese Beweise leichter zulässig gemacht hätte, aber der Entwurf war im Ausschuss liegen geblieben. Als Angie diesen Fall in jenem Herbst vertrat, durften die Geschworenen die meisten Beweise gar nicht hören. Trotz der Tatsache, dass die Frauen ähnliche Verletzungen hatten und jede von ihnen sofort Anzeige erstattet und erniedrigende Vergewaltigungstests erduldet hatte, kam der Angeklagte frei. Die Verteidiger hatten schlicht und einfach die Behauptung aufgestellt, dass diese Frauen Prostituierte seien, die nur wütend waren, weil der Angeklagte sie nicht bezahlt habe. Und die Geschworenen glaubten es – trotz mangelnder Beweise für eine solche Behauptung und zahlreicher Beweise dafür, dass sie erhebliche Körper- und Abwehrverletzungen erlitten hatten.

Es war das erste Geschworenengericht in zehn Jahren, das Angie verloren hatte. Und ich wusste, dass uns das auch passieren konnte. Dass uns nicht geglaubt wurde, war uns bereits passiert. Jede Frau, die Larrys Missbrauch in den letzten fast dreißig Jahren gemeldet hatte, hatte sich Dinge anhören müssen wie: »Du irrst dich.« »Du bist verwirrt.« »So etwas würde er nicht tun.«

Nach diesem Fall in Kalamazoo starb Shawana Hall, die Hauptzeugin, an einer Überdosis Drogen. Und ich weinte um sie. Sie war damals über eine vierspurige Straße geflohen und hatte an das Fenster eines Polizeiautos in der Nähe geklopft und geschrien, dass sie vergewaltigt worden war.[25] Sie hatte alles richtig gemacht – und es war nicht genug gewesen. Sie war so wertvoll, aber das Gerichtssystem, das sie hätte schützen sollen, hatte ihr vermittelt, dass sie wertlos war.

Was geschah mit den Opfern aus Minderheitengruppen? Den Opfern, die keinen Zugang zur Presse hatten? Keine familiäre Unterstützung? Keine Ermittler und Staatsanwälte mit dem Wunsch, es richtig zu machen? Während wir uns darauf vorbereiteten, vor Gericht zu gehen und für eine Veränderung zu kämpfen, war dieser Fall eine bittere Erinnerung daran, dass es echte Menschen waren, die den Preis dafür zahlten, wenn sich die Gesellschaft geirrt hatte.

SECHSUNDZWANZIG

Etwa ein Jahr nachdem ich an die Öffentlichkeit gegangen war, veröffentliche ein Journalist versehentlich das Alter von Larrys ältester Tochter, die ich als Baby auf dem Arm gehalten hatte. Kurz darauf korrigierte er sich schnell und strich das Alter wieder aus seinem Beitrag. Aber nicht bevor ich bemerkte, dass irgendetwas nicht zusammenpasste.

Larry hatte ab April 2000 ausschließlich meine Rückenbehandlung in der Krankenakte aufgezeichnet, und die Einträge reichten nur bis Anfang 2001. Seine Tochter musste jedoch Ende 2001 geboren worden sein – wenn ihr Alter korrekt berichtet worden war. *Wie ist das möglich?* Weder Angie noch Andrea durften Informationen über Larrys Familie preisgeben, aber sie bestätigten mir, dass seine Tochter nicht Anfang 2001 geboren wurde. Ich spürte, wie mir der Boden unter den Füßen weggezogen wurde, als ich mit Schrecken erkannte, dass ich Larry noch immer einen Vertrauensvorschuss gegeben hatte.

In meiner Erinnerung schien sich der Missbrauch über zwei Jahre hingezogen zu haben, da ich jedoch in meiner Patientenakte nur fünf Termine für meinen Rücken gefunden hatte und keine Hinweise auf Termine nach Januar 2001, hatte ich gedacht, dass ich mich wohl irren musste. Als ich die Wahl zwischen meinen Erinnerungen und Larrys Aufzeichnungen hatte, hatte ich ihm vertraut, ohne es zu bemerken. Das erschütterte mich zutiefst.

In jenem Herbst wurde ich von einer Organisation gebeten, bei einer Spendenaktion eine Grundsatzrede zu halten, die sich für die Rechte von Opfern einsetzte. Es war die erste Anfrage, die ich erhalten hatte, um als Fürsprecherin aufzutreten.

»Was mache ich nur damit?«, fragte ich Jacob verwirrt. »Was

mache ich, wenn mir eine Plattform gegeben wird, die ich nie wollte, um über ein Thema zu sprechen, über das ich gar nicht sprechen will?« Bei all den Dingen, die ich unterrichtet hatte oder für die ich eingetreten war, hatte ich nie mit dem Gedanken gespielt, eine Fürsprecherin für Opfer von sexueller Gewalt zu werden. Es war zu persönlich. Zu privat. Zu schmerzhaft. *Wie erklärt man anderen, warum man sich trotzdem bereit erklärt, darüber zu reden?*, dachte ich frustriert. »Jemand *muss* über diese Probleme sprechen«, versuchte ich, den inneren Konflikt, den ich empfand, auszudrücken. »Ich kann es. Habe ich damit nicht die Verantwortung, es auch zu tun?« Am Ende willigte ich ein, wenn ich auch einmal mehr damit zu kämpfen hatte, was aus meiner Identität geworden war.

In der Zeit lernte ich erneut die sehr schmerzhafte Lektion, dass es keine vollständige Heilung gibt. Ich wollte, dass Heilung bedeutete, dass ich wieder zu der wurde, die ich vor dem Missbrauch gewesen war – als wäre er nie passiert. Aber die Narben waren für die ganze Welt sichtbar. Sie würden ein Teil meiner öffentlichen Identität bleiben.

Was ich lernen musste war, auch Trauer wieder neu zuzulassen, weil Trauer das einzige Ventil war, ungesunden Zorn abzulassen. Und ich musste mich selbst daran erinnern, dass die Sehnsucht nach dem geraden Weg gut ist. *Die gerade Linie ist da*, sagte ich mir. *Du kannst das Böse sehen, weil du das Gute kennst. Lass dich von der Trauer über das Böse zum Guten hinwenden.* Ich erinnerte mich an das Diagramm, das ich vor so vielen Jahren gezeichnet hatte. *Das Gute und das Richtige, es existiert. Die Wahrheit existiert.*

Gegen Ende Oktober reichte Larry den Antrag ein, den ich befürchtet hatte – eine umfassende Anforderung vertraulicher und persönlicher Unterlagen, und ein Antrag, der mich dazu verpflichtete, in allen Einzelheiten über den sexuellen Übergriff, den ich als Kind in meiner Gemeinde erlebt hatte, auszusagen.[26] Larrys

Anwälte argumentierten, dass ich wegen meines früheren Missbrauchs unter gravierenden psychischen Problemen litt und dies nun auf Larry projiziert hatte. Sie wollten mich sogar dazu verpflichten, auch über diesen Missbrauch auszusagen. Außerdem sollte der Jury erlaubt werden, alle meine Tagebucheinträge zu lesen, auch die, die mit meinem ersten Missbrauch zusammenhingen, damit sie die eigentlichen Ursachen für meine »aufgewühlte Psyche« erfuhr. Das alles traf mich besonders schmerzlich, weil es bedeutete, dass Larry meine Tagebücher bereits gelesen hatte.

»Ich wollte, dass Sie es von mir erfahren und nicht von den Medien, falls diese ebenfalls Kopien erhalten«, schrieb Angie. Sie wollte mich vorwarnen, bevor auch mein erster sexueller Missbrauch zu einem Nachrichtenthema wurde. Später an jenem Tag wurde über die Anträge berichtet, obwohl mich die Journalisten zu schützen versucht hatten, so gut sie konnten, indem sie meinen Namen nicht mit »Opfer C« aus den Gerichtsakten in Verbindung gebracht hatten.

Von einem Beitrag eines bekannten Medienunternehmens in meiner Heimatstadt fühlte ich mich jedoch angegriffen. Am Tag bevor das Gericht über Larrys Anträge entscheiden sollte, veröffentlichte das Unternehmen ein Profil von Shannon Smith mit einem Foto von ihr und Larry. Ihre Verteidigung von Sexualstraftätern wurde als »vollkommen ehrlich« charakterisiert – sogar heldenhaft –, da sie sich um sie kümmerte wie um »geliebte Menschen« und die Arbeit tat, die sonst niemand tun wollte: Sie vertrat Missbrauchstäter, die sich von einer mächtigen Regierung mit »unbegrenzten Geldmitteln« tyrannisiert fühlten.[27] Angewidert schüttelte ich den Kopf. Anwälte hatten einen Namen für diese Taktik: DARVO – Leugnung, Angriff und Opfer-Täter-Umkehr (*Deny, Attack, Reverse Victim and Offender*). Man stellt damit die Täter als die eigentlichen Opfer dar, die schikaniert und drangsaliert werden.

Während jede Aussage, die ich der Presse gegenüber gemacht hatte, vorsichtig als »Beschuldigung« dargestellt und an Larrys Team weitergeleitet worden war, damit es vor der Veröffentlichung darauf reagieren konnte, wurde alles, was Shannon gesagt hatte, als die ungeschminkte Wahrheit präsentiert – es war keine Einschränkung nötig.

Und natürlich gab es keinen entsprechenden Beitrag über Angie oder Andrea, die ebenfalls Fälle annahmen, die keiner wollte. Genauso wenig gab es einen Folgebericht über die vielen Opfer, die bereitwillig von dem Schrecklichsten erzählten, was sie je erlebt hatten, um andere Kinder zu schützen.

Es war ein weiteres Beispiel für Vergewaltigungskultur in Aktion. Einen Tag bevor das Gericht entscheiden sollte, ob es das Schutzschild für Vergewaltigungsopfer durchlöchern und mich zwingen würde, über meinen ersten Missbrauch auszusagen, erhielt diese Anwältin – deren Mandant sich bereits des Besitzes der schrecklichsten Sammlung von Kinderpornografie, die der Bundesrichter je gesehen hatte, schuldig bekannt hatte – eine einseitige Berichterstattung, die sie als Superanwältin darstellte, die die Wahrheit sagte und die Unschuldigen verteidigte. Und man fand kein einziges Wort von »mutmaßlich« oder »angeblich« darin.

Meine Erschöpfung nahm zu, während sich das Gerichtsverfahren weiter in die Länge zog. Anfang November, am Morgen vor der Brautparty meiner Schwester, entdeckte ich jedoch einen weiteren Grund für meine Müdigkeit, als sich auf vier verschiedenen Schwangerschaftstests je zwei rosafarbene Linien zeigten. Obwohl ich mir bereits so gut wie sicher gewesen war, dass sich wieder einmal eine winzige Person in meinem Körper eingenistet hatte, war ich betroffen, als ich nun die Bestätigung in den Händen hielt. Ich stellte es mir schrecklich vor, über meinen sexuellen Missbrauch auszusagen, während ich offensichtlich schwanger war.

Jacob war so gestresst mit seinen Abschlussarbeiten für seine Doktorandenkurse, dass ich beschloss, es ihm erst zu sagen, wenn sein Semester in der folgenden Woche zu Ende ging. Doch Angie sollte es vermutlich sofort wissen, da jede Komplikation mein Erscheinen vor Gericht beeinträchtigen konnte. Ich schrieb ihr eine kurze Nachricht und sie antwortete sofort – und sehr enthusiastisch. Ich hätte ihr damit den Tag gerettet, schrieb sie. Skeptisch starrte ich auf mein Handy.

Ich nehme an, wenn sie so aufgeregt ist, kann ich es auch sein, oder? Ich war mir noch nicht sicher, was ich empfinden sollte. Es war nicht der Zeitpunkt, den ich mir ausgesucht hätte, aber nun gab es in all der Dunkelheit neues Leben. Und das Leben war ein Geschenk. Wenn ich auch absolut nicht wusste, wie das alles funktionieren sollte – ja, auch ich freute mich darüber.

Jacobs erste Reaktion, als ich ihm eine Woche später von meinem Geheimnis erzählte, war ein schockiertes Schweigen. Doch wenig später fand ich mich mit drei sehr aufgeregten Kindern, die auf ihren Stühlen herumrutschten, in einem winzigen Ultraschallzimmer wieder und wartete darauf, das Baby zu sehen. Als die Kleinen entzückt über das winzige Herz kicherten, das wir auf dem Bildschirm schlagen sehen und hören konnten, stiegen mir die Freudentränen in die Augen.

»Ich habe mein Baby gesehen!«, lachte die zweijährige Ellianna fröhlich ins Telefon, als wir Jacob anriefen, um ihm zu sagen, dass alles in Ordnung war. Die meisten würden es nicht als »guten Zeitpunkt« bezeichnen, aber das kleine Baby war bereits da, und sein winziges Herz schlug kräftig. Dieses kleine Leben war wertvoll. Und wir konnten uns alle darüber freuen.

Später in dieser Woche, als ich gerade Einkäufe in unser Auto lud und versuchte, meine drei energiegeladenen Kinder in Schach zu halten, klingelte mein Handy. Es war Angie.

»Hallo!«, sagte ich fröhlich, als ich ans Telefon ging. Ich hievte ein paar Liter Milch in den Kofferraum und flüsterte den Kindern zu: »Ihr dürft im Auto spielen. Wechselt euch ab!« Sie liebten es, Autofahren zu spielen, und da ich den Schlüssel hatte, war es eine relativ sichere Möglichkeit, die Kleinen zu beschäftigen, während Angie und ich uns unterhielten.

»Wir wissen noch nicht, was passieren wird«, fing sie an. »Aber ich möchte mit Ihnen über die Möglichkeiten sprechen und sehen, wie Sie darüber denken, okay?«

Ich gab Jonathan ein Zeichen, dass er nun eine seiner Schwestern ans Steuer lassen sollte.

»Ja, legen Sie los«, antwortete ich, während ich ein paar weitere Tüten aus dem Einkaufswagen hob.

»Wir haben einen Anruf von Shannon Smith und ihrem Kollegen bekommen. Sie haben nach einer Verständigung im Strafverfahren gefragt.«

Ich hielt mit den Tüten in der Luft inne. »Im Ernst?« Das hätte ich nie erwartet. Ich war überzeugt, dass Larry ein solcher Narzisst und vollendeter Manipulator war, dass er noch immer glaubte, sich irgendwie herausreden zu können. Bei der Vorverhandlung hatte er doch tatsächlich versucht, in den Zeugenstand zu treten, sich dessen sicher, dass allein sein Image den Sieg davontragen würde. In keinem Fall hatte ich geglaubt, dass er sich schuldig bekennen würde, ich hatte es nicht einmal zu hoffen gewagt.

Als die Urteilsverkündung für den Besitz von Kinderpornografie auf den 7. Dezember verschoben wurde, drei Tage nach Beginn der Geschworenenauswahl für unser Verfahren, dachten wir, es gäbe keine Chance mehr, dass er auf eine Verständigung im Strafverfahren eingehen würde. Der einzige Grund, sich schuldig zu bekennen, bevor unser Prozess begann, wäre ein so hohes Strafmaß für die Pornografie-Vorwürfe, dass er sowieso lebenslänglich weggesperrt werden würde. Dann würde es ihm nichts mehr bringen, sich gegen die restlichen Anklagen zu wehren.

»Wir werden das nur tun, wenn *alle* Opfer dafür sind, und wenn *alle* von euch eine Stimme bekommen«, sagte Angie. »Ich werde verlangen, dass allen Opfern als Teil der Vereinbarung erlaubt wird, vor Gericht zu sprechen, sodass jede Stimme gehört wird und alle Zugang zum Gericht haben. Alle, die möchten, können mithelfen, ihn wegzusperren. Ich werde unter keinen anderen Bedingungen einen Deal anbieten.«

Ich nickte. Das war auch für mich entscheidend. »Aber wird die Richterin zustimmen?«, fragte ich.

»Ich weiß es nicht«, sagte Angie ehrlich, »aber es wird in der Vereinbarung stehen, und es ist meiner Meinung nach nicht verhandelbar.«

»Okay«, sagte ich, atmete tief durch und ordnete meine Gedanken. »Können wir über die Risiken und Vorteile sowie das gesetzliche Strafmaß sprechen?«

Wir gingen alles zusammen durch. Die Vor- und Nachteile, die Auswirkungen, die eine Gerichtsverhandlung im Vergleich zu einer bloßen Urteilsverkündung auf Larrys Strafmaß haben könnte, die Risiken und Nutzen. In einer Verhandlung würden mehr Informationen zutage kommen als bei einer Urteilsverkündung – diese zusätzlichen Informationen könnten der Richterin zeigen, wie wichtig ein hohes Strafmaß war. Aber bei einer Verhandlung waren wir auch dem Risiko ausgesetzt, dass die Geschworenen zu einem falschen Schluss kommen konnten. Schon ein einziger

Fehler konnte zu einem Berufungsverfahren führen. Wir gingen kurz die gesetzlichen Richtlinien von Michigan durch, die das Strafmaß und die bedingte Strafaussetzung regelten. Wie konnte man einen Kompromiss gestalten, der trotzdem sicherstellte, dass Larry lebenslänglich eingesperrt werden würde?

»Was wollen die anderen Opfer?«, fragte ich. »Gibt es Betroffene, die das Gefühl haben, dass sie keine Gerechtigkeit erfahren werden, wenn in ihrem Fall keine Anklage erhoben wird und wir keine Gerichtsverhandlung haben?« Diese Frage sowie die Frage, was Larry für immer hinter Gitter bringen würde, waren entscheidend.

»Ich weiß es noch nicht«, antwortete Angie ehrlich. »Ich habe Sie zuerst angerufen. Aber wir werden allen anderen ebenfalls diese Fragen stellen. Jede einzelne Stimme zählt. Und oberste Priorität ist, neben der lebenslänglichen Haftstrafe für Larry, sicherzustellen, dass eure Stimmen gehört werden und euer Recht anerkannt wird.«

Ich schloss leise den Kofferraum, um die ausgelassenen Rennwagen-Geräusche zu dämpfen, die vom Fahrersitz her nach außen drangen.

»Okay«, sagte ich entschlossen. »Das ist mein Standpunkt. Entscheiden Sie so, wie es für die anderen Frauen nötig ist.« Ich zögerte und suchte nach Worten. »Ich habe das nicht für mich getan, wissen Sie«, sagte ich mit einem Blick durch das Autofenster auf die sehr aktive Dreijährige, die fröhlich über die Autositze kletterte. »Ich brauche nichts. Wenn es andere gibt, die das Gefühl haben, dass ihre Fälle vor Gericht gebracht werden sollten oder dass wir eine Gerichtsverhandlung fordern sollten, bin ich bereit, vor Gericht zu gehen.« Ich wusste, dass das wahrscheinlich bedeuten würde, dass ich bei der Verhandlung als Zeugin auftreten müsste – eine langfristige Verpflichtung. »Aber wenn die anderen Opfer eine Gerichtsverhandlung gerne vermeiden würden und das Gefühl haben, dass sie auch nur mit einer Urteilsverkündigung Gerechtigkeit erfahren und gehört werden, dann tun Sie das.« Ich hielt inne und betonte erneut: »Tun Sie, was immer die anderen Opfer brauchen. Ich werde so oder so da sein.«

Eine Woche später bekamen die Zeitungen Wind von der Diskussion. Ich war angespannt und hoffte, dass die zusätzliche Öffentlichkeit den Prozess nicht beeinträchtigen würde. Dann, endlich, erhielt ich den Anruf, auf den ich gewartet hatte. »Am 22. November«, gab Angie mir durch. »Und wenn er auf den Kompromiss eingeht und sich schuldig bekennt, denken wir, dass alle damit einverstanden sein werden, die Nachrichtensperre aufzuheben.«

Zuerst rief ich Jacob an und schrieb dann eine Nachricht an meine Familie: »Ähm … ich denke, wir werden *Thanksgiving* jetzt doch in Michigan feiern.«

Wir hatten den Standort unserer Familienfeier schon zweimal verlegt – zuerst nach Michigan, weil Larry ursprünglich in jener Woche wegen der Kinderpornografie-Vorwürfe von einem Bundesstrafgericht verurteilt werden sollte. Dann zurück nach Louisville, als die Anhörung auf den 7. Dezember verschoben wurde, und jetzt doch wieder nach Michigan.

»Ich nehme einen Supercookie mit«, sagte ich grinsend zu Jacob. Diese wundervolle Kreation gab es bei *Annie May's Sweet Café* in Louisville, einer Bäckerei mit allergenfreien Produkten. Ein Supercookie war ein Kekssandwich aus zwei fluffigen Schokoladencookies mit Schokoladen-Buttercreme dazwischen, das komplett mit Schokoladen-Glasur umhüllt war. »Wenn er wirklich auf den Deal eingeht, werde ich das mit mindestens einem davon feiern«, verkündigte ich. »Und wenn er doch noch in letzter Minute abspringt, werde ich ihn aus Frust essen.«

In der nächsten Woche reisten wir also wieder zurück nach Michigan. Kurz vor der Anhörung kündigte die *MSU* an, dass sie nichts davon veröffentlichen würde, was ihre sogenannte »Untersuchung« in Bezug darauf aufgedeckt hatte, warum Larry seinen Missbrauch so lange hatte fortsetzen können.[28] Es kam mir unglaublich taktlos vor, diese Ankündigung zu machen, während wir uns gerade darauf vorbereiteten, erneut vor Gericht zu gehen.

An jenem Abend, als meine Mutter und ich gerade auf dem Weg zum Supermarkt waren, erhielt ich eine E-Mail von Angie mit einer Kopie der Vereinbarung. Sie fragte mich, was ich davon hielt.

Ich öffnete das Dokument auf meinem Handy, während wir über den Parkplatz zum Geschäft liefen, und überflog es, während meine Mutter einen Einkaufswagen holte.

Die Bedingungen an sich waren perfekt – genau das, worüber wir gesprochen hatten. Angie hatte neben anderen technischen Vorkehrungen jedem Opfer ausdrücklich das Recht zugesichert, vor Gericht auszusagen. Das Problem war die Formulierung des Geständnisses, das Larry vor Gericht ablegen musste: »Der Angeklagte steckte seinen unbehandschuhten Finger in die Vagina der Opfer …« Das war nicht genug. Was Larry getan hatte, war sexuell. Nicht zu medizinischen Zwecken. Zu seiner eigenen Befriedigung. Es war nicht so, als hätte er eine legitime medizinische Untersuchung durchgeführt, nur ohne Zustimmung. Er hatte es aus sexuellen Gründen getan. Das Problem war, dass die Erklärungen der Vereinbarung die Sprache in den Gesetzen widerspiegeln musste, und das Gesetz selbst keine Formulierungen wie »nicht zu medizinischen Zwecken« enthielt. *Das ist nicht genug,* dachte ich frustriert. In den Medien gab es immer noch viel Verwirrung und Widerstand, weil manche sagten: »Was ist schon dabei? Ärzte müssen manchmal eben auch das Becken untersuchen!« Aber es war keine Untersuchung gewesen. Er hatte es zu seiner eigenen

Befriedigung getan, und ich wollte, dass er genau das zugeben musste.

Während meine Mutter und ich die Einkaufsliste abarbeiteten, öffnete ich das Strafgesetzbuch von Michigan auf meinem Handy und durchsuchte die Definitionen und Bestimmungen ab. Es musste eine Möglichkeit geben, Larry zu dem Geständnis zu zwingen, dass das, was er getan hatte, sexuell begründet war. Keines der Gesetzte, unter denen Larry angeklagt worden war, enthielt ein Element der »sexuellen Absicht«, und *sexuell* war auch kein definierter Begriff im Strafgesetzbuch.

Da!, dachte ich mit einem Ruck. *Das ist es. »Eine Person ist eines kriminellen Sexualverhaltens ersten Grades schuldig, wenn er oder sie sexuelle Penetration ausübt.«* Sexuelle Penetration. Ich überflog die Gesetzesbestimmungen in Zusammenhang mit den anderen Opfern. Sie alle bezogen sich auf »sexuelle Penetration«.

Sofort schrieb ich Angie. Konnten wir nicht einfach verlangen, dass er zugab, »sexuelle Penetration« ausgeübt zu haben? Genau so stand es im Gesetzbuch.

Sie schrieb wenig später zurück, um mir zu sagen, dass sie »die Ergänzung ›sexuelle Penetration‹« sofort hinzufügen würde.

Fast hätte ich geweint, als ich ihre Nachricht las, während ich mit den Einkäufen in der Hand über den dunklen Parkplatz zu unserem Auto lief. Angie hatte gefragt, was ich brauchte. Sie hatte zugehört. Sie hatte mir eine Stimme gegeben. Das bedeutete mir so viel.

Noch bevor die Sonne am nächsten Morgen aufging, holte ich das schokoüberzogene Cookie-Sandwich, das ich aus Louisville mitgebracht hatte, aus dem Gefrierschrank und brach mit Jacob nach Lansing auf. Während der Fahrt drückte ich Jacobs Hand, um meine nervöse Anspannung loszuwerden und mich auf die sehr reale Möglichkeit vorzubereiten, dass Larry noch in allerletzter Minute einen Rückzieher machen könnte.

»Wir beten heute für euch«, hatte unser Pastor uns an jenem Morgen in einer E-Mail geschrieben.

Kurz nach unserer Ankunft passierten wir die Sicherheitskontrollen und traten in einen großen Gerichtssaal.

Ich sah mich um. *Sicherlich sind die anderen Opfer auch hier.* Dann erkannte ich einige Zivilanwälte und Betroffene, die ich in letzter Zeit öffentlich hatte reden sehen. Alle anderen, die bei den Vorverhandlungen ausgesagt hatten, waren jedoch noch anonym.

Ich war sehr ergriffen, als ich endlich ein paar dieser Frauen traf, zum Beispiel Larissa, die Turnerin, die schon im Jahr 1997 einem Trainer an der *MSU* von Larry erzählt hatte. Als die Tür aufging, wandte ich mich um und sah Sterling, die frühere Mannschaftskameradin meiner Schwester, mit ihrer Mutter hereinkommen. Wir umarmten uns. Einerseits freuten wir uns, einander zu sehen, andererseits fühlten wir uns beklemmt und unbehaglich, da wir uns nun nach so vielen Jahren wieder trafen – aufgrund einer Erfahrung, die wir nie hätten teilen sollen.

Nach gefühlten Stunden, vermutlich waren es Minuten, wurde das Gericht zur Ordnung gerufen. Larry wurde von einer Polizistin hereingeführt, flankiert von drei männlichen Polizeibeamten. Dann ging es los.

Die Richterin ging die Verfahrensvorschriften durch und Larry wurde in Begleitung seiner Anwälte aufs Podium gerufen. Dann stand Angie auf und las die Anforderungen für die Vereinbarung vor: ein obligatorischer HIV-Test, die Registrierung auf der Sexualstraftäterliste und die gesetzlichen Grundlagen für die Anklagen.

»Zu Punkt 5, kriminelles Sexualverhalten ersten Grades … in Bezug auf Opfer C«, fuhr sie fort. »Der Angeklagte übte sexuelle Penetration aus … bei einem Kind … Der Angeklagte befand sich in einer Position, in der er Autorität über das Opfer hatte, und er nutzte diese Autorität, um das Opfer zur Fügsamkeit zu nötigen.«

Sie wiederholte diese Aussage für alle sieben von uns – jede gesetzliche Grundlage. Dann war Larry an der Reihe.

Die Richterin wandte sich an Larry und forderte ihn auf, ans Mikrofon zu treten. »Punkt 5, kriminelles Sexualverhalten ersten Grades, Beziehung, Opfer C. Wie plädieren sie?«

»Schuldig.«

Larrys Stimme hat tatsächlich gerade »schuldig« gesagt.

Die Richterin wiederholte dieselbe Frage für alle sieben von uns. »Wie plädieren Sie?«

»Schuldig.«

»Schuldig.«

»Schuldig.«

Jedes Mal die gleiche Antwort.

»Hat irgendjemand Sie zu Ihrem Bekenntnis gezwungen, Sie bedroht oder genötigt?«

»Nein, euer Ehren.«

»Tun Sie dies aus eigenem Antrieb?«

»Ja.«

Dann sagte Richterin Aquilina: »Nun werde ich Ihren Anwälten erlauben, Sie in Bezug auf die Punkte, zu denen Sie sich schuldig bekannt haben, zu befragen.«

Shannon begann, Larry entsprechende Fragen zu stellen, um seine Absicht zu bestätigen, ein Schuldeingeständnis für die Anklagen aller Opfer abzulegen.

»In Bezug auf Punkt 5, Opfer C, geben Sie zu, dass Sie Opfer C zwischen dem 1. Februar 2000 und dem 30. April 2000 sexuell penetriert haben?«

»Ja.«

»War Opfer C damals zwischen dreizehn und fünfzehn Jahren alt?«

»Ja.«

»Und erkennen Sie an, dass Sie als ihr Arzt Autorität über sie hatten und Ihre Autoritätsposition nutzten, um sie aktiv dazu zu nötigen, sich der Penetration zu fügen?«

»Ja.«

Ja. Ja. Ja. Für jede von uns. Ja.

»Sie verzichten auf die Verteidigung, dass Ihre Handlungen einem legitimen medizinischen Zweck dienten?«

»Ja.«

Dann unterbrach Richterin Aquilina sie mit einigen klärenden Fragen für das Protokoll.

Als er seine Opfer penetrierte, trug er keine Handschuhe, korrekt?

»Ja, euer Ehren.«

»Und es war nicht zu medizinischen Zwecken, ist das korrekt?«

»Was?«, platzte Larry verwirrt heraus. Er hatte sich geweigert, dieses Eingeständnis in seine Aussage aufzunehmen, und konnte auch nicht dazu gezwungen werden, weil es nicht im Gesetz stand. Ich schnaufte leise, als ich erkannte, was die Richterin tat. Sie hatte das Recht, klärende Fragen zu stellen, und sie verlangte von ihm, das einzugestehen, was er nicht zugeben wollte.

»Es war für Ihre eigenen Zwecke; ist das richtig?«

Larry schloss die Augen. »Ja.«

»Und Sie verstießen dabei in der Tat gegen medizinische Leitlinien; ist das korrekt?«

»Ja.«

Auf die Welle der Erleichterung, die mich in diesem Augenblick traf, war ich nicht vorbereitet.

In dem Moment erinnerte ich mich an all die Nächte, in denen ich im Keller auf mein Kissen eingeschlagen hatte, weil ich einfach nur Antworten haben wollte. Ich erinnerte mich daran, wie ich irgendwann begriffen hatte, dass meine Heilung nicht von Gerechtigkeit im Gerichtssaal oder einem Geständnis von Larry abhängig sein durfte. *Das wirst du nie bekommen,* hatte ich gedacht. Und sechzehn Jahre lang hatte ich es geglaubt. Nicht einmal zu hoffen hatte ich gewagt, dass Larry ein Geständnis ablegen würde. Nun hatte ich es bekommen. Ich war überwältigt von diesem Geschenk, denn das war es für mich – ein Geschenk, welches nur wenige Opfer jemals bekommen.

Meine Gefühle verwandelten sich jedoch augenblicklich in Skepsis und Fassungslosigkeit, als Shannon wieder das Wort ergriff.

»Euer Ehren, ich weiß zwar, dass dies eine ungewöhnliche Bitte ist, aber dürfte Dr. Nassar jetzt bitte eine Aussage machen?«

Jacob und ich warfen uns einen Blick zu, dann sah ich zu Sterling hinüber. *Das wird interessant.*

Larry trat ans Mikrofon. Er sah erschöpft aus.

»*Mr.* Nassar«, sagte Richterin Aquilina geduldig, wobei sie seinen Doktortitel demonstrativ unterschlug. »Was würden Sie uns gerne mitteilen?«

»Ich denke, dass es wichtig ist…«, begann er, »was ich heute getan habe, um dazu beizutragen, dass eine Gemeinschaft nach vorne blicken kann.« Meine Augenbrauen erreichten ihren höchsten Punkt.

»Es gibt – ein paar Dinge, die ich tun könnte, damit das Leid aufhört, und zwar…« Er drehte sich halb zu uns um. »Für alle Beteiligten… es tut mir so schrecklich leid«, sagte er und schüttelte den Kopf. »Es war wie ein Streichholz, das zu einem Waldbrand wurde, der außer Kontrolle geriet.«

Ich war mir nicht sicher, ob er damit seine eigenen Perversionen meinte oder den »Medienrummel«, der die Dinge »seiner Kontrolle entzogen hatte«, wie er es zuvor in E-Mails formuliert hatte.

»Ich hege keine Feindseligkeit gegenüber irgendjemandem«, sagte er ernst.

»Oh, das ist aber eine Erleichterung«, flüsterte Jacob mir zu.

»Ich will nur Heilung«, erklärte Larry. »Es ist Zeit … Wir müssen weitergehen in Richtung Wachstum und Heilung, und dafür bete ich.«

Wenn jemand eine Fallstudie über Selbstbetrug und narzisstisches Verhalten durchführen wollte, dachte ich, *wäre er das perfekte Studienobjekt.*

Wenig später warteten wir darauf, dass die Sitzung beendet wurde und wir gehen konnten.

»Hat er vorhin wirklich gesagt, dass er keine Feindseligkeit hegt?«, fragte Jacob fast schon amüsiert.

Ich nickte. »Nun, ich bin froh, dass ich vor langer Zeit aufgehört habe, meine Heilung von Larrys Buße abhängig zu machen.«

Anschließend gab ich eine Pressekonferenz mit einigen anderen Opfern, unter anderem mit Kaylee, einer der jungen Frauen, die damals in Ingham County hinter einer der Türen zu den anderen Konferenzräumen gesessen hatte. Es war die erste Pressekonferenz in Michigan, die ich nicht allein bewältigen musste. Als ich dort mit den anderen Frauen saß, war es mir fast unmöglich, die Tränen zurückzuhalten. Ich war so dankbar dafür, dass sie sich gemeldet hatten und dass Kaylee nun ebenfalls bereit war, an die Öffentlichkeit zu gehen.

Als Jacob und ich uns nach einem langen, anstrengenden Tag auf den Rückweg zu meinem Elternhaus machten, fiel mir wieder ein, dass am nächsten Tag *Thanksgiving* war. Und es gab so unfassbar viel, wofür wir dankbar sein konnten.

SIEBENUNDZWANZIG

Am nächsten Morgen klingelte schon um fünf Uhr dreißig der Wecker – viel früher, als ich es mir für diesen Tag ausgesucht hätte. Ich war in die *CNN*-Sendung *New Day* eingeladen worden, was mir eine erstklassige Gelegenheit bieten würde, über die gesellschaftlichen Probleme rund um den Fall zu sprechen.

Leider waren an *Thanksgiving* keine Sendestudios verfügbar, weshalb sie mich um ein *Skype*-Interview gebeten hatten. Erst später hatte ich über die logistischen Hürden nachgedacht: das Haus meiner Eltern war klein, und mein Bruder und meine Schwägerin waren ebenfalls gekommen. So ziemlich jeder Raum im Haus, einschließlich des Kellers, würde mit schlafenden Leuten gefüllt sein. Die einzigen Räume, die verfügbar waren, waren das Wohnzimmer und das Badezimmer im Erdgeschoss. Wenn ich das Interview jedoch im Wohnzimmer aufnahm, würden die *CNN*-Zuschauer im ganzen Land höchstwahrscheinlich das hysterische, laute Weinen einer Zweijährigen auf der Suche nach ihrer Mama zu hören bekommen.

Also hatte ich am Vorabend meinen Bruder beiseitegenommen und ihm die recht ungewöhnliche Frage gestellt: »Ist es okay für dich, wenn ich mich morgen früh nach unten schleiche, während ihr schlaft, und ein Interview im Badezimmer mache?«

Er hatte eine Augenbraue nach oben gezogen und gesagt: »Um sechs Uhr morgens kannst du machen, was du willst. Ich werde schlafen.«

Also schlüpfte ich in eine Bluse, legte ein bisschen Farbe um die müden Augen und schlich mich nach unten ins Bad. Die Schlafanzughose behielt ich an.

Die einzige Fläche, die groß genug war, um einen schlichten Hintergrund zu bieten, war die Wand zwischen dem Waschbecken und der Kommode. Ich rollte mir also einen Schreibtischstuhl ins Bad und stellte meinen Laptop darauf. *Na ja.* Ich verzog das Gesicht. Nicht gerade schmeichelhaft, um es sanft auszudrücken. Zudem bemerkte ich, dass schon die kleinste Drehung des Stuhls genügte, um die Toilette ins Blickfeld zu bringen. *Am Ende lasse ich noch ein Klo im nationalen Fernsehen aufblitzen,* dachte ich entsetzt. Das Video würde sich wie ein Lauffeuer verbreiten – nur aus den völlig falschen Gründen! Verzweifelt suchte ich nach Alternativen. Meine beste Idee war, ein blaugrünes Badetuch über die Toilette zu hängen, ich hoffte, dass sie auf diese Weise im schlimmsten Fall gut getarnt war. Plötzlich kam Jacob herein, um sicherzustellen, dass die Technik richtig funktionierte. Ich hatte ihn nicht einmal darum gebeten, er wusste auch so, dass ich keine Ahnung von solchen Dingen hatte.

Als ich das Interview erfolgreich abgeschlossen hatte, ohne aus Versehen die Toilette meiner Eltern im Fernsehen zu präsentieren, atmete ich erleichtert auf. Aber was viel wichtiger war: ich hatte die Gelegenheit gehabt, deutlich zu machen, wie schädlich eine unbekümmerte Haltung gegenüber sexueller Gewalt in Institutionen sein kann.

»Großartiges Interview!«, schrieben mir meine Anwälte später in einer E-Mail, und ich musste Schmunzeln. *Wenn die Leute wüssten, wie sehr ich jedes Mal mitten im »echten Leben« steckte, wenn ich mit der Presse spreche …*

Am Wochenende fuhren wir nach Louisville zurück. Für Larrys Schuldeingeständnis in Eaton County wäre ich sehr gerne geblieben, aber wir konnten uns einfach keine Minusstunden mehr leisten, zumal wir am 7. Dezember für die Urteilsverkündung beim

Bundesgericht und im Januar noch mal für die in *unserem* Prozess wieder hier sein mussten.

»Für die Verurteilung im Januar werden wir bleiben«, versprach Jacob auf der Heimfahrt. »Es ist wichtig für dich, es enden zu sehen und anderen Opfern zu begegnen, die genauso auch dich treffen möchten.«

In den folgenden sechs Wochen Wartezeit führte ich weiterhin bis zu sechs Presseinterviews am Tag durch und stellte Informationen für die bevorstehenden Anhörungen zusammen. Parallel dazu begann ich, mit einem Senator von Michigan, den ich vor Jahren über das *SSI* kennengelernt hatte, an einer Gesetzesreform zu arbeiten.

Die wenigen verbleibenden Wochen vergingen wie im Flug, schon bald machten wir uns erneut auf den Weg nach Michigan. Bei Larrys Verurteilung wegen Besitz von Kinderpornografie durch das Bundesgericht hätten eigentlich einzelne Opfer die Chance bekommen sollen, öffentlich zu sprechen. Dazu gehörten auch die Spitzenturnerinnen, die der Verständigung im Strafverfahren zugestimmt hatten. Die Bundesstaatsanwaltschaft hatte ihnen im vereinbarten Kompromiss das Recht *zugesichert*, bei der Anhörung auszusagen. Leider hatten die Staatsanwälte es versäumt, diese Bedingung in die offizielle Vereinbarung aufzunehmen, sodass die Richterin nun entschieden hatte, dass wir nur Briefe einreichen durften. Ich war wütend für die Turnerinnen, es schien, als seien sie absichtlich hintergangen worden. Außerdem machte es mich unendlich traurig, an die Mädchen auf dem kinderpornografischen Material zu denken – keines dieser Opfer war da. Es war ein »stilles« Verbrechen. Niemand würde je ihre Gesichter sehen, oder hören, was ihnen angetan worden war. Auf einmal war es mir wichtig, dass jemand für diese kostbaren Mädchen sprach.

In den nächsten Tagen zerbrach ich mir den Kopf über den Brief, den ich einreichen wollte. Ich hatte jedes Gerichtsdokument gelesen, das ich finden konnte. Was ich über den Inhalt von Larrys Festplatte las, verfolgte mich, aber ich konnte es einfach nicht ignorieren. Jemand musste das Böse ansprechen! Wegsehen änderte nichts an der Realität. Es machte es nur unmöglich, das Böse zu stoppen.

> Richterin Neff, ich schreibe diesen Brief, um Sie eindringlich zu bitten, für jeden *einzelnen* Punkt der Anklage seines Besitzes von Kinderpornografie heute die Höchststrafe gegen Larry Nassar zu verhängen.

Dann zeigte ich auf, wie das, was Larry mir angetan hatte, die Elemente demonstrierte, die sie bei der Verurteilung berücksichtigen musste. Und ich erklärte, wie diese Auswirkungen zeigten, dass sie die Höchststrafe verhängen sollte.

> Es gibt jedoch etwas, das wichtiger ist als meine eigenen Erfahrungen, mein Leid oder die Statistiken über Wiederholungstäter. Es ist eine Frage, die beantwortet werden muss, wenn Sie Larrys Strafmaß festlegen: »Wie viel ist ein kleines Mädchen wert?«

Es war meine erste Chance, diese Frage zu stellen, und ich nutzte sie. Ich weinte, als ich weitertippte.

> Wie viel ist das kleine Mädchen wert, das in Larrys Video »Kelly 13 junges Mädchen« missbraucht wird? Wie viel ist

das Kind in dem Video »vicky_10_jahre_alt_orgasmus« wert? Sind sie wertvoll genug, um sie mit der vollen Härte des Gesetzes zu schützen? Ist die Zerstörung dieser wertvollen Kinder bedeutend genug, dass alle gesetzlichen Maßnahmen ergriffen werden sollten? Das Urteil, das Sie fällen, wird all diese Fragen beantworten.

Sagen Sie diesen kleinen Mädchen, die von Larry als Mittel zur Selbstbefriedigung benutzt worden sind, und allen anderen: »Diese Kinder sind alles wert, was das Gesetz zu bieten hat.« Im Namen der Gerechtigkeit für jedes kleine Mädchen, an dessen Vergewaltigung und Zerstörung Larry Gefallen gefunden hat, und im Namen aller Kinder, die Larry noch zum Opfer fallen könnten, wenn er irgendwann freigelassen wird, bitte ich Sie, alle Maßnahmen zu ergreifen, die das Gesetz zu bieten hat. Weil diese Kinder »alles« wert sind.

An jenem Abend saß ich in unserer Küche und weinte, während mir immer wieder die Namen der kostbaren Mädchen aus Larrys Akte durch den Kopf gingen. Ich betete dafür, dass Richterin Neff auf mein Herz hören würde, das ich ihr offengelegt hatte. Sie war in diesem Fall die einzige Richterin, die befugt war, aufeinanderfolgende Haftstrafen zu verhängen. Was bedeutet, dass die zweite Strafe erst beginnt, wenn die erste abgesessen ist. Es war eine entscheidende Bestimmung, da Larry wegen der Pornografie zu einer Höchststrafe von zwanzig Jahren *pro Anklagepunkt* verurteilt werden konnte. Wenn seine Strafen aber gleichzeitig abliefen, würde er nach *höchstens* zwanzig Jahren freikommen. Dann hätte er nach seiner Freilassung noch jahrelang Zeit, weiterhin Mädchen und Frauen zu missbrauchen. Die Richterin konnte – auch wenn es unwahrscheinlich war – sogar veranlassen, dass Larry die Haftstrafen des Bundesgerichts absitzen musste, bevor die Strafen der bundesstaatlichen Gerichte einsetzten. Dies würde sicherstellen, dass Larry nie mehr freikommen würde.

Am 7. Dezember, dem Tag vor meinem dreiunddreißigsten Geburtstag, saßen wir erneut im Gerichtssaal. Jacob hielt meine Hand, während die Anwälte die Verfahrensanforderungen durchgingen, und wir warteten gespannt. Beide Seiten hatten noch einmal Gelegenheit, eine Art Schlussplädoyer vorzubringen; ich fragte mich, was diesmal aus Larrys Mund kommen würde. Seine Anwälte, die für ihn argumentierten, versuchten, seinen angeblichen Wunsch nach Wiedergutmachung zu demonstrieren: Er hatte anderen Häftlingen geholfen, ihr Diplom zu machen, er schrieb an einem Buch, er nahm an Bibelstunden teil. Einem Insassen hatte er sogar bei seinen Knöchelschmerzen geholfen.

Dann sprach Larry. Sein Beruf sei stressig, rechtfertigte er sich. Er habe auf das falsche Mittel zurückgegriffen, um Stress abzubauen. Es sei wie bei einem Alkoholiker, erklärte er. Er hoffe, dass seine Erfahrungen anderen eine Lektion sein würden.

Richterin Neff hörte geduldig zu. Dann wurde das Mikrofon der Bundesstaatsanwaltschaft überlassen. Der Staatsanwalt sprach leidenschaftlich über das Grauen von Larrys Taten. Er betonte, dass das Gericht jedem kleinen Mädchen in diesen Dateien Gerechtigkeit schuldete.

Mir stiegen Tränen in die Augen, als der Staatsanwalt im Namen der wertvollen Kinder auf diesen Bildern in der öffentlichen Verhandlung eine Zeile aus meinem Brief vorlas. »Wie viel ist ein kleines Mädchen wert?« Die Chance, dass ich in diesem Moment für sie hatte sprechen können, bedeutete mir sehr viel.

Unbeweglich und gespannt wartete ich ab, bis die Richterin ihre Gedanken geordnet hatte und zu sprechen begann. Sie legte zuerst die Richtlinien für die Verurteilung dar und die Faktoren, die sie zu berücksichtigen hatte. Dann verkündete sie mit klarer, entschlossener und unnachgiebiger Stimme ihr Urteil. Sie nahm kein Blatt vor den Mund, dennoch blieb ihr Tonfall ruhig und gleichmäßig. Larry sollte *nie wieder* in die Nähe von Kindern gelassen werden, sagte sie bestimmt.

Sie verhängte für *jeden* Anklagepunkt wegen des Besitzes von Kinderpornografie die Höchststrafe von zwanzig Jahren. Ich atmete tief durch. Ohne ihren Satz abzubrechen, fügte sie hinzu, dass die Haftstrafen nacheinander vollzogen werden würden. Und jede Strafe, die ein bundesstaatliches Gericht für die Verbrechen verhängen würde, wegen derer er dort angeklagt war, sollte ebenfalls angehängt werden.

Ich drückte Jacobs Hand so fest ich konnte und atmete aus, während ich mit den Tränen kämpfte. Es war genau das, was wir gefordert, aber nicht zu hoffen gewagt hatten.

Im Anschluss an die Anhörung fand ein Treffen mit den Opfern statt, bei dem die Staatsanwälte alle Fragen beantworteten. Tiffany, das erste Opfer, das nach mir an die Öffentlichkeit gegangen war, war vom anderen Ende des Landes her angereist. Nun konnte ich ihr endlich persönlich dafür danken, was sie getan hatte. Auch einige ehemalige Spitzenturnerinnen waren da sowie viele der Opfer, die noch in der Gegend lebten. Als ich mich umsah, stellte ich fest, dass sich langsam, aber sicher eine Armee bildete.

Und *USAG* fürchtete diese Armee. Noch am Tag von Larrys Verurteilung teilte der Dachverband mit, dass er einen Antrag bei Gericht einreichen würde. Die Vorsitzenden von *USAG* verlangten, dass alle Anschuldigungen gegen den Verband abgewiesen werden sollten.[29] Obwohl wir beitragszahlende Mitglieder ihres

Programms waren, behaupteten sie, dass sie uns keine Fürsorgepflicht schuldig gewesen seien, als wir von ihrem Teamarzt missbraucht worden waren. Sie hatten sich selbst dann nicht für die Mädchen und Frauen verantwortlich gefühlt, als sie genau *wussten*, was Larry tat – und ihn bereits 2015 sogar bei den Strafverfolgungsbehörden gemeldet hatten.

Wenige Tage später kehrten wir für die Hochzeit meiner Schwester wieder nach Louisville zurück. Es war eine schöne Ablenkung von all den Anstrengungen der letzten Wochen und Monate.

Zwischen den Hochzeitsfeierlichkeiten und der Weihnachtszeit nahm ich weiterhin Presseinterviews an, hielt mich über die Klageschriften auf dem Laufenden, schrieb privat an Sponsoren und Vorstandsmitglieder, um sie zu konkreten Maßnahmen für eine echte Reform aufzufordern, und arbeitete noch immer am neuen Gesetzespaket mit, das in Lansing zusammengestellt wurde. Immer wieder erreichten mich neue Details über die Urteilsverkündung in Ingham County, die im Januar stattfinden sollte. Der Termin wurde um eine Woche verschoben, und Larry würde auf dem Zeugenstuhl sitzen. Über diese letzte Neuigkeit war ich wirklich erleichtert. Das würde es leichter machen, ihn direkt anzusprechen. Außerdem mochte ich die Vorstellung nicht, ihn hinter mir zu haben. Er hatte immer hinter mir gestanden. Außerdem fühlte es sich richtig an, dass er und seine Taten im Mittelpunkt stehen sollten.

Um Weihnachten herum wurde unser Leben wieder komplizierter. Meine geliebte Tante starb nach einem kurzen, erbitterten Kampf gegen den Krebs. Nur wenige Tage später, an Heiligabend, wurde Ellianna mit einem schweren Asthmaanfall ins Krankenhaus eingeliefert. Gott sei Dank wurde sie vierundzwanzig Stunden später schon wieder entlassen, aber unsere »Weihnachtsferien« verbrachten wir wieder im Krankenhaus und standen durch die Krankenhausrechnungen noch mehr unter finanziellem Druck. Als Ellianna wieder zu Hause war, bereiteten wir uns für die Anhörungen in Ingham und Eaton County auf einen längeren Aufenthalt in Michigan vor. Eines der Ereignisse, auf die wir für unsere Anwesenheit bei den Gerichtsverhandlungen verzichten mussten, war die Trauerfeier für meine Tante in Colorado. Während meine restliche Familie dort versammelt war, reichte der *Twistars*-Besitzer John Geddert einen Antrag ein, um alle Vorwürfe seiner Turnerinnen gegen ihn abzuweisen.[30] In einer Fußnote argumentierte er, dass ich sonst meine eigene Mutter verklagen sollte, denn sie sei genauso verantwortlich wie er.

»Das setzt mir alles ziemlich zu«, schrieb ich Angie. »Ständig frage ich mich, ob das irgendwann aufhört. Ich habe das Gefühl, dass ich es langsam ›gewohnt‹ sein müsste, nachdem ich schon so viel an der Öffentlichkeit gewesen bin. Immer wieder setze ich mich hin, um meine Zeugenaussage über die Auswirkungen des Missbrauchs zu schreiben, aber … noch habe ich nichts Brauchbares zustande gebracht.«

»Ich werde mich nicht mehr lange zusammenreißen können«, sagte ich immer wieder zu Jacob. Die Belastungen der letzten anderthalb Jahre, der Kummer, der zu tief war, um ihn in Worte zu fassen, die Namen der kleinen Mädchen auf Larrys Computer und die anonymen Bezeichnungen der inzwischen über einhundert Frauen, deren Geschichten ich in den Gerichtsdokumenten las … An manchen Tagen hatte ich das Gefühl, verrückt zu werden.

»Wenn ich keine Chance bekomme zu weinen, werde ich irgendwann ausrasten und nicht mehr aufhören können.« Bisher hatte ich stets ein ruhiges, vernünftiges, bestimmtes Auftreten an den Tag legen müssen, um die Opfer vertreten zu können, aber irgendwann würde ich meine Trauer auch selbst zum Ausdruck bringen müssen.

Doch diese Chance kam nicht vor dem 15. Januar, als wir für ein privates Treffen wieder in Lansing waren. Angie hatte dieses Treffen für alle Opfer organisiert, die dabei sein konnten. Es war eine Gelegenheit, einander wiederzusehen und sich gegenseitig Mut zuzusprechen, bevor die Woche mit den Zeugenaussagen im Rahmen der Anhörung zur Urteilsverkündung begann. Die über hundert Frauen hatten sich inzwischen entweder bei der Polizei oder bei Zivilrechtsanwälten gemeldet. Fast alle von ihnen waren anonym geblieben. Rund zweiundneunzig Frauen sollten bei der Anhörung über die Auswirkungen des Missbrauchs aussagen, und viele von ihnen hatten es einrichten können, an dem privaten Treffen am Vorabend teilzunehmen.

Ich wusste nicht, was ich fühlen oder tun sollte. Alle wussten, wer ich war, aber ich kannte fast niemanden außer den rund zwölf Opfern, die ich bei der Verurteilung und den Verhandlungen am Bundesgericht getroffen hatte. Dennoch kannte ich viele ihrer Geschichten.

Wie erklärt man jemandem, den man nie getroffen hat, wie sehr man um ihn geweint hat? Was für ein Geschenk es war, endlich ihre Namen zu hören und ihre Gesichter zu sehen und ihnen für ihren Mut zu danken? Diese Frauen hatten in den letzten sechzehn Jahren meine Gedanken und mein Herz beschäftigt. Ich wollte sie wissen lassen, dass wir das hier gemeinsam getan hatten. Eine einzige Anzeige hätte nie zu einem Geständnis geführt. Was auch immer diese Woche geschehen würde, es war unser aller Verdienst.

Jacob, meine Mutter und ich erreichten das große Gemeinschaftsgebäude, in dem sich die Gruppe treffen würde. Als wir uns dem Saal näherten, in dem das »Povilaitis-Treffen« stattfinden sollte blieb ich stehen. Im Flur stand eine lange Schlange von Frauen, manche in Begleitung ihrer Ehemänner oder Eltern. Sie warteten darauf, sich an der Tür anzumelden. Ich warf einen Blick in den Saal. Er war voll. Voller Opfer, die nie hätten hier sein müssen. Voller Frauen und junger Mädchen, die sich nie hätten treffen müssen. Familien, die zerrüttet und auseinandergerissen worden waren. Eltern, die nach Wegen suchten, um ihre Töchter zu unterstützen, deren Missbrauch sie selbst miterlebt hatten, ohne es zu bemerken oder verhindern zu können. Es war eine Sache, die Zahlen zu kennen, aber es war eine andere, die Realität mit eigenen Augen zu sehen. Fast hätte ich mich umgedreht und wäre gegangen, weil es sich anfühlte, als würde ich es nicht schaffen, durch diese Tür zu gehen. Ich zitterte, weil ich angestrengt versuchte, meine sich anbahnenden Tränen zu unterdrücken. Ich wusste jedoch auch, dass das hier unsere einzige Chance war, uns auf diese Weise zu treffen, und dass ich es für immer bereuen würde, wenn ich es nicht irgendwie durch den Abend schaffte. Also kämpfte ich wieder einmal um Beherrschung und versuchte zu lächeln.

Als ich an einem Tisch vorbeikam, auf dem zahlreiche glatte schwarze Steine lagen, ermutigte mich eine speziell uns zur Seite gestellte Mentorin, einen davon auszuwählen. »Wir haben Stunden damit verbracht, sie für euch alle anzumalen!«, sagte sie. Die Steine waren mit einfachen Mustern und einzelnen Wörtern verziert. Hoffnung. Glaube. Schönheit. Ich lächelte und sah mir die verschiedenen Begriffe an.

Wahrheit. Diesen Stein nahm ich und behielt ihn in der Hand. *Das ist meiner.*

»Ich habe tatsächlich an Sie gedacht, als ich diesen Stein bemalt habe«, sagte die Mentorin lächelnd. »Er passt zu Ihnen.«

Durch die Menge bahnten wir uns langsam einen Weg zu einem der hinteren Tische, wo Sterling und ihre Mutter saßen. Ich lächelte und umarmte die wenigen Opfer, die ich kannte, traf andere zum ersten Mal und begrüßte ihre Ehemänner und Eltern. Jeder Händedruck und jedes wissende Lächeln waren ein Geschenk. Sie drückten ein stilles Verständnis dafür aus, was wir alle durchgemacht hatten.

Später gaben uns Angie und Robyn einen Überblick über die bevorstehende Woche und die Unterstützungssysteme, die uns zur Verfügung stehen würden, wenn wir unsere Aussagen machten. Manche der Betroffenen ergriffen das Wort und gaben Tipps zur Vorbereitung – Dinge, die sie hilfreich gefunden hatten oder die sie ansprechen wollten. Zum ersten Mal hörten wir die Stimmen der anderen. Am Ende des Abends war der Anmeldebogen, auf dem jede der jungen Frauen angeben sollte, ob sie öffentlich sprechen oder anonym bleiben wollte, mehr als einmal überarbeitet worden. Viele der Anwesenden waren von »anonym« zu »öffentlich« gewechselt.

Erst als die gemietete Zeit für unseren Raum abgelaufen war und die übrigen Pizzastücke, die der Polizeichef selbst spendiert hatte, kalt geworden waren, trennten wir uns für die Nacht. Niemand wusste, was die Woche bringen würde. Aber nach diesem Abend wussten wir etwas anderes: wir würden es *gemeinsam* durchstehen. Niemand war mehr allein.

ACHTUNDZWANZIG

Früh am nächsten Morgen fuhren Jacob und ich für den ersten Tag der Anhörung zur Urteilsverkündung erneut nach Lansing. Als wir das Gerichtsgebäude in Ingham County erreichten, standen draußen bereits Nachrichtenwagen geparkt. Außerdem hatten die Journalisten und Zeugen, die darauf warteten, die Sicherheitskontrollen passieren zu können, auf dem Gehweg eine lange Schlange gebildet, die sich bis zum Gerichtssaal hinzog. Nervöse Mädchen und Frauen und ihre Angehörigen lächelten sich vorsichtig zu, niemand hatte die emotionale Energie für Worte. Ich unterhielt mich kurz mit einigen Journalisten, die ich in den letzten anderthalb Jahren kennengelernt hatte, und versuchte dabei, nicht über die Traurigkeit nachzudenken, die mich innerlich bedrückte.

Im Aufzug gesellte sich Andrea zu uns. Wir scherzten über die *Cola Light*, die sie bereits in der Hand hielt, und es tat gut, mal wieder zu lachen, wir verstummten erst, als wir uns dem Gerichtssaal näherten. Ein Therapiehund saß vor der Tür, und es waren ein paar ruhige Plätze eingerichtet worden, falls jemand eine Pause von der Verhandlung brauchte. Im Gerichtssaal war es still, die Stimmung angespannt, Boxen mit Taschentüchern waren im gesamten Sitzbereich verteilt worden.

Als der Gerichtsdiener rief: »Bitte erheben Sie sich!«, war der Gerichtssaal voll. Larry wurde von einer Polizistin in den Zeugenstand geführt, wo er mit seiner Anwältin Shannon Smith sitzen würde.

Über zwanzig Opfer sollten an jenem Tag aussagen, jede einzelne Frau wurde kurz vorgestellt, bevor sie das Wort ergriff. Kyle, die junge Frau, die erst sechs Jahre alt gewesen war, als Larry sie zum ersten Mal in seinem Haus missbraucht hatte, war als Erste an der Reihe. Als sie auf das Podium trat, standen ihre Mutter und Angie zur Unterstützung in ihrer Nähe, Fotos eines kleinen Mädchens wurden an die Wand geworfen. Ihre Aussage wurde aufgezeichnet und ihre Identität zum ersten Mal uneingeschränkt bekannt gegeben.

»Ich wende mich heute öffentlich an Sie. Dies ist mein letzter Schritt und eine Erklärung an mich selbst, dass es nichts gibt, für das ich mich schämen müsste.« Sie begann, kraftvoll, anschaulich und exakt zu beschreiben, was Larry getan hatte. Sie war sechs Jahre alt gewesen. »Ich möchte Sie an die Interessen eines sechsjährigen Mädchens erinnern«, sagte sie. »Meine Lieblingsserie war *Clifford the Big Red Dog* … Ich konnte noch nicht multiplizieren und hatte noch nicht alle meine Milchzähne verloren … Ohne mein Wissen und ohne meine Zustimmung hatte ich bereits meine ersten sexuellen Erfahrungen gemacht, als ich in die Vorschule kam.«

Ich konnte die Tränen nicht zurückhalten. Eines meiner Kinder war in diesem Alter, erst gestern hatte ich meinen Töchtern aus *Clifford* vorgelesen. Kyle war ein wunderschönes, kostbares kleines Mädchen gewesen. Die Ausmaße des Leids, das ihr zugefügt worden war, erschütterten jeden Einzelnen im Gerichtssaal. Ihre Stärke war beeindruckend. Das Geld für ihre psychologische Behandlung hatte sie sich selbst verdient, indem sie auf die Kinder der Nassars aufgepasst hatte. Und sie war bei diesen Kindern geblieben, um sie zu schützen.

Mit unglaublichem Mut beschrieb Kyle die furchtbaren Schäden, die durch sexuellen Missbrauch entstehen. Obwohl die Kameras auf sie gerichtet waren, wich sie nicht zurück, sondern zwang die Welt, den verheerenden Folgen von Missbrauch und der unglaublichen Manipulation eines Pädophilen ins Auge zu sehen.

»Ich bin schon so lange hinter dir her«, sagte sie Larry mit zorniger, kraftvoller Stimme. »Ich habe deinen Namen an Therapeuten weitergegeben, in der Hoffnung, dass sie dich melden würden. Ich habe dich zweimal beim Jugendamt angezeigt. Ich habe als Zeugin ausgesagt, damit dir die Zulassung entzogen wird.

Vielleicht hast du es inzwischen gemerkt«, sagte sie, ohne mit der Wimper zu zucken. »Kleine Mädchen bleiben nicht für immer klein. Sie wachsen zu starken Frauen heran, die zurückkehren, um deine Welt zu zerstören.« Ich lächelte unter meinen Tränen, als sie das sagte. Kurz nach den Voruntersuchungen, bei denen ebenfalls einige von uns ausgesagt hatten, hatte Jacob einen beinahe identischen Satz getwittert. Ich hatte nicht erwartet, ihn so kraftvoll ausgelebt zu sehen wie jetzt durch Kyle.

Als Kyle geendet hatte, waren die Emotionen und die Kraft im Raum spürbar. Ein Opfer nach dem anderen trat jetzt ans Mikrofon, fast alle sprachen öffentlich, und alle zeigten unglaubliche Stärke. Ich postete die Namen aller Opfer, die öffentlich sprachen, bei *Facebook*. Diese Frauen verdienten es, gehört zu werden.

Eine ältere Frau trat vor, um die Geschichte ihrer Tochter Chelsey zu erzählen. Ich hörte laute Schluchzer, als sie – inmitten ihrer Geschichte – preisgab, dass sie im Namen ihrer Tochter sprach, weil sie selbst nicht mehr lebte. Chelsey hatte sich nie von Larrys Missbrauch erholen können und noch in jungen Jahren Suizid begangen.

Jedes Mal, wenn ein weiteres Opfer sprach, erschien ein neues Bild an der Wand. Fast immer von einem kleinen Mädchen oder einer sehr jungen Frau. »Ich war neun.« »Ich war elf.« »Ich war erst acht.« Trauernde Eltern standen hinter ihren Töchtern, die viel zu früh erwachsen werden mussten. Doch nun erhoben sie sich mutig und traten ihrem Peiniger entgegen.

Wieder und wieder sagte Angie den Satz: »Dieses Opfer hat gerade erst entschieden, zum ersten Mal öffentlich auszusagen.«

Die Schleusen hatten sich geöffnet. Doch während wir dort im

Gerichtssaal saßen und Tränen über unsere Wangen liefen, wussten wir noch nicht, dass die Welt allmählich aufmerksam geworden war. Als sich eine Frau nach der anderen erhob, um ihrem Täter entgegenzutreten und die Wahrheit zu sagen, wurde die Gesellschaft auf eine nie da gewesene Art und Weise mit den Auswirkungen sexueller Gewalt konfrontiert. Opfer X hatte jetzt einen Namen. Sie hatte eine Geschichte. Sie hatte eine Stimme. Und sie konnte nicht mehr ignoriert werden.

Gegen Mittag änderte sich die Stimmung im Saal. Die Trauer war noch immer spürbar, zitternde Knie, schluchzende Atmung, doch plötzlich war da noch mehr als Trauer. Da war Kraft.

In den Pausen hagelte es Presseanfragen, den Journalisten wurde langsam bewusst, was hier vor sich ging. Doch erst am Abend, als wir emotional erschöpft nach Hause kamen, begannen wir selbst es richtig zu begreifen.

Noch in der gleichen Nacht schrieb mir Angie, ihr Posteingang und ihr Anrufbeantworter waren mit Nachrichten von Opfern gefüllt. Sie waren bereit auszusagen und fragten, ob es noch eine Chance gäbe. Am nächsten Morgen wussten wir, dass die vier Tage, die ursprünglich für die Anhörung angesetzt waren, nicht ausreichen würden. Wir befürchteten, dass die Journalisten nach dem ersten Gerichtstag das Interesse verlieren würden, da sie bereits genügend Material für eine Story hatten. Das hätte bedeutet, dass die Stimmen der anderen Frauen eine geringere Reichweite gehabt hätten. Doch in der Mittagspause des zweiten Tages kamen einige Journalisten zu mir und sagten: »Ich habe meine Redaktion angerufen … Wir haben um die Erlaubnis gebeten, bis zum Schluss dabeizubleiben … Wir *müssen* hier sein.« Und sie waren da.

Jeden Morgen erschienen wir mit Kaffee oder Tee in der Hand in der eisigen Kälte vor dem Gerichtsgebäude und warteten in einer langen Schlange im beißenden Wind, um die Sicherheitskontrollen zu passieren. Jeden Morgen schleppten die Kamerateams und Journalisten ihre Ausrüstung an und stellten Zelte und Wagen vor dem Gebäude auf, um unsere Aussagen zu übertragen. Jeden Tag setzte ich mich mit Jacob, meiner Mutter oder meiner Schwester hin, um das zu tun, wonach ich mich sechzehn Jahre lang gesehnt hatte: Ich lernte die Opfer kennen, die vor und nach mir kamen. Fast alle von ihnen waren Larry erst dann zum Opfer gefallen, nachdem Larissa 1997 bereits die erste bekannte Meldung gemacht hatte. Jede Geschichte zeugte vom Mut dieser Frauen und von den Folgen, die es haben kann, wenn einem Betroffenen nicht zugehört und geglaubt wird. Wäre Larissas Anzeige ernst genommen worden, hätten fast alle von uns nicht hier sein müssen.

Als ich gerade dachte, dass mich nichts mehr überraschen könnte, erfuhren wir, dass Larry eine sechsseitige, eng gedruckte Rede geschrieben hatte, in der er sich beklagte, wie schwer seine Lage sei. Die Richterin las Teile daraus vor.

»Ich bin sehr besorgt darüber, ob ich geistig in der Verfassung bin, den Zeuginnen in den nächsten vier Tagen gegenüberzutreten«, schrieb er und bezeichnete seine Anhörung als »viertägigen Medienzirkus zur Urteilsverkündung«.

Die Richterin kannte die Gefühle der Opfer und brachte sie zum Ausdruck, als sie sich an Larry wandte. Zuerst nahm sie seine Beschwerde über die Medien ins Visier. Die Presse hatte diesen Fall von Anfang an verfolgt, war es da überraschend, dass sie auch heute da war, um weiter darüber zu berichten? Sie wartete, bis er antwortete.

»Nein«, seufzte Larry.

Hatten seine Berater festgestellt, dass er aus gesundheitlichen Gründen ein Entgegenkommen des Gerichts benötigte?

Nein … nein, hatten sie nicht.

Dann wurde sie ganz unverblümt und direkt. »Sie haben diese

Anhörung nicht mir zuzuschreiben, sondern sich selbst, durch Ihre Taten … Nichts ist so hart wie das, was Ihre Opfer Tausende von Stunden durch *Sie* ertragen mussten.«

Es gab auch Lichtblicke, wie etwa der Tag, an dem der Trainer Tom Brennan eine seiner Athletinnen in den Zeugenstand begleitete. Er zeigte der Welt, wie es aussah, wenn ein Erwachsener in korrekter Weise auf Missbrauchsvorwürfe reagierte.[31] Fast hätte ich geweint, als Tom erklärte, dass er ein langjähriger Freund von Larry gewesen war – sogar ein Kollege. Larry war nach dem Studium sein Betreuer gewesen. Seit ich an die Öffentlichkeit gegangen war, hatte Tom die Berichte gehört. Und er hörte zu. Obwohl er Larrys Freund und Kollege war, ging er auf die Sportlerinnen zu, denen er nahestand, und fragte sie, ob sie missbraucht worden seien. Als sie es verneinten, ging Tom noch einen Schritt weiter. Er stellte die Fragen, die nötig waren, damit die Opfer das, was ihnen angetan wurde, in Worte fassen und wahrhaben konnten. Hatte Larry bei ihnen das »Verfahren« angewandt, das ich beschrieben hatte? Hatte er Handschuhe getragen? Hatte er ihr Einverständnis gehabt? Und als Tom die schreckliche Realität erfuhr, half er seinen Turnerinnen, sie zu akzeptieren und sich ihr zu stellen. Er half ihnen, Anzeige zu erstatten, begleitete sie in den Gerichtssaal und stand hinter ihnen, während sie sprachen. Dabei brannte eisiger Zorn in seinen Augen. Tom hatte getan, was in den letzten über zwanzig Jahren keine andere Autoritätsperson getan hatte. Er hatte den Mädchen geglaubt und gehandelt.

Wenige Tage später hatte ich einen weiteren Lichtblick. An jenem Morgen ging Jacob zuerst in den Gerichtssaal und kehrte kurz darauf mit einer Neuigkeit zu mir zurück.

»Melody ist da!«, sagte er mit Tränen in den Augen und sofort ging ich an ihm vorbei in die Richtung, in die Jacob mich wies. Melody und ich umarmten uns und weinten zusammen. Sie war die erste Betroffene gewesen, die mich nach dem *IndyStar*-Artikel angerufen hatte, doch sie hatte schon früh darum gebeten, ihren Fall zu den Akten zu legen. Trotzdem war sie damals bereit gewesen, ihre Geschichte vom *IndyStar* veröffentlichen zu lassen, und hatte damit entscheidend dazu beigetragen, Larry zu stoppen. Zudem war sie die Erste gewesen, die Larrys Missbrauch mit seinem Zuhause in Verbindung gebracht hatte, und hatte somit den Fund der Kinderpornografie erst ermöglicht. Nun hatte sie doch den Mut gefunden und war ins Gericht gekommen, um Larry entgegenzutreten.

Brianne, die andere Frau, die mich kurz nach der Veröffentlichung meiner Geschichte kontaktiert hatte – diejenige, die bereits 2004 Anzeige erstattet hatte –, sandte mir eine Kurznachricht, um mir mitzuteilen, dass sie ebenfalls herfliegen würde, um auszusagen.

Dann war da Amanda, das Opfer, das Larry 2014 bei der Polizei angezeigt hatte. Ihr Fall war nur wenige Monate, bevor ich an die Öffentlichkeit gegangen war, abgeschlossen worden. Die Ermittler hatten ihr gesagt, dass sie einfach nur verwirrt sei. Nun hörte die Welt sie endlich reden, endlich wurde ihr geglaubt, dass sie schon damals die Wahrheit gesagt hatte.

An einem der frühen Morgen, als ich gerade vom Parkhaus zum Gerichtsgebäude lief, hörte ich jemanden meinen Namen rufen. Ich wandte mich um und sah die Goldmedaillengewinnerin von 1996, Dominique Moceanu, und ihren Ehemann Mike auf mich zukommen. Dominique wusste, wie es war, den Mund aufzumachen und beschimpft oder ignoriert zu werden. Sie und Mike wollten uns die Unterstützung geben, die sie selbst nie bekommen hatte. Auch mehrere andere Olympiateilnehmerinnen und Spitzenturnerinnen, die sich zu den Opfern bekannt hatten, reichten entweder Erklärungen ein oder kamen selbst zur Anhörung. Jamie

Dantzscher, Jeanette Antolin, Mattie Larson, Jordyn Wieber und Aly Raisman kamen eingeflogen, um sich ihrem Peiniger zu stellen und den Institutionen die Stirn zu bieten, die seinen Missbrauch so lange ermöglicht hatten.

Jeden Abend kehrten Jacob und ich erschöpft ins Haus meiner Eltern zurück. Und jeden Abend gegen dreiundzwanzig Uhr schrieb mir Angie: »Morgen noch nicht.« Zu Beginn der Anhörung hatte ich eine ungefähre Vorstellung gehabt, wann ich die Abschlusserklärung abgeben würde, aber schon ab dem zweiten Abend machte es der beispiellose und kontinuierliche Strom von Opfern unmöglich, es irgendwie abzuschätzen. Wir hatten einfach keine Ahnung, was jeder neue Tag bringen würde. Trotzdem sah die Welt weiterhin zu, was wir nicht erwartet hätten. Und während sie es tat, kam allmählich die Wahrheit ans Licht.

John Gedderts Jähzorn und die volle Bandbreite seines Missbrauchs wurden aufgedeckt. Es wurde bekannt, dass er Turnerinnen vom Reck fallen ließ, sie in die Gerätschaften schubste oder sie damit bewarf.[32] Wichtige Führungskräfte von *USAG* und der *MSU* begannen zurückzutreten. Journalisten veröffentlichten Berichte darüber, wie die Opfer jahrelang immer wieder zum Schweigen gebracht worden waren. Eine immer größer werdende Flutwelle begann sich aufzutürmen.

Am Wochenende machten wir eine Pause. Es war eine willkommene Abwechslung, auszuschlafen und Zeit mit den Kindern zu verbringen. Ich hatte es inzwischen aufgegeben, an meiner Aussage zu arbeiten.

»Im Grunde habe ich schon alles gesagt«, sagte ich zu Jacob. Ich brauchte nicht mehr zu beschreiben, was Larry getan hatte. Ich hatte meinen Missbrauch und alles, was damit zusammenhing, in den letzten anderthalb Jahren fast täglich diskutiert. Ich musste Larry auch nichts mehr von den Auswirkungen erzählen, die sein Missbrauch auf mich gehabt hatte. Unter Eid hatte ich bereits alles ausgesagt, was zu sagen war. Außerdem hatte er mein Tagebuch gelesen, jedes Wort. Was war noch übrig?

Am Sonntagabend schrieb Angie mir endlich, dass wir *ziemlich sicher* am Mittwoch, den 24. Januar, fertig werden würden. Es war geplant, dass Sterling, Kaylee und ich die Anhörung abschließen sollten, danach würde die Richterin ihr Urteil verkünden. Ich wusste, dass ich es nun nicht länger aufschieben konnte, meine Aussage zu schreiben. Also setzte ich mich an jenem Abend in mein altes Schlafzimmer und wickelte mich in eine Decke ein. Das Zimmer war dunkel und ruhig, Ellianna schlief neben mir im Kinderbett.

In dem Augenblick, als ich zu tippen begann, war es, als würde sich ein Damm in mir öffnen.

NEUNUNDZWANZIG

Am Mittwochmorgen, den 24. Januar 2018, versammelten wir uns zum letzten Mal in der bitteren Kälte vor dem Gerichtsgebäude. Einmal mehr warteten wir mit anderen Opfern, Eltern und Nachrichtenteams in der Schlange vor der Sicherheitskontrolle. Die Stimmung war immer noch angespannt, die Trauer allgegenwärtig. Aber die Kraft, die von dem Moment an aufgekeimt war, als Kyle am ersten Tag zu sprechen begonnen hatte, war immer weiter gewachsen. Es lag Erwartung in der Luft, die Hoffnung, dass es bald vorbei sein würde und dass Larry ein Urteil erhalten würde, welches sicherstellte, dass wir das hier nie wieder tun mussten.

Sterling machte an jenem Morgen den Anfang. Ihre starke Stimme erklang klar und kraftvoll. Ich staunte darüber, wie weit wir seit unseren Tagen in der Turnhalle gekommen waren. Nun wurden wir durch eine Erfahrung wieder vereint, die wir nie hätten teilen sollen. Doch aus der Dunkelheit wuchs eine schöne Freundschaft und nahe Verbindung heran.

Als später Kaylee aufstand, um zu sprechen, weinte sie. Es steckte so viel hinter diesen Tränen, so viel, wofür sie bereits gekämpft hatte. Doch an jenem Tag wurde ihre Stimme stark und fest, während sie sprach.

»Letztendlich hast du einen entscheidenden Fehler gemacht, Larry«, sagte sie zu ihm. »Du hast den Verstand, die Kraft und den Willen deiner Opfer unterschätzt … Aber letzten Endes wurden wir stark genug, um dich zu besiegen. Nicht eine nach der anderen, sondern alle zusammen, als eine Armee von Opfern.«

Ich umarmte Kaylee, als sie zu ihrem Stuhl zurückging, und war stolz auf die Kriegerin, die schon so lange Zeit in ihr geschlummert hatte. Sie hatte recht; zusammen hatten wir es geschafft.

Dann, endlich, war ich an der Reihe. Angie stellte mich der Richterin vor und ich musste daran denken, was sie und Andrea alles für uns getan hatten. Sie waren die ersten Menschen außerhalb meiner Familie gewesen, die mit mir geweint hatten. Die Ersten, die gesagt hatten: »Sie verdienen eine Stimme«, auch dann noch, als unsere Anklagen fast fallengelassen wurden. Die Ersten, die unsere Anzeigen entgegengenommen hatten, die Ersten, die gesagt hatten: »Wir werden für jede Einzelne kämpfen.« Dank ihnen, und dank den Journalisten im Gerichtssaal, die sich anderthalb Jahre lang hartnäckig um die Wahrheit bemüht und sie erzählt hatten, waren wir so weit gekommen. Und nicht zuletzt dank der Stärke eines jeden Opfers, das bereit gewesen war zu sprechen.

Jacob flüsterte: »Ich liebe dich«, und ich spürte die tiefe Bedeutung seiner Worte. Ich dachte darüber nach, wie treu er mich *wirklich* geliebt hatte – mehr als irgendjemand ahnen konnte.

Dann ging ich zum Mikrofon und begann mit meiner Aussage.

> Zunächst möchte ich Ihnen, Richterin Aquilina, dafür danken, dass Sie uns allen die Chance gegeben haben, unsere Stimmen zurückzugewinnen, die uns vor so langer Zeit genommen worden waren …
> Unser Strafrechtssystem verfolgt zwei Hauptziele, Euer Ehren – das Streben nach Gerechtigkeit und den Schutz der Unschuldigen …
> Das Urteil, das heute verhängt werden wird, wird eine Botschaft durch das ganze Land senden. Eine Botschaft an jedes Opfer und eine Botschaft an jeden Täter …

> Ich möchte Sie daran erinnern, dass es eine übergeordnete Frage gibt, die Sie berücksichtigen sollten, wenn Sie entscheiden, wie Sie die beiden Ziele dieses Gerichts erreichen wollen. Es ist die gleiche Frage, die ich Richterin Neff zu bedenken gab, bevor sie ihr Urteil fällte: Wie viel ist ein kleines Mädchen wert? Wie viel ist eine junge Frau wert?

Als ich mit diesen ersten Worten begann, kamen mir die Worte des Abolitionisten William Wilberforce in den Sinn: *»Sie mögen sich zwar dafür entscheiden wegzusehen, aber Sie werden nie wieder behaupten können, nichts davon gewusst zu haben.«* [33] Voll leidenschaftlicher Empörung über das Übel der Sklaverei und mit einer unerschrockenen Hingabe, sie zu beenden, war Wilberforce 1789 im Britischen Parlament aufgestanden und hatte in unerschütterlichen, bildlichen Details das Elend von Rassismus und Sklavenhandel beschrieben. Er redete stundenlang. Seine Worte standen in einem krassen Kontrast zu dem kunstvollen Gebäude und dem sterilen, hochmütigen Gehabe, das normalerweise diese Kammern erfüllte. Er zwang die bequeme Elite, sich mit dem Preis ihrer Gleichgültigkeit auseinanderzusetzen. Der Schrei meines Herzens war der gleiche: die Ausrede der Unwissenheit zu beseitigen. Die Welt sollte nie wieder sagen können: »Wir haben es nicht gewusst.«

Als Nächstes beschäftigte ich mich mit der Frage, die so viele verwirrt gestellt hatten: »Wie konnte das passieren?« Ich spürte Wut in mir aufsteigen, während ich sprach. Schon seit siebzehn Monaten stellte ich die Fragen, die ich nun erneut wiederholte.

War dies die *richtige Art*, auf Vorwürfe wegen sexueller Gewalt auf dem Campus der *MSU* zu reagieren? Ich fragte es wieder und wieder und zeigte dabei jedes einzelne bekannte institutionelle Versagen auf. Jedes einzelne Schweigen, jede Schuldzuweisung, jede verharmlosende Reaktion. War das richtig gewesen? Ich nannte die Opfer, von denen ich wusste, dass sie Larry schon vor Jahren gemeldet hatten. Ihr Mut war ein Vorbild für alle.

Was ich nicht wusste war, dass *USAG* zu der Zeit, als Larry mich missbrauchte, systematisch Berichte über sexuelle Gewalt durch ihre Trainer in einem Aktenschrank begrub, statt sie zur Anzeige zu bringen. Auf diese Weise schufen sie eine Kultur, in der Sexualstraftäter wie Dr. Nassar und viele andere Mitglieder der Organisation, selbst hochrangige Trainer, Kinder sexuell missbrauchen konnten, ohne Angst zu haben, erwischt zu werden. Sogar unsere Olympiateilnehmerinnen waren betroffen.

In dieser Geschichte ging es um so viel mehr als nur um Larry. Und die Stimmen, die diese Flutwelle ins Rollen gebracht hatten, waren so viel mehr als nur meine. Eine dieser Stimmen gehörte Becca. Sie saß an jenem Tag schweigend im Gerichtssaal, doch ihre Anwesenheit bedeutete mir sehr viel. Auch sie war einem Serientäter zum Opfer gefallen – einem Trainer von *USAG*, den man von Turnverein zu Turnverein hatte ziehen lassen und der überall kleine Mädchen missbraucht hatte. Sie war eine der Ersten gewesen, die sich beim *IndyStar* gemeldet hatte.[34] Durch sie konnten die Journalisten den Nachrichtenartikel verfassen, der mich dazu veranlasst hatte, ebenfalls an die Öffentlichkeit zu gehen.

Schließlich begann ich, dem Gericht die Auswirkungen zu erklären, die Larrys Missbrauch auf mein Leben gehabt hatte, wie er mich verfolgt hatte. Ich hatte die Anweisung bekommen, *alles* aufzuzählen, was ich durch den Missbrauch verloren hatte – und das tat ich auch.

> Mein Einsatz für die Opfer von sexueller Gewalt – etwas, was mir sehr wichtig war –, kostete mich meine Kirchengemeinde und unsere engsten Freunde drei Wochen bevor ich Anzeige erstattete. Ich blieb allein und isoliert zurück … Als ich an die Öffentlichkeit ging, wurde mein Missbrauch von vielen als Argument gegen mich verwendet.

Schon seit über einem Jahrzehnt weigerte ich mich, mich durch meinen Missbrauch definieren zu lassen. Aber andere erwiesen mir nicht den gleichen Gefallen. Sobald die Leute davon erfuhren, sahen sie mich nicht mehr in erster Linie als Gemeindemitglied, Anwältin oder Mutter – sie sahen mich als ein Opfer sexueller Gewalt. Wenn ich eine fundierte Meinung über Missbrauch äußerte, wurde ich aufgrund meiner Vorgeschichte sofort als »emotional«, »verletzt« oder »ihre eigenen Erfahrungen projizierend« abgestempelt, wenn auch oft nicht mit böser Absicht.

Zu wissen, dass die meisten – selbst die wohlmeinendsten – so über mich dachten, war einer der schmerzhaftesten Aspekte dieser Erfahrung.

> Ich war Lügen und Angriffen auf meinen Charakter ausgesetzt, sogar in aller Öffentlichkeit, wie mich zum Beispiel Rechtsanwältin Shannon Smith angriff, als ich unter Eid aussagte. Mir wurde vorgeworfen, auf Ruhm und Aufmerksamkeit aus zu sein und die Geschichte erfunden zu haben, um an Geld zu kommen.
> Euer Ehren, da diese Angriffe auf meinen Charakter sehr öffentlich verübt wurden und es Aufzeichnungen davon gibt, würde ich gerne die Gelegenheit nutzen, die Dinge kurz richtigzustellen.

Ursprünglich hatte ich nicht beabsichtigt, Shannon direkt zu erwähnen. Sie war nach den ersten Tagen der Opferaussagen nicht mehr vor Gericht erschienen. Doch als Bailey, ein weiteres Opfer, ihre Erklärung abgegeben und ihre Unzufriedenheit darüber ausgedrückt hatte, wie Shannon mit dem Fall umgegangen war, hatte eine von Larrys Anwältinnen sie unterbrochen. Offenbar verfolgte Shannon die Vorgänge aus der Ferne mit, denn ich hatte später erfahren, dass sie es war, die ihre Kollegin beordert hatte, Einspruch gegen Baileys Aussage zu erheben. Und damit nicht genug, die noch anwesende Anwältin sollte darauf bestehen, dass Angie den Rest von uns anwies, nicht mehr über das Vorgehen der Verteidigung zu diskutieren. Die Richterin hatte Bailey dennoch unbeirrt fortfahren lassen.

Aber ich hatte in jenem Moment entschieden, dass ich Bailey nicht im Stich lassen würde. Ich würde sie unterstützen, auch wenn es noch eines der letzten Dinge war, die ich mit meiner Aussage erreichen würde.

Nach wie vor blieb ich sachlich, zog keine Schlussfolgerungen und startete keine Angriffe. Stattdessen berief ich mich auf öffentlich bekannte Fakten aus den Vorverhandlungen, um auf die Vorwürfe, die Shannon gegen mich erhoben hatte, zu reagieren.

Was die beiden Frauen betrifft, die an jenem Tag im Gerichtssaal versuchten, durch ihre Fragen oder Antworten zu kommunizieren – Ms. Shannon Smith und ich –, würde ich gerne anmerken, dass nur eine von uns mit ihrem Handy Fotos vom Gerichtssaal machte. Nur eine von uns posierte für die Presse und sagte – ich zitiere: »Ich glaube, ich sollte ›*Cheese*‹ sagen!« Und nur eine von uns beiden verdiente an jenem Tag Geld mit ihrem Erscheinen vor Gericht.

Ich sah, wie Shannons Kollegin sich erhob, um etwas dagegen einzuwenden. »Ich habe nicht das Bedürfnis, dazu noch etwas zu sagen«, unterbrach ich sie. »Ich glaube, ich habe mich klar ausgedrückt.«

Dann wandte ich mich an Larry und sprach ihn direkt an.

> Die emotionalen und körperlichen Folgen Ihres Missbrauchs waren verheerender, als die meisten Menschen es sich vorstellen können …
> Aber ich möchte, dass Sie verstehen, warum ich die Entscheidung getroffen habe hierherzukommen, obwohl ich ganz genau wusste, was es mich kosten würde. Ich wusste auch, wie gering meine Erfolgschancen waren. Aber ich tat es, weil es das Richtige war. Es war das Richtige, unabhängig von alldem, was es mich kostete. Und durch genau das kann ich mich am weitesten von Ihnen distanzieren: indem ich mich täglich für das *Richtige* entscheide, statt das zu tun, was ich *will*.

So viele Nächte hatte ich wach gelegen, und die Trauer hatte mich niedergedrückt. Manchmal hatte ich mich gefragt: *Warum komme ich einfach nicht darüber hinweg?* Aber irgendwann wurde mir klar, dass mein Leid eine Erinnerung daran war, dass das, was Larry getan hatte, das Gegenteil von allem Schönen im Leben war. Meine Trauer war eine normale Reaktion auf das, was er mir gestohlen hatte, und erinnerte mich daran, dass ich mich trotzdem für das Gute und das Wahre entscheiden konnte, so schwierig es auch oft sein mochte. Nein, es war nicht einfach, aber es war *richtig*.

> Sie sind zu einem Mann geworden, der von selbstsüchtigen und perversen Wünschen beherrscht ist. Zu einem Mann, der durch seine tägliche Entscheidung definiert wird, diese

Selbstsucht und Perversion immer wieder aufs Neue auszuleben. Sie haben sich entschieden, Ihren eigenen Begierden nachzugehen, unabhängig davon, was es andere kostete. Und das Gegenteil von dem, was Sie getan haben, ist für mich: hingebungsvoll zu lieben, egal was es mich kostet.

So viele Nächte hatten Jacob und ich im Dunkeln gesessen und uns gefragt: »Wie wird man wie Larry? Was macht einen Menschen zu dem, was Larry ist?« Es gab Theorien, aber niemand kannte wirklich die Antwort. Ich wusste nur eins: Larry war nicht eines Morgens plötzlich als Seriensexualstraftäter und Pädophiler aufgewacht. Was immer geschehen war, geschah schrittweise. Eine kleine Entscheidung nach der anderen. Eine Weigerung, sich vom Bösen abzuwenden, eine Entscheidung, die eigene perverse Neugier zu stillen. Ein Versuch, zu sehen, wie weit er gehen konnte. So viel war sicher – als Larry sich zum allerersten Mal Kinderpornografie ansah oder ein Mädchen missbrauchte, ahnte er nicht, dass er sich eines Tages als einer der schlimmsten bekannten Pädophilen aller Zeiten vor Gericht wiederfinden würde.

Er traf eine falsche Entscheidung und redete sich ein, dass es nicht schlimm wäre. Er wusste nicht, was aus ihm werden würde, während eine falsche Entscheidung, eine Tat auf die andere folgte, ein perverser Gedanke auf den nächsten.

Ich war nicht Larry, aber auch ich hatte Entscheidungen zu treffen. Und so wie Larrys Entscheidungen, standen auch meine nicht isoliert da. Sie stellten die Weichen für meine Zukunft. Sie legten einen Weg fest. Gedanke um Gedanke, Tat um Tat veränderten und bestimmten meine Entscheidungen, wer ich war und wer ich sein würde. Es ging darum, sich für das Richtige zu entscheiden. Und meine Motivation dahinter sollte Liebe sein. Echte, aufopferungsvolle Liebe existiert jedoch nicht nur in der Theorie. Sie hat eine

Grundlage, ein Fundament, das unabhängig von menschlichen Meinungen oder Wahrnehmungen ist.

> Bei den ersten Anhörungen haben Sie Ihre Bibel in den Gerichtssaal mitgebracht und gesagt, dass Sie um Vergebung beten. Auf dieser Grundlage appelliere ich nun an Sie. Wenn Sie die Bibel, die Sie bei sich tragen, wirklich gelesen haben, kennen Sie die Definition von wahrer Liebe. Die aufopferungsvolle Liebe, die in der Bibel beschrieben wird, ist Gott selbst. Gott liebte die Menschen so sehr, dass er alles aufgab, um die Strafe für die Sünden zu zahlen, die er nicht begangen hatte. Mit seiner Hilfe lernen wir auch selbst, auf diese Weise zu lieben.

Und dann sagte ich die eine Sache, die ich Larry noch sagen musste. Die eine Sache, für die ich immer noch betete.

> Sie haben gesagt, dass Sie Gott um Vergebung bitten. Aber wenn Sie die Bibel gelesen haben, die Sie bei sich tragen, wissen Sie, dass Sie keine Vergebung erlangen, indem Sie gute Dinge tun. Gute Taten können das, was Sie angerichtet haben, nicht rückgängig machen. Vergebung kommt durch Buße. Das bedeutet, dass Sie sich Ihren Taten stellen und sie sich eingestehen müssen – in all ihrer absoluten Verderbtheit und ihrem Grauen. Ohne Linderung, ohne Entschuldigung. Ohne so zu tun, als könnten gute Taten das, was Sie heute in diesem Gerichtssaal gesehen und gehört haben, auslöschen. Die Bibel, die Sie bei sich tragen, sagt, dass es besser ist, einen Mühlstein um den Hals gebunden zu bekommen und in einen See geworfen zu werden, als auch nur *ein* Kind zum Stolpern zu bringen.

Tränen stiegen mir in die Augen, als mir all die Kindergesichter, die ich in den letzten Tagen gesehen hatte, durch den Kopf gingen.

> Und Sie haben *Hunderten* Kindern Schaden zugefügt. Die Bibel, die Sie bei sich tragen, spricht von einem letzten Gericht, in dem Gottes ganzer Zorn über Menschen wie Sie kommen wird. Sollten Sie irgendwann wirklich erkennen, was Sie angerichtet haben, und sich Ihren Taten stellen, wird die Schuld erdrückend sein.

In den vorangegangenen Anhörungen hatte ich so oft gesehen, wie Larry auf dem Zeugenstuhl saß und den Kopf hängen ließ. Ich sah Tränen über sein Gesicht laufen, sah ihm an, dass es ihn wirklich belastete, dass das Böse, das er getan hatte, nicht nur ihm, sondern der ganzen Welt vor Augen geführt wurde. Und ich sah seinen inneren Kampf, sah den harten Gesichtsausdruck, der kam und ging, während er mit sich selbst rang. Ich musste an den Brief denken, den er der Richterin geschickt hatte – voller Selbstmitleid und Selbstbetrug. Er belog sich selbst darüber, wer er wirklich war. Offensichtlich hatte er das Bedürfnis, so zu tun, als wäre das, was er getan hat, gar nicht so schlimm, irgendwie zu rechtfertigen oder entschuldbar.

Und so oft in den letzten Tagen hatte ich mich gefragt: *Was, wenn ich das wäre?* Ich war nicht Larry, absolut nicht! Aber was, wenn ich auf diesem Zeugenstuhl sitzen würde und jede Person, die ich je mit einem gedankenlosen Wort, einer falschen Entscheidung oder einer Lüge verletzt hatte, vor mir stünde? Was, wenn jeder böse Gedanke, den ich je gehabt hatte, der Welt vorgeführt würde? Was, wenn ich über jede falsche Entscheidung, die ich je getroffen hatte, vollkommen ehrlich mit mir selbst sein müsste, ohne sie zu verharmlosen, ohne sie abzumildern, ohne die guten

Taten zu berücksichtigen, die ich getan hatte, um meine Schuldgefühle zu verbergen? Der gebrochene Mann, der vor mir saß, war ein deutliches Bild für die Macht des Selbstbetrugs und für unser aller Bedürfnis, uns irgendwie von unserer Schuld zu befreien. Jeder von uns hegt in seinem Innern den Wunsch, seine falschen Entscheidungen zu verharmlosen oder zu vertuschen. Wir alle laufen Gefahr, uns selbst darüber zu belügen, wer wir sind oder was wir getan haben, auch wenn unsere Taten im Vergleich zu anderen ganz »harmlos« erscheinen.

Das ist es, was das Evangelium von Jesus Christus so schön macht. Er schenkt Gnade und Hoffnung und Erbarmen, wo nichts von alldem zu finden ist.

Ich atmete tief durch und sagte:

> Ich bete dafür, dass Sie das erdrückende Gewicht Ihrer Schuld spüren, damit Sie eines Tages Buße tun und wahre Vergebung von Gott empfangen. Und auch wenn Sie Gottes Vergebung viel dringender benötigen als meine, biete ich Ihnen auch meine an.

Ich erinnerte mich an all die unzähligen Nächte, die ich weinend im Keller verbracht hatte.

An das Kreisdiagramm, das ich gezeichnet hatte, und an die tägliche Entscheidung, mich von der Dunkelheit auf das Licht hinweisen zu lassen. Denn wo immer das Gute existiert, gibt es Hoffnung.

> Im Laufe dieses Prozesses habe ich mich an folgendes Zitat von C. S. Lewis geklammert: »Mein Argument gegen Gott lautete, dass das Universum so grausam und ungerecht erscheint. Aber woher nahm ich eigentlich diese Vorstellung

von gerecht und ungerecht? Man nennt ja schließlich keine Linie krumm, wenn man nicht eine Vorstellung von einer geraden Linie hat. Womit verglich ich eigentlich das Universum, als ich es ungerecht nannte?«[36]

Dr. Nassar, ich kann das, was Sie getan haben, als böse und ungerecht bezeichnen, weil es genau das war. Und ich *weiß*, dass es böse und ungerecht war, weil die gerade Linie existiert. Die gerade Linie ist nicht von Ihrer Wahrnehmung oder der Wahrnehmung anderer Menschen abhängig. Das bedeutet, dass ich ohne Verharmlosung oder Abschwächung die Wahrheit über meinen Missbrauch sagen kann. Ich kann ihn als böse bezeichnen, weil ich weiß, was gut ist.

Und aus diesem Grund bemitleide ich Sie. Denn wenn ein Mensch die Fähigkeit verliert, Gut und Böse zu unterscheiden … kann er nicht mehr erkennen und genießen, was wirklich gut ist … Sie haben sich von allen wirklich schönen und guten Dingen in dieser Welt, die Ihnen Freude und Erfüllung hätten bringen können und sollen, abgewandt. Und ich bemitleide Sie dafür.

So oft, als ich in den letzten zwei Jahren traurig über das Ausmaß von Larrys Perversion gewesen war, hatte ich Zuflucht und Ruhe in den schönen und guten Dingen gefunden. In der vertrauenswürdigen, hingebungsvollen Liebe meines Ehemanns. In der Heiligkeit wahrer Intimität. In der Sicherheit meines Vaters und meiner Mutter. Wenn ich um die Kinder in den Videos auf Larrys Computer weinte, schloss ich meine eigenen Kinder in die Arme und sog die unbeschreibliche Freude in mir auf, ihre Zuflucht zu sein. Ich spürte, wie sie sich in meinen Armen entspannten. Ich erkannte, was für ein Geschenk es ist, *sicher zu sein*. Ich erinnerte mich an die Zeit, in der ich als Trainerin gearbeitet hatte. Es war großartig gewesen, Kindern helfen zu können, mehr Selbstvertrauen zu entwickeln, sich über ihre Fortschritte zu freuen, ihre eigenen Stärken herauszufinden und ihr Wachstum zu sehen.

In meinem ersten Interview mit dem *IndyStar* hatte ich Larrys viele Fähigkeiten erwähnt sowie das Vertrauen und die Zuneigung, die er gewonnen hatte. Ich hatte meine Traurigkeit darüber zum Ausdruck gebracht, indem ich sagte: »Was für eine Verschwendung«. Und das war es.

Er hätte alles sein können, was er vorgab zu sein. Er hätte alles *haben können, von dem wir dachten, dass er es hatte.* Das Ansehen, den Ruf, die aufrichtige Zuneigung und die große Dankbarkeit von so vielen Menschen. Eine gute Ehe. Die Liebe seiner Kinder. *Er hätte alles haben können.* Stattdessen hatte er wieder und wieder der Lüge geglaubt, dass all das nicht genug war. Er hatte sich immer wieder dafür entschieden, dass er noch etwas anderes brauchte. Und die Tatsache, dass er etwas brauchte – oder einfach nur wollte –, hatte ihm gereicht, um es entschuldbar zu machen. Da er die Fähigkeit verloren hatte, sich an dem zu erfreuen, was richtig und gut war, blieben ihm nur noch Perversionen, die ihn niemals hätten zufriedenstellen können. Er hatte sich von den guten und schönen Dingen, die wirkliche Erfüllung brachten, abgewandt, und so war ihm *nichts* geblieben.

Dadurch, dass Sie die Fähigkeit verloren haben, das Böse beim Namen zu nennen, es weder abzuschwächen noch zu verharmlosen, haben Sie die Fähigkeit verloren, Liebe und Güte zu erkennen und zu genießen. Sie haben sich selbst ein Gefängnis gebaut, das viel, viel schlimmer ist als jedes Gefängnis, in das ich Sie je bringen könnte.

Als ich darüber nachdachte, was Larry verloren hatte, spürte ich tiefe Traurigkeit in mir aufsteigen.

> Und ich bemitleide Sie dafür.

Zugleich war die Liebe jedoch auch das, was den Vorgang so schmerzhaft machte.

> In vielerlei Hinsicht, Euer Ehren, war es für mich am schlimmsten, zu erleben, wie viele Frauen sich bei der Polizei gemeldet haben. Bei jedem anonymen Opfer sah ich meine kleinen Töchter und die kleinen Mädchen von damals vor mir. Die kleinen Mädchen, die in Dr. Nassars Praxis liefen und die ich nicht retten konnte, weil niemand zuhören wollte …

Ich konnte die Tränen kaum zurückhalten. Der Gerichtssaal war mit diesen Frauen gefüllt, um die ich so oft in meiner Küche geweint hatte. Damals hatte ich nicht gewusst, ob ich sie jemals treffen würde.

> Ich weinte um sie, und fragte mich bei jeder Träne: Wer wird diese kleinen Mädchen finden? Wer wird ihnen sagen, wie viel sie wert sind? Wie kostbar sie sind und wie sehr sie Gerechtigkeit und Schutz verdienen? Wer wird diesen kleinen Mädchen sagen, dass das, was ihnen angetan wurde, nicht egal ist? Dass sie gesehen und wertgeschätzt werden? Dass sie nicht allein und von jetzt an beschützt werden? … Ich stelle allen Zuhörern dieselbe Frage: Wie viel ist ein kleines Mädchen wert? … Sehen Sie sich im Gerichtssaal um. Erinnern Sie sich an das, was Sie in den letzten sieben Tagen gesehen haben.

Ich flehte alle an: Vergessen Sie nicht! Schauen Sie nicht weg! Denken Sie an diesen Augenblick, wenn Sie das nächste Mal vor einer Entscheidung stehen, die schwierig, aber richtig ist.

> *Das ist das Ergebnis*, wenn sich jemand dafür entscheidet, seine eigenen selbstsüchtigen Wünsche über die Sicherheit und Liebe zu seinen Mitmenschen zu stellen. Und es sollte uns allen eine Warnung sein.
> *Das ist das Ergebnis*, wenn erwachsene Autoritätspersonen nicht auf Meldungen von sexueller Gewalt reagieren.
> *Das ist das Ergebnis*, wenn Autoritätspersonen nicht zuhören, wenn sie Freundschaften über die Wahrheit stellen und es versäumen, die Personen zur Rechenschaft zu ziehen, die einen Missbrauch ermöglicht haben.
> *Das ist das Ergebnis*, wenn Institutionen eine Umgebung schaffen, in der ein Sexualstraftäter sorglos und uneingeschränkt gedeihen kann.
> *Das ist das Ergebnis.*

Ich dachte an all die Tränen, die im Laufe der letzten Woche vergossen worden waren, von jeder meiner »Schwestern« und jedem verzweifelten Elternteil. Noch immer spürte ich ihre Wut und Verzweiflung. Aber auch ihre Kraft.

> Das Ergebnis ist ein Gerichtssaal voller Opfer, die tiefe seelische Verletzungen haben. Frauen und Mädchen, die sich zusammengeschlossen haben, um für sich selbst einzustehen, weil es sonst niemand tun wollte. Frauen und Mädchen mit Narben, die nie vollständig heilen werden. Aber diese Frauen und Mädchen haben auch beschlossen, die Schuld-

> gefühle und die Scham an die Person zurückzugeben, die sie verdient hat – dem Täter.

Mit jedem einzelnen Wort hatten die Opfer und ihre Familien sich aufgemacht und getan, was niemand hatte tun wollen. Und mit jedem Wort hatten sie zurückgewonnen, wer sie waren.

> Ich hoffe, dass das Entsetzen, das in den letzten sieben Tagen in diesem Gerichtssaal zum Ausdruck kam, jeden Einzelnen dazu motiviert, Verantwortung zu übernehmen, sollte er je versagt haben, ein Kind zu beschützen, in welchem Zusammenhang auch immer. Ich hoffe, dass all jene die unglaublichen Fehler sehen, die zu dieser Woche voller Schmerz und Tränen geführt haben. Und ich hoffe ebenso, dass sie alles daransetzen werden, *es beim nächsten Mal besser zu machen*.

Fast vierzig Minuten nachdem ich aufs Podium gestiegen war, brachte ich meine letzte Bitte vor.

> Richterin Aquilina, ich bitte Sie: Wenn Sie das Urteil für Dr. Nassar festlegen, senden Sie damit die Botschaft, dass diese Opfer *alles* wert sind. Um die beiden Ziele dieses Gerichts zu verwirklichen, bitte ich Sie, die in der Vereinbarung vorgesehene Höchststrafe zu verhängen. Weil diese Opfer *alles* wert sind.

Ich blieb vorne stehen, während die Richterin ein paar freundliche und ermutigende Worte sprach. Dann sammelte ich meine Notizen und warf Larry einen letzten Blick zu. In dem Moment, als ich mich zum Gerichtssaal umwandte, war ich plötzlich überwältigt von dem Geschenk, das uns allen gegeben worden war. Von der Kraft, die wir gemeinsam gefunden hatten. Wir hatten noch viel mehr erreicht, als ich mir je erhofft hatte – und das war jeder einzelnen Stimme zu verdanken, die erhoben worden war.

Auf dem Weg zu meinem Platz umarmte ich die engagierten Frauen, die uns überhaupt erst hierhergebracht hatten. Sie waren die Ersten gewesen, die für mich, für uns alle gekämpft hatten: Angie, Andrea und Robyn. Dann endlich erreichte ich Jacob. Er schlang seine Arme um mich, und ich hatte das Gefühl, mich seit dem 4. August 2016, als ich in meiner Küche sitzend die Schlagzeile vom *IndyStar* gelesen hatte, zum ersten Mal wieder wirklich entspannen zu können. Tiefe Schluchzer schüttelten Jacobs Körper, und ich flüsterte: »Geschafft. Es ist geschafft.« Ich hatte beendet, was ich angefangen hatte.

Larry stand für seine letzte Aussage auf. Ich hörte, wie er Worte der Trauer und Entschuldigung sprach und sich dabei mehrmals an die Armee von Opfern wandte. Er sagte all die richtigen Dinge. Er sackte in genau die richtige niedergeschmetterte Körperhaltung zusammen.

Dann sah ich, wie Richterin Aquilina erneut die unglaubliche manipulative Macht eines Missbrauchstäters entlarvte. »Ich weiß, dass manche sich immer noch fragen: Ist er vielleicht nur so betroffen, weil er erwischt worden ist?«, sagte sie ruhig. Dann holte sie den Brief hervor, den Larry ihr geschrieben hatte, und sagte dem Gericht, dass sie noch mehr daraus vorlesen wollte:

> Die Bundesrichterin ist bei ihrem Urteil zu weit gegangen, da ich mich in den staatlichen Fällen für schuldig bekannt hat-

te … Ich wurde zu 60 Jahren verurteilt. Das war weder richtig noch angemessen oder gerecht … Ich habe versucht, eine Gerichtsverhandlung zu vermeiden, um dieser Gemeinschaft, meiner Familie und den Opfern diesen Stress zu ersparen. Und nun sehen Sie, was passiert. … Ich war ein guter Arzt. Meine Behandlungen haben geholfen. Die Patienten, die sich jetzt beschweren, sind dieselben, die mich früher gelobt haben und immer wieder zu mir gekommen sind … Die Medien haben sie davon überzeugt, dass alles, was ich getan habe, falsch und schlecht war. Sie glauben, ich hätte ihr Vertrauen missbraucht. Die Hölle selbst kann nicht wüten wie eine verschmähte Frau.

Ein angewidertes Gemurmel erhob sich im Zuschauerbereich. Opfer, die bei Larrys Entschuldigung noch geschluchzt hatten, hoben jetzt ihre Köpfe. Sie durchschauten nun die sorgfältig formulierten Worte und kunstvoll zum Ausdruck gebrachte emotionale Fassade, die er gerade noch gezeigt hatte.

Richterin Aquilina wandte sich an Larry. »Sie stehen noch nicht einmal zu Ihren Taten«, sagte sie zu ihm.

Dann verurteilte sie ihn zu 40 bis 175 Jahren Haft. Er würde nie wieder einer Frau oder einem Kind schaden können.

Im Laufe der folgenden Tage dachte ich oft daran, was ich Jacob zugeflüstert hatte. »Es ist geschafft.« Als ich es gesagt hatte, wusste ich tief in meinem Innern, dass es nicht wirklich vorbei war.

Als wir den Gerichtssaal verließen, nachdem wir alle unsere Stimmen erhoben hatten, begann der harte Weg der Heilung. Uns selbst zu finden, zu entdecken, wer wir nun waren – in der veränderten Welt, die wir geschaffen hatten –, würde ein langer Prozess werden. Die Institutionen, die Larrys Missbrauch ermöglicht hatten, blieben weiterhin bestehen. Die gesellschaftlichen und gesetzlichen Veränderungen, die wir brauchten, würden nur langsam vonstattengehen.

Aber »Es ist geschafft« stimmte trotzdem. Das Ziel, das ich mir gesetzt hatte – einen Missbrauchstäter zu stoppen und Opfern eine Stimme zu geben –, hatten wir zusammen erreicht. Nein, es war noch nicht das Ende der Geschichte. Aber es war das Ende des Kapitels. Und in vielerlei Hinsicht ging es in diesem Kapitel weniger um ein Beenden als vielmehr um einen Anfang. Den Anfang des Heilungsprozesses. Den Anfang eines neuen Tages, an dem Larry keine Macht mehr hatte. Den Anfang einer Wende, durch die wir unsere Stimmen wiedergefunden hatten.

Gemeinsam hatten wir es geschafft.

Epilog

Wie ich es mir gedacht hatte, war die ganze Arbeit noch nicht getan. Der abgeschlossene Prozess war eine einmalige Gelegenheit für Veränderungen, und wir mussten sie nutzen.

Kurz nach meiner Aussage hatte ich eine Flut von Medieninterviews und privaten Treffen zu bewältigen. Ich hatte sie schon Tage vorher vereinbart, ohne zu wissen, was sich im Gerichtssaal von Ingham County abspielen würde. Noch am selben Abend saß ich im Präsidentenhaus der *MSU* mit Lou Anna Simon und dem stellvertretenden Gouverneur, Brian Calley, der den Opfern hinter den Kulissen geholfen hatte, lange bevor irgendjemand von seiner Unterstützung wusste. Wir hatten dieses Treffen vereinbart, um darüber zu diskutieren, wie es weitergehen sollte. Doch Präsidentin Simon reichte an jenem Abend ihren Rücktritt ein.

Um dreiundzwanzig Uhr in dieser Nacht stieg ich in ein Flugzeug nach New York City, wo weitere Presseinterviews stattfanden. Am nächsten Tag kehrte ich für ein spätabendliches Treffen mit dem Vorstandsvorsitzenden und einem anderen Vertreter der *MSU* nach Michigan zurück. Sie bekamen feuchte Augen, als ich sie bat, Schritte in Richtung Rechenschaftspflicht und Transparenz zu unternehmen. Ich forderte sie auf, die Missbrauchsopfer nicht mehr als ihre Gegner zu betrachten und den Schaden zu erkennen, den sie jungen Frauen durch ihre fehlende Reaktion zugefügt hatten. Nachdem ich das Treffen verlassen hatte, hörte ich jedoch nie wieder etwas von ihnen.

John Engler, der ehemalige Gouverneur von Michigan, wurde eine Woche später zum Übergangspräsidenten der *MSU* gewählt, trotz der Einwände des Lehrkörpers und der Angestellten, die den Vorstand ermahnt hatten, keinen ehemaligen Politiker einzustellen. Engler lehnte wiederholt Anfragen von Vizegouverneur Calley und anderen Gesetzgebern ab, sich mit mir zu treffen.

Unter enormem Druck bat die *MSU* schließlich den Generalstaatsanwalt von Michigan, die Situation zu untersuchen, um potenzielle Straftaten in Bezug auf den Umgang mit dem Nassar-Skandal aufzudecken. Doch dann hielt die *MSU* unter Berufung auf das Anwaltsgeheimnis entscheidende Informationen zurück, kopierte absichtlich Anwälte in internen Mitteilungen, um sich auf das Anwaltsgeheimnis berufen zu können, und reagierte auf viele Dokumentanfragen des Generalstaatsanwaltes entweder mit Schweigen oder mit einer Flut irrelevanter Dokumente, beispielsweise ihren Richtlinien für den Umgang mit Bettwanzen in den Schlafsälen.[35]

Zum Zeitpunkt dieses Schreibens wurden bereits drei hochrangige Beamte der *MSU* strafrechtlich angeklagt. Der Trainerin Kathie Klages und der Präsidentin der *MSU*, Lou Anna Simon wurde vorgeworfen, dass sie die Ermittler in Bezug auf frühere Warnungen über Larrys Verhalten belogen hatten. Larrys Chef, der *MSU*-Vorstandsvorsitzende William Strampel, wurde wegen strafbarer Fahrlässigkeit bei der Überwachung von Larry und wegen strafbaren Sexualverhaltens gegenüber Medizinstudentinnen angeklagt. Reporter und Ermittler fanden letztendlich heraus, dass die *MSU*-Personalakte Strampels Berichte über sein missbräuchliches und belästigendes Verhalten enthielt, während auf seinem Arbeitscomputer Fotos von nackten *MSU*-Studentinnen und ihren Genitalien gefunden wurden – Bilder, die er laut den Staatsanwälten von den Studentinnen angefordert hatte. Seine Reaktion auf die Vorwürfe gegen Larry und sein Versäumnis, ihn zu beaufsichtigen, ergaben noch mehr Sinn, als diese Details bekannt wurden.[36]

Andere hochrangige Beamte der *MSU* traten zurück, ohne irgendwelche Fehler einzugestehen, und viele der beteiligten Mitarbeiter blieben einfach ohne Sanktionen weiterhin angestellt. Dazu gehörten einige Trainer, denen von Larrys Missbrauch erzählt worden war, Koordinatoren des *Title-IX*-Büros, die ihn sogar entlastet hatten, sowie der Kommissar der *MSU*, der bei der Ermittlung von 2014 entgegen der Anweisung der Staatsanwaltschaft keinen externen medizinischen Experten hinzugezogen hatte.[37] Mehrere Mitarbeiter wurden sogar befördert.

Bisher hat die *MSU* weder die Fragen beantwortet, die ich in meiner Aussage über die Auswirkungen des Missbrauchs gestellt habe, noch einen einzigen Fehltritt eingestanden. Während ich dies schreibe, verweigert die Universität noch immer die Zusammenarbeit mit der Polizei, die Versäumnisse aufzudecken, die Larrys Missbrauch jahrzehntelang ermöglicht hatten, mit dem Argument, keine strafbaren Handlungen begangen zu haben.

Manche der Opfer, vor allem Kaylee und ich, wurden immer wieder von den Leitern von *USAG* und der *MSU* angegriffen. Ein Reporter erzählte mir, dass *MSU*-Sprecher Jason Cody hinter verschlossenen Türen gesagt habe, dass ich nur auf Geld aus sei. Einige Journalisten fanden zudem private E-Mails zwischen John Engler und Führungskräften der *MSU*, in denen spekuliert wurde, dass ich die Opfer mit Schmiergeldern »manipuliert« hätte.[38] Ungefähr zur selben Zeit erhielt ich eine Nachricht von Kaylee und ihrer Mutter, die mich fragten, ob ich mich mit John Engler getroffen hätte. Bei einem privaten Treffen hatte Engler Kaylee gefragt, wie viel Geld sie wolle und ob 250 000 Dollar genug seien. Als Kaylee ihm sagte, dass sie Rechenschaft und Reformen wolle und kein Geld, wiederholte er, dass sie ihm ihre Summe ruhig nennen solle, weil *ich* mich mit ihm getroffen und ebenfalls eine spezifische Geldsumme verlangt hätte.[39] Ich war schockiert, als ich Kaylees Bericht von diesem Gespräch las, und sagte ihr die Wahrheit: Ich hatte ihn nie getroffen und ganz sicher nie Geld verlangt. Öffentlich sagte

Engler bloß, dass seine »Interpretationen und Erinnerungen« an das Treffen von den ihrigen abwichen.[40] Dennoch behauptete die *MSU* in internen E-Mails, Kaylee habe »falsche Informationen« verbreitet, und deutete an, dass Opfer für Geld bereit seien, *alles* zu sagen.[41] Als wir jedoch kurze Zeit später mit dem Schlichtungsverfahren begannen, stimmte das erste Angebot der *MSU* exakt mit dem Betrag überein, den Engler Kaylee laut ihrem öffentlichen Bericht bei ihrem Treffen angeboten hatte.

Wir fanden heraus, dass die *MSU*, während sie sich weigerte, sich mit den Opfern zu treffen, Hunderttausende von Dollars an PR-Unternehmen gezahlt hatte, um die *Social-Media*-Konten von Opfern zu überwachen.[42] Manche Opfer erzählten mir, dass sowohl die *MSU* als auch *USAG* Privatdetektive angeheuert hätten – nicht aber, um zu untersuchen, was es Larry ermöglicht hatte, jahrzehntelang junge Frauen und Mädchen zu missbrauchen, sondern um seine Opfer zu überwachen und in Verruf zu bringen. Eine Frau erzählte mir, dass ihre Exfreunde kontaktiert worden seien, eine andere, dass ein Privatdetektiv ihre Identität als Opfer ihrem Chef preisgegeben habe, und eine dritte berichtete, dass ein Detektiv ihr mit einer Zwangsvorladung gedroht habe, wenn sie ihm nicht die Namen anderer Opfer verraten würde.

Inmitten dieses scheinbar konstanten Ansturms arbeiteten Sterling und ich weiterhin mit einer Senatorin von Michigan zusammen – Margaret O'Brien, einer leidenschaftlichen und erfahrenen Gesetzgeberin, die ich vor mehr als einem Jahrzehnt kennengelernt hatte – an einer Reihe von zehn Gesetzen zur Verbesserung der *Schutzmaßnahmen für Opfer sexueller Gewalt in Michigan*, die zu den schwächsten des Landes gehört hatten.

Im Frühjahr begannen wir mit unseren Bestrebungen im Senat. Dort wurde unser Gesetzespaket verabschiedet, obwohl die *MSU* sich öffentlich dagegen geäußert hatte und John Engler persönlich das Büro des Mehrheitsführers des Senats aufgesucht hatte.[43] Mehrere Zeugen erzählten mir, dass die Diskussion so hitzig geworden sei, dass Engler zu schimpfen und zu schreien begonnen und gefordert hatte, dass die Reformen gestoppt werden sollten. Als ich meine Bedenken über die Haltung von Engler und der *MSU* gegenüber den Opfern zum Ausdruck gebracht hatte, wurde mir von Englers Sprecher gesagt, dass es »unangemessen« für uns sei, uns weiter zu Wort zu melden.[44]

Unser Senatspaket wurde an das Repräsentantenhaus von Michigan weitergeleitet. Während der Aussagen zur Unterstützung der Gesetzesvorlagen baten einige Opfer die Gesetzgeber, sich auf ihre Seite zu stellen, doch die Reaktionen einiger Volksvertreter bei der Befragung waren so hasserfüllt, dass mindestens eine Zeugin unter Tränen den Saal verließ.

An dem Tag, an dem wir den Vergleich mit der *MSU* erzielt hatten, erfuhren wir, dass es die wichtigsten Bestimmungen des Pakets nie aus dem Ausschuss des Repräsentantenhauses schaffen würden, was unserem Gesetzesentwurf praktisch den Todesstoß versetzte. Manche, die glaubten, dass wir nur auf Geld aus wären, sagten, dass wir den Vergleich feiern sollten. Aber stattdessen umarmte ich weinende Opfer, die wissen wollten, wie ihre gewählten Amtsträger so gleichgültig gegenüber Kindern sein konnten. Unsere Einigung wurde erzielt, ohne dass die *MSU* Reformmaßnahmen zustimmte oder irgendein Fehlverhalten eingestand.[45]

Im Laufe der Zeit wurde uns immer deutlicher, wie nahe wir daran gewesen waren, die Gelegenheit zu verpassen, Larry zu stoppen, und wie weit verbreitet institutionelle Korruption ist. Journalisten, die versucht hatten, herauszufinden, was mit der ersten Anzeige geschehen war, die *USAG* 2015 beim FBI eingereicht hatte, erzählten mir, dass etwas nicht stimmte. 2018 kamen E-Mails zum Vorschein, die zeigten, dass Steve Penny sich in seiner Zeit als Präsident von *USAG* zu Drinks mit Jay Abbott traf, dem Spezialagenten, der für das FBI-Außenbüro in Indianapolis zuständig gewesen war und eigentlich gegen Larry hatte ermitteln sollen. Penny informierte Abbott darüber, dass es eine offene Stelle beim US-amerikanischen Olympischen Komitee (*USOC*) gab, worauf Abbott sich für diese Position bewarb und von Penny entsprechend empfohlen wurde.[46] In der Zwischenzeit wurde die FBI-Ermittlung gegen Larry über ein Jahr lang hinausgezögert, währenddessen dieser weiter Kinder behandelte und missbrauchte.[47]

Als ich 2016 Anzeige erstattete und endlich ernsthafte Ermittlungen eingeleitet wurden, beauftragte Penny einen Mitarbeiter von *USAG*, alle Patientenakten verschwinden zu lassen, die in der texanischen Einrichtung untergebracht worden waren, da dort viele amerikanische Spitzenturner trainierten. Niemand weiß, was mit diesen Aufzeichnungen passiert ist. Penny wurde gebeten, während einer Untersuchung vor dem US-Senat auszusagen, doch er verweigerte die Aussage und beantwortete nicht eine einzige Frage. Zum Zeitpunkt dieses Schreibens wurde Penny bereits wegen der Manipulation von Beweismitteln angeklagt, und der Umgang des FBI mit dem Nassar-Fall wird derzeit vom US-Justizministerium untersucht.[48]

Penny hatte sich auch an Bruce Smith gewandt, ein Freund und damaliger Leiter der Ermittlungseinheit für Kindesmissbrauch bei der Stadtpolizei von Indianapolis. Er hatte ihn um Hilfe gebeten, den ersten *IndyStar*-Artikel zu verhindern – den, der mich dazu veranlasst hatte, Anzeige zu erstatten. Laut der Korrespondenz zwischen den beiden bat Penny Smith, ihm zu helfen, »die Story zu zerschlagen«. *»Wir müssen die anderen Quellen niederringen«*, hieß es in einer von Pennys Textnachrichten.[49] Mindestens fünf verschiedene Begebenheiten sind bekannt, bei denen die Strafverfolgungsbehörden Larry hätten stoppen können und *sollen*. Aber niemand hatte es getan – bis Andrea Munford kam.

Anfang 2018 erhielt ich ein Angebot von *USAG*, ihrem Vorstand beizutreten, da das Olympische Komitee einige frühere Mitglieder zum Rücktritt gezwungen hatte. Ich sagte ihnen, dass ich gerne darüber nachdenken würde, sobald sie Schritte in Richtung Rechenschaftspflicht, Transparenz und Fürsorge unternehmen würden. Dabei ging es mir insbesondere um die Turnerinnen, die von Trainern missbraucht worden waren, die *USAG* auch *nach dem Erhalt von Warnungen* weiterhin beschäftigt hatte. Es war das letzte Mal, dass die Leitung von *USAG* mich kontaktierte. Die Organisation hat inzwischen ihren vierten Präsidenten in weniger als zwei Jahren gewählt und Insolvenz angemeldet.

Zusammen mit acht anderen Opfern wurde ich eingeladen, Teil eines Ausschusses zu sein, der am gerichtlichen Insolvenzverfahren teilnahm. Wir neun repräsentierten alle Opfer, die als Mitglieder von *USAG* missbraucht worden waren. Im Februar 2019 nahmen mehrere von uns im Namen des Ausschusses an einer Insolvenzanhörung teil, wo ich die Gelegenheit hatte, Fragen an *USAG* zu stellen. Unter anderem fragte ich, ob die Organisation die Akten geprüft habe, von denen der *IndyStar* in seinem ersten Artikel über missbrauchende Trainer berichtet hatte, und wollte damit sicherstellen, dass mutmaßliche Missbrauchstäter nicht mehr als Trainer arbeiteten. – Nein, sie hatten es nicht getan, war ihre Antwort darauf. Der *USAG*-Leiter, dem ich meine Frage gestellt hatte, sagte, dass er nicht einmal von den Berichten gewusst habe.

Die *MSU*, *USAG* und das Olympische Komitee sind jedoch keine Einzelfälle, wenn es um den Widerstand gegen institutionelle Veränderungen geht. Der Teil meiner Auswirkungserklärung über den Verlust meiner Gemeinde hatte eine Folge, die ich nicht vorhergesehen hatte. Er erregte die Aufmerksamkeit der nationalen Presse, die kurze Zeit später damit begann, die Fehltritte zu untersuchen, die Kirchengemeinden im Umgang mit Missbrauch oft machen. Einige bekannte evangelikale Gruppen, die meine Aussage über die Auswirkungen des Missbrauchs wegen ihrer Evangeliumsbotschaft weiterverbreitet hatten, distanzierten sich, als ich fortfuhr, über die Skandale und schwerwiegenden Vorwürfe zu sprechen, die gegen berühmte Leiter und Glaubensgruppen erhoben wurden – die Gemeinschaft von Christen, die ich als meine eigene betrachte. Schweren Herzens sah ich erneut, dass jeder die Zurechtweisung schätzt, solange sie sich an diejenigen »außerhalb des Lagers« richtet. Sobald es aber darum geht, unsere *eigenen* Glaubensgemeinschaften, politischen Parteien, Lieblingssportmannschaften, Kandidaten oder geliebten Leiter zu hinterfragen, suchen wir verzweifelt nach Gründen, warum die Dinge in diesem Bereich »anders« sind. Genau das ist der »blinde Fleck«, der Missbrauchstäter dauerhaft deckt, weil Opfer davon überzeugt sind, dass es nie sicher ist, den Mund aufzumachen.

Doch inmitten dieser Zeit hat es auch Lichtblicke gegeben. Zum Beispiel wurde ich immer wieder von Befürwortern und Verbündeten ermutigt, die sich weigerten, den Kampf für das, was gut und richtig war, aufzugeben. Auch von Journalisten, die an der Wahrheit festhielten, wurde ich bekräftigt. Von Gemeindeleitern und Pastoren, die die Notwendigkeit von Veränderung und Wachstum erkannten und konstruktive Schritte unternahmen, um diese Problematiken zu verstehen und anzugehen.

Irgendwann wurden Jacob und ich von den Ältesten aus unserer früheren Gemeinde kontaktiert. Wir trafen uns mehrmals mit ihnen und führten offene Gespräche, die sehr gesegnet waren. Beziehungen wurden wiederhergestellt, und die ehrliche und direkte öffentliche Stellungnahme, die sie kurz darauf abgaben, sowie die konkreten Schritte, die darauf folgten, brachten uns allen Heilung.[50]

Unser viertes Kind und dritte Tochter erblickte Ende Juli 2018 das Licht der Welt. Sie teilt ihren zweiten Namen, Renee, mit Andrea Munford, deren Arbeit mein Leben und das Leben so vieler anderer veränderte, als sie sich entschieden hatte, zuzuhören und um jeden Preis die Wahrheit zu verfolgen. Der erste Name unserer Tochter, Elora, bedeutet »Gott gehört der Sieg« – eine passende Erinnerung an das Ende dieser Reise und eine Zusicherung im Hinblick auf all das, was die Zukunft noch bringen mag.

Jacob arbeitet schrittweise daran, sein Studium abzuschließen, das durch die Nassar-Untersuchung so gründlich durcheinandergebracht wurde. Wir sind auf dem besten Weg, als sechsköpfige Familie eine neue Normalität zu finden und uns von den Strapazen der letzten drei Jahre zu erholen. Die Arbeit der Sensibilisierung und Interessenvertretung haben wir neu wieder aufgenommen und sprechen vor einer Vielzahl von Organisationen – angefangen von Universitäten über gemeinnützige Einrichtungen und Anwaltsverbände bis hin zu Kirchen und Gemeinden.

Im Dezember 2018 gingen Elora und ich mit Angela, Andrea, Aly Raisman und Richterin Aquilina für die *Glamour Women of the Year Awards* über den roten Teppich. Zwei Monate zuvor hatte ich eine E-Mail bekommen, in der mir mitgeteilt wurde, dass wir fünf ausgewählt worden waren. Passenderweise öffnete ich die Einladung, als Eloras Windel gerade ausgelaufen war, ein anderes Kind einen Unfall hatte und ich vor einem riesigen Berg Wäsche saß. Es war ironisch und lustig, die Nachricht ausgerechnet in diesem Moment zu erhalten, und es war ein Tribut an das »wahre Leben«, das weiterging, während wir diesen neuen Pfad erkundeten.

Ein paar Monate vor der Preisverleihung lud die *Glamour* eine größere Gruppe von Opfern zu einem Gruppenfoto in das Gebäude des Obersten Gerichtshofs von Michigan ein, das passenderweise auch als *Hall of Justice* (Halle der Gerechtigkeit) bekannt ist.

Ich hielt Ellianna, meine Dreijährige, auf dem Arm, als die Fotografen uns für das Foto aufzustellen begannen. Den Kopf an meine Schulter gelehnt, deutete sie mit ihrem Händchen auf die Frauen und fragte in ihrer zarten Kinderstimme: »Wer ist das, Mama?«

»Das sind Mamas Freundinnen, Süße, die mit mir zusammen einen bösen Mann ins Gefängnis gebracht haben. Jetzt helfen wir, Dinge zu verändern, damit es nicht mehr so leicht für böse Männer ist, böse Sachen zu machen.«

»Aber Mama«, antwortete sie verwirrt, »da sind auch Kinder dabei.«

»Ja, Mäuschen. Da sind auch Kinder dabei.«

»Aber Mama, warum sind da Kinder dabei?«

»Weil auch Kinder mutig sein können, die Wahrheit sagen und für das Richtige einstehen können.«

Dann schwieg sie und nahm den Anblick von so vielen Frauen, die Seite an Seite standen, in sich auf. Ihr kleiner Kopf versuchte offensichtlich, das Ganze zu verarbeiten.

»Aber Mama, warum sind es so viele?«

Ich drückte sie fest an mich. Ich konnte ihr nicht antworten, weil ich die Tränen dann nicht mehr zurückhalten konnte. *Es sind so viele, Süße, weil niemand die Arbeit machen wollte, die diese Frauen und mutigen Kinder jetzt machen. Es sind so viele, weil niemand zuhörte. Weil niemand die Wahrheit wissen wollte. Weil niemand sonst bereit war, das Richtige zu tun.*

Sie sah mich mit ihren großen, unschuldigen Augen an. »Macht ihr das alle zusammen?«

»Ja, mein Schatz«, sagte ich, umarmte sie fest und drückte sie dann meiner Mutter in die Arme, um mich für das Foto aufzustellen. *Wir machen es zusammen*, dachte ich, während ich meinen Platz zwischen meinen Schwestern einnahm, *weil wir es alleine nicht machen können.*

Es gibt noch so viel zu tun. So viel Böses zu bekämpfen, so viel Heilung zu erreichen, so viele Verletzte zu lieben. Möge es jeder als eine Einladung betrachten, sich dieser Arbeit anzuschließen. Entscheiden wir uns immer wieder dafür, ungeachtet der Kosten das Richtige zu tun. Entscheiden wir uns dafür, mitten im Kampf an der geraden Linie festzuhalten und unseren Erfolg an der Treue zu unseren Entscheidungen zu messen. Die Dunkelheit ist da, und wir können sie nicht ignorieren. Aber was wir tun können ist, uns von ihr zum Licht weisen zu lassen.

Dank

Alles, was sich in den letzten Jahren ereignet hat, wäre ohne die unglaubliche Unterstützung, die wir von so vielen Seiten erhalten haben, nicht möglich gewesen.

Vorab ein unglaubliches Dankeschön an meine wunderbare Schwägerin, die andere Rachel Denhollander, die sich liebevoll um unsere Kinder kümmerte, endlose Wäscheberge faltete und mich im Laufe dieses Prozesses mit Espresso versorgte (und es war viel Espresso nötig). Ohne ihre selbstlose Fürsorge für uns alle wäre dieses Projekt wohl nicht fertiggestellt worden, bevor ich Enkel gehabt hätte. Alle positiven Auswirkungen, die dieses Buch möglicherweise haben kann, wurden durch ihren hingebungsvollen Dienst möglich gemacht. Auch meiner Schwägerin Miriam möchte ich herzlich danken, die ebenfalls viele Opfer brachte, damit dieses Projekt verwirklicht werden konnte.

An meine Schwester Bethany und meinen Schwager Charlie sowie meinen Bruder und seine Frau, Josh und Christa: Vielen Dank für eure unermessliche Unterstützung, für die ihr selbst auf so vieles verzichten musstet. Ihr habt euch um unsere Kinder gekümmert, Essen vorbeigebracht, das Haus aufgeräumt, wenn wir vor Gericht waren, und seid immer wieder angereist, um bei uns zu sein. Auf eine sehr persönliche und praktische Art und Weise habt ihr das Leben mit uns geteilt, und wir haben eure Liebe und Unterstützung jede Minute gespürt. Das hat uns mehr geholfen, als ihr euch vorstellen könnt.

Ein herzliches Dankeschön an Pastor Jim und seine Frau Becky sowie die anderen Pastoren und ihre Frauen der *Reformed Baptist Church (RBC)* von Louisville, die uns gute Hirten waren, sich mitfühlend um uns kümmerten, die Wahrheit sagten und bereit waren, sich mit uns in das Chaos zu stürzen. Ihr habt uns mit Weisheit, Ermutigung und Fürsorge zur Seite zu gestanden, euer treuer Dienst und eure Führung sind ein unermessliches Geschenk für uns gewesen. Ein riesiges Dankeschön an Heather, die so viel Zeit investierte, die unsere Kinder und uns so mitfühlend liebte und uns Ruhe und Fürsorge schenkte, als wir müde und erschöpft waren. Danke an Tammy, Michelle und so viele andere, die uns mit praktischer Hilfe und tiefgründiger Ermutigung unterstützten, als wir es am meisten gebraucht haben. Ein Dankeschön auch an unsere Gemeindefamilie der *RBC* Louisville – eure Gebete und eure Fürsorge sowie die Zeit, die ihr euch genommen habt, um einfach zuzuhören, haben uns in den letzten beiden Jahren sehr oft gestärkt und getröstet.

Ebenso dankbar sind wir für die Pastoren und die Gemeinde der *RBC* in Kalamazoo, die uns ebenfalls mit Fürsorge, Weisheit und Mitgefühl zur Seite gestanden und im Gebet unterstützt haben – ihr habt nie aufgehört, uns auf dieser Reise eure praktische Hilfe anzubieten. Die Liebe, die ihr uns gezeigt habt, obwohl wir so weit von euch entfernt wohnen, war ein unglaubliches Zeugnis für Gottes Liebe und Gnade und hat unsere Seelen oft zur Ruhe gebracht.

An die Familie Denhollander – Mom und Dad, Sarah und Jordan, all unsere Geschwister, Schwager und Schwägerinnen: Wir sind so dankbar für eure Unterstützung, eure Gebete und eure Ermutigung in den letzten Jahren. Liebe überwindet wirklich Distanzen, das haben wir in den schmerzhaftesten Zeiten gespürt.

An meine *Oak-Brook*-Brüder: Danke, dass ihr mir bei der Heilung geholfen und mir ein positives Beispiel von Männlichkeit gezeigt habt, als ihr so viel Schaden hättet anrichten können. Danke auch für die Unterstützung und Ermutigung, die ihr uns geschenkt habt, als wir den nicht einfachen Weg der letzten Jahre gingen.

An Keith, der uns als Erster bereitwillig zur Seite stand und aktiv versuchte, mir bei diesem Unterfangen zu helfen. Dein von Gerechtigkeit, liebevollem Erbarmen und Demut geprägtes Leben hat uns so viel mehr beeinflusst, als du es dir vorstellen kannst. Amy, danke, dass du dir die Zeit genommen hast, dich regelmäßig mit meiner Mutter zu treffen und für uns alle zu beten, Mahlzeiten vorbeizubringen oder mich zum Gericht zu begleiten. Wie so viele andere hättest du dich nicht mit uns in diesen Kampf begeben müssen, stattdessen hast du uns durch deine mitfühlende Fürsorge Ermutigung, Freude und Hoffnung gebracht.

An mein gesamtes *Tyndale*-Team, insbesondere Sarah, Carol, Kim und Jan – danke für die endlosen Stunden und unglaublichen Anstrengungen, die ihr in mich und dieses Projekt investiert habt. Ich hatte es nie verwirklichen wollen, weil ich wusste, wie schmerzhaft es sein würde. Aber eure Leidenschaft dafür, die Welt durch das geschriebene Wort zu beeinflussen, machte es den Kampf wert. Ihr habt euch in jedem Teil des Prozesses um die Botschaft und ebenso um mich gekümmert. Danke, dass ihr mein Herz gehört und eure Fähigkeiten genutzt habt, um dieses Buch auf eine (einigermaßen) vernünftige Größe zu bringen. Ihr habt diesen Wahrheiten eine Stimme verliehen und euer Fachwissen sowie eure Energie investiert, um sicherzustellen, dass die zentrale Botschaft der Geschichte klar und kraftvoll übermittelt wird.

An meine Eltern, die mir alle Lektionen beigebracht haben, die dieses Buch überhaupt erst möglich gemacht haben. Die mein ganzes Leben lang, und vor allem in den letzten paar Jahren, so viel geopfert haben, um uns zu unterstützen und für uns zu sorgen. Es ist unmöglich, die tiefe Dankbarkeit auszudrücken, die wir für euch empfinden, oder euren großen Einfluss auf unser Leben zu beschreiben. Vom Tag meiner Geburt an habt ihr liebevoll und geduldig das Fundament gelegt. Mama, du hast mir beigebracht, was es heißt, zu heilen, und mir gezeigt, dass es sich lohnt, für Hoffnung zu kämpfen. Dank dir wusste ich, dass Heilung schwierig, aber möglich ist, dass man auch nach einem Missbrauch heiraten, Kinder bekommen und glücklich sein kann und dass es sich lohnt, um jeden Preis das Richtige zu tun. Du hast die Realität nicht beschönigt, aber du hast mich auch nicht in Selbstmitleid schwelgen lassen. Alles, was geschehen ist, hat vor Jahrzehnten mit der treuen, weisen, nährenden Fürsorge von dir und Dad begonnen.

An meinen Vater und meinen Bruder – danke, dass ihr mein erstes Beispiel gesunder Männlichkeit wart und mich bestätigt, beschützt und mir gezeigt habt, was Integrität und Ehre bedeuten. Ich frage mich oft, wo ich jetzt wäre, wenn ihr mein Leben nicht bereichert und beeinflusst hättet.

Mein besonderer Dank geht an Jacob, der so viel mehr Kraft und hingebungsvolle Liebe gezeigt hat, als ich mir jemals hätte wünschen oder vorstellen können. Du hast mir am Anfang versprochen, dass die Hand, die ich hielt, ausschließlich dazu genutzt werden würde, für mich zu sorgen – jeden Tag in dieser Zeit hast du dein Wort gehalten. Du hast nach meinem Wohl getrachtet, auch wenn es dich viel gekostet hat. Du hast bereitwillig eigene Wünsche aufgegeben, um jeden Schritt des Weges mit mir gehen zu können. Du hast die größten und mühevollsten Opfer gebracht. Du bist mein sicherer Ort, mein Trost, mein größter Ermutiger. Du hast mir geholfen zu trauern, du hast mich zum Lachen gebracht, mich beschützt und mich dazu ermutigt, über mich selbst hinauszuwachsen, selbst wenn es sich beängstigend angefühlt hat. Du hast mir mehr Heilung gebracht, als ich es für möglich gehalten hätte, und deine Art zu lieben, ist mir ein großes Vorbild geworden. Nur gemeinsam haben wir es geschafft, auf keine andere Weise hätte es getan werden können.

Durch die mächtige Kraft, die in uns wirkt, kann Gott unendlich viel mehr tun, als wir je bitten oder auch nur hoffen würden. Ihm gehört alle Ehre in der Gemeinde und durch Christus Jesus für alle Zeit und Ewigkeit. Amen.

Epheser 3,20-21

Über die Autorin

Rachael Denhollander ist Anwältin, Interessenvertreterin und Referentin, die international als die erste Frau bekannt wurde, die an die Öffentlichkeit ging, nachdem sie Larry Nassar, den ehemaligen Mannschaftsarzt von *USA Gymnastics* und einen der schlimmsten bekannten Sexualstraftäter der Geschichte, bei der Polizei angezeigt hatte. Infolge ihres Aktivismus gaben sich daraufhin über zweihundertfünfzig Frauen als Opfer von Nassars Missbrauch zu erkennen, was zu einer lebenslangen Haftstrafe für ihn führte.

Für ihre Arbeit als Fürsprecherin und Referentin zum Thema »Sexuelle Gewalt« wurde Rachael 2018 von der *Time* zu einer der hundert einflussreichsten Personen und von der *Glamour* zu einer der Frauen des Jahres ernannt. Außerdem erhielt sie die Auszeichnung »Inspiration des Jahres« von der *Sports Illustrated* und war eine der Empfängerinnen des *Arthur Ashe Courage Awards* vom amerikanischen Fernsehsender *ESPN* sowie vieler weiterer Auszeichnungen.

Inzwischen war Rachael Denhollander zu Gast bei *CNN, ABC, CBS, NBC, Fox News, BBC* und *NPR* und erscheint regelmäßig in nationalen und internationalen Printmedien, unter anderem der *Washington Post*, dem *Wall Street Journal* und der *Associated Press*. Außerdem schreibt sie Kommentare für die *New York Times* und *Vox*.

Sowohl in Kentucky als auch in Michigan wurde Denhollander für ihre Interessenvertretung gewürdigt und war aktiv daran beteiligt, Gesetzesreformen auf bundesstaatlicher Ebene in die Wege zu leiten. Sie hat bereits an zahlreichen Hochschulen im ganzen Land Vorträge gehalten und Fragen beantwortet, unter anderem an der *Harvard University*, der *New York University* und der *Uni-*

versity of Southern California. Auch weiterhin versucht Denhollander, andere für das Thema »Sexuelle Gewalt« zu sensibilisieren, indem sie Organisationen unterstützt, die sich für Opfer sexueller und häuslicher Gewalt einsetzen. Außerdem hält sie Vorträge zur Prävention von Missbrauch und hilft Unternehmen und Institutionen, ein sicheres Umfeld für die Bekämpfung von Missbrauch und sexueller Belästigung zu schaffen.

Bevor Rachael Denhollander ihre Tätigkeit als Interessenvertreterin und Referentin aufgenommen hatte, arbeitete sie im Bereich der öffentlichen Ordnung, führte Recherchen durch, schrieb für Menschenrechtsorganisationen und trat unter anderem als Zeugin vor staatlichen Rechtsausschüssen auf.

Rachael Denhollander ist Mitglied der Anwaltskammer von Kalifornien und hat einen *Juris Doctor* vom *Oak Brook College of Law* in Fresno, Kalifornien. Außerdem bekam sie von der *American University* in Paris die Ehrendoktorwürde verliehen.

Sie und ihr Ehemann Jacob leben mit ihren vier kleinen Kindern in Louisville, Kentucky.

Beratungs- und Anlaufstellen für Betroffene sexualisierter Gewalt

Dies ist eine Auswahl von Informationen:

Fachberatungsstellen vor Ort im Internet finden:

- Hilfeportal Missbrauch für Betroffene, Angehörige und Fachkräfte: www.hilfeportal-missbrauch.de/startseite

Telefonische Beratung:

- Kostenfreie telefonische Beratung für Kinder – Nummer gegen Kummer: 116 111
- Informationstelefon Aufarbeitung der Unabhängigen Kommission zur Aufarbeitung sexuellen Kindesmissbrauchs für Betroffene und Angehörige: 0800/4 030 040

Beratungs- und Anlaufstellen im Internet:

- Anonymes Online-Portal für Kinder und Jugendliche mit Einschränkungen: www.trau-dich.de
- Nationale Infoline: www.nina-ifo.de
- Beratung für Frauen und Mädchen: www.wildwasser.de
- Beratung für Männer: www.tauwetter.de
- Beratung für Jugendliche bei sexueller Anmache im Internet: www.save-me-online.de
- Informationsportal zur rituellen sexuellen Gewalt: www.infoportal-rg.de
- Information für Lehrerinnen/Lehrer und Schulleitungen: www.schule-gegen-sexuelle- Gewalt.de

Hilfe für sexuelle übergriffige Jugendliche:
BAG Arbeit mit Kindern, Jugendlichen & jungen Erwachsenen mit sexualisiert grenzverletzendem Verhalten e. V.:

- www.bag-kjsgv.de
- **Beratung für Menschen, die sich sexuell zu Kindern hingezogen fühlen:** www.kein-taeter-werden.de
- **Information zum Thema digitale sexuelle Gewalt:** www.innocenceindanger.de

Beratung für Institutionen bei der Aufarbeitung institutioneller sexueller Gewalt:

- www.dgfpi.de
- Institut für Praxisforschung und Projektberatung: www.ipp-muenchen.de
- Werner Meyer-Deters: www.institut-kogemus.de
- Carmen Kerger-Ladleif: kerger-ladleif@web.de / kerger-ladleif@nina-info.de

Persönliche Beratung zur Bewältigung von Missbrauchserfahrungen (christlicher Hintergrund):

- www.weisses-kreuz-hilft.de (bundesweite Beratungsstellen)
  www.ictb-institut.de
  www.verein-cara.ch (Beratung bei ritueller Gewalt)
- Informationen zu sexueller Gewalt aus christlicher Perspektive: www.sexueller-gewalt-vorbeugen.de

Weitere christliche Beratungsangebote können in diversen Beratungsnetzwerken angefragt werden.

Angebote zur pädagogischen Prävention für Kinder und Jugendliche:

- **Angebot für Eltern und PädagogInnen zum Kinderschutz im Internet:** www.klicksafe.de
- **Für alle Altersgruppen und Eltern: Präventionsbüro Petze e. V.:** www.petze-kiel.de
- **Für jüngere Kinder und Eltern: Mut-Zentrum:** www.mut-zentrum.de
- **Präventionstheater für Grundschulkinder, Kinder mit Beeinträchtigungen und Eltern:** Theaterpädagogische Werkstatt Osnabrück: www.tpw-osnabrueck.de
- **Für Schulkinder und Eltern:** zartbitter.de/gegen_sexuellen_missbrauch/Praeventionstheater/200_theater.ph
- **Für Schulkinder:** www.theater-springinsfeld.de
- **Für christliche Gemeinden, Jugendverbände und Schulen:** www.weisses-kreuz.de

Beratungs- und Anlaufstellen für Betroffene spiritueller Gewalt (geistlicher/religiöser/spiritueller Missbrauch)

- www.bistum-muenster.de/startseite_rat_hilfe/ansprechpersonen_bei_faellen_geistlichen_missbrauchs/ www.tempelmann-consulting.eu
- **Prävention von religiösem Missbrauch in Organisationen:** www.ncd-international.org/www.nge-deutschland.de

Weitere Beratungsangebote findet man in diversen Beratungsnetzwerken (z. B. www.c-stab.net oder www.derberatungsfuehrer.de).

Literaturhinweise zu Themen der sexualisierten und spirituellen Gewalt können auf Wunsch erfragt werden unter info@tempelmann-consulting.de.

Inge Tempelmann
ist als Supervisorin, Coach und Lebensberaterin freiberuflich tätig. Die Begleitung von Menschen, die religiösen Missbrauch erlebt haben, sowie Seminare und andere Projekte zu dieser Thematik sind neben anderen Themen ein Schwerpunkt ihrer Arbeit. Im In- und Ausland ist sie als Referentin unterwegs und ist Autorin des Buches »Geistlicher Missbrauch – Auswege aus frommer Gewalt. Ein Handbuch für Betroffene und Berater«, 6. Aufl. 2020 (2007). www.tempelmann-consulting.eu / www.tempelmann-consulting.de

Anmerkungen

Alle Links zuletzt aufgerufen am 25. 02. 2020.

1 Marisa Kwiatkowski, Mark Alesia, Tim Evans: *A Blind Eye to Sex Abuse: How USA Gymnastics Failed to Report Cases*, IndyStar, 04. 08. 2016, https://www.indystar.com/story/news/investigations/2016/08/04/usa-gymnastics-sex-abuse-protected-coaches/85829732.

2 Matt Mencarini, *»John Geddert Investigation Still Open a Year After It Began in the Wake of Nassar Sentencings«*, Lansing State Journal, 22. 01. 2019, https://www.lansingstatejournal.com/story/news/local/2019/01/22/john-geddert-still-under-investigation-year-after-larry-nassar-cases/2605297002.

3 C. S. Lewis, Pardon, ich bin Christ. Brunnen Verlag Basel, 23. Aufl. 2016, Kap. 1.

4 Dieser Satz wurde durch Richard M. Weaver bekannt, einen Gelehrten der *University of Chicago*, der 1948 ein Buch mit diesem Titel veröffentlichte.

5 P. G. Wodehouse, Piccadilly Jim (Woodstock, NY: *The Overlook Press*, 2004), 298-99.

6 Tiffany Stanley, »The Sex-Abuse Scandal That Devastated a Suburban Megachurch«, Washingtonian, 14. 02. 2016, https://www.washingtonian.com/2016/02/14/the-sex-abuse-scandal-that-devastated-a-suburban-megachurch-sovereign-grace-ministries.

7 Kwiatkowski, Alesia, Tim Evans, »A Blind Eye to Sex Abuse«.

8 Mark Alesia, »Why Coaches' Hugs Make Becca Seaborn Cringe«, IndyStar, 04. 08. 2016, https://www.indystar.com/story/news/investigations/2016/08/04/usa-gymnastics-why-coaches-hugs-make-becca-seaborn-cringe/87967164.

9 Dieses und die folgenden Zitate stammen aus dem Videointerview mit Mark Alesia vom IndyStar; vgl. Tim Evans, Mark Alesia, Marisa Kwiatkowski, »Former USA Gymnastics Doctor Accused of Abuse«, IndyStar, 12. 09. 2016, https://www.indystar.com/story/news/2016/09/12/former-usa-gymnastics-doctor-accused-abuse/89995734.

10 Statistiken über Vergewaltigung aus »The Criminal Justice System: Statistics«, Rape, Abuse & Incest National Network (RAINN), abgerufen am 16. 04. 2019, https://www.rainn.org/statistics/criminal-justice-system; Informationen über ungetestete Vergewaltigungs-Kits aus »What Is the Rape Kit Backlog?« End the Backlog, abgerufen am 16. 04. 2019, http://www.endthebacklog.org/backlog/what-rape-kit-backlog.

11 Evans, Alesia, Kwiatkowski, »Former USA Gymnastics Doctor Accused of Abuse«.

12 Marisa Kwiatkowski, Tim Evans, Mark Alesia, »16 More Women

Accuse Former USA Gymnastics Doctor of Sexual Abuse«, IndyStar, 25.09.2016, https://www.indystar.com/story/news/investigations/2016/09/25/16-more-women-accuse-doctor-sexual-abuse/90410436.

13 John Manly hat öffentlich über seine persönliche Geschichte gesprochen, unter anderem 2018 in einem Interview mit Gustavo Arellano in Alta mit dem Titel »The Advocate«.

14 Matt Mencarini, »Ex-MSU Doctor Accused of Sex Assault Gets 2,700 School Board Votes«, Detroit Free Press, 09.11.2016, https://www.freep.com/story/news/local/michigan/2016/11/09/msu-doctor-sexual-assault-election/93546324.

15 Julie Mack, »MSU Officials Told in 2000 of Sexual Abuse by Dr. Nassar, Lawyer Alleges«, MLive Media Group, 21.12.2016, https://www.mlive.com/news/2016/12/msu_athletic_trainers_told_in.html.

16 Matt Mencarini, »Kathie Klages Charges Tied to Two Teens' Complaints of Larry Nassar's Sexual Abuse in 1997«, Lansing State Journal, 30.08.2018, https://www.lansingstatejournal.com/story/news/local/2018/08/30/kathie-klages-charges-arraignment-larry-nassar/1124034002.

17 Dory Jackson, »Ex-Michigan Coach Kathie Klages Charged with Lying in Larry Nassar Investigation«, Newsweek, 23.08.2018, https://www.newsweek.com/kathie-klages-charged-lying-larry-nassar-sexual-abuse-1088489.

18 Julie Mack, »MSU Colleagues Initially Defended Nassar, According to Police Investigation«, MLive Media Group, 04.04.2018.

19 Will Hobson, »Doctor at Center of USA Gymnastics Scandal Left Warning Signs at Michigan State«, Washington Post, 25.04.2017. Rachaels offene Briefe sind zu finden unter Nick Martin, »Gymnast Writes Open Letters To Michigan State Leaders Who Claim Sexual Abuse Couldn't Be Prevented«, Deadspin, 02.05.2017, https://deadspin.com/gymnast-writes-open-letters-to-michigan-state-leaders-w-1794844898.

20 Spotlight, Regie: Tom McCarthy (Los Angeles: Open Road Films, 2015; Universal City, CA: Universal Studios Home Entertainment, 2016).

21 Spotlight, Regie: Tom McCarthy.

22 Kate Wells, »Three Alleged Victims Testify against Nassar in Graphic, Tense Court Hearing«, Michigan Radio, 13.05.2017, https://www.michiganradio.org/post/three-alleged-victims-testify-against-nassar-graphic-tense-court-hearing.

23 Wells, »Three Alleged Victims Testify against Nassar«, s. o.

24 Katharine Quamby, zitiert in Shelagh Beckett et al., »Covering Child Sexual Abuse«, Dart Center for Journalism & Trauma, https://dartcenter.org/resources/covering-child-sexual-abuse.

25 Matt Mencarini, »11 Rapes, 4 States, 1 Suspect: The ›Extraordinarily Improbable‹ Defense of Calvin Kelly«, Lansing State Journal, 01.02.2019, https://www.lansingstatejournal .com/story/news/2019/01/08/calvin-kelly-rape-investigations-memphis-kalamazoo-st-louis/2462538002.

26 Madison O'Connor, »Motions to Be Discussed in Nassar Court Hearing Friday«, State News, 02.11.2017, https://statenews.com/article/2017/11/nassar-court-preview.

27 Emily Lawler, »Meet the Attorney Defending Michigan's Most Notorious Sex Cases«, MLive Media Group, 02.11.2017, https://www.mlive.com/news/2017/11/attorney_shannon_smith.html.

28 Brian McVicar, »MSU Attorneys Tell AG Schuette That There Is No Nassar Investigative Report«, MLive Media Group, 08.12.2017.

29 Jessica Schladebeck, »USA Gymnastics Argues It's Not ›Liable‹ to Victims of Larry Nassar's Sexual Abuse«, New York Daily News, 12.12.2017, https://www.nydailynews.com/news/national/usa-gymnastics-not-liable-victims-larry-nassar-article-13694063.

30 Rebecca Kruth, »Gymnastics Club Owner Wants Larry Nassar Lawsuit Dismissed«, Michigan Radio, 15.01.2018, https://www.michiganradio.org/post/gymnastics-club-owner-wants-larry-nassar-lawsuit-dismissed.

31 Tracy Connor, »Coach Slams Gymnastics Doctor Larry Nassar for Hiding His Face«, NBC News, 17.01.2018, https://www.nbcnews.com/news/us-news/coach-slams-gymnastics-doctor-larry-nassar-hiding-his-face-n838396.

32 David Eggert, »Molested Gymnasts Blast Coach Who Sent Them to Larry Nassar«, Chicago Tribune, 01.02.2018, https://www.chicagotribune.com/sports/international/ct-molested-gymnasts-blast-coach-who-sent-them-to-doctor-20180201-story.html. Vgl. Mila Murray, Kara Keating, »Day 1 of Nassar's Sentencing in Eaton County Begins«, State News, 31.01.2018, https://statenews.com/article/2018/01/nassar-sentencing-in-eaton-county.

33 Aus William Wilberforce' Abolitionsrede von 1789, zitiert in Georgeta Rață and Patricia-Luciana Runcan, Hrsg., Social Issues (Newcastle upon Tyne, England: Cambridge Scholars Publishing, 2014), 42.

34 Alesia, »Why Coaches' Hugs Make Becca Seaborn Cringe«.

35 Kim Kozlowski, »State Investigator's Report: MSU ›Stonewalls‹ Nassar Probe«, Detroit News, 21.12.2018, https://www.detroitnews.com/story/news/local/michigan/2018/12/21/investigators-report-says-michigan-state-stonewalls-nassar-probe/2376904002.

36 Tracy Connor, »Michigan State Admits It Was Warned about Dean William Strampel in 2015«, NBC News, 02.05.2018, https://www.nbcnews.com/news/us-news/michigan-state-admits-it-was-warned-about-dean-william-strampel-n870616; Dan Murphy, »William Strampel Charged with Assaulting Students, Storing Nude Photos«, ESPN, 28.03.2018, http://www.espn.com/college-sports/story/_/id/22930449/michigan-state-official-william-strampel-charged-criminal-sexual-conduct.

37 Matt Mencarini, »Larry Nassar: 2014 Police Report Sheds Light on How He Avoided Criminal Charges«, Lansing State Journal, 26.01.2018, https://www.wgrz.com/article/news/nation-now/larry-nassar-2014-police-report-sheds-light-on-how-he-avoided-criminal-charges/465-40e19051-219c-4add-b5ef-9213056b7e7a.

38 David Jesse, »MSU President Engler: Nassar Survivor May Get Kickbacks from Lawyer«, Detroit Free Press, 13.06.2018, https://www.freep.com/story/news/local/michigan/2018/06/13/msu-larry-nassar-rachael-denhollander/699307002.

39 Kate Wells, »Nassar Survivor Accuses Engler of ›Secret Payoff‹ Attempt«, Michigan Radio, 13.04.2018, https://www.michiganradio.org/post/nassar-survivor-accuses-engler-secret-payoff-attempt.

40 Ebd.

41 »Michigan State VP Knocks Nassar Victim, Then Apologizes«, Associated Press, 18.04.2018, https://apnews.com/040a364850ca4d81a824674a3ce1ce8a.

42 Riley Murdock, »Report: Firm Charged MSU $500K to Monitor Survivor, Journalist Social Media«, State News, 29.03.2018, https://statenews.com/article/2018/03/msu-pr-firm-500k-monitor-social-media-survivors-journalists-january.

43 Jonathan Oosting and Kim Kozlowski, »Engler: Lawmakers ›Interfered‹ in Nassar Lawsuit Talks«, Detroit News, 15.03.2018, https://www.detroitnews.com/story/news/politics/2018/03/15/msu-nassar-lawsuit-talks-divisions/32961185/; Emily Lawler, »MSU Interim President John Engler Privately Worked to Stall Senate Sexual Assault Bills«, MLive Media Group, 15.03.2018, https://www.mlive.com/news/2018/03/msu_interim_president_john_eng.html.

44 »Michigan Senate Passes Legislation That Gives People Who Are Sexually Abused More Options«, ESPN, 15.03.2018.

45 Lauren Theisen, »Here's Michigan State's Settlement Agreement with Larry Nassar's Victims«, Deadspin, 18.07.2018, https://deadspin.com/heres-michigan-states-settlement-agreement-with-larry-n-1827705229.

46 Serge F. Kovaleski and Juliet Macur, »Steve Penny Asked F.B.I. to Help Protect U.S.A. Gymnastics' Image during Sex Abuse Case«, New York Times, 18.10.2018, https://www.nytimes.com/2018/10/18/sports/steve-penny-usa-gymnastics-fbi.html.

47 Dan Barry, Serge F. Kovaleski, Juliet Macur, »As F.B.I. Took a Year to Pursue the Nassar Case, Dozens Say They Were Molested«, New York Times, 03.02.2018, https://www.nytimes.com/2018/02/03/sports/nassar-fbi.html.

48 Kovaleski, Macur, »Steve Penny Asked F.B.I. to Help Protect U.S.A. Gymnastics' Image during Sex Abuse Case«.

49 Tony Cook, Tim Evans, Marisa Kwiatkowski, »New Nassar Report Details USA Gymnastics Chief's Cozy Ties with IMPD, FBI Officials«, IndyStar, 14.12.2018, https://www.indystar.com/story/news/politics/2018/12/14/ropes-gray-larry-nassar-usoc-report-usa-gymnastics-indianapolis-police-fbi-cozy-details/2275210002.

50 »Our Pastors' Statement to the Washington Post«, 31.05.2018, https://immanuelky.org/articles/we-were-rachaels-church.

Astrid Dauster, Walter Meili

Opferkind
Ich habe die Hölle überlebt,
weil ich an den Himmel glaubte

Astrid Dauster wurde 13 Jahre von ihrem Vater und Mitgliedern einer Satanisten-Loge auf grausamste Weise gequält. Doch dann taucht mitten in diesem Abgrund der Erinnerungen ein außergewöhnliches, liebevolles Licht auf. Astrid erinnert sich an Begegnungen mit einem Schäfer.

Gebunden, 13,5 x 21,5 cm, 416 S.
Nr. 395.951, ISBN 9783775159517
Auch als E-Book e